中国社会科学院创新工程学术出版资助项目

房地产蓝皮书
BLUE BOOK OF REAL ESTATE

中国房地产发展报告
No.9

ANNUAL REPORT ON THE DEVELOPMENT
OF CHINA'S REAL ESTATE (No.9)

主　编／魏后凯　李景国
副主编／尚教蔚　李恩平　李　庆

社会科学文献出版社
SOCIAL SCIENCES ACADEMIC PRESS (CHINA)

图书在版编目(CIP)数据

中国房地产发展报告. No. 9/魏后凯,李景国主编. —北京:社会科学文献出版社,2012.5
 (房地产蓝皮书)
 ISBN 978 - 7 - 5097 - 3353 - 0

Ⅰ.①中… Ⅱ.①魏…②李… Ⅲ.①房地产业 - 经济发展 - 研究报告 - 中国 Ⅳ.①F299.233

中国版本图书馆 CIP 数据核字(2012)第 084040 号

房地产蓝皮书
中国房地产发展报告 No.9

主　编／魏后凯　李景国
副主编／尚教蔚　李恩平　李　庆

出 版 人／谢寿光
出 版 者／社会科学文献出版社
地　　址／北京市西城区北三环中路甲29号院3号楼华龙大厦
邮政编码／100029

责任部门／皮书出版中心 (010) 59367127　　责任编辑／陈　颖
电子信箱／pishubu@ssap.cn　　　　　　　　责任校对／孙光迹
项目统筹／邓泳红　陈　颖　　　　　　　　　责任印制／岳　阳
总 经 销／社会科学文献出版社发行部 (010) 59367081　59367089
读者服务／读者服务中心 (010) 59367028

印　装／北京季蜂印刷有限公司
开　本／787mm×1092mm　1/16　　印　张／21
版　次／2012年5月第1版　　　　　字　数／361千字
印　次／2012年5月第1次印刷
书　号／ISBN 978 - 7 - 5097 - 3353 - 0
定　价／69.00元

本书如有破损、缺页、装订错误,请与本社读者服务中心联系更换
▲ 版权所有　翻印必究

房地产蓝皮书编委会

主　　编　魏后凯　李景国

副 主 编　尚教蔚　李恩平　李　庆

编　　委（按姓氏笔画为序）

　　　　　　王诚庆　王洪辉　牛凤瑞　刘洪玉　李　庆
　　　　　　李恩平　李景国　邹晓云　沈建忠　尚教蔚
　　　　　　罗　勇　俞明轩　聂梅生　顾云昌　柴　强
　　　　　　黄顺江　谢家瑾　翟善清　潘家华　魏后凯

主要编撰者简介

魏后凯 经济学博士,现任中国社会科学院城市发展与环境研究所副所长、研究员、博士生导师,西部发展研究中心主任,享受国务院颁发的政府特殊津贴。兼任中国区域科学协会、中国区域经济学会副理事长,中国城市规划学会区域规划与城市经济学术委员会、中国地质矿产经济学会资源经济与规划专业委员会副主任,10多所大学兼职教授。主要从事城市与区域经济学、产业经济学研究。公开出版独著、合著学术专著11部,主编学术专著10余部,发表中英文学术论文300多篇。

李景国 中国社会科学院城市发展与环境研究所研究员,中国社会科学院研究生院教授、博士研究生导师,中国城市经济学会理事,曾在国外留学、做访问学者。主要研究领域为区域与城镇规划、土地与房地产。主持完成的各类课题、出版的著作和发表的论文中,有六项获省部级科技进步奖、优秀成果奖和对策研究奖等奖项。

尚教蔚 女,经济学博士,中国社会科学院城市发展与环境研究所副研究员、硕士研究生导师。近年来主要从事房地产金融、房地产政策、住房保障、城市经济等方面的研究。2003年开始组织参与房地产蓝皮书编撰工作。主要学术论文30余篇,专著1部。主持并参与多项部委级课题。

李恩平 经济学博士,中国社会科学院城市发展与环境研究所副研究员。近年主要研究方向为城市经济、房地产经济,发表学术论文20余篇,出版个人专著1部。代表性作品有《韩国城市化路径与发展绩效:一个后发经济体成败的考察》(个人专著,商务印书馆,2006)、《经济转型与利率传导机制的变化》(论文,发表于《世界经济》2006年第6期)。

李　庆　高级工程师。1990年毕业于青岛建筑工程学院工业与民用建筑专业，曾任中国社会科学院计划局计划处副处长，2004年至今在中国社会科学院城市发展与环境研究所城市规划研究室和房地产研究室从事研究工作，主要研究方向为城市基础设施和房地产市场。除参与房地产蓝皮书和城市蓝皮书的历年编写外，还借助基本建设管理和房地产项目管理的实际经验，参与并完成了大量研究课题。

摘　要

《中国房地产发展报告 No.9》秉承客观公正、科学中立的宗旨和原则，追踪我国房地产市场最新资讯，深度分析，剖析因果，谋划对策，展望未来。全书分为房地产发展总报告和专题报告两部分，总报告侧重于分析和展望房地产业和房地产市场的总体发展，专题报告重点研究了房地产的主要次级市场发展和热点问题。

为抑制投资、投机性需求，遏制房价上涨，巩固和扩大调控成果，2011年房地产市场调控行政与市场手段并用，"限购"、"限价"、"限贷"等政策全面升级，政策及措施空前严厉；2011年12月召开的中央经济工作会议，要求坚持房地产调控政策不动摇，明确提出促进房价合理回归。

随着一系列政策和措施的实施，房地产调控取得初步成效：商品房成交量增速趋缓，北京等省（市）商品房成交量下降，多数省（市）房价增速下降，北京市、上海市、山西省等省市住宅均价下降，房地产市场热度逐步回落，房地产贷款、房地产投资、土地购置面积等增速下降，保障性住房建设高速发展。但房地产市场也存在一些问题：地方政府房价调控目标与社会预期存在较大落差；政策对民生性自住需求有一定影响；保障性住房融资与管理机制不健全；开发企业对政策及市场敏感性差，中小企业面临倒闭或被并购，行业集中度提高，市场垄断可能性加大；房地产研究咨询服务市场发展滞后。

2012年将继续巩固调控成果，调控政策将不断优化和提升，调控措施将进一步体现差异化、精准化，抑制投机性需求仍将是房地产调控的中心任务，自住性需求支持力度将逐渐加大。受国际经济环境、国内宏观经济增速回落和房地产调控等因素的影响，2012年房地产市场将继续维持盘整态势，投资投机性需求进退难舍，自住性需求谨慎观望，交易量将相对萎缩，房价可能略有回落，但（全国商品房均价）大幅降价的可能性不大。

为促进房地产市场进一步健康发展，本报告提出以下建议：探讨首套普通住房优惠政策和超大城市"限购"制度化；完善保障性住房投融资和管理机制；进一步营造健康的市场发展环境；稳步推进房产税改革；培育房地产研究咨询服务市场。

关键词：调控成果显现　房价合理回归　调控政策优化和提升

Abstract

Annual Report on the Development of China's Real Estate (*No. 9*) carries on the purposes and principals of objectivity, fairness, scientificity and neutrality, traces the latest information of real estate market of China, analyzes causes and effects, plans countermeasures and forecasts the future with depth analysis. The book is divided into two parts which are the general report and the special reports, the general report focuses on analyzing and forecasting overall development of real estate industry and real estate market, while the special reports particularly research on fundamental secondary market and hot topics of real estate market.

For the purpose of restraining the demand of investment and speculation, curbing house prices rising excessively, consolidating and expanding the achievements of macro-control, in the year of 2011 administrative means and marketing means were simultaneously used as real estate regulation measures, "purchase limitation", "prices limitation", "loans limitation" and other polices were upgraded comprehensively, policies and measures could be rated as unprecedented severe; The central economic working conference hold in December 2011 required adhering to real estate policies unswervingly and put forward clearly promoting house prices reasonable return.

With the implementing of a series of policies and measures real estate regulation and control achieved preliminary results: growth rate of commodity housing trading volume slowed down, commodity housing trading volume of Beijing and other provinces (cities) were decreased, growth rate of most provinces (cities) was decline, average price of residential house in Beijing, Shanghai, Shanxi and other provinces (cities) moved downhill, real estate market fever come down gradually, growth rate of real estate loans, real estate investments, the area of land purchased was dropped off, affordable housing construction developed by leaps and bounds. However there are still problems existed in real estate market: there existed a significant gap between housing prices control target of local governments and social expectation; relevant policies had some negative effects on house buyers of owner-occupied consumption; financing mechanism and management system of affordable housing are inadequate; sensitivity of development enterprises to policies and market was differential, small and medium enterprises were facing bankruptcy and merger, real estate industry tended to be more centralized, real estate market monopolization probably was increased; research and consultancy of real estate market were undeveloped.

In the year of 2012 regulation and control achievements will be sequentially consolidated, policies are going to be unceasingly optimized and upgraded, adjusting measures will further reflect differentiation and precision, curbing speculative demand will yet be the central task of real estate regulation and control, supporting for independent housing demand will be much more stronger. Influenced by decreased growth rate of the international and domestic environment in addition to real estate regulation and control, in 2012 real estate market will maintain consolidation trend, investment and speculative demand is going to be confronted with difficulties either to proceed or retreat, independent housing demand will maintain a cautious wait-and-see attitude, the trading volume is about to shrink relatively, house prices are likely about to rolled back, whereas there will be no great possibility for the price (the average price of national commercial housing) dropped abruptly.

For the purpose of promoting further healthy development of real estate market the report put forward suggestions as follows: it is necessary to inquiring into preferential policies for the first set of ordinary apartment and "purchase limitation" institutionalized. The investment mechanism, financing mechanism and management mechanism of affordable housing should be improved. Healthy market development environment needs to be further constructed. The house tax reform ought to be steadily promoted. Research and consulting market of real estate is required to be cultivated.

Key Words: Achievements of Regulation Visualized Appeared; Reasonable Return of Housing Prices; Policies of Regulation Optimized and Upgraded

目录

BⅠ 总报告

B.1 2011年房地产市场形势分析与2012年预测 ………… 课题组 / 001
  一 2011年房地产市场走势与特点 …………………………… / 002
  二 房地产市场存在的问题 …………………………………… / 011
  三 2012年房地产政策展望和市场预期 …………………… / 015
  四 政策建议 …………………………………………………… / 021

BⅡ 土地与企业篇

B.2 2011年全国主要城市地价状况分析报告
  ………………… 中国土地勘测规划院全国城市地价动态监测组 / 027
B.3 2011年房企生存状况：逆境求生 ……………… 彭凛凛 刘 晓 / 049

BⅢ 金融篇

B.4 2011年房地产投融资现状及2012年趋势分析 ………… 丁兴桥 / 072
B.5 2011年我国个人住房信贷现状分析及2012年展望 …… 林 东 / 088

BⅣ 市场篇

B.6 2011年住宅市场形势分析及2012年预测 ……… 刘 琳 任荣荣 / 096
B.7 2011~2012年北京存量房市场分析 …………………… 靳瑞欣 / 107

🅑 Ⅴ 保障与管理篇

🅑.8 北京市两限住房建设、配售与入住使用调查 …… 李恩平 李菲菲 / 123

🅑.9 中国保障房配售后的金融借鉴
——来自美国的经验与教训
………… 陈 北 Euel W. Elliott Kruti Dholakia-Lehenbauer / 141

🅑.10 我国房地产中介服务行业回顾与展望
……………………………………… 赵庆祥 张 勇 王 霞 / 154

🅑.11 2011年中国物业管理回顾与2012年走势分析
……………………………………… 叶天泉 许玉彪 叶 宁 / 166

🅑 Ⅵ 区域篇

🅑.12 2011年上海市房地产业发展分析报告 …………… 陈则明 / 182

🅑.13 2011年广州房地产市场研究和2012年展望
……………………………………… 廖俊平 饶雅洁 蔡楚星 / 192

🅑.14 2011~2012年深圳房地产市场解析与展望
……………………………………… 宋博通 万 清 李 黎 伊廷阁 / 230

🅑.15 2011年重庆房地产市场分析及2012年展望
……………………………… 陈德强 阿布都艾尼·阿不都哈力克 刘 婷 / 253

🅑 Ⅶ 热点篇

🅑.16 房地产税的作用、机理及改革方向、路径、要领的探讨…… 贾 康 / 271

🅑.17 限购政策对住房市场的影响分析 ………………… 杨 慧 / 282

🅑.18 北京小产权房发展态势与对策建议 ………… 黄顺江 海倩倩 / 295

🅑.19 把绿色战略融入房地产调控 ……………………… 罗 勇 / 309

皮书数据库阅读使用指南

CONTENTS

B I General Report

B.1 Analysis on Chinese Real Estate Market in 2011 and Forecast in 2012
Research Group / 001

    1. The trends and characteristics of real estate market in 2011 / 002

    2. The problems of real estate market / 011

    3. The policy outlook and market expectations of real estate in 2012 / 015

    4. Policy suggestions / 021

B II Land and Enterprises

B.2 Analysis on the Situation of Chinese Metropolitan Land Prices in 2011
National urban land price monitoring group of China land surveying and planning institute / 027

B.3 The Survival Condition of Real Estate Enterprises in 2011: Surviving in Adversity *Peng Linlin, Liu Xiao* / 049

B III Finance

B.4 Analysis of the Situation of Real Estate Investment and Finance in 2011 and the Trend of 2012 *Ding Xingqiao* / 072

B.5 Analysis on Housing Credit in 2011 and Prospect for 2012 *Lin Dong* / 088

BIV Market

B.6 Analysis on Housing Market in 2011 and Its Forecast in 2012
  Liu Lin, Ren Rongrong / 096

B.7 Analysis on Stock Housing Market in Beijing(2011-2012)
  Jin Ruixin / 107

BV Housing Security and Management

B.8 An Investigation on the Construction,Distribution and Use of the Two Limited Housing in Beijing *Li Enping,Li Feifei* / 123

B.9 How to Deal with Financial Problems Beneath the China's Policy-based Housing
  Chen Bei, Euel W. Elliott and Kruti Dholakia-Lehenbauer / 141

B.10 Review and Prospect of China's Real Estate Intermediary Services Industry *Zhao Qingxiang, Zhang Yong and Wang Xia* / 154

B.11 The Retrospect of China Property Management in 2011 and Trend Analysis for 2012 *Ye Tianquan, Xu Yubiao and Ye Ning* / 166

BVI Region

B.12 Analysis on Shanghai Real Estate Market in 2011
  Chen Zeming / 182

B.13 Guangzhou Property Market Review of 2011 and Prospect of 2012
  Liao Junping, Rao Yajie and Cai Chuxing / 192

B.14 Commentary on Shenzhen's Real Estate Market in 2011
  Song Botong, Wan Qing, Li Li and Yi Tingge / 230

B.15 The Situation of Chongqing Real Estate Market in 2011 and the Tendency of 2012 *Chen Deqiang Abuduaini ·Abuduhalike and Liu Ting* / 253

B Ⅶ　Hot Topics

B.16　The Role, the Mechanism, Direction, Path and Essential Point of
　　　　the Real Property Tax　　　　　　　　　　　　　　*Jia Kang* / 271
B.17　Analysis on the Effects of "Purchase Limitation" Policy to
　　　　Housing Market　　　　　　　　　　　　　　　　*Yang Hui* / 282
B.18　The Situation and Resolution to Informal Property Houses
　　　　in Beijing　　　　　　　　　　　*Huang Shunjiang, Hai Qianqian* / 295
B.19　Take Green Strategy into the Real Estate Regulation　*Luo Yong* / 309

总报告

GENERAL REPORT

B.1
2011年房地产市场形势分析与2012年预测

课题组*

为抑制投资、投机性需求，遏制房价上涨，巩固和扩大调控成果，2011年房地产市场调控行政与经济手段并用，"限购"、"限价"、"限贷"等政策全面升级，政策及措施更加严厉：限购城市增加，限购政策更为严格、具体；首次要求各城市政府制定新建住房的房价控制目标，600多个城市公布了限价目标并出台了相关细则；购房首付比例和房贷利率上调，按揭购买第二套住房的首付款比例不低于60%，贷款利率不低于基准利率的1.1倍，对三套及以上住房暂停发放贷款；房产税试点改革先后落地，成为房地产市场管理上的重大突破；2011年12月召开的中央经济工作会议，要求坚持房地产调控政策不动摇，明确提出促进房价合理回归。随着一系列政策和措施的实施，房地产调控取得初步成效：商品房成交量增速趋缓，北京等市（省）商品房成交量下降，多数省

---

* 课题组成员：李景国、尚教蔚、李恩平、杨慧。

（市）房价增速下降，北京市、上海市、山西省等省市住宅均价下降，房地产市场热度逐步回落，房地产贷款、房地产投资、土地购置面积等增速下降，保障性住房建设高速发展。但房地产市场也存在一些问题：地方政府房价控制目标与社会预期存在较大落差；调控政策对民生性自住房需求有一定影响；保障性住房融资与管理机制不健全；开发企业对政策及市场敏感性差，中小企业面临倒闭或被并购，行业集中度提高，市场垄断可能性加大；房地产研究咨询服务市场发展滞后。

2012年将继续巩固调控成果，调控政策将不断优化和提升，调控措施将进一步体现差异化、精准化，抑制投机性需求仍将是房地产调控的中心任务，自住性需求支持力度将逐渐加大。受国际经济环境、国内宏观经济增速回落和房地产调控等因素的影响，2012年房地产市场将继续维持盘整态势，投资投机性需求进退难舍，自住性需求谨慎观望，交易量将相对萎缩，房价可能略有回落，但（全国商品房均价）大幅降价的可能性不大。

一 2011年房地产市场走势与特点

2011年国际经济形势严峻，美国经济复苏乏力，欧洲部分国家主权债务危机持续蔓延，多数发达国家失业率居高不下，消费者信心不足，房地产市场持续低迷，而发展中国家则备受通货膨胀压力困扰。2011年国内经济增长出现下滑态势，GDP增速为9.2%，比2010年低1.2个百分点，居民消费价格指数同比增长5.4%[①]，为近几年的新高。2011年房地产限购、限价、限贷等政策的出台与实施，使房地产市场运行的多项指标增速趋缓，特别是部分城市房价过快上涨的势头得到遏制，总体上房地产调控取得一定成效。

（一）调控政策及措施更加严厉

2011年房地产调控政策及措施更加严厉，调控的主要目的是抑制不合理需求，即投资、投机性需求；调控的核心目标是遏制部分城市房价过快上涨、促使

---

① 参见《中华人民共和国2011年国民经济和社会发展统计公报》，http://www.stats.gov.cn/tjgb/ndtjgb/qgndtjgb/t20120222_402786440.htm。

房价理性回归。从实施的效果看，限购、限价、限贷政策对于适宜投资的一线城市和限购城市相对较多的省份，效果更为明显。

1. 抑制不合理需求政策升级

2011年1月国家出台了"新国八条"，即《国务院办公厅关于进一步做好房地产市场调控工作有关问题的通知》（国办发〔2011〕1号）文件。从国家层面第一次要求直辖市、省会城市、计划单列市及房价过高且上涨过快的城市实行限购政策，2011年全国共有46个城市实施了限购政策，限购政策更严格、更具体，在一定程度上演了"升级版"。

2. 要求城市政府出台控制房价目标

"新国八条"要求各城市政府出台新建住房房价的控制目标，根据这一要求，先后有600多个城市公布了限价目标并出台了控制房价的相关细则。但多数城市出台的房价控制目标绑定了GDP增速、人均可支配收入增速，只有北京公布的目标是新建普通住房价格与2010年相比稳中有降，也是在公布控制目标的城市中唯一明确提出房价要比2010年下降的城市。和限购政策一样，制定房价控制目标也是从国家层面第一次要求地方政府采取的调控措施。

3. 实施更为严格的差别化住房信贷政策

2011年差别化信贷政策更加严厉。"新国八条"规定，"对贷款购买第二套住房的家庭，首付款比例不低于60%（2010年为50%），贷款利率不低于基准利率的1.1倍"，在实施过程中对三套及以上住房暂停发放贷款，政策严厉程度超出市场普遍预期。

2011年，个人按揭贷款为8360亿元，略低于2009年的8562亿元；同比下降12.2%，比2010年低近20个百分点[①]。2011年，个人住房贷款比年初增加8321亿元，相当于2010年的2/3，同比少增4618亿元[②]，增长明显放缓。

4. 推出具有里程碑意义的房产税改革试点

2011年，房产税在上海、重庆试点，这是房地产市场管理上的重大突破，为下一步在更大范围实施房产税积累了经验。房产税的实施有利于改善我国现行

---

① 此数据是房地产开发投资资金来源中的个人按揭贷款。
② 参见中国人民银行《2011年第四季度中国货币政策执行报告》，http：//www.pbc.gov.cn/publish/zhengcehuobisi/3679/2012/20120215170702347457349/20120215170702347457349_.html。

的房地产税收体制，遏制房地产市场的投机行为，稳定政府的财政收入，扩大财产税的征税范围。

（二）全国商品房成交量增速下降，地区差异明显

2011年，全国有46个城市实施限购政策，从全国看商品房成交量增速趋缓。由于限购政策力度不同，成交量变化的方向及速度出现了明显的地区差异：北京市等成交量下降，重庆市等成交量增速下降，而天津市等成交量增速上升。

1. 全国商品房成交量增速趋缓

2011年在主要城市实施限购政策的情况下，全国商品房成交量增速趋缓，商品房销售面积近11亿平方米，同比增长4.9%，增速比2010年回落5.7个百分点；其中住宅销售面积为9.7亿平方米，同比增长3.9%，回落4.4个百分点，分别低于"十一五"期间商品房销售面积、住宅销售面积年平均增速8.7个和9.6个百分点[①]。商品房成交量增加5181万平方米，住宅成交量增加2275万平方米。

2. 北京等7个省（市）商品房、住宅成交量下降

2011年北京市发布了"京十五条"，经过一年的调控，商品房成交量明显下滑。2011年，北京市商品房销售面积为1440万平方米，同比下降12.2%。其中住宅销售面积为1035万平方米，同比下降13.9%。从累计数据看，北京市商品房销售面积同比均为负增长；从月份数据看，除6月、7月、8月外同比也均为负增长。

2011年上海市商品房销售面积为1771万平方米，同比下降13.8%。其中住宅销售面积为1474万平方米，同比下降12.6%。从累计数据看，上海市商品房销售面积同比均为负增长；从月份数据看，除6月、7月外同比也均为负增长。

限购城市较多的浙江省、江苏省[②]商品房销售面积分别为3827万平方米、7983万平方米，同比下降分别为20.5%、15.8%，成交量下降更为明显。其中两省住宅销售面积分别为3006万平方米、6790万平方米，增速分别下降21.6个

[①] 本文除注明外，年度数据来自《中国统计年鉴（2011）》，月度数据来自《中国房地产统计快报》。

[②] 浙江省有7个城市、江苏省有4个城市实施了限购政策，是实施限购政策城市较多的省份。

百分点、16.3 个百分点。

此外，商品房、住宅成交量下降的省份还有吉林、江西和宁夏三省（区），同比下降分别为 0.7%、5.4%、9.9% 和 2.1%、8.0%、14.1%。

3. 重庆等多数省（市）商品房、住宅成交量增速下降

尽管重庆市没有实施限购政策，但 2011 年的成交量增速也出现下降。2011 年重庆市商品房销售面积为 4534 万平方米，同比增长 5.1%，比 2010 年低 2.7 个百分点。其中住宅销售面积为 4063 万平方米，同比增长 1.9%，比 2010 年低 3.8 个百分点。

除重庆外，商品房成交量增速下降的有 16 个省（市），住宅成交量下降的有 15 个省（市），增速下降介于 20~30 个百分点之间和超过 30 个百分点的各有 2 个省份，分别是云南、山东和河北、海南。

4. 天津等少数省（市）成交量增速上升

2011 年天津市商品房成交量增速较大幅度上升，住宅增速上升快于商品房。商品房销售面积为 1643 万平方米，同比增长 8.5%，比 2010 年提高 13.3 个百分点。其中住宅销售面积为 1455 万平方米，同比增长 11.7%，比 2010 年提高 22.6 个百分点。

2011 年广东省商品房成交量增速有所上升，商品房销售面积为 7761 万平方米，同比增长 6.0%，比 2010 年提高 2.3 个百分点。其中住宅销售面积为 6969 万平方米，同比增长 6.4%，比 2010 年提高 6.6 个百分点。

此外，2011 年贵州、安徽、福建三省商品房、住宅成交量增速均上升，内蒙古商品房成交量增速与 2010 年持平，住宅成交量增速上升。

5. 限购城市较多的东部地区成交量几乎与 2010 年持平，中西部地区成交量增速趋缓

2011 年东部地区商品房、住宅销售面积分别为 5.1 亿平方米、4.4 亿平方米，几乎与 2010 年持平，增速明显低于中西部地区，分别比 2010 年下降 4.4 个和 1.6 个百分点。中西部地区商品房、住宅销售面积增速由 2010 年的 2 位数，下降到 2011 年的 1 位数。中部地区商品房、住宅销售面积分别为 2.9 亿平方米、2.6 亿平方米，同比增长 11.3%、9.3%，分别比 2010 年下降 9.9 个和 9.1 个百分点。西部地区商品房、住宅销售面积分别为 3.0 亿平方米、2.6 亿平方米，同比增长 8.0%、5.7%，分别比 2010 年下降 5.9 个和 6.1 个百分点（见表 1）。从区域看，限购政策对住宅销售起到了抑制作用。住宅销售面积占商品房销售面积的比重很高，东、中、西部地区分别为87.1%、89.2%、89.3%。

表1　2011年东、中、西部地区商品房及住宅销售面积增长情况

地　　区	销售面积（万平方米）		同比增长（%）	
	商品房	住宅	商品房	住宅
东部地区	51052	44466	0.1	0.0
中部地区	29312	26158	11.3	9.3
西部地区	29581	26406	8.0	5.7
全国总计	109946	97030	4.9	3.9

（三）全国商品房均价增速与2010年基本持平，地区差异显著

2011年在限购等政策的作用下，房价上涨势头得到初步抑制，全国商品房及住宅销售均价与2010年基本持平，但地区差异显著。北京市、上海市、山西省住宅均价同比下降；海南等十几个省（市）商品房、住宅均价增速下降；陕西等部分省（市）商品房、住宅均价增速上升（见图1）。

1. 全国商品房均价增速与2010年基本持平

2011年全国商品房销售均价为5377元/平方米，同比增长6.9%，增速比2010年下降0.6个百分点，低于2001～2010年的平均增速2.2个百分点。其中住宅销售均价为5011元/平方米，同比增长6.1%，高于2010年0.1个百分点，低于2001～2010年的平均增速3.2个百分点。

2. 北京市、上海市、山西省住宅均价下降

2011年北京市商品房销售均价为16845元/平方米，同比下降5.3%。其中商品住宅销售均价为15518元/平方米，同比下降9.5%。增速分别比2010年低39.2个百分点和34.2个百分点。

2011年上海市商品房销售均价为14503元/平方米，同比上涨0.3%。其中商品住宅销售均价为13448元/平方米，同比下降5.9%。增速分别比2010年低12.9个百分点和21.5个百分点。

北京市、上海市成交量、住宅均价下降，表明这两个超大城市实施限购政策的作用较为明显，同时也与这两个城市限购政策力度较大有关。这也表明，对于具有

投资价值的城市限购政策是抑制投资、投机及遏制房价过快上涨的有效措施。

2011年山西省商品房销售均价为3441元/平方米，同比下降1.3%，比2010年低30.1个百分点。其中商品住宅销售均价为3236元/平方米，同比下降3.1%，比2010年低33.9个百分点。

3. 多数省（市）房价增速下降

2011年商品房、住宅均价增速下降的省（市）分别有16个和20个，下降幅度最大的海南省，商品房、住宅均价增速分别比2010年低37.6个和37.3个百分点。商品房均价增速下降超过10个百分点的有6个省（市、区），分别为重庆市、浙江省、内蒙古自治区、甘肃省、天津市、青海省。住宅均价增速下降超过10个百分点的有5个省（市），分别为浙江省、甘肃省、天津市、重庆市、青海省。

4. 部分省份房价增速上升

2011年商品房、住宅均价增速上升的省（市）分别有12个和8个，商品房增速上升最快的是陕西省，比2010年提高14.9个百分点，住宅增速上升最快的为湖北省，比2010年提高15.3个百分点。商品房均价增速上升超过10个百分点的有3个省份，分别为陕西省、湖北省、江西省。住宅均价增速上升超过10个百分点的有4个省份，分别为湖北省、云南省、江西省、陕西省。

5. 70个大中城市住宅销售价格指数环比、同比下降城市大幅增多

2011年12月，70个大中城市新建住宅价格指数环比下降的城市增加到54个，比1月份增加了51个；70个大中城市二手住宅价格指数环比下降的增加到53个城市，比1月份增加了50个城市。与2010年12月相比，70个大中城市中，价格下降的城市有29个。同比涨幅回落的城市有33个，同比涨幅在5.0%以内的城市有34个。

（四）商品房竣工面积增速上升较快，其他开发指标增速均呈下降态势

2011年在严厉的房地产调控政策作用下，房地产供给的指标中，只有商品房竣工面积增速呈上升态势，房地产投资、新开工面积、土地购置面积等增速均呈下降态势。受货币紧缩政策影响，房地产贷款增速回落。

1. 竣工面积增速上升较快

2011年全国商品房竣工面积为8.9亿平方米，同比增长13.3%，分别高于2010

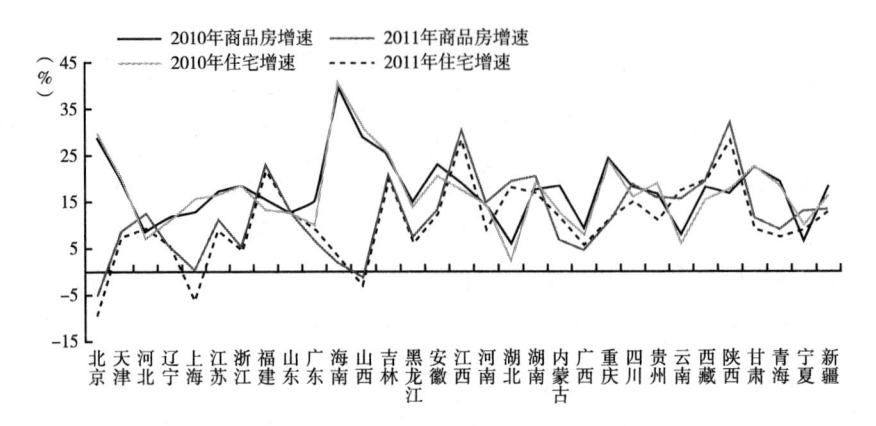

图1 2010年、2011年商品房及住宅均价增速情况

年8.7个百分点、2001~2010年平均增速1.6个百分点。其中住宅竣工面积为7.2亿平方米，同比增长13.0%，高于2010年6.6个百分点，高于2001~2010年的平均增速1.1个百分点。竣工面积增速的上升，主要与2008~2009年政策相对宽松、房地产市场返转的影响有关。当时房地产开发企业对房地产市场预期看好、投资热情较高。

2011年由于成交量下滑，竣工面积增加，全国商品房待售面积为2.7亿平方米，同比增长了26.1%，其中住宅待售面积1.7亿平方米，同比增长35.8%。尽管形成了一定的商品房面积特别是住宅面积的积压，但也给购房者提供了更多的选择，缓解了供不应求的矛盾。

2. 房地产投资增速下降

2011年房地产开发投资总额达6.2万亿元，同比增长27.9%，低于2010年5.3个百分点，但高于2001~2010年的平均增速2.4个百分点，2011年房地产投资增速与2010年相比基本呈下降态势（见图2）。

2011年住宅投资4.4万亿元，同比增长30.2%，低于2010年2.7个百分点，但高于2001~2010年的平均增速4个百分点。然而，从逐月增长看，2011年住宅投资只有年末的11月、12月两个月增速低于2010年同期。

2010年住宅投资增速低于房地产投资增速，而2011年住宅投资增速高于房地产投资增速。2011年住宅投资占房地产投资额比重为71.8%，比2010年提高1.3个百分点。

房地产开发企业对房价反应敏感，但对房地产市场发展的前瞻性判断相对较弱，以及房地产开发过程中的投资惯性是房地产投资增速没有大幅下降的主要原

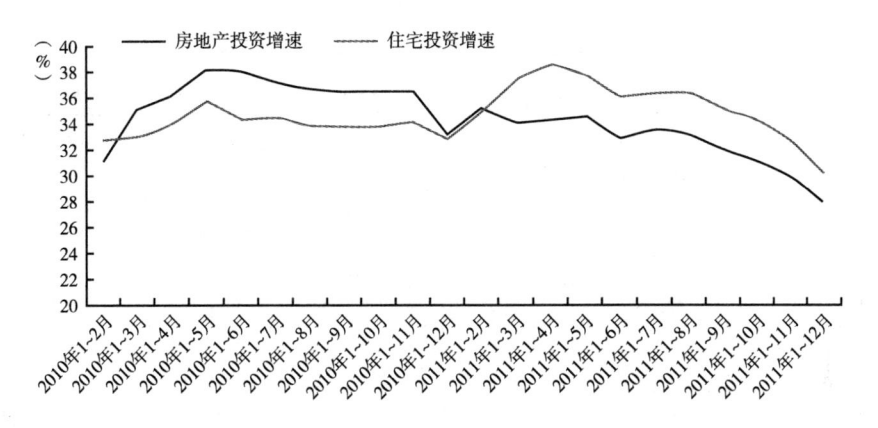

图 2 2010～2011 年房地产投资、住宅投资增速情况

因。此外，2011 年经济适用住房、限价商品住房等保障性住房的大量开工建设对住房投资的增长有一定支撑作用。

3. 新开工面积增速大幅下降

2011 年新开工房屋面积达 19.0 亿平方米，同比增长 16.2%，增速比 2010 年下降 24.4 个百分点，比 2001～2010 年平均增速下降 2.5 个百分点。其中住宅新开工面积为 14.6 亿平方米，同比增长 12.9%，远远低于 2010 年 38.7% 的增速，比 2001～2010 年平均增速下降 2.6 个百分点。住宅新开工面积占房屋新开工面积的 76.8%，比 2010 年下降 2.3 个百分点。这表明在严厉的宏观政策调控下，房地产开发企业对住宅的开工动力相对下降。

4. 土地购置面积增速迅速下降

2011 年全国土地购置面积为 4.1 亿平方米，同比仅增长 2.6%，低于 2001～2010 年年均增速 6.7 个百分点，远远低于 2010 年 25.2% 的增长率。2011 年全国有 15 个省市土地购置面积同比下降（见表2）。下降幅度最大的是河南省（-46.4%）、北京市（-41.0%）。分区域看，东部地区有 5 个省市（5/11）、中部地区有 4 个省（1/2）、西部地区有 6 个省（1/2）同比下降。

土地购置面积增速的下降一方面是一些城市调整了土地拍卖的规则，另一个方面也表明在严厉的宏观调控政策下，房地产开发企业拿地谨慎、热情不高。2011 年 1～2 月份全国土地购置面积增速为 57.1%，之后一路快速下滑，年末比年初下降 54.5 个百分点（见图3）。

表 2　2011 年土地购置面积增速下降的省市

单位：万平方米，%

地 区	本年购置土地面积	同比增长	地 区	本年购置土地面积	同比增长
东部地区	19729	5.2	湖 南	1065	-2.8
北 京	507	-41.0	西部地区	9987	3.2
天 津	597	-8.6	内 蒙 古	1693	-15.1
河 北	2738	-9.5	广 西	907	-24.3
福 建	1288	-16.4	四 川	962	-7.8
海 南	400	-22.6	贵 州	911	-9.3
中部地区	11257	-2.3	陕 西	489	-11.5
山 西	655	-25.1	宁 夏	521	-5.2
河 南	1535	-46.4	全 国	40973	2.6
湖 北	1414	-0.6			

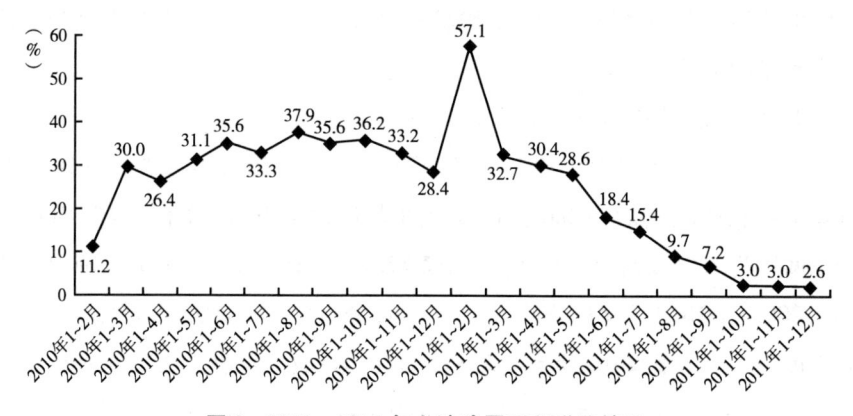

图 3　2010～2011 年土地购置面积增速情况

5. 房地产贷款增速回落

在宏观调控以抑制通货膨胀为主的情势下，2011 年上半年央行 6 次上调存款准备金率，相当于冻结 1.8 万亿资金。在紧缩的货币政策下，房地产贷款增速总体回落，2011 年全部金融机构房地产贷款余额为 10.73 万亿元，占全国同期贷款的 19.6%，同比增长 13.9%，比 2010 年回落 13.5 个百分点，增速比同期人民币贷款低 1.9 个百分点[①]。2011 年房地产开发企业到位资金中，国内贷款与 2010 年持平，增速比 2010 年下降 10.6 个百分点，占到位资金的比重下降了 2.1 个百分点。

---

① 参见《2011 年金融机构贷款投向统计报告》，http://www.pbc.gov.cn/publish/diaochatongjisi/3172/2012/20120130095131998142430/20120130095131998142430_.html。

（五）保障性住房建设高速发展

2011年保障性住房建设达到前所未有的高潮。开工数量超过1000万套，多个省市出台了公共租赁住房的政策细则。

1. 保障性住房开工数量前所未有

2011年10月末，全国开工建设1033万套保障性安居住房，超额完成了年初确定的开工建设1000万套的目标，同比增长75.1%，是保障性住房建设发展最快的一年。2011年公共租赁住房建设速度大幅提高。2010年全国建设公共租赁住房40万套，而2011年计划建设220万套①，是2010年的5.5倍。

保障性住房建设得到优惠信贷支持。保障性住房建设资金增长较快，保障性住房开发贷款余额为3499亿元，全年累计增加1751亿元，占同期房地产开发贷款增量的50.1%，比年初提高31.7个百分点。

2. 多地出台公共租赁住房政策细则

在国家政策框架下，北京、上海、重庆、福建等省市先后出台了关于公共租赁住房的细化政策，各有不同的创新和突破。以北京为例，"十二五"期间计划建设收购公共租赁住房30万套，占保障性住房的30%、占公开配租配售的60%，2011年计划开工建设公共租赁住房6万套，不仅数量大幅提高（"十一五"期间共建2.6万套），而且申请条件没有户籍门槛限制。这一政策使土地城市化向居住城市化转变，在一定程度上突破了户籍制度对城市外来人口的限制，让为城市经济、建设等方面作出贡献的非户籍人群共享住房保障政策的成果。

二 房地产市场存在的问题

（一）地方政府房价控制目标与社会预期存在较大落差

2011年1月"新国八条"明确强调巩固和扩大调控成果，要求各城市人民政府根据当地经济发展目标、人均可支配收入增长速度和居民住房支付能力，合

---

① 齐骥等，2008年"两会"住房和城乡建设部新闻发布会，人民网，http://npc.people.com.cn/GB/28320/116286/116570/117895/index.html，2008年3月17日。

理确定本地区年度新建住房价格控制目标。按照"新国八条"的要求，全国600多个城市出台了房价控制目标，但是，不仅各地对"房价"界定的标准不同，而且绝大多数城市政府将房价控制目标设定为增幅不高于或低于GDP增幅与人均可支配收入增幅。这些控制房价的目标与社会预期存在较大落差，被舆论称为"涨价目标"、"涨价标准"。

地方政府房价控制目标与社会预期存在较大落差的原因主要是：要求各城市人民政府制定本地区年度新建住房价格控制目标，是房地产市场调控以来首次采取的措施，各方均缺乏经验；地方政府担心完不成设定的目标被问责，制定的控制目标留有空间；各地互相参照制定控制目标。更深层次的原因是，土地财政尚没有进行实质性改革，一些城市政府担心房地产市场疲软影响财政收入；促进房价合理回归逐步成为社会预期，购房者期望地方政府的控制目标发出房价下调的明确信号；与"居民住房支付能力"挂钩是"新国八条"要求制定房价控制目标最主要的根据之一，但地方政府在制定控制目标时，仅参考当地经济发展目标、人均可支配收入增长速度，鲜有城市将居民住房支付能力作为参考。

除北京外，各城市政府制定了房价上涨的控制目标，在一定程度上导致产生房价上涨预期。控制目标以住房销售均价为指标，一些城市政府为了限价而限价，通过"限制、冻结中心城区"新盘上市或暂缓高价位项目入市来降低某一时期成交均价。

（二）对自住性需求有一定影响

房价调控的最终目的之一应该是改善民生，保护自住性需求是体现住房市场民生特点的重要标志。差别化信贷政策旨在引导商业银行信贷投放向民生领域倾斜，重点支持首次购房需求。但是，2011年随着宏观调控政策的实施，商业银行房地产信贷额度大幅下降，商业银行信贷进一步收紧，首套房贷款首付比例和贷款利率上调，公积金贷款购房的利率也于2月初上调。首套房信贷门槛提高使首套自住购房成本增加，负担、压力增大，抵消了消费者因房价增幅回落可获得的受益空间，使首套购房者难以分享房地产市场调控的成果。

尽管调整房贷首付比例和利率可能综合考虑了遏制房价过快上涨、保障银行贷款安全、抑制通胀等多种因素，但该措施显然并非针对房地产市场的投资和投机行为，而是抑制了首次置业需求，背离了楼市调控"有保有压"差异化信贷政策的初衷。自住性需求不同于投机投资需求，不可能被长期挤出市场，一时的挤压反而会导致沉淀并逐步聚集，成为推动房价下一轮上涨的动力。自住性需求是住房市场合理、健康的需求，事关民生，应该受到国家相关政策的支持保障，需要注意政策变动对民生的影响，需要努力保持政策的基本稳定和连续。

同时，由于限购城市数量有限，部分投资投机者由限购城市向非限购城市转移，推高这些城市的房价，挤压当地居民自住性和改善性需求。户籍性限购及城市高昂房价导致绝大多数进城工作的农村人口无资格、无能力购房，加剧居住城市化远低于就业城市化，造成这部分人群不能退出农村宅基地，居住建设用地城乡增减挂钩难以实现。

（三）保障性住房融资与管理机制不健全

目前，保障性住房建设尚未形成一套完备的金融支持政策体系。保障性住房建设融资渠道不畅，特别是出租型保障性住房（公租房、廉租房），资金投入大、利润少且回收期长甚至无利润或负利润，又缺乏相应的担保和保险政策，没有明确的风险补偿机制和激励机制，对金融机构而言存在一些风险，对其他社会机构及个人缺乏投资吸引力。地方财政预算、住房公积金增值净收益安排的资金、土地出让净收益提取资金、地方债安排的资金、中央财政补贴成为该类保障性住房的主要资金来源，但财政资金投入比例低、土地收益回落且支出门类不断增多、地方债务增多风险加大，导致资金来源渠道虽多但资金量小，地方政府特别是中西部地区地方政府面临资金压力。首先，土地出让收益增幅回落明显，支出门类不断增多。2011年房地产开发土地购置面积同比仅增长2.6%，远远低于2010年25.2%的增长率，不少省市出现负增长。土地出让价格增幅同比下降10.5个百分点，虽然土地出让总价款较2010年的2.7万亿元略有上升但增幅大降。与此同时，土地收益支出门类不断增多。2010年要求土地出让金的10%用于保障性住房建设，2011年国务院发布的《关于进一步加大财政教育投入的意见》及财政部、水利部正式印发的《关于从土地出让收益中计提农田水利建设资金有关事项的通知》分别要求地方政府必须从土地出让收益中按10%比例计提教育资金和确保10%的土地出让收益用于农田水利建设。土地出让收入是许多地方的主要财源，土地出让收入增幅回落及支出门类增多制约地方政府保障性住房支出能力，同时也制约地方经济社会综合发展。其次，地方债务增多，存在一定风险。截至2010年底,全国省、市、县三级地方政府性债务余额107174.9亿元,相当于同期全国GDP的27%,超过当年全国财政收入。从偿债年度看,2012年和2013年到期偿还的分别占17.17%和11.37%[①]。大量地方债进入还款期,城投债风险可能会在未来两三年集中爆发,而今后两年内地方债务的积累仍然会维持在很高的水平。另外,财政政策对融资的杠杆作用小、信贷政策不够系统等也影响保障性住房融资,而后续资金来源不明确,使得保障性住房的建设和运营资金难以持续。

保障性住房管理机制不健全的主要体现:一是法律制度建设滞后。现行住房保障政策多以规范性文件形式发布,缺乏专门的法律法规,未形成法律制度约束,严肃性和威慑力不足,保障对象进入、退出及惩处等缺乏法律支撑和依据,不足以确保保障性住房建设与管理正常有序。二是管理机构需进一步完善。前期建设与建后管理分属不同部门,保障性住房管理机构人员紧缺,力量薄弱,难以承担日益加重的管理任务。三是进入退出机制不健全。从进入机制看,一些地方收入(财产)核查部门协作机制不健全,审核难度较大;家庭和个人住房、收入以及金融资产等基础信息不足,骗租、骗购等情况屡见不鲜;一些地方仅依保障对象提供的材料进行审核,容易使审核流于形式。从退出机制看,动态监管不到位,不能及时监测保障性住房使用和保障对象经济状况变化情况;对骗租、骗购等惩处力度较小。

(四)开发企业对政策及市场敏感性差,市场垄断可能性加大

2011年商品住宅投资额达44308.4亿元,同比增长30.2%,远高于1998~2010年年均增长率24.4%,反映开发企业对政策和市场变化的敏感性不强,市场判断力弱。虽然房地产开发企业中的国企占比在逐年下降,但其掌握大量土地、资本、人才等资源,在房地产市场中仍占主导地位。预算软约束、多类政策倾斜优势、负盈不负亏、责任追究制度不健全等导致一些国企不积极研究市场,风险意识差,盲目投资。一些民企规模小,市场占有率低,面临融资等方面的市场环境差,缺乏市场竞争力,抵抗市场风险能力低,难与国企匹敌,在严厉的宏观调控环境下更加缺乏市场判断力,往往盲目跟从国企投资方向。

---

① 摘自审计署审计长刘家义2011年6月27日向全国人大常委会所作审计工作报告。

更加严厉的房地产市场调控，使房企面临低成交、高库存的严峻形势，一些以银行贷款为主要资金来源的小规模房企在信贷趋紧的背景下，陷入资金链断裂的困境。部分中小房企倒闭或被大房企收购吞并而撤出房地产市场，有可能导致房地产市场向大型开发企业集中并逐步形成垄断，影响房地产市场产品供应及消费者选择的多元化。

（五）房地产研究咨询服务发展滞后

一方面，中国房地产市场化时间尚短，统计数据连续性差及统计标准不一致，为市场规律性与趋势性把握带来困难。此外，中国房地产市场受调控政策影响大，而政策制定受到不同利益群体或阶层的影响；同时，各地区之间市场发展的基础、环境差异较大，发展特点不同。中国国情及房地产市场发展特点导致目前房地产市场规律难以把握及预测，加大了房地产研究咨询服务市场发展的难度。

另一方面，房地产市场一直以来处于卖方市场，房价单边上涨使得房地产开发企业能够轻易获得利润，企业缺乏研究咨询动力与需求。少数开发企业重视市场研究，但为了减少研究咨询费用确保利润最大化，设置内部研究机构而不愿意利用"外脑"。客观上，尚缺乏社会认可度较高的权威研究咨询机构，导致需求方对研究咨询缺乏信任，也使房地产研究咨询服务市场发展缓慢。

三　2012年房地产政策展望和市场预期

经历了2011年的供需相持和市场低迷，面对国际经济前景不明朗，2012年我国房地产调控难度增大，在巩固已有调控成果基础上调控政策将不断优化和提升，房地产市场继续维持盘整态势，房产交易量将相对萎缩，房价可能略有回落，但总体降幅不会很大。

（一）2012年宏观经济形势对房地产市场的影响

自2011年第二季度以来，我国GDP增速呈现逐季回落态势，年初政府工作报告也将年度经济增速调低为7.5%，回落的经济增长态势必将对房地产市场产生重要影响。同时，近年来我国致力于经济结构调整，服务业占GDP比重大大提高，消费性内需对经济增长的贡献逐步增强①，也必将对房地产市场结构产生影响。

（1）经济增速回落影响收入增长和增长预期，导致购房置业决策更趋谨慎。经济增速回落将导致当期收入增长放缓，更形成未来收入增长可能持续走低预期。当期收入和预期收入增长放缓，必将影响房地产需求。对自住性需求而言，收入增长放缓影响其收入储蓄积累，直接冲击其购房能力和按揭购房的未来还贷能力，对购房决策更趋谨慎；对投资投机性需求而言，居民收入增长放缓，意味着储蓄增长放缓，也意味着未来资本市场资金价值增长，而房地产的投资投机价值下降，从而促使投资投机性决策也趋向谨慎。

（2）经济增速回落也可能促使国家放松信贷调控，有助于稳定房地产开发投资和供给。经济增速回落也将导致国家宏观调控政策转向，房地产开发信贷可能有所放松，特别是保障性住房开发信贷支持力度将加强，这将在一定程度上维持房地产投资，使其不至于大幅下降，也将稳定本年度新增房地产供给。

（3）经济结构改善有助于居民收入分配和消费性住房需求积累。最终消费对经济增长贡献增强，也意味着产业结构的相应调整，城市居民服务产业等第三产业比重将提高，而居民服务行业资本的重要性下降、人力的重要性上升，这使得国民收入分配中工资收入占国民收入比重将逐渐提高，同时居民服务等行业的发展也使传统垄断行业重要性下降，这导致资本所得和垄断行业所得所导致的居民收入分配差异可能逐渐呈缩小趋势，居民收入分配可能向中低收入人群倾斜。而中低收入人群收入增长将有利于自住性购房的收入储蓄积累。

（二）2012年房地产政策展望

1. 房地产调控方向

2012年我国房地产政策将继续巩固已有的调控成果，调控政策将不断优化和提升，但调控难度也不断增大。一方面，国内外闲置资本仍然对房地产市场形成巨大的投资投机性需求，抑制投机仍将是本年度房地产调控的重要目标；另一方面，宏观经济增速回落，保增长压力增大，宏观经济调控可能逐步由紧缩转向宽松。

---

① 根据国家统计局，2011年最终消费对GDP增长的贡献率高达51.6%，http://www.stats.gov.cn/tjdt/gjtjjdt/t20120117_402779601.htm。

（1）巩固调控成果、抑制投机性需求仍将是本年度房地产调控的中心任务。经济增速回落，生产性领域投资赢利下滑，特别是民营经济经营环境困难，而资本市场制度改革仍有待突破，居民储蓄和闲置资本仍然缺乏有效投资渠道，被动流向房地产市场寻求保值增值。同时，国际资本市场受美欧经济复苏乏力和宽松量化货币政策影响，闲置货币充足，很容易形成对我国房地产市场的套利行为。因此，2012年房地产市场应对国内外资本市场套利性的投机需求压力仍然很大，抑制投机性需求仍将是本年度房地产政策调控的中心任务。

（2）自住性需求支持力度将逐渐加大，调控措施将进一步体现差异化、精准化。为促进民生，促进城市化和长期经济增长，也为化解房地产行业赢利危机和地方政府土地财政危机，2012年国家房地产调控将加大对自住性需求的支持力度，引导民生性住房消费适度增长。可以预期调控措施将进一步体现差异化、精准化，在继续维持对投机性需求紧缩抑制政策的同时，对首套住房的金融支持力度将加大，对改善性住房需求限制也有可能逐渐松绑。

（3）政府与企业、中央与地方利益诉求差异，使调控政策执行和实施难度增大。在经历经济增速下滑、土地出让流拍和土地出让收入大幅下降后，一些地方政府正面临严重的经济增长和财政收支压力，渴望活跃房地产市场以解燃眉之急；经历交易量萎缩、房价调整的房地产行业也面临赢利下滑、资金链断裂风险，必然试图寻求为房地产调控政策松绑。政府与企业、中央与地方差异化的利益诉求，导致地方政府和企业在对中央政策的执行和实施中，更积极寻找有利于自身利益的政策突破，消极应对不利于自身利益的政策实施，导致调控政策的执行和实施难度增大。

2. 若干代表性房地产政策展望

延续近年来的政策争论和政策试点，2012年一些重要的具体政策措施被广泛期待。

（1）房产税。继上海、重庆征收房产税试点后，全国性房产税政策出台被热议，不排除面向新增市场的上海模式或仅面向高档商品房的重庆模式在其他城市实施推广。但考虑房产税影响深远，所需的信息技术要求也较高，面向整体存量市场并以过度持有房产作为征税对象的房产调节税很难在2012年出台和推广。

（2）限购。经历了2011年低迷的房产市场交易和土地出让流拍后，一些地方政府和开发企业开始不断寻求政策松绑和突破，其中限购政策可能是寻求突破的主要方向。在各利益相关方影响下，2012年部分城市具体限购措施可能有所变化，如对首套住房定义放宽、对二套住房限购放开、对非户籍常住人口限购放宽，限购手段也可能从硬性的交易限制转向信贷限制。但对北京、上海等超大城市，考虑城市人口规模限制要求，针对外来人口的住房市场限购可能作为一种常态的制度存在。

（3）住房保障。随着就业主导城镇化向居住生活主导城镇化转型，解决低收入家庭住房的经济实力增强等，城镇住房保障的重要性不断增强。而我国现有的住房保障体系远不能适应这一转型要求，住房保障制度有待重构。如上所述，在维稳政策基调下，住房保障体系将延续当前以建房补贴为主导的保障模式，但由于土地出让金锐减，各城市地方政府的住房保障筹资难度增大，相对于上年度，2012年度保障性住房建设步伐将呈现减速态势。

（三）2012年房地产市场预测

1. 房地产需求

受国际金融危机和宏观经济增速回落影响，2012年房地产需求可能呈现低迷态势，投资投机性需求进退难舍，消费性需求谨慎观望。

（1）投资投机性需求进退难舍。对资本市场而言，2012年我国房地产市场的投机和投资将进退难舍。一方面，当前多数城市房价已经远超真实消费需求的购买能力，进一步的房价上涨很难实现，通过房产持有转售赢利的好日子已经一去不复返，同时绝大多数城市售租比也远超正常投资所能承受的赢利压力，高价住房持有的保值风险越来越大；另一方面，股市等其他投资渠道同样前景不明，闲置资本很难寻找有效的替代投资渠道，被迫向房地产市场寻找投资保值机会。

（2）消费性需求谨慎观望，购房决策取决于房价变化。对广大无房家庭而言，2012年的自住性购房同样可能更为谨慎，观望态度更为明显。一方面，对既有的城镇住房困难居民家庭而言，当前高房价已经超出其收入储蓄承受能力；对城镇化移民家庭而言，购房居住形成的城乡消费利益差异空间大大缩小，回乡建房购房利益大大上升；另一方面，由于居住需要和城乡明显的居住消费利益差异，当房价合理回调，由经济结构调整形成的收入分配结构调整将鼓励中低收入居民家庭踊跃实现其消费性购房需求。

2. 房地产供给

受2011年房地产交易低迷影响，2012年房地产供给将相对充裕，存量供给将进一步积累，但新增供给可能与上年大致持平或有所下滑。

（1）存量供给进一步积累。一方面，由于2011年新建房产竣工供给增长，交易萎缩，导致2012年新建住房存量供给迅速积累，2011年全国商品房待售面积为2.7亿平方米，同比增长了26.1%，其中住宅待售面积1.7亿平方米，同比增长35.8%；另一方面，随着房地产市场景气下降，房产增值效应下降，贬值风险增大，存量市场持有多套住房的投资投机客退出房市抛售房产动力增强，二手房供给也将逐步增大。

（2）新增供给可能与上年大致持平或有所下滑。由于2011年末房地产市场景气下降，房地产开发企业市场预期趋紧，导致2011年房地产新开工面积增幅大大下降，土地购置面积绝对量大幅下降，这将影响2012年新增房产供给，考虑2011年施工面积仍保持较高增速，预计2012年新增房产供给可能与上年持平或略有下滑。

3. 房地产行业

2012年将是住房分配制度改革以来，房地产行业最艰难的一年，行业赢利可能急剧恶化，中小企业倒闭破产更可能激增。

（1）行业整体赢利可能急剧恶化，中小企业亏损将加剧。2012年对部分房地产企业而言，其房地产开发成为鸡肋，食之无味，弃之可惜。经历2011年房地产交易量的持续低迷后，房地产企业面临的选择是，要么降价销售，要么囤房囤地。但当前房地产开发销售环境不同于2008年金融危机初期，当时开发企业的土地购置多发生于2006年以前的低地价时期，房地产品的降价空间大，大幅降价仍能保持可观赢利，而当前房地产开发土地购置大多发生于2009～2010年的高地价时期，房地产品降价空间小，降价可能出现企业亏损，不降价则资金占用上升，资金链紧张压力增强。因此，当全行业因为市场低迷而赢利下降时，中小企业将面临艰难境遇，赢利空间缩小，亏损现象将不断扩展；而大型企业特别是大型国有企业，融资渠道畅通，融资成本低，资金压力较小，生存能力会强很多。

（2）行业并购加剧，行业集中度将进一步提高。由于行业整体赢利下降，部分前期土地购置成本较高、融资成本较大、商品房积压较多的企业将面临亏损和债务压力，破产、倒闭现象将激增。全行业破产、倒闭增加，也将为大型企业集团和财团并购提供良机，并购将提高行业集中度，市场垄断格局将进一步加强。

4. 房地产交易

2012年房地产市场继续维持盘整态势，房产交易量将相对萎缩，房价可能略有回落，但大幅降价可能性也很小。

（1）房价将延续上年末的盘整态势，预期房价将有所回落，但总体降幅不会很大。由于需求低迷，几乎不存在房价上涨可能性，但由于当前房地产开发成本特别是土地购置成本很高，大幅降价将意味着多数开发项目面临亏损，在经济和政策前景明朗前，多数开发企业将选择观望态势，不情愿轻易降价，房价将延续上年的盘整态势。由于部分开发企业出现债务危机被迫低价处理存量房产，也由于某些大型企业集团为了主导行业重组并购，通过价格战形成对被并购开发企业的亏损压力，因此整体房价也将在盘整中有所回落。但总体上，由于房地产行业准入限制少，行业外资本可以较容易进入，行业内垄断企业通过价格战实施并购策略很容易被行业外资本进入而打破，导致得不偿失，因此剧烈的价格战很难形成，总体房价降幅不会很大。

（2）2012年商品房总体交易量仍将持续低迷，保障性住房将加快上市配购。由于房价继续维持盘整态势，投资投机性需求和自住性需求仍将保持谨慎观望，商品房市场总体交易量仍将继续低迷，但由于近年保障性住房建设力度加大，2012年可望形成可观的现实供给，保障房上市配购将加快。

（3）房地产交易区域分化格局将加剧，部分前期涨幅较大的中小城市可能迎来较大幅度价格调整，同时交易量将有所释放，大都市区交易量将持续低迷，房价则可能仅仅小幅盘整。

中小城市房地产开发企业相对规模较小，融资压力更大，对交易量低迷的承受能力小，同时中小城市开发企业土地购置成本也相对较低，在部分前期涨幅较大的中小城市，存在较大的房产降价空间，预期可能出现较大的房价降幅。由于中小城市往往是周边农村人口居住城镇化的目的地，其房价下调很容易对居住城市化人口形成有利的城乡市场生活利益差异，引导农村人口的居住城镇化迁移，更容易积聚消费性住房需求，房价调整到位也有利于交易量的回升。

而大都市区开发企业多为大型企业集团和财团，其中不少属于大型央企国企，融资压力小，对交易量低迷的承受能力强，但土地购置成本普遍较高，房产降价空间小，更可能维持价格盘整态势。此外，大都市区的移民人口已经远远超出周边农村，其外来居住人口或预期外来居住人口多为分布全国城市的高收入富裕家庭，其居住移民已经超越城乡市场消费利益差异，房价调整对交易量的弹性很小。

四 政策建议

（一）探讨首套普通住房优惠政策和超大城市"限购"制度化

让房地产回归其居住的民生属性应是调控的终极目标之一，首套自住性普通商品房需求者多为普通工薪阶层家庭，其民生性无可置疑，一直以来在首付比例、利率等方面得到政策优惠。对购买首套自住性普通商品房的优惠和支持应是房地产市场的基本政策，应在完善居民购买首套自住普通商品住房贷款优惠政策的基础上，尽力避免在首付比例、利率等方面优惠程度的频繁调整，支持居民的合理购房需求，使房地产调控惠及普通工薪阶层，使普通工薪阶层对购房成本、还贷能力等有明确底数，更灵活自主地选择购房机会。应在完善家庭住房信息库、准确甄别首套购房者的基础上，在政策制定时规避对首套自住性商品房需求者的误伤，在保障普通商品住房供给的同时，对购买首套自住性商品房的首付比例、利率等优惠政策实现长期化、稳定化、制度化，保持政策的连续性。

超大城市住房价格快速上涨，房价高企，远超当地居民购房支付能力。住房市场与经济社会各方面因素紧密相连，后者为前者发展提供支撑力，超大城市房价上涨速度远超经济社会对其支撑力，继续快速上涨可能引致经济社会问题。尽管历经多次调控，但效果一直欠佳，"限购"政策使超大城市住房市场量价齐跌，调控效果初步显现。同时，超大城市的资源、环境压力日益加大，城市的人口承载力面临考验。因此，在保障合理需求的同时，应结合城镇体系建设、超大城市资源环境承载能力、房产税征收等，探讨限购政策制度化的可行性。

（二）完善保障性住房投融资和管理机制

保障性住房是重大民生工程，政府是推动主体，完善建设和管理机制是政府的重要工作。

在保障性住房建设方面，最重要的是要促进投融资主体的多元化和市场化，完善保障性住房建设的投融资机制。保障房建设是一项长期且规模巨大的工程，现行的中央资金补助、地方资金投入、公积金增值收益和土地出让收益投入、地方政府债券等渠道筹集的资金与未来保障性住房对资金的巨大需求存在较大差距，而企业债券融资、金融机构信贷融资等市场化融资因存在风险，商业金融机构信贷积极性不高，市场化融资困难。因此，需要研究和探讨专项立法，设立政府担保专项基金，增强商业金融机构对保障性住房建设信贷支持的信心，通过税收、信贷、土地等优惠政策引导各类社会投资主体及个人资本进入保障性住房领域，促进投融资主体的多元化和市场化，建立和完善与经济社会发展相协调的系统性金融支持体系。

在保障房管理方面，一要完善进入、退出机制。《国务院办公厅关于保障性安居工程建设和管理的指导意见》（国办发〔2011〕45号）明确提出要规范准入审核和健全退出机制。我国地域广阔，各地经济社会发展情况千差万别，需要市、县根据当地情况制定各类保障房的具体准入门槛和退出标准，上级主管部门进行审核并监督实施。应制定随着家庭收入变化在租赁房、公租房、经济适用房、两限房、普通商品房之间进入退出的转换接续法规和措施，使保障对象在家庭收入变化后可以适时调整到应该或能够享有的住房。二要完善分配机制。严格遵循"三审两公示"程序的同时，建立有效的监督及惩处机制，保障分配公平公正。切实加大对保障对象的审核力度，杜绝审核流于形式。通过网络及保障对象所在社区、单位公示等多渠道公开信息，公开申请对象相关信息，接受社会监督。建立具体、可操作的对保障房管理人员失职、保障对象和相关机构提供虚假资料等的追究、惩处制度，促使监管人员对保障对象的收入等资料及动态变化认真负责地审核，促使保障对象和相关机构提供真实资料。加大对申请者虚假申报、骗购骗租、转租转售、闲置浪费等行为的惩处力度。三要设置保障性住房专门管理机构，配备专职管理人员。到"十二五"末，我国保障性住房覆盖面将达到20%以上，保障性住房的规模将越来越巨大，其中的廉租房、公租房应属国有资产，因此保障性住房管理是政府的一项重要职责。目前，一些地方特别是许多县、区没有设立专门管理机构，大量工作人员为兼职。保障性住房建设管理、资金管理、政策执行及监管等多头管理，效率低下。为此，应建立专门的保障性住房管理机构，统一负责保障性住房建设、管理等相关事务，通过公务员考核系统等选拔一批优秀公务员进入保障性住房管理系统工作，提高保障房管理水平。

保障房的建设与管理，需要相应的法规做保障，应在认真总结近几年保障房建设、管理经验教训的基础上，借鉴国外相关法规，着手研究探讨有关法规、条例，尽早建立完备的法律体系。

（三）进一步营造健康的市场发展环境

健康的房地产市场环境是促进房地产市场健康发展的前提之一，为稳定房地产市场发展环境，应重视以下问题。

1. 防止房地产市场形成垄断

更加严厉的调控政策使交易量增幅显著回落，一些城市出现负增长，市场低迷，越来越多的开发企业特别是中小企业资金链紧绷甚至断裂陷入经营困境，一些企业因此倒闭或被业绩较好、资金实力强的大型企业并购。在市场调控、房地产信贷政策继续从紧的背景下，房地产市场将继续出现并购和重组。虽然并购、重组有利于改善房地产市场鱼龙混杂、投机盛行的发展环境，但如果缺乏有效的引导与规范，放任房地产企业无序并购与重组，就可能使一些城市的房地产市场变成少数大型企业的天下，垄断市场、垄断价格、控制交易，市场就可能产生新的不健康、不规范的现象。因此，需要制定合理、合法、有序的房企并购、重组规章，规范并购、重组秩序，禁止地方政府搞暗箱操作给大型房企开绿灯，以防止并购、重组的无序化和可能形成的市场垄断。

2. 继续约束非房地产国企进入房地产领域

最近两年，一些地方政府已经开始约束、禁止非主业房地产国企进入房地产领域。但是，随着市场持续低迷一段时间后，一方面抄底的想法在市场蠢蠢欲动，另一方面地方政府因土地收益增幅下降甚至减少，财政压力加大，可能放松对非主业房地产国企进入房地产领域的管控，同时，2012年国际经济仍将处于增长乏力阶段，国际贸易增速将继续回落，企业可能面临市场、成本与价格、节

能减排、产能过剩等多方面的更大压力。在此背景下，不排除一些非主业房地产国企为使剩余资金规避风险保值增值乘机进入房地产领域。如此，将给市场发出与调控方向不同的信号。非主业房地产国企在房地产领域专业化程度不高，影响项目开发质量，专业竞争优势并不明显，而且影响主营业务。对房地产市场严厉调控，使房地产市场竞争更趋激烈，相比于民企，国企在信贷、融资、拿地上有着明显优势，非主业房地产国企进入房地产领域，影响公平竞争的市场环境。应继续约束、禁止非主业房地产国企进入房地产领域，在已有经验上继续采取措施使非主业房地产国企退出房地产经营业务。

3. 稳定市场基本政策

实施房地产调控以来，每当调控方向指向政策收紧时，土地购置面积、新开工面积等增幅会下降；调控方向相反时（如金融危机冲击时）则出现相反现象。而房地产生产周期较长，就可能导致影响后两年市场供给与调控方向不一致的局面。2011年新开工面积增速大幅下降，土地购置面积增速迅速下降，会影响到2014年前后的市场供给。除房地产市场发展时间短、缺乏调控经验积累外，造成这种情况的最主要原因：一是没有进行房地产市场发展的战略规划，市场各主体预期不明确，开发企业进行企业发展战略规划也缺乏根据和基础。二是房地产市场尚未真正回归民生属性，基本政策不稳定，如自住性首套房首付比例和利率随调控方向发生变化、对投资投机性住房的遏制在金融危机冲击背景下力度大减甚至不再实施等。因此，需要结合城镇化、经济社会发展、土地利用、房地产金融支持等因素，以深入研究房地产市场发展趋势为基础，制定房地产市场发展战略规划，明确市场发展蓝图。促进房地产真正回归居住和民生属性，保持自住性首套购房优惠政策和对遏制投机性、抑制投资性购房政策的基本稳定和连续，以稳定市场基本预期，促进市场稳定发展。

（四）稳步推进房产税改革

征收住房房产税具有完善我国财税体系、扩大地方政府财源、抑制投资投机性购房需求、引导住房合理消费、促进商品房供给结构调整、减少闲置房、合理利用土地及其他社会资源、调节收入和再分配、减缓贫富差距等多重功效，我国针对持有环节的房产税征收虽已开始试点，但全面征收房产税所必需的制度法规、标准细则、基本信息等尚有较多欠缺，甚至对其主要功能定位也远没有基本统一的社会认知。房产税改革不仅事关财税体制改革、国民经济和房地产健康发展等，更与亿万家庭的切身利益息息相关，需要有步骤地扎实做好相关基础工作，在试点的基础上，稳步推进房产税改革。

应加紧研究制定与房产税相关的法律，如关于房产评估方面的法规等，建立房产税征收的法律基础，使房产税征收有法可依。以中国国情为基础，坚持住房的民生属性，将房产税改革纳入我国财税制度改革、优化财税结构的整体框架内来考虑，合理设定税制基础，在确定征收房产税的基本功能的同时注重其整体功能的发挥。房产信息是房产税征收的基础，应尽快开展全国城镇房屋普查登记，全面掌握居民房产信息，以城镇房屋普查登记为基础建立居民住房房产信息数据库和管理系统，并实现全国联网，在保证信息安全的基础上，实现多部门信息共享和互通，降低征税成本，支撑房产税征收。对个人缴纳的与房地产有关的税费进行统一梳理、整合、建立符合房地产市场发展和与私人财富增长相适应的合理的税收体系。在打击投机、抑制投资的同时，切实坚持保护居民基本住房需求的原则，合理确定房产税的征收范围、房屋种类，实施差别化税收政策，明确减税、免税房产范围、种类和数量等。建立房产税征收的技术支持体系，如完善房屋评估技术规程，建立评估系统，科学规范和统一评估资质、程序、标准等；支持评估机构发展，培养高水平、高素质的评估技术人员，出台评估机构监管法规，严格对评估机构、评估技术人员、评估过程、评估结果的监管。同时，要探讨房产税征收的方式和方法，明确房产税的用途，制定推进房产税征收规划等。

（五）培育房地产研究咨询服务市场

随着行业竞争加剧、政府调控手段逐步成熟、消费者购房行为日益理性，新的市场环境下，商品房"皇帝女儿不愁嫁"的日子将一去不复返，房地产市场单边上涨、企业利润不断上涨的赢利模式将不复存在，开发商把握经济社会发展趋势、政策走向、消费者对商品房套型等的需求、商品房区位等对销售的影响等，需要研究咨询市场提供服务。随着房产税、限购措施等对投资投机性购房遏制力度的持续加大，自主性购房成为主体，家庭对首套房的选择也会更为慎重认真，也需要研究咨询机构提供服务。从政府角度看，房地产业与其他相关产业和整个国民经济的协调发展，房地产市场与土地、居民收入增长、城镇化、金融安全、金融支持、保障房建设等的协调，房地产市场发展规划等更需要研究咨询机构提供高质量的服务。因此，房地产研究咨询服务需求将日益增长，具有广阔的市场前景。

市场形势的转变要求开发企业具有研究咨询意识，树立"研究咨询先行"的观念，充分利用权威研究机构、专业咨询公司等"外脑"资源，对企业发展战略、投资方向、投资方式、投资时机以及商品房建设的市场定位、销售策略等进行研究或规划。商品房从拿地到建成需要较长的时间，开发企业需要研究机构、专业咨询公司对市场变化、政策调整等进行前瞻性研究，增强应对市场变化的能力。政府对土地市场、房地产市场、区域经济社会发展、城镇建设与城镇化、金融风险管控负有管理责任，需要研究、规划、制定法规和各种政策的内容更为庞杂，需从研究咨询市场购买决策性研究成果，以制定更为科学的法规、政策、措施，保障房地产业和房地产市场健康稳定发展。同时，应制定研究咨询市场发展规划、监管法规，依法对研究咨询机构进行监管。在研究咨询市场发育初期，为研究咨询机构在税收等方面提供优惠，优化房地产研究咨询政策环境，推动研究咨询市场的发展，支持房地产研究咨询机构的发展壮大，鼓励建立民间研究咨询机构，形成竞争性市场，延长房地产业产业链条，扩展房地产市场内涵。

研究咨询企业、公司或机构需要把握研究咨询市场脉搏，适应市场需求，为政府、企业、消费者提供多元化研究咨询服务。人才是房地产研究咨询机构最具竞争力的资源，研究咨询机构应加强人才队伍建设，重视培养、引进研究咨询人才，拓宽人才引进渠道，强化研究咨询人才教育培训，积极开展与国外相关机构的合作、交流，提高研究咨询水平，增强对市场需求方的吸引力。

土地与企业篇

Land and Enterprises

B.2
2011年全国主要城市地价状况分析报告

中国土地勘测规划院全国城市地价动态监测组

摘　要：2011年，全国地价水平稳步上升，总体地价增长率明显回落，各用途地价增长率均低于上年。以2000年为基期，2011年住宅地价定基指数仍保持最高。全年房地产开发投资额、土地供应量涨幅均有所回落，房价增长率略低于地价增长率，地价占房价比例有所下降。总体来看，2011年的地价变化反映了严格的宏观调控政策预期，2012年的地价变化将受国内外宏观经济状况、宏观调控政策导向等影响，在宏观调控手段和方式逐步转型的前提下，有利于形成抑制房地产市场投机投资需求的制度框架，进而有利于房地产业健康发展和地价平稳上涨。

关键词：城市地价　地价房价比　租价比

近年来，国内外经济形势复杂严峻。我国房地产市场经历了2007～2008年由热而冷和2009～2010年由冷转热的较大波动。为促进房地产市场健康发展，

保障国民经济平稳运行，2011年以来，国家连续出台一系列金融、货币、土地等宏观调控措施。总体来看，一系列政策的出台，对过热的土地及房地产市场起到了明显的抑制作用，实现了政策预期。

一 2011年全国主要城市地价状况分析

（一）地价水平值分析

1. 2011年全国地价水平稳步上升，重点监测城市各用途地价水平高于主要监测城市

2011年全国主要监测城市地价水平稳步上升，综合地价水平值为3049元/平方米。其中，商服用地地价最高，为5654元/平方米；其次为住宅用地地价，为4518元/平方米；工业用地地价最低，为652元/平方米。

全国重点监测城市综合地价水平值为4201元/平方米，各用途地价均高于全国平均水平，与全国各用途地价变化规律相一致。其中，商服用地地价平均为7176元/平方米，住宅用地地价平均为6165元/平方米，工业用地地价平均为807元/平方米（见图1）。

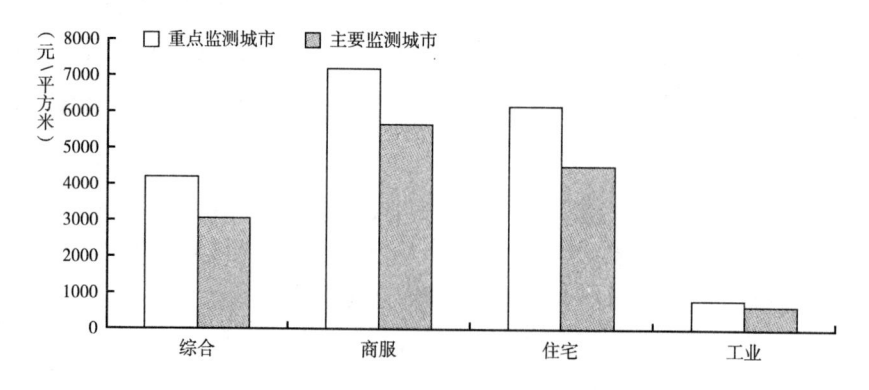

图1 2011年全国重点监测城市和主要监测城市各用途平均地价水平值

2. 东、中、西部地区地价水平差异较大，地价水平呈东高中低态势

全国重点监测城市中，东部地区各用途地价水平值最高，且均高于全国平均水平，综合地价平均达6129元/平方米；中、西部地区各用途地价水平值则均低于全国平均地价水平值，且远低于东部地区平均水平，中部地区综合地价最低，为2052元/平方米（见图2）。

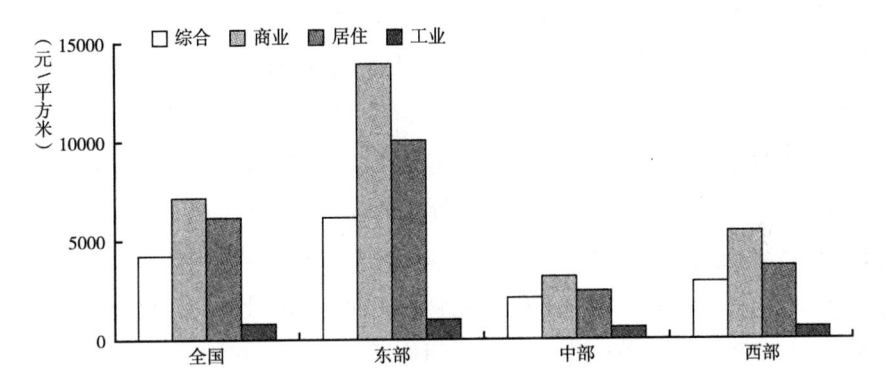

图2　2011年全国及东、中、西部地区各用途平均地价水平值比较

3. 六大分区地价水平呈从南到北递减的趋势，华东区地价水平值高于其他分区

全国重点监测城市中，六大分区平均综合地价水平由高到低依次是华东区、中南区、西南区、华北区、东北区、西北区，其平均综合地价水平分别为7415元/平方米、4095元/平方米、3870元/平方米、3562元/平方米、2209元/平方米、1705元/平方米。其中，华东区的重点监测城市综合地价水平普遍较高，均在5000元/平方米以上，高于4201元/平方米的全国平均水平，而其他区域均低于全国平均水平。从地价的区域分布来看，基本体现了从南到北的地价递减趋势（见图3）。

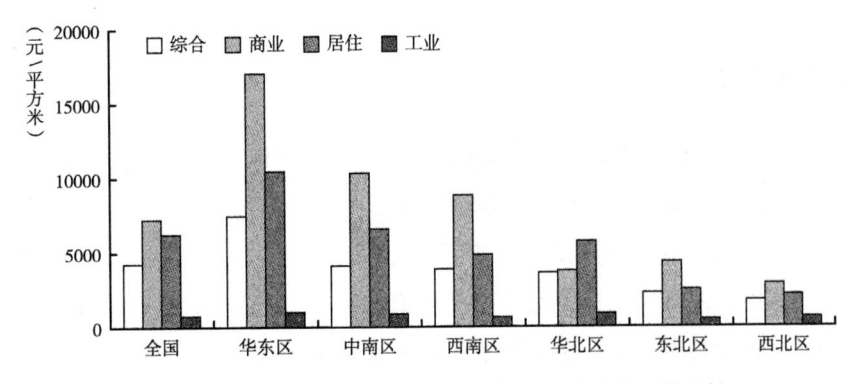

图3　2011年全国及六大分区各用途平均地价水平值比较

4. 长江三角洲、珠江三角洲和环渤海三大重点区域综合地价水平值均高于全国平均水平，其中珠江三角洲的商服地价水平比较突出

全国主要监测城市中，三大重点区域综合地价水平值均高于全国平均水平。其中，长江三角洲区域综合地价水平在三大重点区域内最高，为4582元/平方米；珠江三角洲区域次之，为4171元/平方米；环渤海区域最低，为3329元/平方米。三大重点区域的商服、住宅、工业地价水平值均高于全国平均水平。延续上年的趋势，珠江三角洲区域的商服地价水平高于住宅和工业地价水平，且远远高于其他区域的商服地价水平，为14822元/平方米，是全国平均水平的2.62倍。长江三角洲区域的住宅和工业地价水平值均为全国最高，分别为7499元/平方米、830元/平方米。环渤海区域的各用途地价水平值在三大重点区域中均为最低，商服、住宅、工业地价水平值分别为6001元/平方米、5223元/平方米、669元/平方米（见图4）。

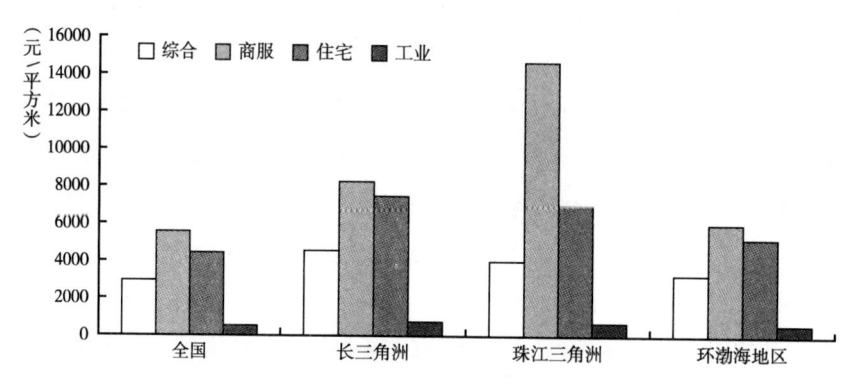

图4 2011年全国及三大重点区域各用途平均地价水平值比较

（二）地价增长率变化分析

1. 2011年全国地价水平增速放缓，各用途地价增长率均低于2010年；住宅地价增长率大幅回调，低于商服地价增长率

2011年全国主要监测城市综合地价增长率为5.94%，较上年降低了2.68个百分点。其中，商服用地地价增长率为9.02%，较上年下降了1.01个百分点；住宅用地地价增长率为6.58%，较上年下降了4.44个百分点；工业用地地价增长率为3.88%，较上年下降了1.41个百分点。从2008年以来主要监测城市各用途地价变化状况来看，2011年国家出台一系列比较严格的调控政策，各用途地价增长率均首次回落，其中住宅用地地价增长率回落幅度最大（见图5），反映国家对房地产市场的宏观调控政策起到了明显作用。

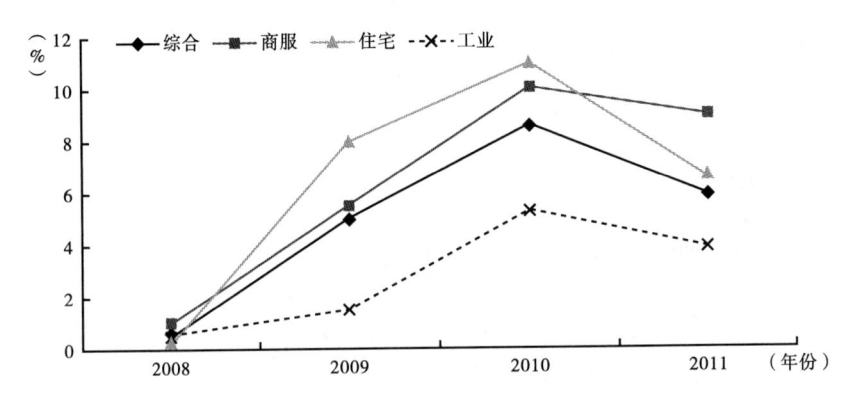

图5 2008~2011年全国主要监测城市各用途平均地价增长率比较

2011年全国重点监测城市综合地价增长率为6.74%，比上年降低了3.86个百分点。其中商服用地地价增长率为9.79%，较上年降低了2.18个百分点；住宅用地地价增长率为7.02%，较上年降低了5.67个百分点；工业用地地价增长率为4.96%，较上年降低了2.4个百分点。从历年重点监测城市各用途地价增长率来看，2001~2006年变化较为平稳，各年度地价增长率维持在5%左右，2007年地价大幅上涨，商服、住宅、工业地价年度增长率均达到10%以上，2008年受金融危机影响，地价增长率大幅回落，工业地价出现负增长，2009年、2010年再次出现连续大幅回升势头，2011年各用途地价增长率均明显回落，住宅地价的增长率回落最大，分别低于2004、2007、2009和2010年的住宅地价涨幅（见图6）。

2. 2011年全国综合地价一至四季度增长幅度依次递减，重点监测城市高于主要监测城市平均增长率季度变化，全国住宅平均地价第四季度环比零增长

2011年全国主要监测城市四个季度的综合地价环比增长率依次为2.20%、1.87%、1.33%和0.29%，重点监测城市四个季度的综合地价环比增长率依次为2.60%、1.98%、1.39%和0.43%（见图7）。总体来看，2010~2011年各季度全国主要监测城市和重点监测城市综合地价环比变化趋势一致，重点监测城市各季度综合地价环比增长率均高于主要监测城市；2011年从一季度到四季度综合地价增长幅度逐季度递减，重点监测城市反应更为明显，二、三季度变化幅度较

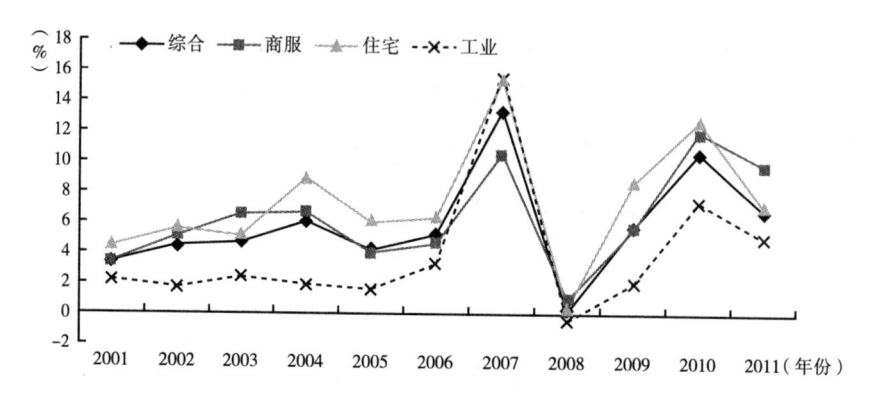

图6 2001~2011年全国重点监测城市各用途平均地价增长率比较

大，因二、三线部分城市四季度地价有所回升，重点监测城市地价增长率上涨速度略高于全国主要监测城市平均水平。

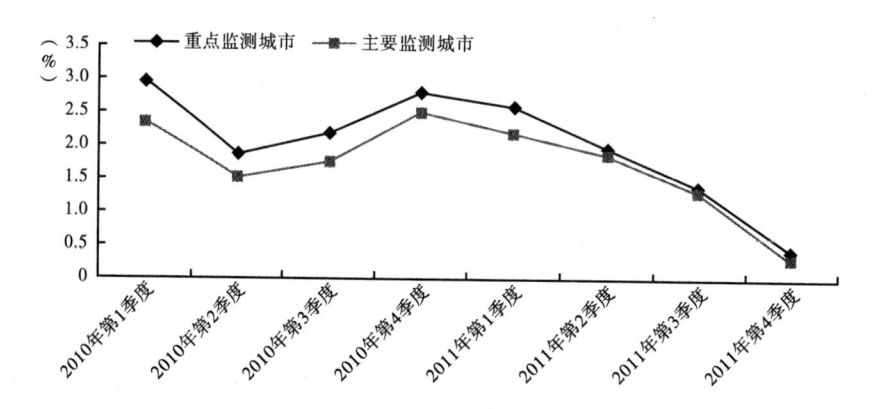

图7 2010~2011年各季度主要监测城市和重点监测城市综合地价环比增长率

主要监测城市中，2011年一到四季度各用途地价环比增长率变化趋势与综合地价环比比增长率变化趋势基本一致，综合、商服、住宅和工业地价环比增长率连续四个季度回调，其中住宅地价第四季度环比增长率为0，回调幅度最大。一至三季度，商服、住宅地价增长率高于综合地价，而第四季度住宅地价回落明显，低于综合地价；工业地价变化平稳，第四季度高于综合地价（见图8）。

3. 东、中、西部地区地价增长幅度均有明显回落，东部和西部地区重点监测城市地价增长较快

从全国重点监测城市不同地区地价增长率来看，东部地区商服、工业地价增

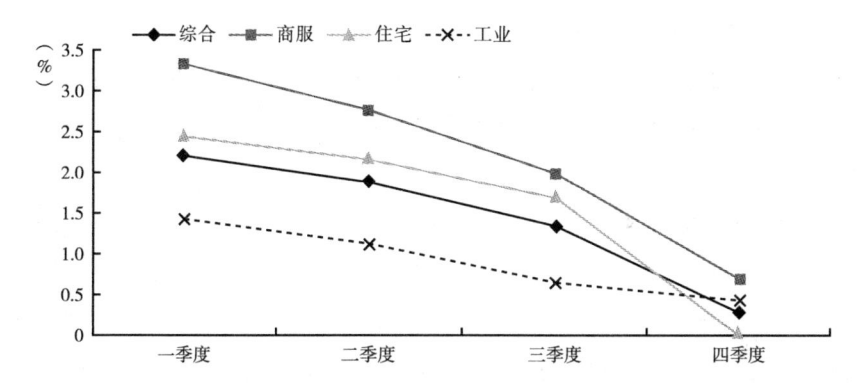

图8 2011年主要监测城市各用途地价季度环比增长率

长率最高，分别为12.50%和5.61%，高于全国及其他两个地区平均水平；住宅地价增长率则是西部地区最高，为7.89%，高于全国及其他两个地区平均水平；中部地区地价增长率普遍偏低，综合地价为5.31%，商服、住宅、工业地价均明显低于东部和西部地区，分别为5.75%、6.19%、3.49%（见图9）。

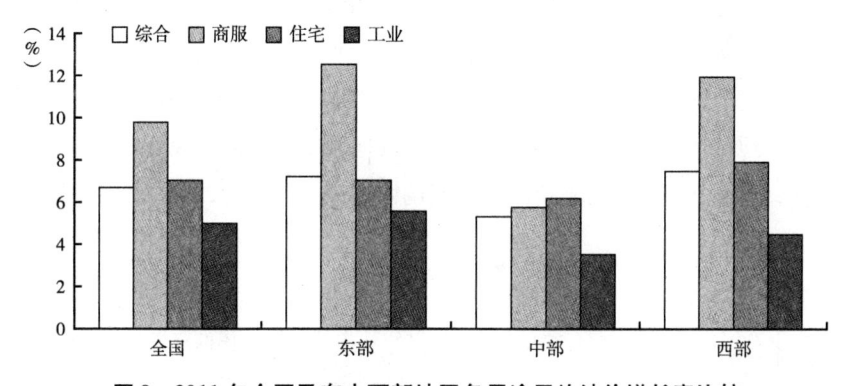

图9 2011年全国及东中西部地区各用途平均地价增长率比较

从增长幅度来看，除西部地区工业和商服地价增长率较上年略有提高外，其他地区地价增长幅度均有所回落。东部地区增长幅度回落最多，综合地价增长率比上年降低了4.25个百分点，商服、住宅、工业地价增长率分别较上年下降了4.56个、4.80个、3.64个百分点；中部地区综合地价增长率较上年下降了2.97个百分点，各用途地价增幅均较上年有所回落，其中住宅地价增长速度回落最为明显，较上年下降了4.59个百分点；西部地区综合地价增长率较上年降低了4.02个百分点，商服和工业地价增长幅度有所上升，住宅地价增长幅度大幅回落,较上年下降了8.14个百分点。

4. 中南区综合地价增长率最高,各地区增长幅度均有所回落,华北区降幅最大;六大分区内,超过95%的城市地价增长率回落,北京市综合地价增长率回调幅度最大

从全国重点监测城市六大分区的地价增长率变化情况来看,2011年综合地价增长率由高到低分别为,中南区(9.46%)、西南区(7.85%)、华北区(5.97%)、西北区(5.86%)、东北区(4.57%)、华东区(4.27%)(见图10),其中中南区、西南区综合地价增长率高于重点监测城市平均水平。与上年相比,六大分区综合地价增长率均有明显回落,华北区增速下降最大,较上年下降了6.91个百分点,其中石家庄市综合地价增长率最高,达到14.68%,而华北区其他城市的综合地价增长率均不到4%。西南区和华东区的综合地价增长率同比分别下降了5.05个和4.10个百分点。西北区、中南区和东北区综合地价增长率降幅相对较小,分别较上年下降2.69个、2.38个、2.08个百分点。在重点监测城市范围内,大部分城市的综合地价增长率在10%以下,只有9个城市超过10%,其中深圳市的综合地价增长率最高,为18.93%,杭州市的综合地价则出现负增长,为-2.68%,其商服和住宅地价也均为负增长。从增长幅度看,只有广州、重庆、成都、贵阳、西安的综合地价增长率相比上年有所上升,其他城市综合地价涨幅均较上年有不同程度回落,其中北京市综合地价增长率回调幅度最大,达到20.2个百分点。

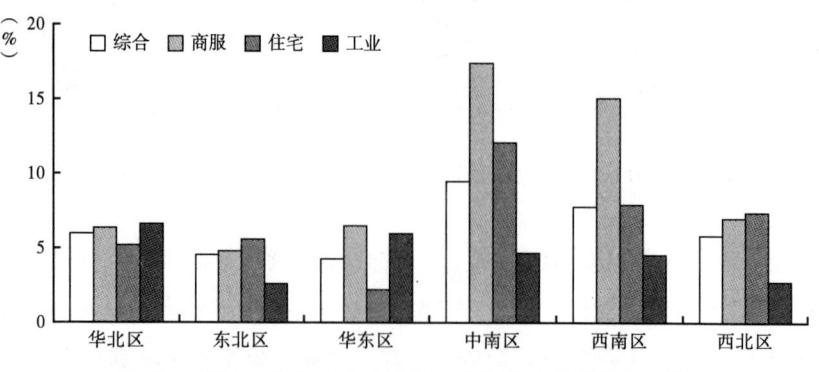

图10 2011年全国六大分区各用途平均地价增长率比较

5. 三大重点区域相比,长江三角洲区域地价增长率较低,珠江三角洲区域商服地价增长率突出,环渤海区域增长率回落较大

从全国主要监测城市三大重点区域地价增长率来看,2011年长江三角洲区域综合地价增长率最低，为4.48%，低于全国5.94%的平均水平，商服、住宅地价增长率均低于全国平均水平，分别为8.40%、2.27%，其中，住宅地价增长率也低于其他两个重点区域，工业地价增长率则高于全国及其他两个重点区域，为4.57%。珠江三角洲区域综合地价增长率最高，为8.91%，工业地价增长率居中，为4.38%，商服、住宅地价增长率均高于全国及其他两个重点区域平均水平，分别为20.74%和11.83%。环渤海区域的综合地价增长率居中，但低于全国平均水平，为4.62%，商服和工业地价增长率低于全国及其他两个重点区域，为6.80%和3.65%，住宅地价增长率低于全国平均水平，为4.88%（见图11）。从增长幅度来看，除长江三角洲商服地价和珠江三角洲住宅地价的增长率较上年有所提高外，其余增长率均较上年有不同程度的回落，其中环渤海住宅地价增长率的下降幅度最大，达到8.9个百分点。

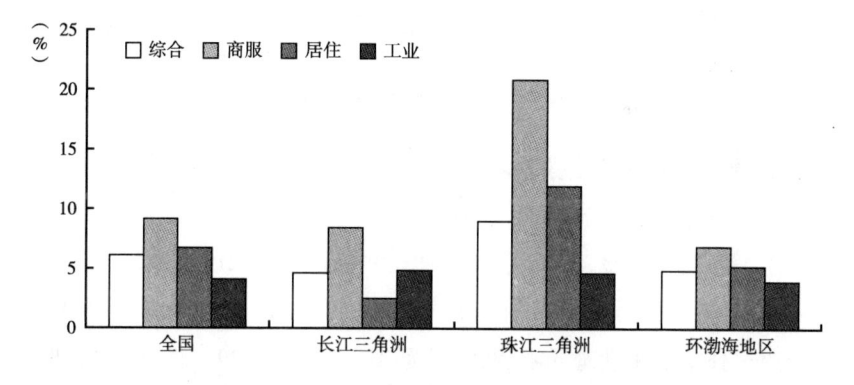

图11　2011年全国及三大重点区域主要监测城市各用途平均地价增长率比较

（三）地价指数变化分析

1. 以2000年为基期，2011年住宅地价指数最高

以2000年为基期，2011年全国重点监测城市平均综合地价指数为193，较基期上涨了93%，各用途地价指数变化趋势基本一致，且连续增长，工业地价指数增幅低于商服用地和住宅用地，其中商服地价指数为202，比基期上涨了1.02倍；住宅地价指数为224，较基期上涨了1.24倍；工业用地地价指数为157，较基期上涨了57%。从历年来看，2006年以前，各用途地价指数平稳上涨，2007年综合地价指数增幅达历年最大值，2008年地价指数基本维持2007年

水平，2009~2010年，随着经济刺激政策成效的逐步显现，房地产市场投资活跃，带动各用途地价快速反弹，各用途地价指数大幅上升。综合来看，11年来，地价指数较基期增长最大的为住宅，其次为商服，工业地价指数增长最低（见图12）。

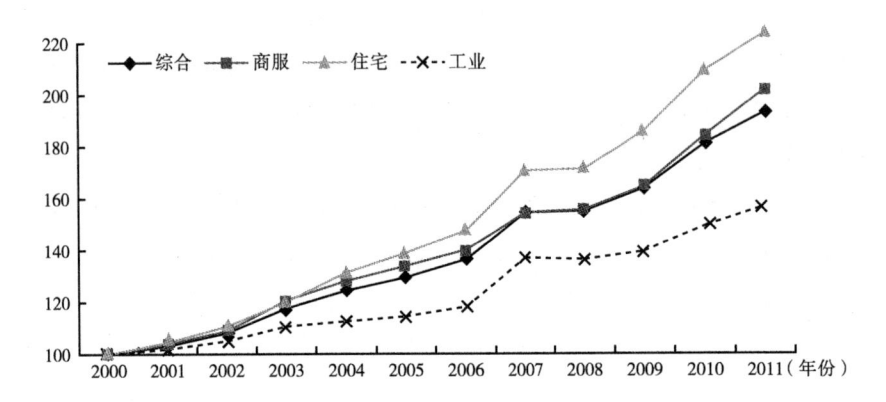

图12　2000年以来重点监测城市各用途平均地价指数变化

2. 三大重点区域地价指数基本呈连续增长趋势，环渤海区域地价指数最高

2011年，环渤海区域重点监测城市平均综合地价指数最高，达到了220，较基期增长了1.2倍，商服、住宅、工业地价指数分别为211、250、194；其次是长江三角洲区域，其重点监测城市平均综合地价指数达到了188，较基期增长了88%，商服、住宅、工业地价指数分别为229、228、129；珠江三角洲区域最低，为184，较基期增长了84%，商服、住宅、工业地价指数分别为207、204、167（见图13）。除环渤海区域外，长三角和珠三角的地价指数均低于全国平均水平。

3. 在35个重点监测城市中，除杭州外，各城市地价指数持续上升；深圳市地价指数最高，哈尔滨市最低；深圳市、昆明市地价指数变化相对特殊

2011年，全国重点监测城市中，大多数城市的地价指数在200左右，仅杭州地价指数较上一年下降5个指数，其余各城市地价指数呈增长态势。其中，深圳市的地价指数最高，为408，较基期增长了3.08倍；其次为昆明市，为383，较基期增长了2.83倍；地价指数最低的是哈尔滨市，为132，仅较2000年基期上涨了32%。综合来看，11年间，深圳市地价指数变化情况相对特殊，2000~2005年地价指数平稳增长，此后地价指数开始快速上

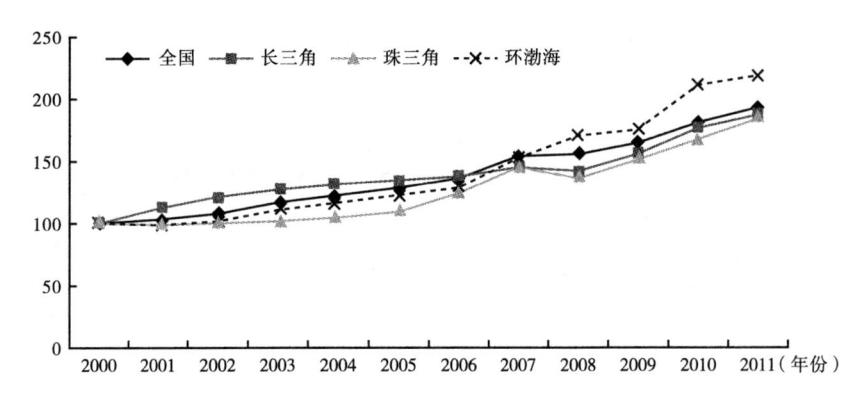

图13 2000年以来三大重点区域平均综合地价指数变化

升，2011年上升至408，达历年最高值，地价指数变化波动程度较大。昆明市的地价变化也相对特殊，2000~2006年地价指数增长较平稳，此后地价指数开始大幅上升，特别是2009~2010年，地价指数从209上升到376，2011年达到383。

二 2011年全国城市地价与房地产市场关系分析

（一）全国商住综合地价、商品房销售价格继续保持上涨趋势，增长幅度较上年有所回落

2011年，全国商服和住宅综合平均地面地价为4811元/平方米，平均增长率为7.20%，较上年下降了3.56个百分点；全国商品房平均销售价格为5377元/平方米，增长率为6.92%，较上年下降了0.19个百分点。房价增长率略低于地价增长率，两者增长幅度基本接近。

2001年以来，全国的商住综合地价逐年上涨，2001~2006年的年平均地价基本处于稳定增长期，但近年来存在较大的波动性。2007年出现快速增长，2008年受全球金融危机影响出现回落，2009年、2010年强劲反弹，2011年仍持续增长，但涨幅有所回落。全国商品房平均价格的变动趋势与地价变化趋势基本一致，但波动幅度更为突出。2001~2007年，全国商品房价格逐年上涨，其中2004年、2005年、2007年三年的增长率较大，均在10%以上，2008年商品房价格出现小幅增长，2009年又快速反弹，达到历史最高点，2010年增

长率大幅回落，2011年增长率与上年基本持平，仅较上年下降0.19个百分点（见表1）。

表1 2001年以来监测城市商住综合地价与商品房价格及增长率

年份	商住综合地价（元/平方米）	地价增长率（%）	商品房价格（元/平方米）	房价增长率（%）
2001	1315	—	2170	—
2002	1340	6.02	2250	3.69
2003	1663	6.3	2359	4.84
2004	1697	7.92	2778	17.76
2005	2070	5.27	3168	14.04
2006	2280	6.96	3367	6.28
2007	2613	14.92	3864	14.76
2008	3664	0.59	3877	0.34
2009	4053	7.31	4695	21.10
2010	4488	10.76	5029	7.11
2011	4811	7.20	5377	6.92

资料来源：《2011年我国城市地价与房价关系专题报告》。

（二）商品住房价格与住宅地价增长率基本接近，房地产市场调控效果明显

2011年在一系列房地产调控政策和金融紧缩措施持续作用下，住宅地价增长率明显回落，为6.58%，较上年下降了4.44个百分点；商品住房价格增长率为6.08%，略低于地价增长率，较上年略提高了0.49个百分点，基本与上一年持平，调控效果显著。从历年来看（见图14），全国住宅地价、商品住房价格逐年上涨，但每年的增长速度有所不同，住宅地价增长率在持续上涨后，2011年有所回落，商品住房价格增长率经历2009年、2010年的大幅波动后，趋于稳定。2011年，商品住房价格与住宅地价增长率基本接近。

（三）各重点监测城市住宅用地地价房价比存在较大差异，地价占房价比例有所下降

2011年全国重点监测城市住宅用地地价房价比为30.71%，较2010年的

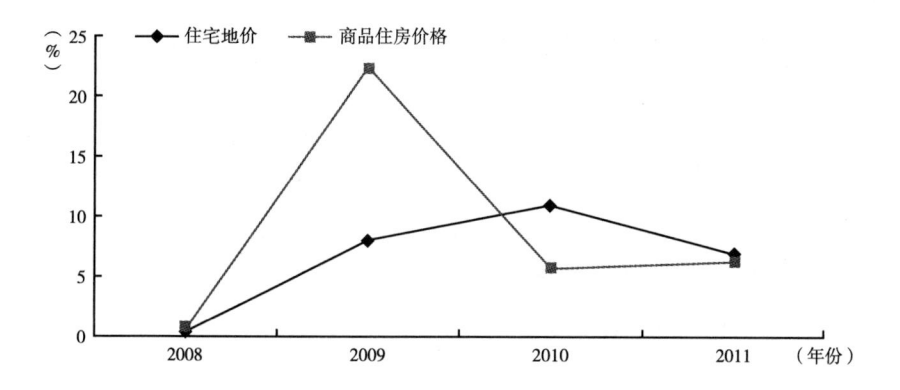

图14　2008年以来住宅地价增长率与商品住房价格增长率比较

资料来源：住宅地价增长率来自中国城市地价动态监测系统，商品住房价格增长率来自《2011年我国城市地价与房价关系专题报告》。

31.64%下降了0.93个百分点。其中，地价房价比较高的城市有厦门、福州、宁波、长春等，其比值均超过了50%。重庆、南宁、西宁市的地价房价比则低于20%（见图15）。

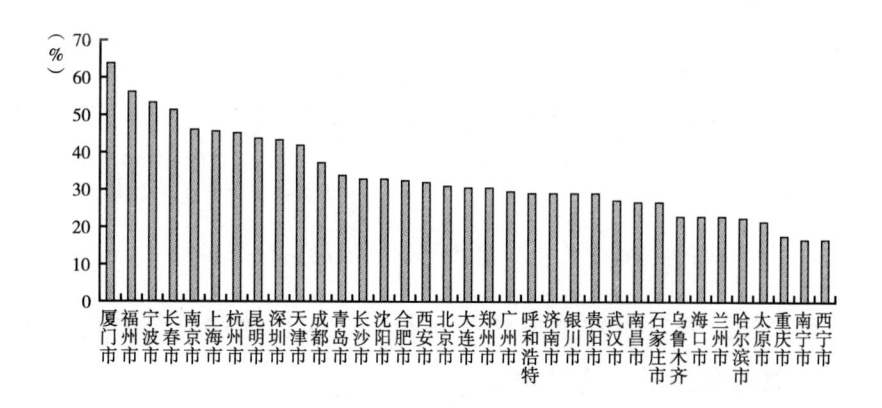

图15　2011年35个重点监测城市住宅用地地价房价比

资料来源：《2011年我国城市地价与房价关系专题报告》。

（四）2011年房地产开发投资涨幅有所回落，与土地价格涨幅回落基本一致

2011年，全国房地产开发投资为61740亿元，比上年同期增长27.9%，增

速较上年降低了5.3个百分点①。全国主要监测城市综合地价增长率为5.94%，增速较上年降低了2.68个百分点，在严格的房地产调控政策下，房地产开发投资和综合地价增长率均有不同程度的回落。2008~2011年，全国房地产开发投资总额持续上涨，且始终保持高位增长态势，仅2009年的增长率低于20%，2010年则加速回升，2011年仍保持高位运行，但涨幅较上年有所下降（见图16）。综合来看，房地产开发投资总额与全国主要监测城市综合地价总体变动趋势大体一致，房地产开发投资变化带动综合地价的变化。

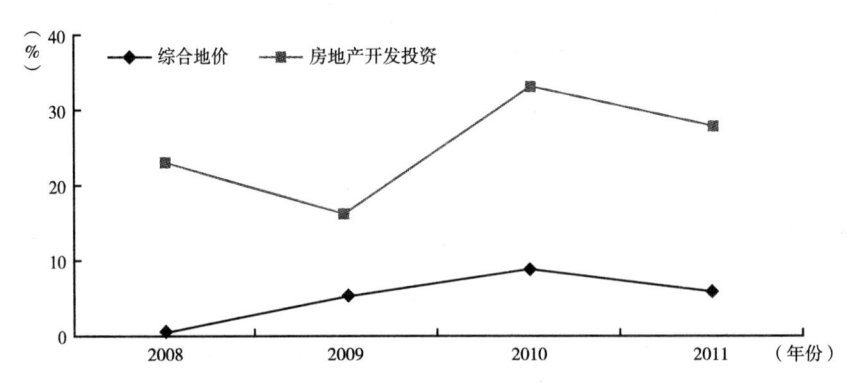

图16 2008年以来全国主要监测城市综合地价增长率与房地产开发投资额增长率比较

资料来源：综合地价增长率来自中国城市地价动态监测系统；2008~2010年房地产开发投资总额来自《中国统计年鉴》，2011年房地产开发投资增长率来自国家统计局。

（五）住房开发用地供应略有增长，全年土地供应结构符合政策预期，保障性住房供地大幅增加

2011年全国建设用地供应总量为59.9万公顷，同比增长16.9%，一到三季度，供地总量呈逐季度增长，分别为10.6万、15.0万和18.0万公顷，受供地节奏影响，四季度供地量较第三季度有所下降，为16.3万公顷。2011年房地产开发用地合计供应17.05万公顷，其中商服用地供应4.2万公顷，较上年增长了

---

① 资料来源：国家统计局。

2.1%；住宅用地供应量较2010年略有增长，全年供地总量约12.8万公顷，同比增长了1.3%。住宅用地中，保障性住房用地供应2.4万公顷，同比增加了24.5%，占住宅用地总供应量的19.09%；中低价位、中小套型普通商品住宅用地供应3.2万公顷，增长率达42.3%。工矿仓储用地全年供应19.7万公顷，同比增长12.9%[①]。综合来看，土地供应结构符合政策预期，住宅用地供应小幅上升，中低价位、中小套型普通商品住宅用地供应显著增加，保障性住房供地大幅增加。

（六）住宅物业租价比出现五年来的首次提升，商业和工业物业租价比有所回落

住宅物业作为近年来宏观调控的重点领域，无论是在限购、限价、银行信贷，乃至在土地供应方面都出台相应的调控措施，住宅物业租价比也因为调控效应的显现而扭转了近些年来的下滑态势，出现了不同程度的回升。住宅租金主要受市场供需调节影响和通货膨胀影响，保持较稳定的上涨态势，2011年房地产价格在严厉调控的格局下，尽管仍有所上涨，但全年房地产市场上涨幅度有所放缓。因此，相比之下住宅租金上涨快于房价上涨，全年六大城市[②]的住宅租价比出现五年来的首次提升。

2011年全国商服物业经历了一个里程碑式的发展，随着政府对住宅、商住项目的调控措施全面铺开和不断深入，房地产投资纷纷转向商业地产。一方面各房地产企业需要"避风港"，另一方面公共财政需要资金弥补住宅严控形势下的收入损失。受到供需和通货膨胀的影响，2011年全国商业物业价格和租金都有较大幅度的提升，六大城市的商业物业租价比基本持平或小幅回落（见表2）。

在全国中心城市的部分地区，商业物业相对饱和，而升级后以产业园、总部基地等形式出现的工业物业，其带来的税收、就业、GDP增长可能是商业地产的数倍，也成为众多城市发展的新兴增长点。

[①] 国土资源部土地市场监测与监管系统数据。
[②] 六大城市：北京、上海、深圳、天津、杭州、青岛。

表2 2007年以来六大城市住宅、商业、工业物业租价比

单位：%

年份	2007	2008	2009	2010	2011
住宅物业租价比					
北京市	4.83	4.59	3.81	3.44	3.55
深圳市	4.34	4.17	3.62	3.35	3.38
上海市	5.50	4.71	3.75	3.30	3.51
杭州市	5.28	5.57	3.84	3.21	3.35
天津市	5.11	4.58	3.97	3.53	3.81
青岛市	5.30	4.13	3.37	3.32	3.76
商业物业租价比					
北京市	9.11	8.93	8.41	8.37	7.93
深圳市	9.19	6.36	5.12	5.08	4.71
上海市	9.32	7.59	7.01	8.04	7.57
杭州市	7.67	6.53	6.29	6.21	6.06
天津市	7.42	8.05	7.91	7.76	7.54
青岛市	8.27	6.17	5.73	5.24	5.21
工业物业租价比					
北京市	5.83	6.48	6.67	6.76	6.94
深圳市	—	5.37	6.83	6.91	7.21
上海市	6.69	7.08	7.91	8.04	7.64
杭州市	—	7.51	7.55	7.22	6.71
天津市	5.70	5.74	6.31	6.09	5.54
青岛市	—	—	—	—	3.19

资料来源：《2011年我国城市房地产租价比专题报告》。

三 2011年全国城市地价变化与社会经济发展关系分析

（一）综合地价增长率低于国内生产总值增长率

根据国家统计局发布的2011年经济运行数据，2011年全年国内生产总值为471563.7亿元，比上年同期增长9.2%，比同期综合地价增长率高4.36个百分点，地价变化与经济增长基本协调（见图17）。

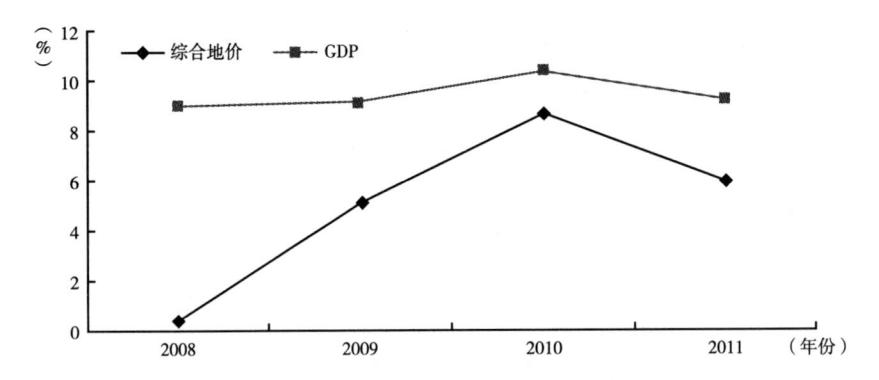

图17　2008年以来全国主要监测城市综合地价增长率与GDP增长率比较

资料来源：综合地价增长率来自中国城市地价动态监测系统；2008~2010年GDP增长率来自《中国统计年鉴》，2011年GDP增长率来自国家统计局数据。

2008年以来，全国地价逐年上涨，GDP增长率始终保持在8%以上，地价变动趋势与GDP变动趋势相协调。从历年主要监测城市地价增长率变化情况看，2008年，受金融危机影响，全国GDP增速有所放缓，综合地价同期增长幅度处于最低点。2009年，在"扩内需、保增长"政策作用下，GDP保持稳定增长态势，综合地价同期明显回升。2010年，经济形势持续好转，全国GDP同比增长10.3%，综合地价同比上涨8.62个百分点。2011年，受宏观经济和调控政策影响，地价增长率小幅回落。

（二）固定资产投资的快速增长带动地价的上涨

2011年，城镇固定资产投资增长率基本与上年持平，为23.8%。固定资产投资的增加一定程度上带动地价上涨，2011年综合地价增长率为5.94%（见图18）。

2008年以来，全国城镇固定资产投资始终保持高位增长的态势，其中，2009年城镇固定资产投资增长率达最高值，为30.52%。从历年监测结果来看，全国主要监测城市综合地价的增长率远低于城镇固定资产投资的增长率。2009年，城镇固定资产投资增长率比2008年同期上升3.9个百分点，在固定资产投资增长率大幅上升的同时，全国综合地价水平上涨速度也有所上升；2010年，城镇固定资产投资与综合地价均稳步上涨，变动幅度均在5个百分点左右。

043

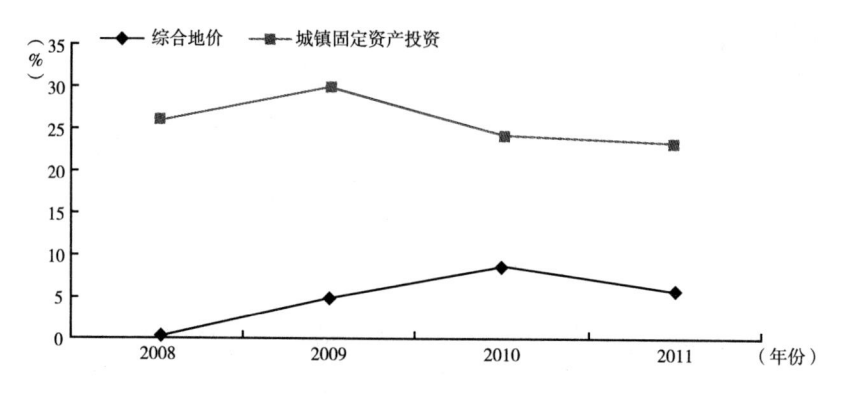

图 18　2008 年以来全国主要监测城市综合地价增长率与城镇固定资产投资增长率比较

资料来源：综合地价增长率来自中国城市地价动态监测系统；2008～2010 年城镇固定资产投资增长率来自《中国统计年鉴》，2011 年数据来自国家统计局数据。

四　2011 年影响全国城市地价变化的主要因素分析

（一）严格的房地产市场调控政策有效地抑制了投资性需求，促使土地市场同步降温，城市地价增速放缓

2011 年房地产市场调控为 2010 年调控的延续和深化。为进一步巩固房地产市场调控成果，国家综合运用行政手段和经济手段，以抑制投资投机性需求、增加供给为总体思路。2011 年 1 月，国务院办公厅发布的《关于进一步做好房地产市场调控工作有关问题的通知》（国办发〔2011〕1 号），为全年房地产市场定下了基调，明确提出"地方政府要切实承担起促进房地产市场平稳健康发展的责任"，在要求 2011 年全国建设保障性住房和棚户区改造住房 1000 万套的同时，提出了采取差别化住房信贷政策、严格住房用地供应管理、合理引导住房需求等一系列措施遏制房价过快上涨。3 月 16 日，国家发展改革委发布《商品房销售明码标价规定》的通知，要求商品房经营者应在规定时间内一次性公开全部销售房源，商品房销售明码标价实行一套一标。在这些政策要求下，各主要监测城市地方政府陆续出台年度房价控制目标和具体调控措施，对遏制房价过快上涨起到了明显作用。当一线城市房价得到初步控制时，部分游资开始转向二、三线城市。针对二、三线城市房价过快上涨情况，国务院 7 月 12 日召开会议，要

求房价上涨过快的二、三线城市也要采取限购措施。统计数据显示，2011年9月份，70个大中城市中，新建商品住宅价格同比涨幅回落的城市达到59个，房价快速上涨趋势得到初步遏制。在一系列调控政策作用下，土地市场同步降温，2011年全国主要监测城市的综合、商服、住宅、工业地价增长率较上年分别下降了2.68个、1.01个、4.44个和1.41个百分点，地价增速全面回落，特别是住宅地价增速回落明显，房地产调控效果显著。

（二）不断紧缩的货币政策较好地控制了流动性，房地产投资性需求降低促使地价上涨幅度回落

2011年，为收紧流动性，管理通货膨胀，国家不断调整信贷政策，央行连续六次上调金融机构存款准备金率，三次上调存贷款利息率，对控制流动性起到了明显的作用。8月，央行将商业银行的保证金存款纳入存款准备金的范畴，使银行更多资金被冻结，银行信贷难度进一步加剧，房企资金链收紧（见图19）。11月，通胀回落，央行下调存准率0.5个百分点，但20%以上的存准率水平仍明显高于历年平均水平。银监会也在2011年1月18日提出：2011年继续实施差别化房贷政策，控制房地产领域风险出现。根据中国人民银行公布的数据，到2011年12月末，广义货币供应量M2余额为85.16万亿元，同比增长了17.33%，比上一年度下降1.61个百分点。一系列金融调控政策使得下半年宏观经济逐步体现出预期效果，12月居民消费价格指数（CPI）同比上涨4.1%，自2011年8月起，CPI已连续5个月持续下行。地价水平也随之出现同步变化，2011年一、二季度全国综合地价环比增长率分别为2.2%、1.87%，三季度综合

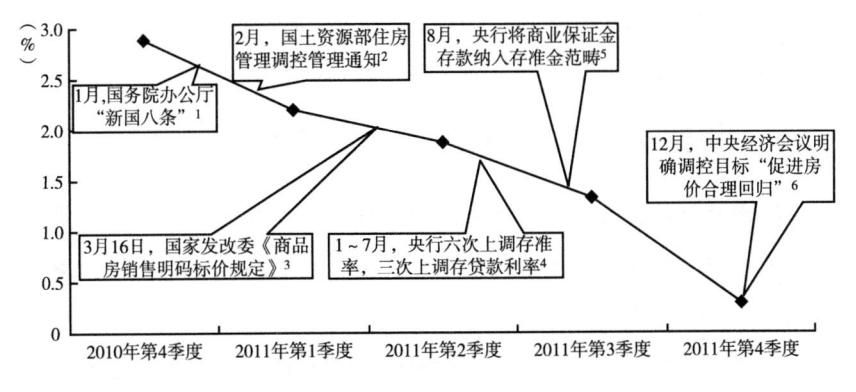

图19 2011年房地产调控政策及货币金融政策变化下综合地价环比走势

地价增速放缓，环比增长率为1.33%，四季度综合地价基本趋于稳定，环比增长率仅为0.29%，地价水平环比增长持续回落，体现了金融措施对房地产市场调控的显著效果。

五 2012年全国城市地价变化趋势分析

（一）国内外宏观经济形势仍将是影响地价变化的主导因素

2011年，在国内物价上涨压力较大、国际经济持续动荡的背景下，我国经济平衡了控物价、稳增长和调结构的关系，既有效遏制了物价过快上涨，又保持了经济总体平稳较快发展。预计2012年国内外经济形势更加复杂严峻。从国际经济形势看，欧美发达经济体活力不足、市场信心下降，国际经济环境不确定性、不稳定性增加，世界经济可能将在较长时期内持续低迷；从国内经济形势看，尽管我国经济增速可以保持在合理较快增长区间，物价涨幅也将逐步得到控制，但我国总需求增长有一定幅度下降，经济增速有所放缓，这些因素将直接影响我国土地市场走势并主导地价变动。从有利因素看，在五年规划周期中，第二年进入规划项目落地开工较集中的阶段，中西部不断承接东部产业转移逐步成为带动经济增长的新亮点，土地需求仍会持续高位，土地及房地产的投资保值特性仍将吸引主要的流动性投资，地价水平仍会保持一定增速。从不利因素看，地方财政风险对地方投资融资能力形成制约，资源、劳动力成本上升抬高了经济增长的成本，出口放缓对工业生产形成一定压力。这些经济因素同样影响土地市场交易，特别是刺激性政策逐步退出以及严厉的房地产调控政策或将使得地价增速进一步放缓。综上所述，预计2012年地价水平将保持稳中求进。

（二）宏观调控政策导向将直接影响地价增长速度

为控制通货膨胀，国内货币政策持续收紧，2011年下半年金融政策开始适时适度预调微调，如发放地方债，降低央票发行利率，12月初，央行更是三年来首次下调存款准备金率（见表3）。2012年，我国将实施积极的财政政策和稳健的货币政策，中央政府将加大对小型微型企业的信贷支持力度，促进小金融机构改革与发展，规范管理民间借贷。货币政策的微调力度和节奏将是影响土地市场走势的关键。房地产调控方面，在2011年末和2012年初，中央政府多次表示，要坚持房地产调控政策不动摇，继续抑制投机、投资的购房需求。在此背景下，预计限购、限价等行政性政策在2012年不会调整或放松，房地产市场调控效果在2012年上半年将会更加凸显，房地产供求关系的改善和货币政策的微调将进一步稳定城市地价的增长。

表3　2012年预计货币金融政策及房地产调控政策走势

时间	2012年预计政策走势
2011年10月12日	国务院常务会议：2012年将加大对小型微型企业的信贷支持和税收扶持力度，对达到要求的小金融机构继续执行较低存款准备金率，并适当提高银行对小型微型企业贷款不良率的容忍度。
2011年12月5日	中国人民银行下调存款类金融机构人民币存款准备金率0.5个百分点。
2011年12月9日	中共中央政治局会议：2012年我国将实施积极的财政政策和稳健的货币政策。
2011年12月12~14日	中央经济工作会议：中央政府把调控目标由"遏制房价过快上涨"明确为"促进房价合理回归"。
2011年12月15日	全国发展和改革工作座谈会：坚持房地产调控政策不动摇，继续抑制投机、投资的购房需求，增加普通商品房供给。
2011年12月22~23日	全国住房保障工作会议和全国住房城乡建设工作会议：指出要坚持房地产调控政策不动摇。
2012年2月2~3日	人民银行金融市场工作座谈会：央行明确提出"继续落实差别化住房信贷政策，加大对保障性安居工程和普通商品住房建设的支持力度，满足首次购房家庭的贷款需求"。

（三）宏观调控手段和方式的转型有利于抑制房地产市场投资性需求，将对抑制地价过快上涨产生积极作用

2011年，作为长期制度建设的关键一环，房产税试点改革在上海、重庆两市正式落地，标志着"房地产税收制度改革"进入实际操作阶段。预计在2012年或更长的时期内，房产税试点范围将进一步扩大，尽管试点初期税率较低，覆盖范围窄，在房价上行期内对市场影响不够明显，但其长期影响不容忽视。房产税改革试点和相关配套制度的逐步实施，不断完善房地产税收制度，平衡房产持有和交易环节税负，有助于促进公共财政制度的变革，为房地产业长期健康发展提供新的税收调控手段。一旦房产税实施范围扩大，将对房价起到明显的抑制作

用，进而抑制开发商对土地的需求，有利于稳定地价。同时，从2011年起，各级政府全面加强保障性住房建设，有利于解决住房市场的刚性需求问题。住房和城乡建设部表示，2012年，我国仍将大力推进保障性安居工程建设，计划新开工建设保障性住房和棚户区改造住房700万套以上，基本建成500万套以上，竣工量高于2011年。保障房的集中建设有助于房地产市场"改善供给结构"政策框架的形成，有助于缓解目前房地产市场的供需矛盾，改善土地供应结构，平稳地价上涨。房产税的试点改革和保障房的大规模建设表明调控政策已渐渐从过去的以阶段性、行政性手段向以中长期、经济手段调控转变，为房地产业的健康发展和地价的平稳变化提供制度保障。

Analysis on the Situation of Chinese Metropolitan Land Prices in 2011

National urban land price monitoring group of China land surveying and planning institute

Abstract: In 2011, the national land price level increased steadily, the overall land price growth rate was down significantly, various land price growth rates were lower than last year. Make 2000 as the base period, residential land price fixed base index remained the highest. The annual real estate development investment and the supply of land increase were declined, the house price growth rate was slightly lower than the land price growth rate, land price accounting for house price declined in the proportion. Overall, the 2011 land price change reflected the expect of strict macro-control policy, the 2012 land price change will be subject to domestic and international macroeconomic conditions, the impact of macro-control policies oriented, in the premise of the macro-control means and methods gradually transform, conducive to formatting the institutional framework of inhibiting the speculative demand for investment real estate market, thus conducive to the real estate industry healthy development and land price rose steadily.

Key Words: Urban Land Price; the Ratio of Land Price in Housing Price; Rent Price Ratio

B.3
2011年房企生存状况：逆境求生

彭凛凛 刘晓[*]

摘 要：2011年是我国房地产开发行业的转折之年，在经济形势内忧外患的背景下我国房地产行业迎来了"史上最严厉"的调控政策，行业环境迅速恶化，行业资金情况极其紧张，企业销售业绩出现明显分化，土地储备策略趋于谨慎，企业战略转型步伐加速。

关键词：调控 转型 过冬

2011年，世界政治局势动荡不安，欧债危机深度爆发，欧美经济陷入泥潭；国内经济增速逐季回落，存在硬着陆风险，与此同时物价上涨压力依然存在，宏观调控面临两难。在内忧外患的背景下，我国房地产行业迎来了"史上最严厉"的调控政策，以"保民生，促房价回归"、"调结构，促行业健康"、"挤泡沫，稳宏观经济"为主要目的的市场管理政策、土地政策、税收政策、保障房政策及货币政策多管齐下，房地产市场一举打破了"屡调屡涨"的怪圈，全国房价停涨现象增多，投机现象得到有效抑制。

最严厉的调控政策造就了最恶劣的市场环境，房地产企业业绩出现明显的分化，行业生存状况不容乐观。行业环境的恶化迫使部分企业谋求转型或加快转型步伐，商业地产、旅游地产、产业地产甚至能源矿产成为业内新兴投资热点，部分房企为求顺利过冬，甚至"断臂求生"。"逆境求生"成为2011年房地产行业的关键词。

---

[*] 彭凛凛，北京师范大学经济学硕士；刘晓，中国人民大学经济学硕士。以上两人目前均任职于远洋地产。

一 行业外部环境：恶化

（一）经济增长降速，通货膨胀高企，宏观调控两难

国际形势方面，2011年欧洲主权债务危机愈演愈烈，美国实体经济复苏缓慢，加上美国主权信用评级下调及中东政治形势持续动荡对全球经济和金融市场产生负面影响，全球经济面临二次探底风险。欧美日等发达经济体为维持经济刺激措施全年保持低息环境，但全球经济走势不明使得资金避险情绪加重，热钱纷纷回流美元，我国输入性通胀压力有所缓解，但与此同时也带来了外需不振的并发症，净出口增速明显放缓，外向型企业举步维艰。

国内形势方面，2011年上半年货币政策连续收紧，流动性过剩局面迅速扭转，资产价格下降预期加速形成，宏观经济确立下行基调。股市持续低迷，财富效应减弱抑制国内消费增长；高铁降速、楼市调控等措施使得建材、机械等支柱产业产能过剩，投资减少，全年流动性趋紧与房地产调控效果叠加造成投资增速回落。"三驾马车"集体降速，全年宏观经济先扬后抑，稳中趋缓（见图1）。

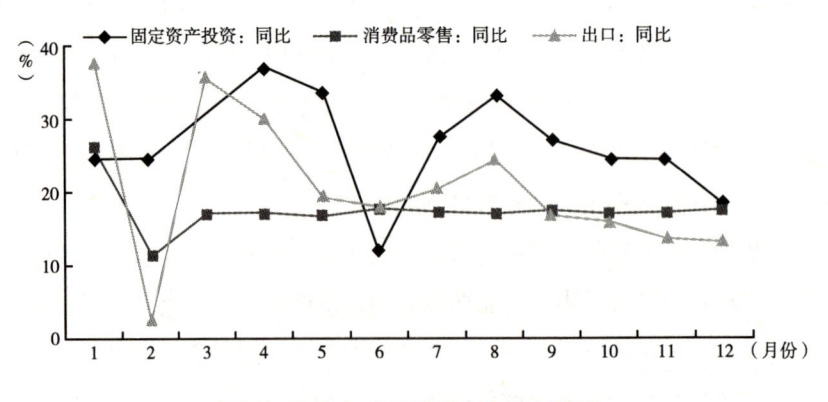

图1 2011年"三驾马车"运行情况

资料来源：国家统计局。

内外利空叠加造就了2011年下半年GDP、CPI双降的局面。四季度GDP同比增速8.9%，创下近9个季度以来最低点；CPI在2011年7月份见顶之后逐步

下跌，10月开始超预期下跌，12月份CPI为4.1%，连续两个月低于恶性通胀5%的警戒线，但仍处于高位（见图2）。

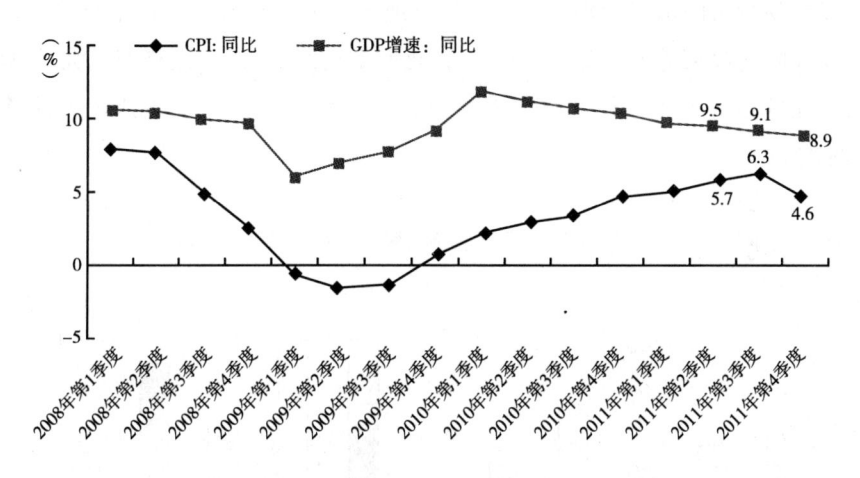

图2 2008~2011年GDP和CPI增长率季度变化

资料来源：国家统计局。

纵观2011年全年，一方面，经济增速下降，面临硬着陆风险；另一方面，通货膨胀高企，货币政策难以放松；宏观调控面临两难困境，积极的财政政策和紧缩的货币政策成为无奈之选。在这样的经济条件及"十八大"即将召开的政治环境下，对于房地产的定向调控由于其民生属性而必然予以严厉执行，其主要目的有以下三个。

（1）保民生，促回归：房价过高，涨幅过快，已脱离老百姓的承受能力，房价问题已上升到"民生"的政治高度，促使住宅回归居住本质。

（2）调结构，促健康：房地产过热不利于经济结构调整，房地产行业投资、投机比例过高，影响了行业基础健康发展，与"调结构"的宏观政策基调不符。

（3）挤泡沫，稳经济：房地产泡沫持续膨胀，任由其自由破灭将对社会、经济产生毁灭性的影响，需要未雨绸缪。

（二）调控政策密集出台，房地产市场迅速降温

始于2010年的此轮房地产市场调控在2011年逐渐加码、细化，以限购、限贷的行政性市场管制政策为核心，结合税收、土地、信贷等多项经济政策，从抑

制需求与增加供给同时入手，造就了近十年最为严厉的政策环境。

我们对2011年政府部门出台的房地产相关政策进行了统计，将其分为针对市场交易行为的市场管理政策、针对土地市场的土地政策、税收政策、货币政策及保障房政策等五大类。2011年，政府部门累计出台了67项房地产相关政策，尤其是下半年，相关政策密集出台，促使房地产市场加速进入冰冻期（见图3）。

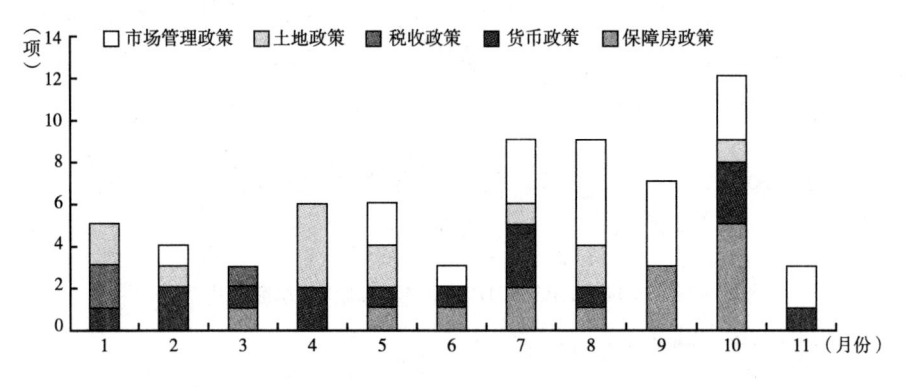

图3　2011年国家主要房地产相关政策数量统计

在极其严峻的政策环境下，全国房地产市场大势开始转向，房地产投资增速、商品房销售面积增速、土地成交量价等多项核心指标均出现下滑，各项年度指标虽仍为正值，但从趋势数据来看，市场整体供求结构已出现逆转。

房地产投资与销售同比增幅均有较大幅度回落。2011年，全国完成房地产开发投资61740亿元，同比增长27.9%，增速回落5.3个百分点；全国商品房销售面积10.99亿平方米，同比增长4.9%，增速回落5.7个百分点；商品房销售额59119亿元，同比增长12.1%，增速回落6.8个百分点。

新建商品住宅价格下调趋势明显。2011年三季度后，诸项政策作用效果开始显现并相互叠加，全国房地产市场出现大范围、实质性降温。7月份起，70个大中城市新建商品住宅价格环比停涨阵容快速扩大，至12月份仅贵阳、银川两个城市价格环比微涨。

土地市场成交量价萎缩。2011年，全国130个城市共成交住宅用地7.5亿平方米，同比下降11.0%；出让金总额为1.1万亿元，下降15.4%；成交楼面均价为1462元/平方米，同比下降9.9%。进入四季度以后，土地市场成交量急剧萎缩，10~12月同比下降幅度分别达到了30%、55%和47%。土地市场的冷清导致多个城市未完成土地出让计划，如北京2011年仅完成全年经营性用地供地计划的70.34%，成交规划建筑面积和出让金总额分别下降27.3%和36.1%。

二 行业资金状况：紧张

房地产行业资金来源增速、结构变化以及典型企业财务状况等各项指标显示，在流动性收缩和定向调控政策的叠加作用下，2011年房地产行业资金链紧张程度已接近2008年。

（一）资金来源增速放缓，企业自筹资金比重增大

2011年，全国房地产开发企业本年资金来源总量达到83246亿元，同比增长14.1%，增速较2010年下滑12.2个百分点，为近十年来增速倒数第二的年份，仅高于2008年的5.7%（见图4）。

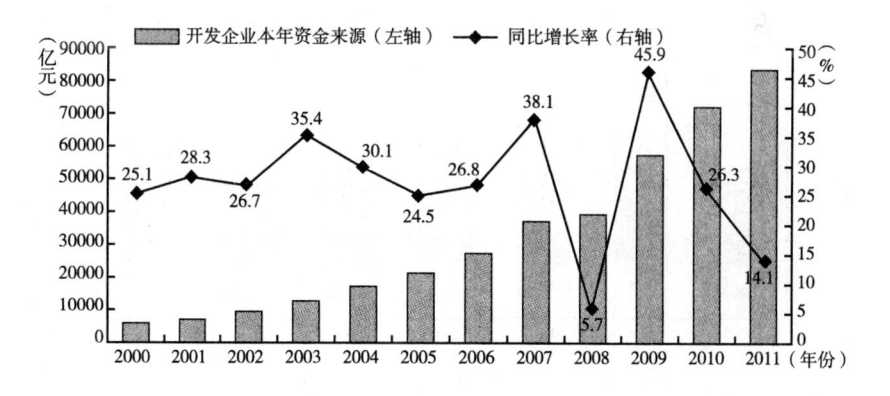

图4 2000~2011年房地产开发企业本年资金来源

资料来源：国家统计局。

在增速回落的同时，资金来源构成也发生变化。2011年，企业自筹资金34093亿元，同期上涨28%，占资金来源比重高达41.0%，较2010年的36.8%提高了4.2个百分点，超过了2008年楼市萧条时期38.7%的高点。企业自筹资金比重与行业投资杠杆成反比，随着这部分资金绝对规模和相对规模的不断扩张，开发企业"小投入、大产出"的暴利时代宣告结束（见表1）。

表1 2011年房地产开发企业资金来源构成

来源	金额（亿元）	同比增速（%）	所占比例（%）
国内贷款	12564	0.0	15.1
企业自筹	34093	28.0	41.0
其他资金	35775	8.6	43.0
利用外资	814	2.9	0.9
合计	83246	14.1	100

随着房地产信贷政策的逐渐调整，房地产开发贷款逐步规范，房地产开发企业本年资金来源中国内贷款比重也呈现逐年下降的态势，2011年国内贷款占本年资金来源的比重下降至15.1%，创历史新低。以预收款和个人购房贷款为主的其他资金所占比重与市场行情高度正相关，2011年随着市场活跃度降低，开发企业销售回款不畅，这一比例降低至43.0%，接近2008年的水平（见图5）。

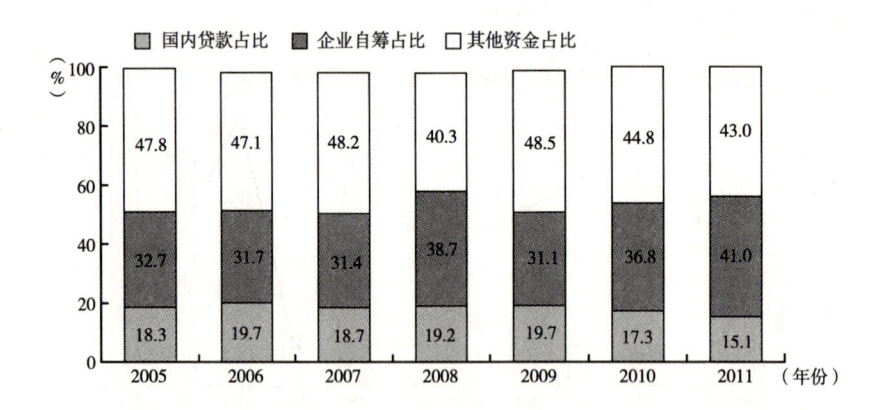

图5 2005~2011年房地产开发企业本年资金来源结构变化

资料来源：国家统计局。

（二）资金投入增速保持高位，行业资金风险加大

2011年，全国房地产开发完成投资61740亿元，同比增长27.9%，较2010年下降5.3个百分点，但仍高于近十年平均水平（见图6）。

房地产开发企业本年资金来源增速与投资额增速的比值，能够在一定程度上

2011年房企生存状况：逆境求生

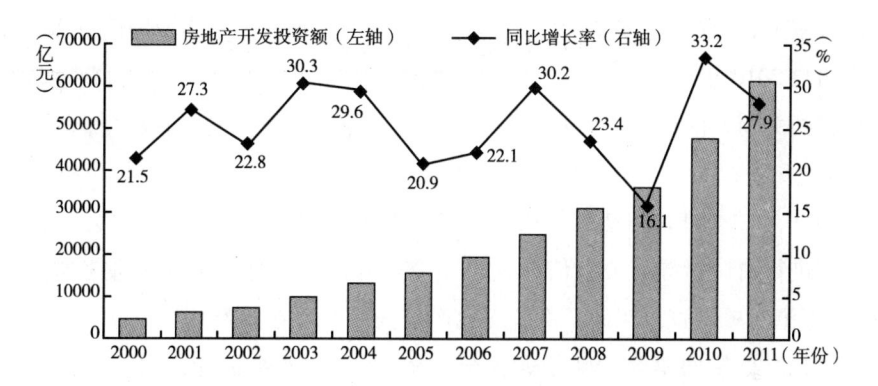

图6　2000~2011年房地产开发投资完成额增长情况

资料来源：国家统计局。

反映行业资金增量对于资金使用的保障程度。当资金来源增速小于投资额增速时，行业资金链趋紧，开发企业可能会面临入不敷出的局面。2011年，房地产开发企业本年资金来源增速与投资额增速的比值降至0.51，仅高于2008年，这意味着从行业整体的角度考虑，当前资金来源总量难以支撑行业规模增长的需要（见图7）。

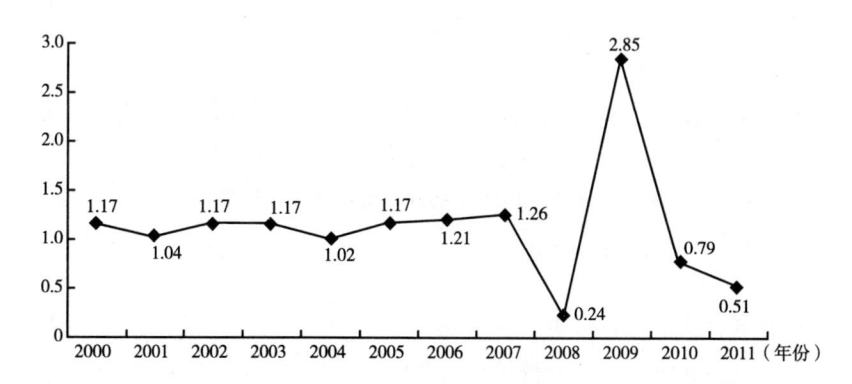

图7　2000~2011年房地产开发企业资金来源增速与投资完成额增速比值比较

资料来源：国家统计局。

（三）传统融资渠道收紧，新兴融资渠道受控

金融机构贷款与资本市场融资作为开发企业最为传统和主要的融资渠道，是历次房地产调控最先指向的环节之一。2011年，在货币政策紧缩及地产调控加

码的背景下，商业银行全面收紧房地产开发贷款；而房地产企业国内资本市场融资之门自2010年4月以后再未开启，资本市场融资也成泡影。面对行业传统融资渠道的关闭，信托融资和海外资本市场融资成为缓解开发企业资金难题的救命稻草。

2011年二季度，房地产信托创下1242亿元天量发行规模，银监会继2010年后再度进行窗口指导，要求信托公司"今后凡涉及房地产的相关业务都逐笔报批"，下半年更是直接叫停了部分房地产信托业务。在此严厉监管下，四季度房地产信托发行量回落至399亿元，全年发行总量2864亿元，同比增长44.1%（见图8）。

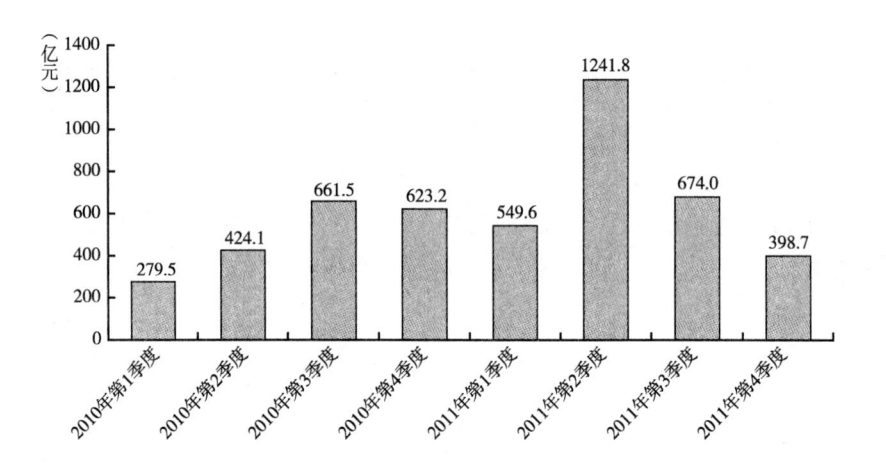

图8 2010~2011年房地产信托季度发行情况

资料来源：用益信托工作室。

从企业融资规模来看，2011年万达发行了10款信托产品，共融得71.76亿元，排在首位；其次是万科发行了8款产品，融资规模达48.93亿元。发行产品数量最多的是恒大地产和泛海建设，各发行了13款，规模分别为35.05亿元和27.13亿元（见表2）。

从房地产信托融资投向来看，商品住宅类项目虽然面临赢利水平下降的风险，但较短的周转期限易于满足集合信托的发行要求，故仍然为目前最主要的发行去向。受益于商品住宅限购令的严格执行，商业物业和保障房开发类项目信托发行数量增长较快（见表3）。

表2　2011年开发企业信托融资活动一览

企业名称	发行数量(款)	发行规模(万元)	企业名称	发行数量(款)	发行规模(万元)
万达集团	10	717600	珠海华发	4	214370
万科集团	8	489300	中华企业	5	208000
绿城集团	11	470850	中南集团	8	175250
保利地产	11	441370	合生创展	2	170000
恒大地产	13	350500	世茂房地产	8	141290
新湖集团	9	276400	卓达地产	5	140000
泛海建设	13	271280	阳光100	6	137000

资料来源：用益信托工作室。

表3　2011年房地产信托发行去向

发行去向	发行数量(款)	发行规模(万元)	占比(%)
商品住宅	502	14222553	49.7
商业物业	140	3557671	12.4
综合型	127	3764801	13.1
地产基金	72	2590812	9.1
保障房	98	2759362	9.6
土地开发	6	268450	0.9
其他	58	1477271	5.2
合计	1003	28640920	100.0

资料来源：用益信托工作室。

根据中国信托业协会公布的数据，截至2011年底国内房地产信托存量已达6882亿元，其中需2012年内、2013年内兑付的规模分别为1519亿元和1503亿元。考虑到房地产信托综合融资成本普遍在15%以上，远高于银行同期贷款利率，若2012年房地产调控政策持续从紧，市场活跃维持现状或继续走低，那么未来两年集中兑付的压力可能引发行业内更为严重的资金问题。

相较于发行集合信托融资，通过海外资本市场融资具有融资成本低、期限长、制度安排灵活的优势，但其对于公司治理结构、财务状况和抵押物流通的硬性要求使得国内众多中小开发企业难以企及。近年来，在港上市开发企业利用其国际化地位及人民币利差的优势普遍开始寻求海外资本市场债券融资。

2011年1月起，华润置地、雅居乐、碧桂园、远洋地产、世茂房地产等多家大型开发企业启动海外融资（见表4）。截至8月底，融资规模超过1000亿元人民币，几乎为2010年全年560亿元融资额的两倍。

表4　2011年开发企业境外融资活动一览

公司名称	时间	融资方式	融资金额	利率	年限
华南城	1月	优先票据	2.5亿美元	13.50%	6年期
中骏置业	1月	债券融资	20亿元人民币	10.50%	5年期
恒大地产	1月	债券融资	92.5亿元人民币	7.5%和9.25%	3/5年期
合生创展	1月	优先票据	3亿美元	11.75%	6年期
佳兆业	1月	债券融资	20亿元人民币	8.50%	3年期
碧桂园	2月	优先票据	9亿美元	11.13%	7年期
世茂房地产	3月	优先票据	3.5亿美元	11%	7年期
宝龙地产	3月	优先债券	7.5亿元人民币	11.50%	3年期
合景泰富	3月	优先票据	3.5亿美元	12.75%	5年期
龙湖地产	3月	优先票据	7.5亿美元	9.50%	5年期
盛高置地	4月	优先票据	2亿美元	13.50%	5年期
雅居乐	4月	可换股债券	5亿美元	4.00%	5年期
方兴地产	4月	优先票据	5亿美元	6.75%	10年期
富力地产	4月	优先票据	5.5亿美元	7%和10.875%	3/5年期
远洋地产	5月	永久性次级债券	4亿美元	—	5年期
华润置地	5月	优先票据	7.5亿美元	4.625%	5年期
SOHO中国	6月	银团贷款	6.05亿美元	—	3年期
华润置地	7月	优先票据	2.5亿美元	4.625%	5年期
华润置地	9月	银团贷款	10亿港币	—	3年期

资料来源：各企业公告数据。

2011年，房地产信托融资和海外资本市场融资的绝对规模快速增长，已超过4000亿元人民币，但所占全年房地产行业资金来源的比例仍不足5%，难以弥补销售放缓、贷款收紧所导致的资金缺口，部分房地产开发企业开始通过高息民间借贷甚至"断臂求生"的方式来换取腾挪空间。北京、上海两地产权交易所数据显示，2011年全年房地产行业规模股权变动超过124宗，交易金额达471.76亿元，同比2010年，分别上涨47.6%、185.5%。

（四）开发企业财务状况恶化，短期偿债能力下降

信贷趋紧、资本市场融资受阻、预售款监管趋严，使得上市开发企业的财务风险不断积累。2011年前三季度，118家[①]上市开发企业资产负债率均值上升至63.6%，为2009年以来的最高点，且呈现出继续上升的态势。虽仍未超过2008年三季度的高点，但考虑到持续调控对于市场成交量造成的影响开始逐步显现，未来销售资金回笼存在较大风险，开发企业整体财务状况可能趋向2008年，企业长期经营风险增大（见图9）。

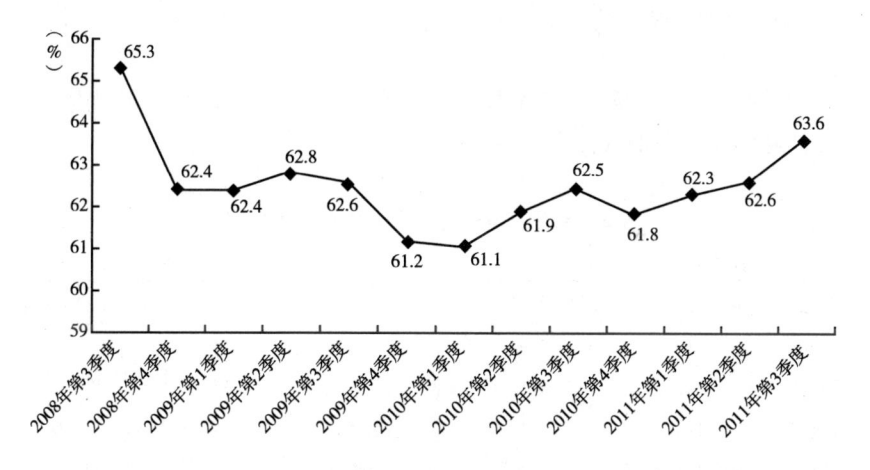

图9 2008~2011年118家上市开发企业资产负债率变化情况

资料来源：Wind资讯。

同时，自2010年二季度开始，上市开发企业流动比率、速动比率呈现出整体下降的态势，进入2011年后下降趋势加快。至三季度末，速动比率已接近于2008年最低值，表明企业短期偿债能力大幅下降（见图10）。

现金与短期债务的比值可以更为直观地反映企业短期偿债压力，部分企业公报数据显示，万科、保利、招商、金地等大型开发企业现金充裕，短期资金链宽松。而以首开股份为代表的处于异地扩张起步阶段的中型企业受2011年快速扩张影响，现金资源已不足以偿还短期债务，短期资金链趋紧（见表5）。

---

① 为沪深股市自2008年财务报表可得的上市开发企业，并剔除ST类公司。

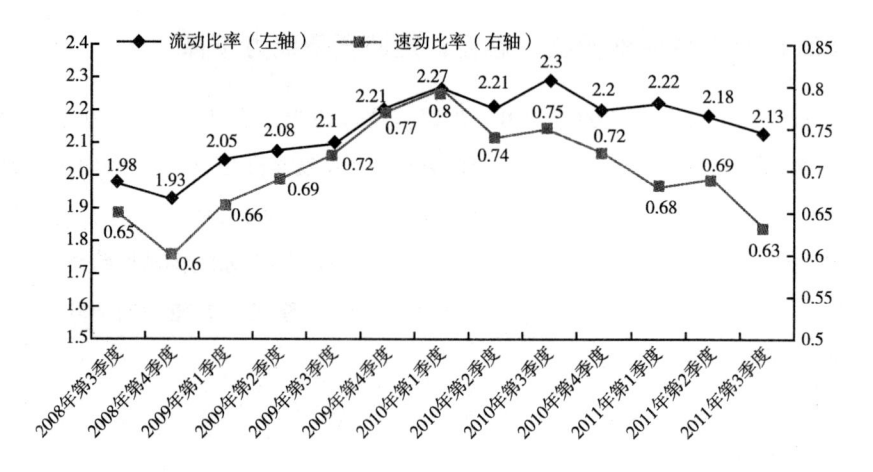

图 10　2008～2011年118家上市开发企业流动比率、速动比率变化情况

资料来源：Wind 资讯。

表5　部分开发企业现金及短期债务情况

单位：亿元

企业名称	现金	现金/短期债务	企业名称	现金	现金/短期债务
万科集团	339	1.4	金融街	130	2.0
保利地产	220	1.8	首开股份	57	0.6
招商地产	123	1.8	新城地产	16	0.6
金地地产	178	1.5	陆家嘴	12	0.2
华润置地	187	1.0	滨江集团	16	0.7
富力地产	96	1.3			

注：企业短期债务按一年内到期的长期借款、短期借款、应付票据三项计算。
资料来源：各企业2011年三季度报，华润、富力为2011年半年报。

三　企业销售业绩：分化

过去的十年是中国房地产业的"黄金十年"，也是企业高速增长的十年，近两年高周转类型的企业更是实现了超常规的倍速扩张，但是随着内外环境的快速变化以及房地产调控的常态化，企业开始面临"适应调控趋势、去存量、降杠杆"的三大压力，企业业绩开始出现明显分化。

（一）行业集中度提高，企业业绩分化

在持续性严厉调控背景下，2011年行业整体销售仍然保持增长态势，多数一线开发企业销售规模持续扩大。2011年销售金额突破百亿元的开发企业数量由上一年的35家增长至41家，其中超过500亿元的企业有6家，万科以1215.4亿元的总销售额再度蝉联榜首，同时仍然是业内唯一一家销售破千亿的企业（见表6）。

表6 2011年房地产开发企业销售额TOP 20排名

排名	企业名称	销售金额(亿元)	销售额同比增长(%)	销售目标达成率(%)
1	万科集团	1215.4	12.4	86.8
2	恒大集团	803.9	59.4	114.8
3	绿地集团	776	15.0	—
4	保利地产	732	18.8	91.5
5	中海地产	720	26.5	108.8
6	万达集团	560	—	—
7	碧桂园	430	31.3	100.5
8	龙湖集团	381	14.9	95.7
9	华润置地	366	66.4	122.0
10	世茂房地产	315	0.7	85.35
11	雅居乐	310	-2.4	85.2
12	绿城集团	300	-47.1	64.2
13	金地集团	290	2.5	77.3
14	富力地产	287	-6.9	93.9
15	远洋地产	270	25.0	90.0
16	中信地产	255	-33.2	—
17	招商地产	210	44.0	105.0
18	融创中国	193	130.0	104.9
19	融侨集团	185	—	—
20	华侨城	180	38.5	100.0

宏观调控的压力加速了房地产开发企业的分化，强者愈强的趋势在不断上升的行业集中度上得到体现，销售额TOP 10开发企业总销售额达到6299.3亿元，规模扩大545亿元，占全国市场份额的10.4%，较上一年提升0.3个百分点（见图11）。

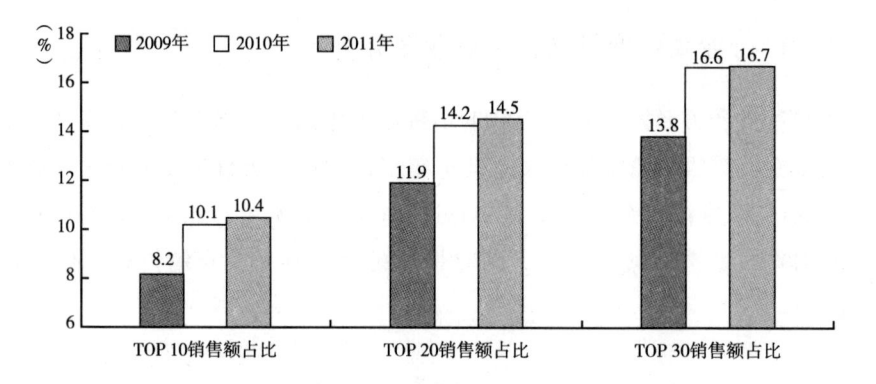

图11 2009~2011年房地产行业集中度比较

行业集中度的不断提高主要有两方面的原因：第一，行业标杆企业融资渠道多样，产品布局均衡，在严峻的市场环境中仍有能力保持稳定的销售业绩；第二，宏观调控的深化推动市场资源重新组合，标杆企业推动行业并购交易，未来行业集中度极有可能继续攀升。

销售规模在100亿元以下的中小型开发企业业绩下降幅度明显，如2010年销售增速迅猛的滨江集团、苏宁环球、嘉凯城等企业，同比销售额出现大幅下滑，销售目标完成率不足五成（见表7）。造成这一现象的主要原因是中小型开发企业在产品类型和地域布局上过于单一，应对市场变化能力不足，导致"因宏观调控造成的销售困难"表现得尤为明显。在房地产市场活跃度持续走低、信贷通道保持收紧的背景下，标杆企业与中小型企业业绩将加速分化，业内或将迎来并购高峰期。

表7 部分中小型开发企业销售目标完成情况

企业名称	销售额（亿元）	销售额同比变化（%）	销售目标完成率（%）
苏宁环球	31	-28	44
苏州高新	20	-33	44
格力地产	18	-10	45
亿城股份	20	-6	50
滨江集团	55	-53	55

（二）业绩优异企业存在共性

销售业绩表现优异的开发企业，多具备以下特点。

第一，周转速度快，资金利用效率高。追求高周转和固守稳定利润是企业经营的两种不同思路，多数企业一直在这两种模式间寻找平衡点。而在2011年资金成本高涨、价格预期反转、刚性需求占据主导的恶劣市场环境下，"合理利润、快进快出"的快速周转模式显然更有利于企业降低财务风险，提升资产收益率。2011年销售额超过500亿元开发企业[①]的平均存量资产周转率高达57.7%，销售业绩增长最为迅猛的恒大和融创周转率分别高达77%和123%（见图12）。

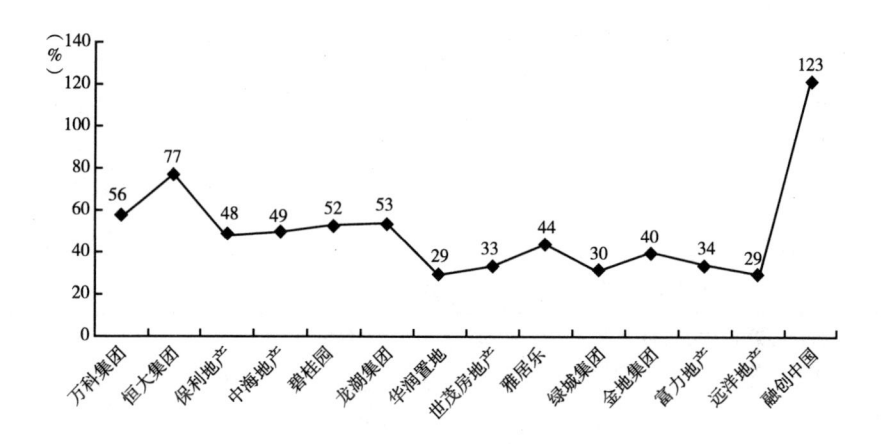

图12 典型开发企业存量资产周转率

第二，投资分散，对单一区域依赖程度低。"把鸡蛋放在不同的篮子里"显然是应对市场风险的适宜策略。作为调控"重灾区"，一线城市2011年商品住宅成交规模下滑超过20%，深耕北、上、广的富力、合生创展等传统标杆企业也随之遭遇业绩增长乏力。反观已实现二、三线城市布局的碧桂园、万科、恒大等企业，销售资源相对分散，对一线城市依赖程度低于30%，通过内部资源调整有效平抑了部分风险（见表8）。

第三，市场反应迅速，价格调整及时有效。面对房地产市场的持续萧条，能够根据市场反馈快速调整产品价格和出货结构的企业，往往能够抢在价格恶战之前回笼资金，将损失降到最低。2011年10月，在市场交易进一步恶化前，龙湖"抢收华东"行动在上海郦城、上海好望山以及杭州香醍溪岸三个项目上同时展

---

① 绿地、万达为非上市公司，相关数据不可得，故未考虑。

表8 典型房地产企业已进入城市

企业名称	进入城市数量(个)	限购城市数量(个)	限购城市占比(%)	一线城市销售额(亿元)	一线城市销售额占比(%)
恒大集团	103	34	33.0		
绿地集团	54	23	42.6		
万科集团	46	33	71.7	287.2	23.6
碧桂园	44	10	22.7		
保利地产	40	21	52.5	213.2	29.1
世茂房地产	40	20	50.0		
绿城集团	39	19	48.7		
中海地产	35	28	80.0		
华润置地	35	27	77.1		20.2
金地集团	19	16	84.2		
远洋地产	19	15	78.9	97.0	35.9
雅居乐	18	9	50.0		
龙湖地产	14	11	78.6		
富力地产	13	12	92.3		

注：碧桂园、绿城为2011年数据，其余企业为2010年数据。
资料来源：各企业年报/半年报公布数据。

开，一周之内实现超20亿元的销售额，为龙湖全年业绩增长奠定基础。万科、恒大、保利、中海也于年底前在全国多地降价抢收，确保了年度业绩的增幅。

四 企业土地储备策略：谨慎

（一）标杆企业谨慎过冬，稳步推进二、三线城市布局

销售回款大幅放缓、存货水平步步高升、融资渠道日趋狭窄，对于房地产行业而言，严冬真的到了。进入年底，万科、恒大、万达等龙头企业纷纷向投资者表态，面对持续调整的市场将保持谨慎观望，暂缓拿地，但仍将关注市场机会（见表9）。

万科最先抛出"过冬论"，在公布的三季度公报中表示将坚持"宁可错过，绝不拿错"的谨慎拿地原则，但鉴于土地市场的调整仍可能持续，在确保经营安全性的情况下，也将关注合理的投资机会。在这一原则指导下，万科于11月

表9 标杆企业土地储备规模

单位：万平方米

企业名称	土地储备总量①	企业名称	土地储备总量
万科集团	3581（截至2011年三季度）	龙湖集团	3325（截至2011年二季度）
恒大集团	13670（截至2011年底）	华润置地	2610（截至2011年三季度）
保利地产	6102（截至2011年三季度）	世茂房地产	3810（截至2011年二季度）
中海地产	3661（截至2011年二季度）	雅居乐	3144（截至2011年底）
碧桂园	5485（截至2011年二季度）	绿城集团	4069（截至2011年二季度）

注：①该处统计口径为规划建筑面积。

资料来源：各企业季报/半年报/年报公布数据。

在上海、珠海和贵阳三地购得3个项目，对应万科权益的规划建筑面积合计约54.051万平方米，仅需支付地价约12.25亿元。

11月份，恒大地产董事局主席许家印曾公开表态"未来几个月，恒大不会购买新的土地"。但也许是受销售业绩大涨的鼓舞，恒大在年度业绩发布材料中又特别注明"将遵循'适量补充'的原则，确保长期可持续发展"。纵观全年，恒大土地获取规模仍然保持天量，其2011年新增土地储备高达4086万平方米，接近或超过其他一些标杆开发企业土地储备总量。

2012年初，绿地集团董事长在接受媒体采访时表示，"绿地将坚持在风险可控的前提下，实施积极审慎的拿地策略，根据各地市场形势择机储备优质项目，并重点选择刚需支撑较强的潜力型城市及区域加大拓展力度"。

标杆房企对于"谨慎过冬"的统一口径传递出两个信息：其一，在经历了最近几年的快速扩张后，标杆房企土地储备资源均较为充足，足以支撑未来3~5年的业绩增长；其二，市场调控加大开发企业资金风险的同时，也可能孕育较多的土地市场机遇。

2011年从全国范围来看，标杆企业在"谨慎过冬"的同时，确实并未停止在中小城市的布局。房地产市场发展的阶段性差异已成为一线开发企业下一步战略布局的着力点：一、二线城市经过多年发展，市场日趋饱和，升值空间透支，当前又面临政策高压，而中西部二线城市和东部三、四线城市城市化进程刚刚起步，城市更新频繁、价值补涨空间大，土地市场机会较多且政策环境相对宽松（见表10）。

表10 标杆企业2011年新进入城市

企　　业	2011年新进入区域
万科集团	晋中、秦皇岛
恒大集团	东莞、嘉兴、连云港、六安、乌兰浩特、芜湖
绿地集团	哈尔滨、海口、重庆
中海地产	长沙、合肥、兰州、南昌、南宁、武汉、厦门、吉林、烟台
保利地产	贵阳、合肥、郑州、慈溪、德阳、通化、石家庄
雅居乐	西安、定安
绿城集团	沈阳、莱芜、信阳
招商地产	武汉、镇江、毕节

（二）增长型企业逆市扩张，深化城市布局

面对市场下行，在大多数企业或悲观或谨慎观望的同时，不乏少数业绩快速增长的企业逆市出手拿地，希望完成反周期操作。招商地产和融创中国是其中的典型代表，2011年销售额的大幅提高使得二者拿地信心十足。

融创持续深耕已进入区域：上半年以合计41.9亿元于天津和重庆拿下5宗居住用地；9月16日与保利联合以29.9亿元底价获取天津市核心区一宗总建筑规模达32万平方米的居住兼容商业金融用地，成交价格低于市场预期；12月16日，融创再度出手，与方兴地产联合以底价30.67亿元竞得北京市朝阳区来广营一宗居住金融用地，该宗地块曾被业内看做当年北京土地公开市场中综合条件最佳的地块，实际成交楼面价10807元/平方米也同样低于市场预期。

招商地产则大规模进行异地扩张，力求重回开发企业第一阵营。截至2012年2月，共投入95亿元在8个城市获取15宗土地，总建筑面积超过300万平方米（见表11）。

（三）港企大举进入，抄底土地市场

与内地龙头开发企业相继宣布放缓拿地形成鲜明对比，三季度起，长江实业、和记黄埔、新世界、嘉里建设、恒隆、瑞安、仁恒置地7家港资开发企业密集出手内地商业用地，总投入超过150亿元。

- 9月，恒隆地产以34.97亿元竞得原昆明市政府两宗商业用地，并成为昆明市2011年的总价地王。

表11 招商地产2011年土地拓展一览

拿地时间	城市	宗数	所占权益(%)	建筑面积(万平方米)	土地价款(亿元)
2011年1月	佛山	1	100	8.92	6.0
2011年4月	武汉	1	100	4.39(土地面积)	4.1
2011年5月	镇江	2	100	55	30.1
2011年7月	深圳	1	100	15.8	2.5
2011年12月	武汉	3	100	109.52	34.1
2011年12月	青岛	4	100	29.46	2.9
2012年1月	毕节	2	100	71.73	3.3
2012年2月	北京	1	50	18.93	23.7
合　计		15			94.9

- 10月，仁恒置地联合其他两家企业以30亿元获取珠海市两宗商住用地，并成为珠海主城区2011年的单价地王；嘉里建设斥资4.55亿元获取福建莆田区一宗商业用地。

- 11月，和记黄埔以8亿元竞得佛山南庄生态区商住用地；瑞安集团以31.98亿元的底价获取南京2011年出让体量最大的麒麟科技园商住用地。

- 12月，长江实业、和记黄埔以19亿元获得大连西岗区一宗商业用地；新世界斥资14亿港币购买上海实业旗下公司所持青岛地块50%权益。

上述土地全部位于经济发展速度较快、消费能力较强，且具有稀缺旅游资源的二线城市。对于善于把握市场、商业地产运作经验丰富的港企而言，此次大举进入内地市场除因房地产市场调控存在价格机会外，长期看好内地房地产市场潜力是更为主要的原因。

（四）开发商抱团取暖，谋求顺利过冬

在2011年严厉的楼市调控和市场竞争环境的背景下，开发商有由"竞争"转为"竞合"的趋向，大量开发商采取联合拿地的方式，一方面满足开发企业分散市场风险、破解资金困局的需求，另一方面保证了开发企业规模增长的要求，以及通过拿地获得今后开发收益、合理配置公司资产等目的，以顺利过冬。

以北京为例，2011年全年北京市公开市场共成交住宅类地块60宗，企业联合拿地达到了17宗（其中三、四季度分别为6宗和5宗），联合拿地比例接近

30%；而在2011年出让的总价超过10亿元的14宗重点住宅地块中，有11宗地块为合作取得，开发商抱团现象明显。

五 企业战略布局转向：加速

2010年是地产开发行业的转型年，众多房地产开发企业开始集中调整战略方向和运营模式，而2011年严厉的调控政策和冰冻的市场环境则进一步加速了房地产开发企业转型的步伐，开始冷静寻求行业内的新增长点抑或开拓行业外新领域，寻找突围之路。

（一）加码商业地产

近年来，参照成熟经济体房地产业发展路径，标杆开发企业纷纷进入商业地产领域并加大对持有型物业的投资，而频繁的商品住宅调控进一步加速了这一进程。就连原本多次重申将持续专注于住宅开发领域的万科也于2009年底宣布进军商业地产领域，目前万科旗下在深圳、上海、东莞、西安、北京等地的商业综合体项目正在积极推进，总投资额已超过200亿元。

目前，国内房地产销售榜单TOP 20的企业均已确立了商业物业运营与住宅物业开发并重的发展道路，但在具体发展方向上有较大区别。碧桂园、恒大在商业地产领域专注于自持酒店的营运，以碧桂园为例，截至2011年底已持有27家高档酒店，总营业收入8.0亿元，同比增长69.8%。

富力、远洋、中粮、保利等多家企业借鉴香港地产商运营经验，以城市核心区域酒店、大型购物中心和写字楼的持有和销售为发展切入点，富力广场、大悦城、保利国际广场等产品已具有较高的市场知名度。

华润、龙湖则结合当前城市出让土地位置郊区化、功能综合化的特点，开发出城市综合体的概念，将住宅、商业、办公乃至交通设施等多种业态有机融合起来，通过多样性公建完善住宅配套，通过住宅销售带动商业出租，如华润五彩城、万象城、龙湖天街系列产品。在2011年住宅销售放缓的形势下，位于重庆、成都、北京的五处"天街"为龙湖带来超过85亿元的销售收入。

然而，在金融市场融资方式较为单一的背景下，从企业经营的角度看，住宅物业销售转向商业物业持有虽然可以保证企业未来现金流的稳定以及固定的租金收益，但也势必会造成资金沉淀，降低企业整体周转速度、稀释净资产收益水平，给企业的短期经营带来风险，如目前商业地产的快速扩张已对中粮地产和富力地产的负债和现金流状况造成较大负担。因而，当前国内房地产开发企业的发展阶段和融资能力决定了其商业地产布局还需循序渐进，必须与住宅开发业务规模相平衡。

（二）布局旅游地产

面对房地产严控和"十二五"将旅游业列入"产业结构调整指导目录"鼓励类产业之间水与火的政策反差，以及中国旅游产业近年来的快速发展，国内标杆开发企业和传统产业资本纷纷把目光瞄向旅游地产开发领域。

万达集团占领旅游地产半壁江山：早在2007年，万达就明确把发展旅游产业作为集团未来10年甚至是20年的主要战略方向，并将旅游地产作为一个新的业务增长点，与商业地产并驾齐驱；从2008年至今，万达已斥资近1700亿元打造旅游地产项目，如全国唯一一次性投资超过200亿元的国际级旅游度假项目——长白山国际旅游度假区、总投资超过500亿元的大连金石国际旅游度假区项目等，其中长白山国际旅游度假区已于2011年开始预售，大连金石国际旅游度假区也已经开工。

龙湖地产高调进军旅游地产：2011年3月23日，龙湖地产在北京召开度假产品系列发布会，以"开启中国度假生活新传奇"为主题，正式把旗下"山·海·湖"三大度假产品——成都小院青城、烟台葡醍海湾、玉溪仙湖锦绣高调"打包"亮相，清晰表明了龙湖旅游地产的发展架构。2011年7月30日，烟台葡醍海湾首次开盘，当日创下烟台房地产市场销售速度最快、销售金额最高、销售套数最多等多项纪录。

富力地产布局海南市场：富力地产以独特的眼光窥得海南旅游地产先机，早于2006年就进军海南。截至2011年底，富力已在海南拿下2万余亩土地，建筑面积超过200万平方米。除了海南外，富力也已在其他区域试水旅游地产，包括富力龙门永汉温泉生态旅游度假区项目等。

除上述企业外，世茂、雅居乐、恒大、保利等龙头开发企业也纷纷布局旅游地产，截至2011年底，世茂地产旅游板块已有28个处于不同阶段的项目，恒大有约20%的土地储备为旅游地产项目。

（三）参与保障房建设

根据"十二五"规划，2011年起的五年内全国范围内将新增3600万套保障性住房，其中绝大部分将以新建的形式供应。对地方政府而言，无论是从减轻资本金筹措压力还是从加快供应速度的角度出发，都欢迎开发企业参与保障房的配建或代建。目前万科、恒大、绿地、龙湖、远洋等大部分一线开发企业均已大规模参与保障房建设。

作为民生工程，保障房代建环节的微利显然不足以形成驱动企业进入的力量。为推动保障房建设，从中央到地方在政策上设定了一定的激励机制，包括信贷支持和土地政策的倾斜以及其他方面的补偿。因而企业积极参与保障房建设，除完成用地出让中配建的要求外，多从拓宽融资渠道、培育或维系政府关系的角度考虑。如当前各地方的城投公司及地方国有开发企业希望依靠地方融资平台缓解自身资金难题。除此之外，包含建筑施工业务的开发企业或可因整个建设链条的利润提高而积极参与，如金隅集团和中建地产等企业。

（四）开启多元化经营道路

与2009年、2010年众多"不务正业"央企、电商、食品企业疯狂涌入地产业的行情形成鲜明对比，2011年起，多家以房地产开发为主业的企业开始涉足其他行业，许多非地产主业的企业纷纷削减开发投入甚至退出。

部分房企撤离房地产市场：2011年北京有217家外资房地产企业退出市场，全年有473家房企在北京注销。在部分热点城市，一些开发商退出房地产市场，截至2011年底，已有水井坊、宏达股份、恒顺醋业等16家"涉房"的非房地产上市公司撤离楼市。

"不务正业"涉足矿产能源领域：天业股份、多伦股份、中弘股份、新湖中宝、绿景控股、华业地产、鼎力股份、莱茵置业、西藏发展、中天城投、万泽股份、ST兴业等多家A股上市企业均在其列。

房企巨头掘金工业地产：联想集团产业地产业务已在全国范围内大面积铺开，在昆明、南昌、南宁、漳州等地规划建设产业园区，率先走上产业+地产的新模式；万通则携手TCL高调进军产业地产，将共同创立工业地产投资公司；远洋地产也将产业地产列为其未来重点探索的新业务方向之一，目前已在北京密云、辽宁大连及河北廊坊启动三个大型产业地产项目；世茂集团巨额投资海峡城，借"云端产业集群"进军产业地产；绿地集团在郑州签约投资总额高达130亿元的绿地滨湖国际总部经济产业园项目；2011年底，浙江广厦控股总投资预计120亿元的黄泽山石油中转储运项目一期工程正式开工；首创置业在青岛打造商务区，明确了将资源、产业与地产相结合，往地产上游发展的方向。

The Survival Condition of Real Estate Enterprises in 2011：Surviving in Adversity

Peng Linlin   Liu Xiao

Abstract：2011 was the turning point of China's real estate development industry. Affected by the bad domestic and overseas economic situation and extremely rigorous policy, the industry environment deteriorated rapidly, financial condition stressed extremely, enterprises sale differentiated obviously, land stocking strategy tended to be more careful, and enterprises' transition accelerated.

Key Words：Regulation；Transition；Survival

金融篇
Finance

B.4
2011年房地产投融资现状及2012年趋势分析

丁兴桥[*]

摘　要：本文从不同的角度利用相关数据对2011年房地产投融资现状进行了分析，2011年房地产投资增速趋缓，融资结构有所改善，对银行贷款的严重依赖局面有所变化。同时重点分析了保障性住房融资的现状和问题，融资难、融资渠道单一仍然是困扰保障性住房建设的最主要问题之一。对2012年房地产投融资发展趋势作出了基本的判断并提出了相应的对策建议。在2012年调控基调不变的情况下，房地产投资增速将进一步趋缓，融资困境依然难破。

关键词：房地产　投融资　趋势

---

[*] 丁兴桥，中国社会科学院研究生院城市发展系研究生，研究方向为城市经济学、土地与房地产开发管理。

一 2011年房地产投资

2011年,为进一步巩固房地产调控成果,促使房地产市场回归理性,中央升级调控力度,综合运用行政、经济手段,一方面出台限购、限价政策抑制房地产不合理需求,另一方面通过加大对保障性住房建设力度进一步增加供给,房地产市场调控效果初步显现。2011年,房地产投资和住宅投资增速同时下降,房地产投资内部结构也有所改变。从各地区情况看,东中西三大地区房地产投资都呈现不同程度的下降,但是存在着明显的差异。

(一) 房地产开发投资与住宅投资增速均呈下降态势

2011年房地产开发投资达61740亿元,同比增长27.9%,增速比2010年低5.3个百分点,高于同期城镇固定资产投资增速2.8个百分点,占城镇固定资产投资比重上升了0.5个百分点。其中,住宅投资为44308亿元,同比上升30.2%,高于同期房地产投资增速2.3个百分点,增速同比下降2.6个百分点(见表1)。2011年,住宅投资所占比重呈上升态势,住宅投资增速除1月份外,

表1 1998~2011年全国城镇固定资产投资、房地产投资及其增长情况

单位:亿元,%

年份	城镇固定资产投资额	房地产开发投资额	#住宅投资额	城镇固定资产投资增长率	房地产开发投资增长率	住宅投资增长率	房地产开发投资占比
1998	22491	3614	2082	—	—	—	16.1
1999	23732	4103	2638	5.5	13.5	26.8	17.3
2000	26222	4984	3312	10.5	21.5	25.5	19.0
2001	30001	6344	4217	14.4	27.3	27.3	21.2
2002	35489	7791	5228	18.3	22.8	24.0	22.0
2003	45812	10154	6777	29.1	30.3	29.6	22.2
2004	59028	13158	8837	28.9	29.6	30.4	22.3
2005	75095	15909	10861	27.2	20.9	22.9	21.2
2006	93369	19423	13638	24.3	22.1	25.6	20.8
2007	117465	25289	18005	25.8	30.2	32.0	21.5
2008	148738	31203	22441	26.6	23.4	24.6	21.0
2009	193920	36242	25614	30.4	16.2	14.1	18.7
2010	241431	48259	34026	24.5	33.2	32.8	20.0
2011	301933	61740	44308	25.1	27.9	30.2	20.5

平均高出房地产开发投资增速2.6个百分点，改变了2010年房地产开发投资增速高于住宅投资增速的态势。经济适用住房投资增速起伏较大，1~3月份结束了2010年下半年以来的负增长态势，1~4月份达到最大值14%，后来增幅呈现波动式下降态势。办公楼投资增速第一季度呈下降态势，第二季度起呈不断上升态势。商业营业用房投资增速呈波动下降趋势，且集中在35%~40%之间（见图1）。

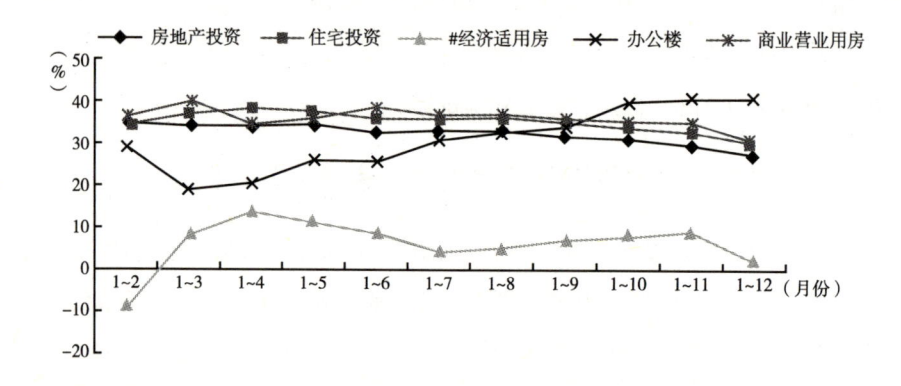

图1 2011年全国房地产投资增长情况

（二）房地产投资中住宅投资所占比重持续上升

在房地产投资中，住宅投资所占比重同比上升1.3个百分点，连续六年超过70%。其中90平方米以下住房和别墅、高档公寓占比分别为22.1%、5.5%，变化不大；140平方米以上住房占14.7%，上升了1个百分点；而经济适用住房占比为1.8%，下降了1.9个百分点。1998~2011年房地产企业开发投资中，住宅投资所占比重基本呈稳步上升态势。其中经济适用住房投资所占比重从2000年起呈现持续下降的态势，并在2011年达到历史最低点1.8%；别墅、高档公寓所占比重呈现倒U形变化，最高点出现在2004年（8.2%）。办公楼投资所占比重呈下降态势，1998~2001年下降尤为显著，2008年和2010年最低，为3.7%。商业营业用房投资所占比重相对比较稳定，在12%附近徘徊（见表2）。2011年，房地产开发投资中，住宅投资所占比重基本呈逐月上升态势。其中，90平方米以下住房所占比重呈上升态势；经济适用住房所占比重基本稳定在1.7%~1.8%之间；140平方米以上住房和别墅、高档公寓所占比重呈下降态势。办公楼和商业营业用房所占比重趋势稳定，分别保持在3.9%~4.5%和11.9%~12.0%之间（见表3、图1）。

表2 1998~2011年全国房地产开发投资所占比重情况

单位：%

年份	住宅投资额占比	#90平方米以下住房占比	#140平方米以上住房占比	#经济适用住房占比	#别墅、高档公寓占比	办公楼投资占比	商业营业用房投资占比	其他占比
1998	57.6	—	—	7.5	5.0	12.0	13.2	17.2
1999	64.3	—	—	10.7	4.4	8.3	11.8	15.6
2000	66.5	—	—	10.9	5.4	6.0	11.6	15.9
2001	66.5	—	—	9.5	5.8	4.9	11.9	16.8
2002	67.1	—	—	7.6	6.6	4.9	12.0	16.0
2003	66.7	—	—	6.1	6.2	5.0	12.8	15.4
2004	67.2	—	—	4.6	8.2	5.0	13.1	14.8
2005	68.3	—	—	3.3	6.6	4.8	12.8	14.1
2006	70.2	—	—	3.6	7.4	4.8	12.1	12.9
2007	71.2	16.6	—	3.2	7.1	4.1	11.0	13.7
2008	71.9	20.9	12.2	3.1	6.5	3.7	10.8	13.6
2009	70.7	23.0	14.3	3.1	5.7	3.8	11.5	14.0
2010	70.5	22.1	13.7	3.7	5.9	3.7	11.7	14.0
2011	71.8	22.1	14.7	1.8	5.5	4.1	11.9	12.2

表3 2011年全国房地产企业投资所占比重情况

单位：%

月份	住宅投资占比	90平方米以下住房占比	140平方米以上住房占比	经济适用住房占比	别墅、高档公寓占比	办公楼占比	商业营业用房占比	其他占比
1~2	70.9	21.2	16.5	1.4	7.5	4.5	11.9	12.6
1~3	70.7	20.4	15.7	1.7	6.9	4.1	12.0	13.3
1~4	71.2	20.7	15.3	1.8	6.2	4.1	11.6	13.2
1~5	70.9	20.9	14.9	1.8	6.0	4.0	11.7	13.4
1~6	71.0	21.2	14.5	1.8	5.7	4.1	12.0	12.9
1~7	71.5	21.5	14.5	1.7	5.6	4.0	11.9	12.5
1~8	71.8	21.7	14.6	1.7	5.6	4.0	11.9	12.3
1~9	71.9	21.9	14.6	1.8	5.6	3.9	11.9	12.3
1~10	71.8	22.0	14.4	1.8	5.5	4.1	11.9	12.3
1~11	71.8	22.0	14.6	1.8	5.6	4.1	11.9	12.1
1~12	71.8	22.1	14.7	1.8	5.5	4.1	11.9	12.2

近几年特别是2011年采取的一系列房地产调控政策效果逐步开始显现，房地产市场过热的局面逐渐得到控制。国家对普通住宅市场的调控会驱使其逐步走向理性；但是，尽管国家加大了对包括经济适用住房在内的保障性住房建设的扶持力度，但是依然不够，并且住房保障体系的建设有待进一步完善，保障性住房建设的相关政策需要得到更加彻底的贯彻和落实。政府应继续引导并出台相关政策鼓励房地产开发企业积极主动向中低价位、中小套型、具有保障性的住房投资。

（三）区域投资存在较大差异

2011年东、中、西部地区房地产投资额分别为35407亿元、13197亿元、12936亿元，同比增长27.1%、25.5%、32.8%，东、中部地区低于全国增长速度，西部地区快于全国增长速度。东、中、西部地区投资增速比2010年分别降低5.6个、6.9个和2.5个百分点。分季度来看，东、中、西部地区的房地产投资和住宅投资增速都呈现逐渐下降态势，且西部地区增速明显高于全国和东、中部水平。东、中、西部地区经济适用住房投资增速差异较大，呈现波动式下降态势（见表4）。东、中、西部地区房地产投资占全部房地产投资的比重分别为57.7%、21.4%、21.0%。三大区域的住宅投资和经济适用住房投资占全部住宅投资和经济适用住房投资的比重仍然是东部地区呈下降态势，中、西部地区呈上升态势（见表5）。尽管区域差距在逐步缩小，但是东部地区所占比重的绝对优势地位仍然没有改变。

表4　2011年东、中、西部地区房地产投资增速比较

单位：%

地区	房地产投资				#住宅投资				经济适用住房投资			
	1~3月	1~6月	1~9月	1~12月	1~3月	1~6月	1~9月	1~12月	1~3月	1~6月	1~9月	1~12月
东部	31.2	30.2	29.2	27.1	36.0	35.5	34.9	31.1	14.7	9.0	4.4	-2.4
中部	39.3	35.7	33.1	25.5	38.7	36.9	33.0	25.3	4.7	-5.7	5.7	3.7
西部	39.0	38.5	38.8	32.8	40.4	37.1	38.5	33.3	-3.5	24.5	18.2	14.0
全国	34.1	32.9	32.0	27.9	37.4	36.1	35.2	30.2	8.8	8.9	7.7	2.5

各省市经济适用住房投资增速差异较大，年初1~2月投资增速同比排在前五名的省份分别是甘肃（197.8%）、河南（138.1%）、辽宁（90.2%）、山东（38.2%）、山西（33.0%），投资增速为负增长的省份有14个，下降超过20%

表5 2011年东、中、西部地区房地产投资占全部房地产投资比重

单位：%

地区	房地产投资				#住宅投资				经济适用住房投资			
	1~3月	1~6月	1~9月	1~12月	1~3月	1~6月	1~9月	1~12月	1~3月	1~6月	1~9月	1~12月
东部	61.8	58.8	57.6	57.7	61.2	58.3	57.2	56.9	61.8	56.1	53.0	53.3
中部	18.6	20.6	21.3	21.4	19.2	21.3	22.0	22.2	18.9	19.8	23.5	23.2
西部	19.6	20.6	21.1	21.0	19.7	20.5	20.8	20.9	19.3	24.1	23.5	23.5

的省份分别是新疆（-87.0%）、河北（-79.5%）、北京（-62.4%）、天津（-61.6%）、四川（-52.6%）、上海（-42.4%）、湖南（-42.2%）、江西（-36.3%）。1~12月投资增速同比排在前五名的省份分别是西藏（476.7%）、海南（125.6%）、广东（92.6%）、安徽（67.7%）、黑龙江（65.9%），投资增速为负增长的省份有15个，下降超过20%的省份分别是江西（-83.2%）、青海（-77.8%）、天津（-53.1%）、湖南（-31.7%）、宁夏（-28.5%）、山西（-27.2%）。

二 2011年房地产融资

2011年，国家对房地产市场进行了"史上最严厉的调控"，房地产投资过热得到缓解，房价迅猛上涨势头得到控制，房地产市场表现为较不景气，房地产融资面临困境，房地产融资内部结构和区域结构都出现了不同程度的变化。2011年，央行一年内加息3次，上调存款准备金率6次，货币政策的紧缩，使得房地产融资更是雪上加霜。为了增加供给和保障中低收入人群的住房基本需求，银行信贷加大了对保障性住房建设融资的力度。

（一）融资结构有所变化，自筹资金占比上升

2011年房地产开发企业本年资金来源83246亿元，同比增长14.1%，增速比2010年回落12.1个百分点。其中，国内贷款12564亿元，与2010年持平；利用外资814亿元，增长2.9%；自筹资金34093亿元，增长28.0%；其他资金35775亿元，增长8.6%。在其他资金中，定金及预收款21610亿元，增长12.1%；个人按揭贷款8360亿元，下降12.2%。

在房地产资金来源中,国内贷款、利用外资、自筹资金、其他资金占资金小计的比重分别为15.1%、1.0%、41.0%、43.0%。房地产资金内部结构延续2010年的变化,自筹资金占比继续上升,比2010年提高了4.5个百分点;除自筹资金外,国内贷款、利用外资、其他资金所占比重分别下降了2.1个、0.1个和2.2个百分点。其他资金中的个人按揭贷款下降2.6个百分点(见表6)。

表6 1997~2011年全国房地产开发资金结构情况

单位:亿元,%

年份	当年资金小计	国内贷款占比	利用外资占比	自筹资金占比	其他资金来源占比	#定金及预收款占比	#个人按揭贷款占比
1997	3817	23.9	12.1	25.5	38.1	—	—
1998	4415	23.9	8.2	26.4	41.0	—	—
1999	4796	23.2	5.4	28.0	43.0	—	—
2000	5998	23.1	2.8	26.9	47.0	—	—
2001	7696	22.0	1.8	28.4	47.7	—	—
2002	9750	22.8	1.6	28.1	47.4	—	—
2003	13197	23.8	1.3	28.6	46.3	38.7	—
2004	17169	18.4	1.3	30.3	49.9	43.1	—
2005	21398	18.3	1.2	32.7	47.8	36.6	—
2006	27136	19.7	1.5	31.7	47.1	30.2	9.5
2007	37478	18.7	1.7	31.4	48.2	28.5	13.1
2008	39619	19.2	1.8	38.6	40.3	24.6	9.8
2009	57799	19.7	0.8	31.1	48.5	28.1	14.8
2010	72944	17.2	1.1	36.5	45.2	26.1	12.6
2011	83246	15.1	1.0	41.0	43.0	26.0	10.0

从月份数据看,2011年房地产开发资金总体上继续保持增长态势,1~2月份增长16.3%,1~12月份同比增长14.8%。但房地产开发资金中内部结构差异性较大(以1~6月份为例):利用外资和自筹资金大幅增长,分别增长75.5%、32.7%,其他资金中定金及预收款增长26.9%,国内贷款增长率为6.8%,而其他资金中个人按揭贷款却出现了负增长,为-7.9%(见表7)。

(二)地区差异缩小,东部地区仍占绝对优势

2011年东、中、西部地区房地产资金分别为49945亿元、15985亿元、17314亿元,占资金来源的比重分别是60.0%、19.2%、20.8%。东、中、西部地区房地产资金同比增长10.5%、19.7%、24.1%,增速仍然保持东部地区低于

表7 2011年全国房地产开发资金增长占比情况

单位：%

月份	资金小计	国内贷款	利用外资	自筹资金	其他资金	#定金及预收款	#个人按揭贷款
1~2	16.3	7.7	61.5	21.4	16.6	28.9	-11.3
1~3	18.6	4.4	45.2	27.2	18.7	28.7	-5.3
1~4	17.4	5.4	62.3	27.2	14.8	23.1	-6.8
1~5	18.5	4.6	57.3	30.9	14.6	23.3	-8.0
1~6	21.6	6.8	75.5	32.7	17.8	26.9	-7.9
1~7	23.1	6.4	65.8	34.0	20.4	29.1	-5.1
1~8	23.4	5.1	71.5	33.8	21.5	30.9	-4.2
1~9	22.7	3.7	50.1	33.5	20.7	29.3	-3.2
1~10	20.2	1.0	32.4	30.8	18.8	25.6	-4.9
1~11	19.0	1.2	16.6	30.6	16.2	20.7	-5.5
1~12	14.8	0.2	2.3	27.7	10.2	13.6	-12.2

全国增速，中、西部地区超过全国增速的态势，地区之间的差异逐渐缩小，东部地区仍然占有绝对的优势地位。房地产资金占全国比重排在前五位的省份分别是江苏（9.5%）、广东（8.3%）、浙江（7.2%）、辽宁（6.7%）、北京（6.4%），东部地区占了四个、中部地区占了一个（见表8）。

表8 2011年东、中、西部地区房地产开发资金情况

单位：%

地区	资金来源 比重	资金来源 增速	国内贷款 比重	国内贷款 增速	利用外资 比重	利用外资 增速	自筹资金 比重	自筹资金 增速	其他资金 比重	其他资金 增速
东部	60.0	10.5	68.9	-2.1	65.7	-2.1	55.5	21.6	61.0	7.9
中部	19.2	19.7	13.6	4.2	17.0	21.2	23.0	31.9	17.6	11.2
西部	20.8	24.1	17.5	6.7	17.3	3.9	21.5	41.0	21.4	16.7
全国	100.0	14.8	100.0	0.2	100.0	2.3	100.0	27.7	100.0	10.2

（三）银行信贷支持减少，且主要向保障房建设倾斜

实行房地产市场化改革以来，房地产市场发展态势良好，房地产开发也异常火暴。然而房地产业迅速发展的一个重要原因就是银行信贷的支持，银行信贷对房地产业的支持主要通过两个方面：房地产开发贷款和最终转化为销售收入的个人住房按揭贷款。长期以来我国房地产业对银行贷款形成了严重的依赖，这种融资方式是由我国特殊的金融市场环境决定的，从某种程度上讲具有一定合理性，

但是也隐含着风险。为了控制房地产金融风险，促进房地产金融健康发展，央行、银监会相继出台了《关于规范住房金融业务的通知》（2001年）、《关于进一步加强房地产信贷业务管理的通知》（2003年）、《关于加强商业性房地产信贷管理的通知》（2007年）、《关于加强商业性房地产信贷管理的补充通知》（2007年），但是因为我国房地产市场发展势头良好、房地产贷款回报的优异性和稳定性，作为金融市场上最大的资金供给者银行仍然会积极发放房地产贷款，房地产业对银行贷款的依赖明显。

2011年我国实行了包括"限购"在内更加严格的房地产调控政策，房地产投资过热得到缓解，房价迅猛上涨势头得到控制，房地产市场面临更多的不确定性，2011年银行信贷对房地产的支持力度减小，全国全部金融机构人民币各项贷款余额54.79万亿元，同比增长15.8%，全年累计增加7.47万亿元。房地产贷款余额10.73万亿元，占全国的19.6%，同比增长13.9%，比2010年末回落13.5个百分点，增速比同期人民币贷款低了1.9个百分点。其中地产开发贷款余额为7680亿元，同比下降7.9%；房产开发贷款余额为2.72万亿元，同比增长17.1%，比上年年末低5.9个百分点。①

为了进一步改进人民的居住条件，尤其是中低收入人群的居住条件，我国近几年加大了保障性住房的建设力度，2011年新开工1000万套，"十二五"期间准备建设3600万套。为此央行也出台了相应政策，如《经济适用住房开发贷款管理办法》（2008年）、《廉租住房建设贷款管理办法》（2008年），加强对保障房建设的信贷支持力度。截止到2011年末，保障性住房开发贷款余额3499亿元，全年累计增加1751亿元，占同期房地产开发贷款增量的50.1%，比年初水平提高了31.7个百分点。②超过一半的房地产新增贷款投向了保障房建设，同时房地产开发贷款减少，这也从另一个方面反映了房地产行业对银行信贷依赖的被迫减轻。

房地产行业融资对银行信贷依赖的减轻，可以说是银行为了规避风险主动采取的撤离，具体原因如下。

一是银行业信贷业务的整体收缩导致房地产业信贷的减少。为了应对通胀压力，银行收缩了银根，全年上调存款准备金率共6次（见表9），相当于冻结了

---

① 《2011年金融机构贷款投向统计报告》，中国人民银行网站（http://www.pbc.gov.cn）。
② 《2011年金融机构贷款投向统计报告》，中国人民银行网站（http://www.pbc.gov.cn）。

1.8万亿元资金，银行信贷政策也相应收紧，银行信贷减少，作为银行信贷主要部分的房地产信贷也必然受其影响。

表9　2011年我国存款准备金率历次调整一览表

序号	时　间	调整前	调整后	调整幅度（单位:个百分点）
1	2011年12月5日	（大型金融机构）21.00%	21.00%	−0.5
		（中小金融机构）17.50%	17.50%	−0.5
2	2011年6月20日	（大型金融机构）21.00%	21.50%	0.5
		（中小金融机构）17.50%	18.00%	0.5
3	2011年5月18日	（大型金融机构）20.50%	21.00%	0.5
		（中小金融机构）17.00%	17.50%	0.5
4	2011年4月21日	（大型金融机构）20.00%	20.50%	0.5
		（中小金融机构）16.50%	17.00%	0.5
5	2011年3月25日	（大型金融机构）19.50%	20.00%	0.5
		（中小金融机构）16.00%	16.50%	0.5
6	2011年2月24日	（大型金融机构）19.00%	19.50%	0.5
		（中小金融机构）15.50%	16.00%	0.5
7	2011年1月20日	（大型金融机构）18.50%	19.00%	0.5
		（中小金融机构）15.00%	15.50%	0.5

资料来源：根据中国人民银行政策整理。

二是银行对房地产业风险规避导致的房地产业信贷的减少。2011年我国实行了包括"限购"在内的最严厉的调控政策，效果显著，房企面临着房价下跌、融资难、负债率提高等一系列问题，银行向房地产行业贷款的风险加大，从而导致在整体贷款额度减少的情况下，对房地产领域的贷款投放大大减少。

三是个人按揭贷款的大幅度下降。2011年实行差别化的信贷政策，"暂停发放居民家庭购买第三套及以上住房贷款；对不能提供一年以上当地纳税证明或社会保险缴纳证明的非本地居民暂停发放购房贷款；对贷款购买首套商品住房，首付款比例调整到30%及以上；对贷款购买第二套住房的家庭，严格执行首付款比例不低于50%、贷款利率不低于基准利率1.1倍的规定"[①]。另外，2011年连续3次上调银行存贷款利率（见表10）。这在一定程度上增加了个人购房信贷成本，2011年年末个人按揭贷款为8360亿元，较2010年同比减少12.2%。

---

① 《人民银行、银监会决定，完善差别化的住房信贷政策，调节和引导住房需求》，中国人民银行网站（http://www.pbc.gov.cn）。

表10 2011年我国存贷款利率历次调整一览表

序号	时间	调整情况
1	2011年2月9日	金融机构一年期存贷款基准利率分别上调0.25个百分点
2	2011年4月6日	金融机构一年期存贷款基准利率分别上调0.25个百分点
3	2011年7月7日	金融机构一年期存贷款基准利率分别上调0.25个百分点

资料来源：根据中国人民银行政策整理。

三 我国保障性住房融资问题

住房改革以来我国的商品住房市场发展较为迅速，但是满足中低收入家庭住房基本需求的保障性住房建设却发展缓慢。2007年《国务院关于解决城市低收入家庭住房困难的若干意见》为大规模建设保障性住房提供了政策基础。2008年金融危机后，具有促进经济发展和保障住房基本需求双向功能的保障性住房被提上日程，发展较为迅速。但是，刚刚处于起步阶段的保障性住房建设却面临一系列问题，其中融资问题是其最重要也是最难解决的问题之一。

（一）我国保障性住房发展情况

我国的保障性住房提出由来已久，1998年就提出了构建廉租住房、经济适用住房和商品房在内的住房体系，但是保障性住房的建设发展缓慢。2007年国务院发布24号文，明确提出全面推进廉租住房发展的若干意见，要求各地方政府编制住房保障的发展规划，2008年底所有"双困家庭"应保尽保，保障性住房建设进入了一个新的阶段。现在保障性住房已逐渐形成了以廉租房为核心的廉租住房、公共租赁住房、经济适用住房、限价商品住房，及城中村、棚户区改造安置房为主体的住房保障体系。近几年在国家的大力支持下，保障房建设突飞猛进，2009年计划建设387万套，2010年为580万套，而2011年增加到1000万套，2011年在《国民经济和社会发展第十二个五年规划纲要》中提出，未来5年，我国将开工建设3600万套保障房，"十二五"末使保障性住房的覆盖率达到20%。根据住建部公布数据，截至2011年10月底，全国保障房已开工1033万套，超额完成。

（二）我国保障性住房融资问题

随着城市化的推进，保障性住房的需求量不断增加，保障性住房的公益性和保障性注定了对其投资收益很低甚至是负收益，所以利用纯市场的方式解决保障性住房的融资问题不可能，而完全依靠有限的公共财政资金也不现实，所以如何解决融资问题是目前我国推进保障性住房建设遇到的最大瓶颈，综合利用市场手段和政府手腕扩展各种融资渠道成为唯一出路。

我国目前保障性住房的资金来源主要为：中央财政专项补贴、地方政府预算内财政支出、住房公积金的增值收益、一定比例的土地出让金净收入、金融机构的贷款、地方融资平台公司发行的企业债券等等。2011年中央投入1520亿元资金，超出计划的1030亿元47.6%，地方政府计划投入4000多亿元，同时2011年银行方面加大了对保障房建设的贷款支持，超过一半的房地产开发增量贷款都投在了保障性住房上，2011年6月9日发改委《关于利用债券融资支持保障性住房建设有关问题的通知》的规定拓展了企业债券融资渠道，改变了之前主要依靠公共财政和极其不稳定的地方土地收入及住房公积金的单一渠道。保障房建设融资渠道在2011年得到了拓展，但是保障房建设融资仍然存在很多的问题。

1. 融资渠道单一，缺乏稳定性

尽管中央政府近几年加大了对保障房建设的支持力度，但是因为财力有限，其投入相对不足，并且其投资具有很大的政策性，稳定性不够；地方政府财力不足，近几年地方政府可能出现的债务危机也在挑战着其投资的能力，另外投资保障住房收益低且回收周期长，使得地方投资积极性不高；随着房地产市场调控效果逐渐显现，土地市场屡次出现流拍，土地出让金大减；受国际金融危机、国内通货膨胀压力的影响，住房公积金增值困难；受国内金融市场局限，一些债券融资等直接方式难以在短期内得到迅速发展。目前的保障房建设很大程度上对银行的贷款形成依赖，这样就把风险集中在了银行身上。并且银行的贷款很大程度上受到金融政策的影响，其稳定性和长期性存在很大的不确定性，保障性住房后续开发和管理融资也就面临很大的不确定性。

2. 融资手续复杂，易产生寻租行为

当前的保障性住房融资，无论是政府类直接融资，还是社会类的融资，无一不跟政府有着密切的联系。这一方面导致融资手续复杂，效率低下，比如土地出让金净收益融资模式中，地方政府必须通过国税部门、地税部门、地方财政部门等部门层层审批核准才能有进展，这极大地不利于融资的展开。保障性住房本身的建设周期就很长，如果资金的融资周期也很长，势必延缓整个保障性住房项目的保障及时性。另外以政府为主导的融资模式，极易产生寻租行为，也不利于保障房建设的顺利进行。

3. 政策性担保体系不健全

早在1934年，美国就颁布了《国民住房法》，确立了一个由政府主导的抵押贷款保险制度，由联邦住房管理局（FHA）承担主要的贷款担保职能，在我国却缺乏这么一个体系。由于政策性担保体系不健全，保险机构与银行、政府融资平台和保障个体的支持能力协调机制没有建立起来，保障性住房融资风险主要集中在政府融资平台和银行，缺乏合理、有效的风险分担机制。如果由政府提供政策性的信贷担保，一方面可以分担部分风险，另一方面可以降低广大中低收入家庭在首付和供楼过程中的经济负担，对现阶段刺激广大城乡居民在住房和其他领域的消费需求将大有帮助。

4. 欠缺健全的制度性安排和机构设置

我国的房地产市场化进程较晚，近几年保障性住房建设在我国受到重视，并且有一定的发展，然而我国保障性住房的很多政策都是临时性的，缺乏必要的长期性的制度安排和机构设置。我们可以借鉴外国的经验，例如美国，住房保障是由联邦政府的住宅和城镇发展部（HUD）统一管理的，HUD在全国设立3000多个在当地注册的代理机构，负责各地保障性住房的开发、建设和管理。除了直接拨款建设公共住房，美国政府还为全国的中低收入家庭提供住房抵押贷款保险，提供廉租住房或房租补贴，为各类保障性住房的消费给予信贷支持。

四 2012年趋势分析

1. 投资上涨会更加趋缓

中央政治局会议定调2012年经济工作时明确表示"坚持房地产调控政策不动摇，促进房价合理回归"，预计"限购"、"限价"等行政性政策在2012年不会放松，土地制度完善、房产税试点改革等长效机制建立也有可能落到实处，2012年房地产投资增速会进一步放缓，但会继续增长。另外，国家对房地产行业进行调控的原因是目前房地产市场出现了过热，房地产过热以及房价的疯涨使得部分人群难以承受，房地产过热对于国民经济的长期稳定持续发展也不利，所以国家的调控目的是促使房地产市场回归理性和房价趋于合理，而不是使房地产市场和房价大幅下跌，所以从中长期看对房地产市场的预期应该是乐观的。国家宏观调控为了使效果更有效，常常需要"矫枉过正"，短期内房地产市场可能会出现不景气。但由于房地产商品在投资2~3年后才会投入市场，中长期预期对其影响更大，中长期对房地产市场的预期是乐观的，所以房地产投资不会出现下降，更不会出现大幅的下降。

2. 房企融资压力依然很大

在调控力度不减的大背景下，银行贷款难度加大，促使房企融资成本增加，个人购房贷款成本上升，2012年房企的融资困局仍然难有突破。另外，房企面临着"量价齐降"的局面，回收资金依然面临很多困难；国际上，欧债危机日益严重，国际经济形势面临很多不确定性，本来占比不大的房地产行业外资可能会逐渐撤离；我国金融市场的特点局限着房地产企业的直接融资之路。所有的这一切决定了2012年的房地产企业将面临更加严峻的融资困境。

但是2011年年末央行近三年首次下调存款准备金率，预示着货币政策的微调。另外央行数据显示，截至2011年12月末，货币当局外汇资产余额为23.24万亿元，较上月下降310.6亿元①，连续第三个月出现月度负增长，为了维持银行体系流动性的稳定，继续下调存款准备金率可能性增强。未来货币政策的调整，可能一定程度上会缓解房企的融资压力。

3. 个人房贷减少态势趋缓

2011年底，住房和城乡建设部部长姜伟新在全国住房和城乡建设工作会议上说，将严格实施差别化住房信贷、税收政策，支持居民的合理购房需求，优先保证首次购房家庭贷款需求。2012年年初上海等地多家银行首套房利率开始回归基准利率，这意味着首套房房贷额度将会增加，2011年以来个人房贷减少的趋势可能会改变。但是2012年房地产市场将继续"去投资化"。另外，2011年我国三次加息，2012年个人房贷还款将执行新的利率，个人购房成本悄然增加，这也在一定程度上影响了个人房贷的发放。

---

① 《货币当局资产负债表》，中国人民银行网站（http://www.pbc.gov.cn）。

五 政策建议

1. 继续坚持房地产调控政策不动摇

2011年我国对房地产进行了包括"限购"、"约谈制"在内的史上最严厉的一次调控,从年末来看,效果明显,房地产过热、房价迅猛增长的势头基本上受到控制,但是效果只是初步显现,现如今最重要的是保持政策的连续性和稳定性,谨防地方政府和房地产企业的游说。本轮房地产调控事关中央政府公信力和国民经济健康发展的大局,能不能坚持房地产市场的继续调控将影响深远。

2. 拓宽直接融资渠道

房地产企业在间接融资日益困难的情况下,应该积极主动地拓宽直接融资渠道。房地产企业的直接融资不仅关系企业自身的发展,也关系我国金融市场融资方式的完善。为了加快拓展直接融资渠道,国家应尽快出台相关的法规政策,促进房地产投资信托资金的发展和住房公积金制度的完善。另外,房地产企业上市融资也是直接融资的一种重要方式,但是对于这种融资应该加强监管,限定资金使用方向,避免"地王"不断刷新现象的出现。

3. 加大对保障性住房建设的支持

房子是人们生活的最基本需求,房地产行业一定程度上具有社会保障性质,一个健康的房地产行业应该有一个健全的房地产体系,既能满足高收入人群的住房需求,又能满足中低收入人群的住房需求。保障性住房作为解决中低收入人群住房的主要渠道,理应受到国家各级财政部门和银行体系的支持。除了银行贷款、财政拨款、住房公积金和土地出让金提成外,要创造条件吸引各类保险基金、信托基金等资金,为保障性住房投资提供稳定的资本金筹集渠道。

Analysis of the Situation of Real Estate Investment and Finance in 2011 and the Trend of 2012

Ding Xingqiao

Abstract:Firstly, this article uses the related data and analyses the status of the real estate from different ways in 2011, then focuses on the analysis of the status and problems of indemnificatory housing, at last we give our opinions and suggestions of the trends and problems that we mentioned in the paper. Real estate investment growth has declined, the financing structure has been improved, serious dependency on the bank loans has been weakened. The construction of China's indemnificatory housing is confronted with rapid development and some problems, financing is one of the most serious problems. In the case of same policy environment, real estate investment growth will slow down, the difficulty in financing will continue, and the real estate industry will be a new round of adjustment.

Key Words: Real Estate; Investment and Finance; Trend

B.5
2011年我国个人住房信贷现状分析及2012年展望

林 东*

> **摘　要**：2011年个人住房信贷政策保持了较强的连续性和稳定性。住房信贷投放情况呈现总体增量下滑、首付比例上升、利率水平提高、放款时间延长的特征。展望2012年，预计住房信贷政策将继续从紧，但随着流动性有所放松，信贷规模供不应求的局面将缓解。
>
> **关键词**：个人住房信贷　现状分析　展望

2011年，随着各项调控政策措施的贯彻落实，房地产调控工作已取得了明显成效，前期部分地区房价过快上涨势头已得到初步遏制，一些地区房价已出现一定程度的回落。国家统计局70个大中城市住宅销售价格数据显示，12月份70个大中城市中，新建住宅价格同比涨幅回落的城市有55个，下降的城市有9个；二手住宅价格同比涨幅回落的城市有33个，下降的城市则有29个。在各项调控政策中，作为直接影响购房人资金成本与行为决策的个人住房信贷政策，对抑制投资、投机需求，引导住房回归消费属性发挥了重要作用。本文重点对2011年的住房信贷政策和信贷投放情况进行分析，并探讨2012年住房信贷市场可能呈现的新情况。

一　2011年个人住房信贷政策

2011年个人住房信贷政策总体稳定，仍以坚持"差别化"、"抑需求"为调

---

* 林东，中国农业银行总行房地产信贷部。

控政策核心（见表1）。1月份，国务院办公厅印发《关于进一步做好房地产市场调控工作有关问题的通知》（国办发〔2011〕1号），规定"对贷款购买第二套住房的家庭，首付款比例不低于60%，贷款利率不低于基准利率的1.1倍"，同时"人民银行各分支机构可根据当地人民政府新建住房价格控制目标和政策要求，在国家统一信贷政策的基础上，提高第二套住房贷款的首付款比例和利率"。至此，2011年个人住房信贷政策已成形，即首套房贷首付款比例不低于30%；二套房贷首付款比例不低于60%，利率不低于基准利率1.1倍；三套及以上住房暂停发放贷款。政策严厉程度超出市场普遍预期。

表1 个人住房贷款差别化信贷政策变迁

时间	信贷政策
2003年6月	首套自住房首付比例20%，享受基准利率九折优惠
2005年3月	对房价上涨过快地区城市首付比例由20%提高至30%
2006年8月	贷款利率下限由九折扩大至八五折
2007年9月	首套90平方米以下的自住房首付20%，90平方米以上的首付30%；二套房首付比例40%，利率上浮至基准利率1.1倍
2008年10月	首套房及改善型住房首付比例20%，利率下限由八五折扩大至七折
2010年4月	90平方米以上住房首付比例提高至30%
2010年5月	对能提供1年以上当地纳税证明或社会保险缴纳证明的非本地居民申请住房贷款的，适用二套房差别化住房信贷政策
2010年9月	首套房贷首付比例一律提高至30%，二套房贷首付比例由40%提高至50%
2011年1月	进一步提高二套房贷首付比例至60%

二 2011年个人住房信贷投放特点

（一）总体增量下滑

截至2011年末，个人购房贷款余额[①]7.14万亿元，比年初增加0.94万亿元，比2010年少增0.42万亿元，仅相当于2010年增量的2/3，增速15.5%，比

---

① 中国人民银行：《2011年第四季度中国货币政策执行报告》。

2010年同期下滑14个百分点。逐月看，个人按揭贷款①呈前高后低走势，11月、12月略有回升，每月增量均低于上年同期。

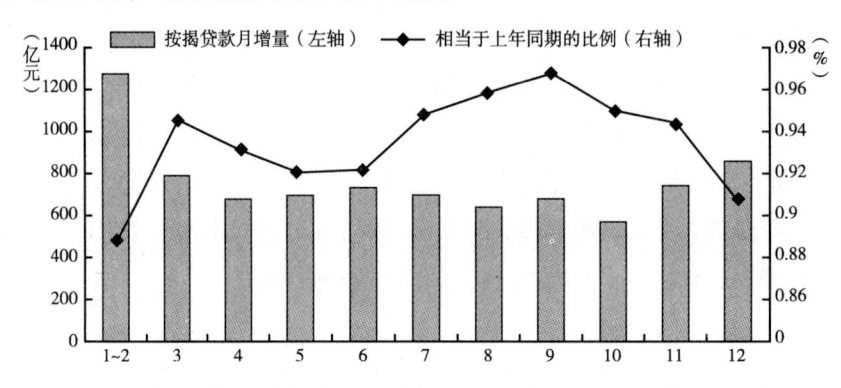

图1 2011年房地产开发投资资金中个人按揭贷款情况

资料来源：中经网统计数据库。

从贷款结构看，随着个人购房贷款增量的下滑，其占全部金融机构人民币各项贷款增量的占比由2010年的17.6%大幅回落至2011年的13.1%，占住房贷款增量的占比也由2010年的45.5%回落至2011年41.8%。

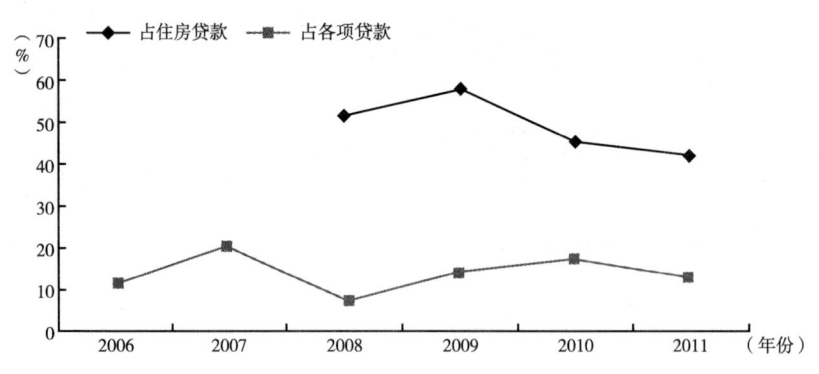

图2 2006~2011年个人购房贷款占住户贷款、各项贷款的比例

资料来源：中国人民银行。

（二）首付比例上升

根据人民银行对29个城市贷款的抽样调查，2010年平均首付款比例为

---

① 个人购房贷款逐月数据无法获取，以房地产开发投资资金来源中的个人按揭贷款替代。

38.6%，比 2009 年提高 1.5 个百分点①。随着差别化住房信贷政策的深化落实，2011 年平均首付款比例继续上升。这一趋势可作为房地产开发资金来源结构的佐证，2011 年定金及预收款逐月累计值与个人按揭贷款的比均高于上年同期。

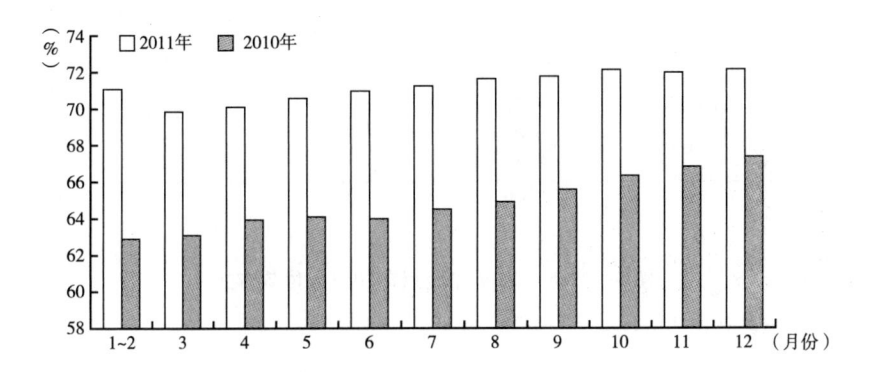

图 3 2010～2011 年定金及预收款与个人按揭贷款比值变动趋势

资料来源：中国人民银行。

从付款方式看，一次性付款和分期付款客户占比明显提高。以北京市为例，2011 年一次性付款、分期付款客户分别为 22% 和 3%，比 2010 年提高 4 个百分点和 1 个百分点，为 2009 年以来的最高水平；通过商业性个人住房贷款和公积金贷款组合方式付款的客户占比达 56%，与 2010 年持平；纯商业性个人住房贷款的客户占比明显下降至 11%，较 2010 年下降了 7 个百分点（见图 4）。

（三）利率水平提高

一是利率浮动大幅上涨。自 2010 年末货币政策收紧以来，商业银行面临的信贷监管日益严格，资金面压力增大，同时为防范房地产信贷风险，银行纷纷上调了个人住房贷款定价水平。据媒体报道②，10 月 13 日中国建设银行北京分行将首套房贷款利率上调到基准利率的 1.05 倍，随后全国各地银行也纷纷上调房贷利率。目前北京、上海、广州、深圳、杭州的大部分银行上调幅度普遍为 5%～10%，成都、济南为 5%～20%，长沙、武汉为 10%～30%，长春部分股

---

① 参见房地产金融分析小组《中国房地产金融报告 2010》，中国金融出版社，2011，第 77 页。
② 资料来源：http://www.cs.com.cn/fc/12/201110/t20111017_3090042.html。

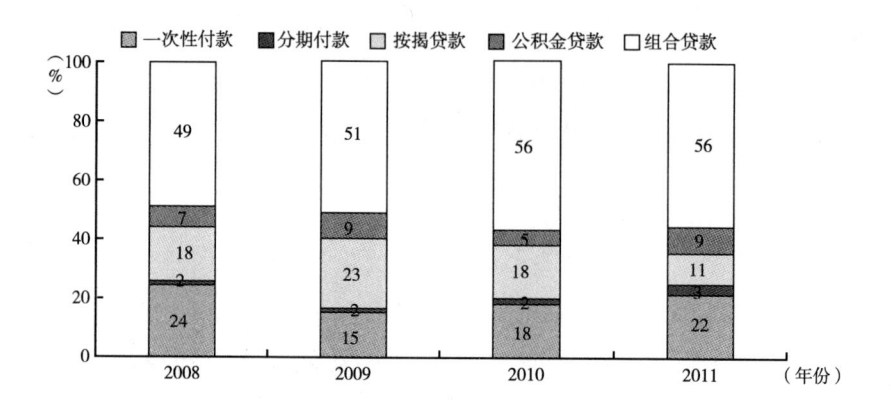

图 4　2008～2011 年北京市购房人付款方式

资料来源：CREIS。

份制银行最高上调至50%。二是贷款基准利率提高。2011年人民银行先后3次上调人民币贷款基准利率，其中五年期以上贷款基准利率由年初的6.40%提高至7.05%，累计调高65bp。在两方面因素的共同作用下，2011年新发放个人住房贷款执行利率水平大幅提高，比2010年上升超过100bp。

（四）放款时间延长

2010年四季度至2011年一季度，住宅销售金额同比出现快速增长，但由于同期货币政策已重归稳健，M2同比增速已开始下滑，信贷规模逐渐收紧，信贷资金出现供不应求局面。2011年6～9月也出现了类似的情形。在此背景下，商业银行受理的部分个人住房贷款审批后出现积压，无法及时发放。银行按揭贷款的放款周期已经普遍从上半年的1个月左右拉长到3个月，甚至更长时间。

（五）非本地居民购房占比下降

在差别化住房信贷政策和限购政策的共同作用下，外地购房者占比显著下降。以北京为例，2011年北京外地客户（按户籍区分）成交套数占比仅为15%，较2010年下降21个百分点，而本地客户占比从2009年、2010年的60%大幅提高17个百分点至77%。

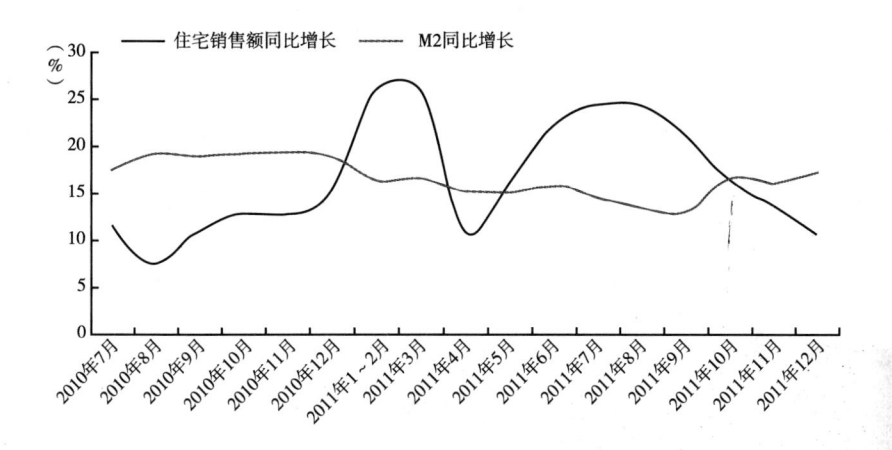

图5　2010年7月至2011年12月住宅销售额、M2同比增长情况

资料来源：中国人民银行。

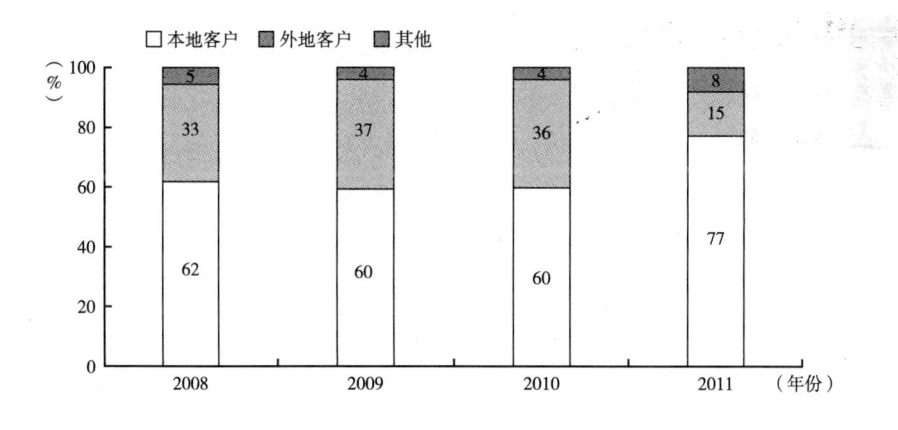

图6　2008~2011年北京市购房者户籍结构

资料来源：CREIS。

三　2012年展望

（一）政策继续从紧，放松可能性不大

2011年调控政策的最大特点是政策连续性和稳定性，政府不断通过各种渠

道向市场传达一个信息,即调控政策不会放松。正是在这种持续的政策压力下,政策效果开始显现。由于有2009年调控政策转向引发房地产市场大幅反弹的前车之鉴,在当前总体经济仍稳健增长的背景下,差别化住房信贷政策放松的可能性不大。2011年12月12~14日召开的中央经济会议强调"要坚持房地产调控政策不动摇,促进房价合理回归,加快普通商品住房建设,扩大有效供给,促进房地产市场健康发展",也为2012年的房地产调控政策定下了基调。

(二) 信贷规模增加,供不应求情况将有所缓解

根据人民银行《2011年第四季度中国货币政策执行报告》,2012年人民银行将继续实施稳健的货币政策,保持政策的持续性和稳定性,广义货币供应量M2初步预期增长14%左右(2011年末同比增长13.6%)。此外,12月5日开始,存款准备金率下调,已为市场释放4000亿元左右的流动性,且预计2012年仍有进一步下调的空间。据此推断,2012年货币政策环境较2011年将有所改善,可投放贷款规模将略超2011年水平。而反观房地产市场,预计市场将延续四季度以来量价齐跌的态势,个人住房贷款需求面临萎缩。在两方面共同作用下,按揭贷款供不应求的矛盾将有所缓解。若成交量大幅萎缩,甚至可能出现供大于求的现象。受此影响,预计2012年个人住房贷款利率定价将回归至正常水平,首套房贷利率将回落至基准,甚至可能再次出现优惠利率,而放款周期也将缩短至正常水平。

(三) 产品创新提速,满足购房人综合消费需求

随着房地产调控深化,个人住房贷款首付比例要求普遍提高,尤其是二套房贷首付比例已经提高至六成,一定程度上抑制了个人客户在新房装修、购车等方面的消费需求。针对此类情况,如何以个人住房贷款为主体,为客户提供集住房、汽车、装修、大额耐用消费品等多种消费需求于一体的套餐式组合产品,将是今后几年商业银行产品创新和客户服务改进的努力方向。预计2012年,以个人住房贷款为基础,为购房人提供快捷、专业的综合金融服务的产品将成为商业银行营销的拳头产品。

四 若干建议

（一）继续坚持差别化调控政策

在"人多地少"、土地供给缺乏弹性的限制下，优先保证居民合理自住需求，促使住房回归消费属性，保护中低收入家庭消费需求免受高收入家庭投资需求挤压是必须长期坚持的政策原则。限购政策在尊重居民基本居住权和改善居住条件的基础上，精确打击了投资和投机需求，符合政府改善民生的愿景，也有利于房地产业的平稳健康发展。差别化住房信贷政策则有利于引导居民形成合理的住房消费观念，防范房地产行业信贷风险。因此，有必要坚持限购、差别化信贷政策长期不变。

（二）加快推进住房信息系统建设

建设一个全国联网的存量住房信息系统建设，既有助于相关政府部门和银行对家庭拥有房屋套数的界定，精确识别投资和投机需求，从而提高限购和差别化信贷政策执行效果；也有利于政府全面掌握居民住房情况和居住水平的动态变化情况，及时发现市场中的新情况、新问题，为科学制定房地产市场宏观调控政策、提高行业管理水平提供技术支持。因此，加快推进存量住房信息系统建设已势在必行。

Analysis on Housing Credit in 2011 and Prospect for 2012

Lin Dong

Abstract: In 2011, housing credit policies remained continuous and stable. And the loan presented following characteristics: overall increment declined, down-payment ratio increased, interest rates rose, and loan approval time delayed. However, looking forward to 2012, the relaxing monetary liquidity will ease the situation of credit supply shortage.

Key Words: Housing Credit; Status Quo; Prospect

市 场 篇

Market

B.6
2011年住宅市场形势分析及 2012年预测

刘 琳 任荣荣*

摘 要：2011年住宅市场运行景气回落。商品住宅施工面积与新开工面积同比增幅减小；住宅投资增幅仍保持较高水平，但增幅回落；商品住宅销售面积将保持3.9%的小幅增加；住宅用地价格涨幅逐季回落；房价稳中有降的城市数逐步增多。预计2012年住宅销售面积将保持小幅增加，住宅开发投资增幅将出现明显回落，住宅价格将保持基本平稳，上半年房价稳中有降的可能性较大。

关键词：住宅市场 价格 预测

---

* 刘琳，博士后，国家发展与改革委员会投资研究所房地产研究室主任，研究方向为房地产经济学；任荣荣，博士，任职于国家发展与改革委员会投资研究所，研究方向为房地产经济学。

一 宏观背景

（一）2011年宏观调控政策力控通胀，房地产调控政策继续从紧

2011年宏观调控的主要任务是要保持宏观经济政策的连续性、稳定性，提高针对性、灵活性、有效性，处理好保持经济平稳较快发展、调整经济结构、管理通胀预期的关系，更加注重稳定物价总水平，防止经济出现大的波动。12月末，广义货币（M2）85.2万亿元，比上年末增长13.6%，增速比上年末回落6.1个百分点；狭义货币（M1）29.0万亿元，增长7.9%，回落13.3个百分点；流通中现金（M0）5.1万亿元，增长13.8%，回落2.9个百分点。同时，央行加强流动性管理，央行年内六次上调准备金率、年末一次下调准备金率、年内三次加息，目前大型金融机构存款准备金率为21%，一年期存贷款利率分别升至3.5%和6.56%。

2011年，房地产市场调控延续了2010年以来"增加供给、抑制投机、加强监管、推进保障房建设"的基本思路。继2011年1月，国务院出台楼市调控"新国八条"后，中央分别于4月、7月强调，巩固和扩大房地产市场调控成效，坚定不移地把调控政策落到实处。在从紧的政策环境下，2011年房地产市场运行景气逐步回落。

（二）2011年国民经济增速回落，通胀压力上升

2011年我国经济保持平稳较快增长，GDP增幅缓慢回落。初步测算，2011年国内生产总值471564亿元，按可比价格计算，比上年增长9.2%。分季度看，一季度同比增长9.7%，二季度增长9.5%，三季度增长9.1%，四季度增长8.9%，增速逐季回落。具体来看，2011年固定资产投资保持较快增长，全年固定资产投资（不含农户）比上年名义增长23.8%，扣除价格因素实际增长16.1%，实际增速比上年减小3.4个百分点；市场销售平稳增长，全年社会消费品零售总额比上年名义增长17.1%，扣除价格因素实际增长11.6%，增速比上年减小3.2个百分点；进出口保持较快增长，外贸顺差继续收窄。

通胀压力上升。2011年居民消费价格比上年上涨5.4%，涨幅比上年扩大

2.1个百分点。从CPI的月度变化来看，前7个月居民消费价格指数呈逐步上升态势；7月份居民消费价格同比涨幅达到高点6.5%后，涨幅连续回落；12月份，居民消费价格同比上涨4.1%。

城乡居民收入继续增长，农村居民收入增速快于城镇。2011年城镇居民人均可支配收入21810元，比上年名义增长14.1%，扣除价格因素，实际增长8.4%，增速增加0.6个百分点。农村居民人均纯收入6977元，比上年名义增长17.9%，扣除价格因素，实际增长11.4%，增速增加0.5个百分点。

（三）2012年继续实行积极的财政政策和稳健的货币政策，房地产调控政策不动摇

2011年12月12~14日中央经济工作会议指出，当前我国经济发展中不平衡、不协调、不可持续的矛盾和问题仍很突出，经济增长下行压力和物价上涨压力并存，部分企业生产经营困难，节能减排形势严峻，经济金融等领域也存在一些不容忽视的潜在风险。会议认为，推动2012年经济社会发展，要突出把握好稳中求进的工作总基调。要把稳增长、控物价、调结构、惠民生、抓改革、促和谐更好地结合起来。要继续实施积极的财政政策和稳健的货币政策，保持经济平稳较快发展和物价总水平基本稳定，保持社会和谐稳定。货币政策要根据经济运行情况，适时适度进行预调微调，综合运用多种货币政策工具，保持货币信贷总量合理增长，优化信贷结构，发挥好资本市场的积极作用，有效防范和及时化解潜在金融风险。

会议指出，要坚持房地产调控政策不动摇，促进房价合理回归，加快普通商品住房建设，扩大有效供给，促进房地产市场健康发展。要推进房产税改革试点。

二 2011年住宅市场运行状况

在从紧的房地产调控政策下，2011年住宅市场运行景气回落。总体来看，商品住宅施工面积与新开工面积同比增幅减小；住宅投资增幅仍保持较高水平，但增幅回落；商品住宅销售面积小幅增加；住宅价格涨幅回落，房价稳中有降的城市数逐步增多；住宅用地价格涨幅逐季回落。

（一）商品住宅施工面积和新开工面积增幅回落

2006~2010年，商品住宅施工面积、新开工面积和竣工面积年均增长率分别为20.1%、19.5%和9.1%，住宅市场供给量总体呈上升趋势。2011年全年，商品住宅施工面积、新开工面积和竣工面积分别为38.8亿平方米、14.6亿平方米和7.2亿平方米，分别增加23.4%、12.9%和13.0%，其中，施工面积和新开工面积增幅分别比上年减小1.9个百分点和25.9个百分点，竣工面积增幅增加10.3个百分点。

从2011年商品住宅各项建设指标的月度变化来看，住宅施工面积同比增幅由1~2月份的38.9%逐月回落至1~12月份的23.4%；住宅新开工面积增幅自9月份以来逐月回落；受前期较大规模交易量的影响，住宅竣工面积增幅下半年以来有所增加（见图1）。

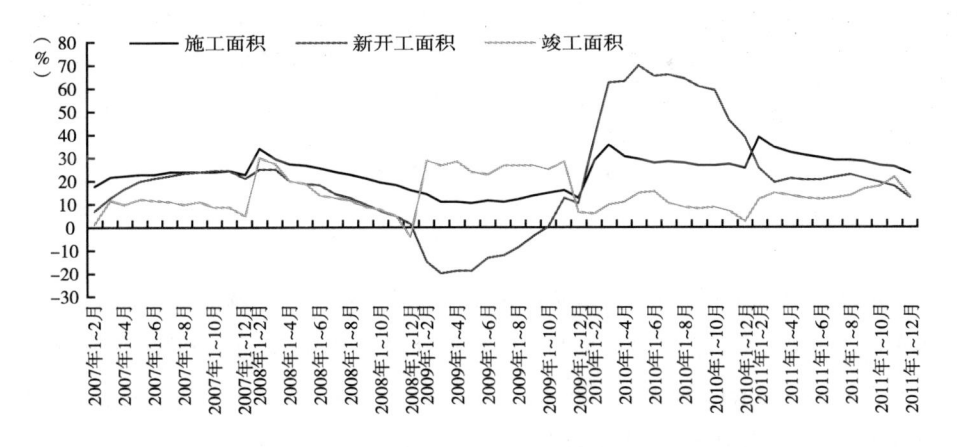

图1 商品住宅各项建设指标同比增加变化

资料来源：国家统计局。

东中西地区住宅新开工面积增幅均出现较大回落，西部地区增幅回落幅度最大。2011年，东中西部地区商品住宅新开工面积分别同比增加14.2%、15.6%、7.7%，增幅分别比上年同期减少29.9个百分点、9.7个百分点和37.1个百分点。

2011年保障性住房建设规模继续加大。根据住房和城乡建设部统计，近年来，各地大力加强保障性住房建设，在2010年建设580万套保障性住房的基础上，截至2011年10月底又有超过1000万套保障房开工建设。

（二）商品住宅投资增幅小幅回落

2006~2010 年，商品住宅投资额年均增长 25.8%，其中，2009 年商品住宅投资额增幅最小，为 14.2%。2011 年商品住宅投资 44308 亿元，同比增长 30.2%，增幅比上年同期减小 2.7 个百分点。从月度变化来看，2011 年各月份商品住宅投资增幅仍保持高位，9 月份以来投资增速逐月回落。如图 2 所示。

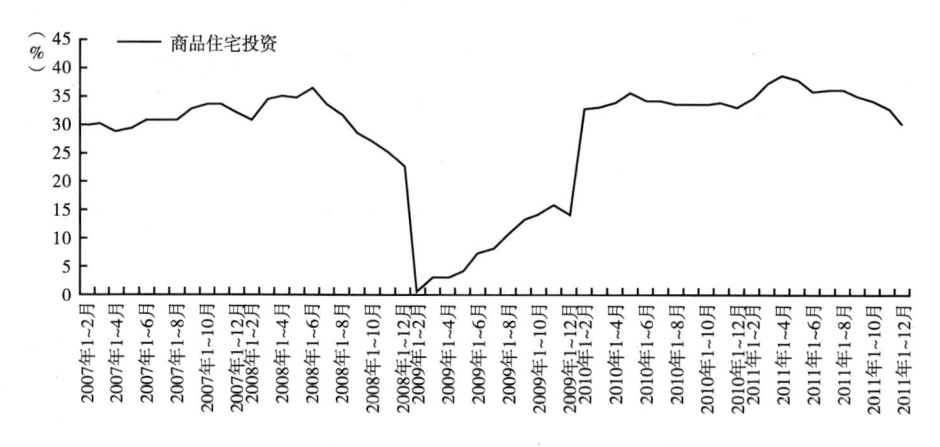

图 2　商品住宅投资完成额同比增长变化

资料来源：国家统计局。

东部和中部地区商品住宅投资增幅减小，中部地区增幅减小幅度最大。2011 年东部、中部、西部三大地区商品住宅投资分别为 25215 亿元、9832 亿元、9262 亿元，分别同比增长 31.1%、25.3%、33.3%，增幅分别比上年同期减小 2.1 个百分点、6.0 个百分点、0.5 个百分点。

从商品住宅投资结构来看，90 平方米以下住房和经济适用房投资增幅增加。2011 年，90 平方米以下住房、经济适用住房、别墅高档公寓投资额分别同比增加 28.0%、2.5%、20.4%。90 平方米以下住房和经济适用住房增幅分别增加 0.6 个百分点和 8.4 个百分点，别墅高档公寓投资增幅减小 16 个百分点。

（三）商品住宅销售面积保持小幅增加

2006~2010 年，商品住宅销售面积年均增长 13.9%，其中，2008 年受全球金融危机的影响，商品住宅销售面积比上年减少 15.5%。2011 年，商品住宅销售面积9.7亿平方米，比上年增加3.9%，增幅减小4.1个百分点。其中，现房销售面积为2.18亿平方米，比上年减少0.9%，减幅减小7.8个百分点；期房销售面积为7.52亿平方米，比上年增加5.4%，增幅减小8.9个百分点。

从月度变化来看，自9月份以来，商品住宅销售面积同比增幅逐步回落，10月份以来，商品住宅单月销售面积均表现为同比增长持续下降，如图3所示。

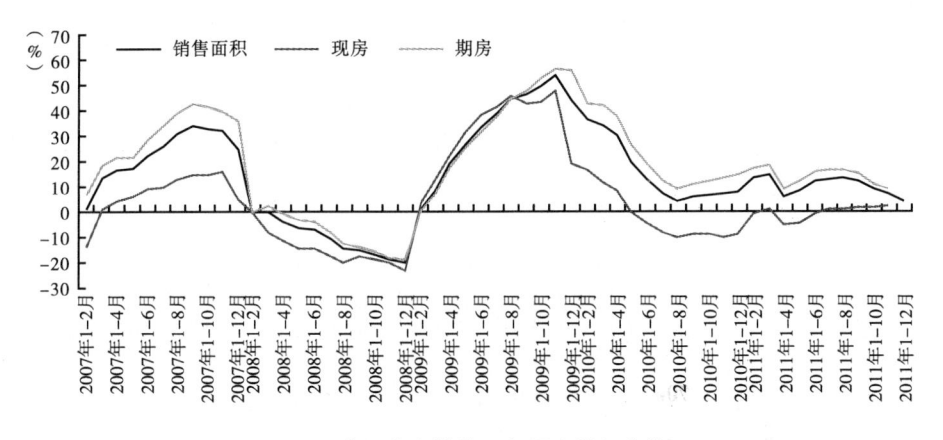

图3　商品住宅销售面积同比增加变化

资料来源：国家统计局。

东中西地区商品住宅销售面积增幅下降。2011年，东中西地区商品住宅销售面积分别为44466.13万平方米、26157.72万平方米、26406.42万平方米，分别比上年增长0.0%、9.3%、5.7%，增幅分别下降1.3个百分点、9.4个百分点、5.7个百分点，中部地区商品住宅销售面积增幅下降幅度最大。

（四）住宅价格稳中有降的城市数量逐步增多

与2010年相比，2011年12月份，70个大中城市新建住宅价格平均上涨[①]3.95%，其中，新建商品住宅价格平均上涨4.1%，二手住宅价格平均上涨2.05%。

从价格的月度环比变化来看，2011年，70个大中城市新建住宅价格环比平均涨幅由1月份的0.8%逐月下降为12月份的-0.2%，二手住宅价格环比平均

---

① 以70个大中城市中位数房价涨幅代表70个城市房价的平均涨幅。

涨幅由1月份的0.4%下降为12月份的-0.3%。从价格的月度同比变化来看，2011年，70个大中城市新建住宅价格同比平均涨幅由1月份的5.8%逐月下降到12月份的1.8%，二手住宅价格同比平均涨幅由1月份的3.4%下降至11月份的0.4%（见图4和图5）。

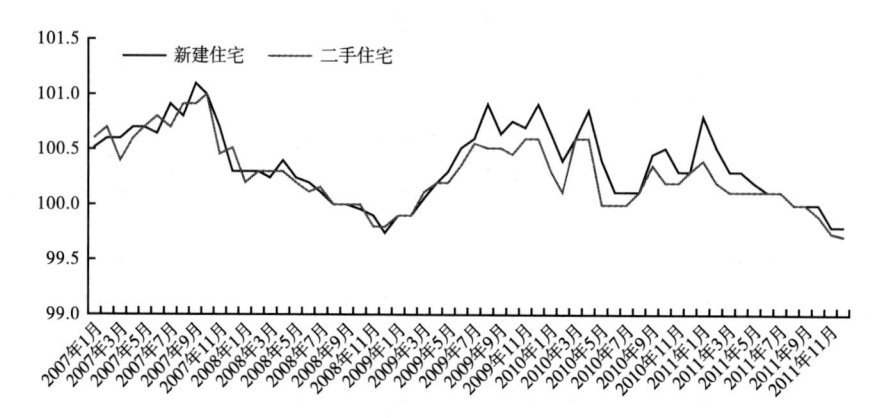

图4　70个大中城市新建住宅与二手住宅价格环比变化

资料来源：国家统计局。

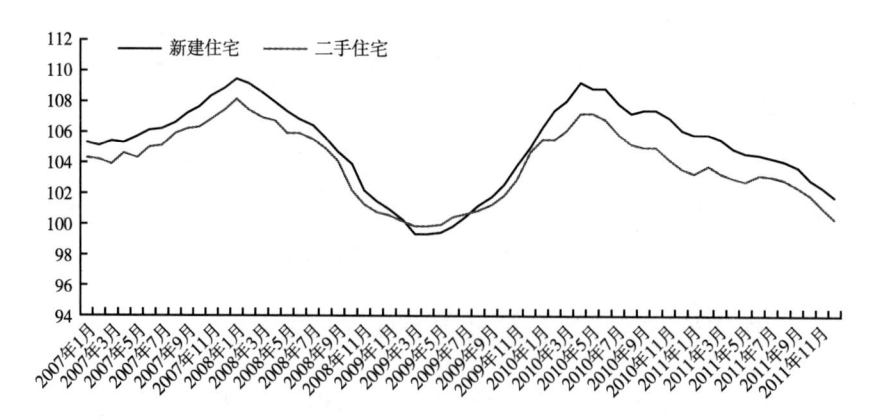

图5　70个大中城市新建住宅与二手住宅价格同比变化

资料来源：国家统计局。

房价出现稳中有降的城市数量逐步增多，12月份，70%以上城市房价环比下降。2011年，70个大中城市中新建商品住宅价格稳中有降的城市数量由1月份的10个增加至12月份的68个，二手住宅价格稳中有降的城市数量由1月份的10个增加至12月份的67个（见图6）。12月份，52个城市新建商品住宅价格环比下降，51个城市二手住宅价格环比下降；4个一线城市新建住宅与二手住宅价格均表现为环比下降。

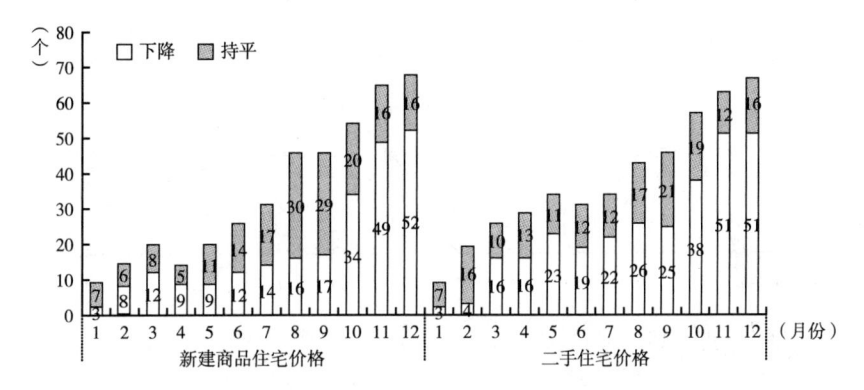

图6　2011年各月份70个大中城市房价变化城市数量

资料来源：国家统计局。

2011年1~12月，40%以上城市二手住宅价格环比累计负增长。1~12月，70个大中城市中，新建住宅价格环比累计负增长的城市有8个，包括温州（-6.9%）、南充（-1.3%）、宁波（-1.2%）、安庆（-0.8%）、赣州（-0.5%）、海口（-0.5%）、南京（-0.3%）、重庆（-0.2%）；二手住宅价格环比累计负增长的城市有31个，包括温州（-11.2%）、兰州（-9.1%）、福州（-4.8%）、杭州（-4.5%）、海口（-4.0%）、三亚（-3.6%）、徐州（-3.1%）、金华（-3.1%）、南昌（-2.7%）、南京（-2.6%）、石家庄（-2.5%）、天津（-2.4%）、合肥（-2.0%）、哈尔滨（-1.9%）、北京（-1.9%）、宁波（-1.8%）、安庆（-1.7%）、赣州（-1.5%）、青岛（-1.3%）、大理（-1.2%）、秦皇岛（-0.9%）、重庆（-0.7%）、泉州（-0.7%）、九江（-0.5%）、郑州（-0.5%）、岳阳（-0.4%）、武汉（-0.4%）、桂林（-0.3%）、南宁（-0.3%）、扬州（-0.2%）、大连（-0.1%）。

（五）住宅用地价格环比涨幅逐季回落

2011年各季度，全国105个监测城市住宅用地价格环比涨幅分别为2.44%、2.17%、1.69%、0.00%，涨幅逐季回落；同比涨幅分别为10.23%、10.73%、

10.48%、6.58%,涨幅分别比上年同期低1.63个百分点、1.87个百分点、1.26个百分点和4.44个百分点(见图7)。

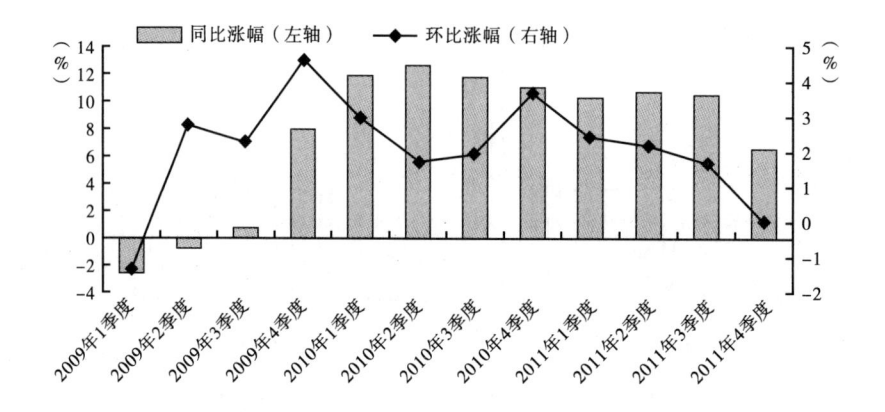

图7 全国105个城市住宅用地价格变化

资料来源:国土资源部。

三 2012年住宅市场发展的主要影响因素

(一)经济增长存在下行压力

2011年以来,我国经济增速逐季回落,全年经济增速比上年下降1.2个百分点。2012年,我国经济增长下行压力和物价上涨压力并存,且经济发展面临的外部环境更为复杂。多数机构预测,2012年中国经济增速在8.5%左右,将继续2011年的回落态势,根据经济周期与房地产周期的关系,经济增速的放缓将减小房地产市场上行压力。

(二)房地产调控政策继续从紧

中央经济工作会议明确2012年房地产市场政策方向为"坚持房地产调控政策不动摇,促进房价合理回归,加快普通商品住房建设,扩大有效供给,促进房地产市场健康发展"。预计2012年限购、限贷、政府问责等行政调控手段仍将继续,房地产市场景气难以出现大幅回升。

（三）利率水平仍处于低位

虽然2011年以来，央行已进行三次加息，但目前一年期存款利率仍处在3.5%的较低水平，负利率状况仍然存在。从国际经验来看，较低的利率水平将带来资产价格上涨压力。

（四）市场供应量逐步放缓

随着市场交易量的减少和开发企业库存量的增加，2011年下半年以来开发企业土地购置面积和商品住宅新开工量明显放缓，这将导致2012年下半年以后市场供应量的减少，进而带来房价上行压力。

四 2012年住宅市场发展趋势

（一）2012年住宅销售面积保持小幅增加

从人口结构和城镇化进程的角度来看，我国目前住房市场仍存在较大的刚性需求和改善性需求。在限购、限贷等调控政策作用下，投资投机性需求得到很大程度的抑制，但首套房购买仍将得到政策的支持，预计2012年商品住宅销售面积仍将保持小幅增加。

（二）2012年住宅开发投资增幅将出现明显回落

在从紧的调控政策下，2011年住宅新开工面积增幅较大幅度回落，但受2010年以来快速增加的保障性住房建设以及住宅新开工量大幅增加的后续影响，全年住宅开发投资增速仍然保持30.2%的高位。我们预计2012年商品住宅新开工面积增幅将继续减小，住宅开发投资增幅将出现明显回落。

（三）2012年住宅价格保持基本平稳，上半年房价稳中有降的可能性较大

综合市场供求两方面影响因素，在促进经济平稳较快发展的宏观经济背景下，我们维持"2012年住宅价格保持基本平稳"的看法，受市场供应量的影响，上半年房价出现稳中有降的可能性较大。

Analysis on Housing Market in 2011 and Its Forecast in 2012

Liu Lin   Ren Rongrong

Abstract: Housing market in 2011 experienced a downward trend of development. The growth rate of housing under construction and housing start reduced. Housing investment keeps a high growth rate while the growth rate shows a small fall. Housing demand keeps a lower growth rate of 3.9%. The growth of residential land price declines quarter by quarter. The number of cities with stable or declining housing price gradually increases. We forecast that housing demand in 2012 would keep a lower growth rate, the growth rate of housing investment in 2012 would demonstrate a marked reduction, and the housing price in 2012 would keep steady while in the first half of year, it maybe demonstrate a slight decline.

Key Words: Housing Market; Price; Forecast

B.7 2011~2012年北京存量房市场分析

靳瑞欣[*]

摘 要： 中国的房地产市场属于"政策市"，2011年政府针对房地产市场出台系列深入的调控政策，从2月份的"限购"再到"限贷"，年内三次加息、六次上调存款准备金率等政策，可以说2011年是政策出台最集中、最严厉、持久性最长的一年。"限购令"扩展至二、三线城市，限贷政策又进一步挤出部分有效购房需求，加速房地产市场陡转下行，投机、投资需求被挤出，改善性和首次置业需求有限度被满足，存量房市场消费者观望氛围浓重，期待房价大幅下降，购房预期降至冰点，成交极度萎缩，全年存量住宅过户不足10万套，不及2009年的一半，呈现2008年的极度低迷之势。相反，2011年租赁市场在强大租房需求的助推下，量价齐升，成交量创历年之最。

关键词： 限购 限贷 市场低迷 房价松动 租赁火暴

一 政策——"限"字当头，给力保障房

（一）政策出台"最频繁"

2011年北京房地产属于典型"政策市"，平均每月都有重磅政策出台。2011年上半年央行以每月一次的频率6次上调准备金率，调整后的大型金融机构存款准备金率最终达到21.5%。政府收紧银根、抑制通胀信号非常强烈，影响开发商的融资进程，影响其对未来投资的预期，加速部分住宅开发企业采取低价出售

---

[*] 靳瑞欣，中原地产研究部经理。

的方式尽快回笼资金。2011年12月5日起年内首次下调准备金率0.5个百分点，释放4000亿元流动资金，给市场传递出积极信号。

2011年央行加息三次，五年以上贷款利率上调为7.05%。增加购房者买房成本，减缓其入市的步伐，给开发商带来销售压力，加大开发商本身获得资金的压力，融资成本更高。

2011年针对房市深入调控的"新国八条"、"京十五条"、土地招拍挂制度以及12月10日开始执行的放宽普通住宅标准和上调最低计税价格等政策的贯彻执行，对北京房地产市场发展带来深远影响。

（二）政策执行"最严厉"

2011年"新国八条"、"京十五条"中限购和限贷的两限政策，严厉程度史无前例。本地两套以上限购及严格条件的异地限购把投资客户、投机客户、资源占有型客户、终极改善型客户、度假型客户等购房群体挤出北京房地产市场。

1. 大约两成的北京户籍家庭（80万户）不得再买房

北京市政协进行的"人口与资源环境协调发展"专题调研发现，2009年底，北京市实际常住人口已达1972万人，其中户籍人口为1246万人，居住半年以上的流动人口达726万人。2010年第四季度，中国人民银行营业管理部对北京市城镇居民购房状况的问卷调查显示：北京市居民完全产权自有住房率为72.4%，多套住房拥有率达到18.3%。按照这一调查数据，北京户籍人口1246万人，大约户数在450万左右，影响家庭大概在80万户。

2. 非本市户籍提供连续5年以上社保或纳税证明，只能新购一套房，影响家庭超百万

按照3人家庭计算，726万流动人口大约为250万家庭。北京中原统计抽样调查数据显示：2009年全年北京购置房产的户籍比例中，外地户籍达到55%，在2年中购房家庭总户数在40万左右，叠加2009年之前估算在北京有房产的外地户籍家庭已经超过百万，而这部分家庭都将不得再新购房产。

（三）信贷收紧，购房支出变相增多

从2004年10月30日开始调整贷款利率以来，截至目前共调整20次，或涨

表1 调控政策对本市和非本市户籍家庭影响程度

北京落实第三轮调控前后对比	本市户籍家庭（新购房套数）			非本市户籍家庭（新购房套数）		
	无房户	有 房		无纳税、社保证明	有连续5年以上纳税、社保证明	
		1套	2套及以上		无房户	有1套及以上
"京十五条"后可买	两套	1套	禁购	禁购	1套	禁购
影响人群	约80万户家庭			100万户以上家庭		

资料来源：北京中原市场研究部。

或降，并辅以不同程度优惠利率进行操作。2011年在限购和限贷两大政策叠加作用下，房价出现松动，购房支出本应减少，但由于不断收紧货币政策，取消以往的7折、8.5折等优惠利率，普遍执行基准利率或1.1倍基本利率，对于购房者来说，房价下降减少的支出又流入银行利息中去，大多数情况还不够填补利息支出。

北京中原市场研究部统计数据显示：以一套200万元房产计算，在2010年10月贷款100万，按照当时的7折利率计算，20年需要支付的利息款为47.5万左右，即使考虑到后期基准利率上浮，但是因为执行7折利率，实际20年内的利息款依然比较低。而目前购房者如果仍购买一套200万的房产贷款100万，按基准利率计算则需要支付接近87万利息，贷款20年增加利息支出接近40万，即接近房价的20%左右。房价下调20%以内，消费者购房支出变相增多。

（四）普宅标准放宽，"惠及范围最广"

自2008年11月24日调整普宅标准至2011年4年时间内，经历了房地产市场2009年疯狂发展、2010年冷静发展，再到2011年有限制发展，以往的普通住宅很多"被豪宅化"，交易中成为非普宅，税负增加。2011年12月10日起执行新的普通住宅标准，惠及面进一步加大，80%以上住宅划到普宅行列，五环外则有90%住宅属于普通住宅。

政策一方面鼓励自住需求，降低购房者负担；另一方面，引导开发商增加开发中小户型自住需求房源。

（五）最低计税价，"最不确定价"

2006年10月1日调整最低计税价格至今有5年时间，之后，北京住房和城

表2 普通住宅执行标准

环线区域 \ 系数	北部（乘1.2倍后）	南部（乘1.2倍后）
四环以内	1.8（38880）	1.6（34560）
四环至五环之间	1.5（32400）	1.3（28080）
五环至六环之间	1.2（25920）	1.0（21600）
六环以外	0.8（17280）	

注：超过括号单价住宅即为非普宅。
资料来源：北京中原市场研究部。

乡建设委员会与北京市地税局下发通知，自2011年12月10日起全市执行新的二手房交易最低计税价。但各区域、各房屋的具体执行标准并未公布，一改以往各区域明码标价现象。但据北京中原市场研究部统计现有数据预测区域最低过户指导价的上调幅度在1~2倍左右。北京市地税局将按照房屋所在区域、楼盘建筑年代等信息实行一房一审核的原则，对交易房屋征缴税款。

从全市来看，之前的最低计税价，平均在6000元/平方米左右，北京中原市场研究部预测目前全市的最低计税价约为1.5万~1.6万元/平方米（根据2011年12月10日执行的普通住宅认定标准规定，2010年全市商品房均价为1.8万元/平方米，二手房均价应该比商品房价格低10%~20%，估算得出）。这一价格相比之前更加反映了市场实际成交价格。

（六）建设井喷，政策给力保障房

1998年房改虽然提出了"经济适用房为主体的多层次的住房供应体系"，但是在随后数十年房地产快速发展的大潮中，虽然2006年"国六条"重提"建设住房保障体系"，但房地产市场仍以商品房为主，保障房这一块几乎是空白，而市场经济下商品房的体系是根本无法顾及中低收入者的。

2011年重新提出保障房的建设，且执行力度空前强大，政府主要通过社会责任角度入手，调控市场，用保障房建设来满足中低收入者的住房需求。2011年我国保障性住房建设的目标为1000万套，相比2010年的580万套增长了近一倍。根据估算，这1000万套保障房的建设资金将突破1.3万亿元。其中，2011年北京计划建设量在20万套以上。

2011年是保障性住房政策出台最密集和力度最大的一年，"新国八条"和"京十五条"中都提出要加大保障性住房建设力度。国土资源部2011年5月13日下发的《关于坚持和完善土地招标拍卖挂牌出让制度的意见》中规定：限定配建保障性住房建设面积，以挂牌或拍卖方式出让商品住房用地。北京市土地整理储备中心数据显示，2011年80%住宅用地需配建保障性住房。

二 行业——行业震荡，思变创新是关键

（一）房地产股权交易"最红火"

2011年房地产市场在限购、限贷等系列政策组合拳重压下，交易持续低迷，与之相反，股权交易所中房地产并购、转让等交易异常红火，2011年1月至12月上旬股权交易市场共出现491宗房地产行业股权及资产交易（不包含关联交易），涉及金额超过1300亿元。其中，房地产为主业企业的产权交易多达253宗，约为上年全年同业并购宗数的2倍，并购金额超过900亿元，约为上年全年并购金额的6倍。此外，从股权交易比例来看，房地产平均股权交易比例已高达54%，100%股权交易占20%。

房地产股权交易市场的红火发展进一步折射出开发商资金链的深度紧张，深陷重围中凭借降价、抛售房产、金融市场、民间投资等手段来吸纳资金，想冲出

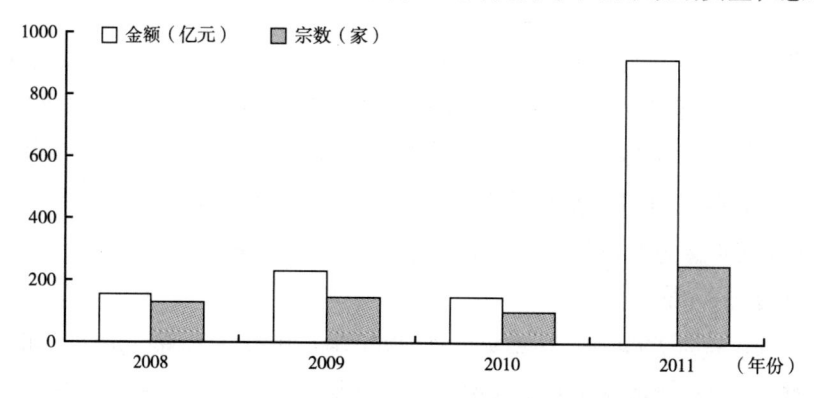

图1 近年来房企同业并购金额和宗数（2008~2011年）

注：2011年数据为1月至12月上旬数据。
资料来源：中原行业监测系统，中原集团研究中心。

重围显然力不从心，在这个房地产的寒冷冬天，唯有股权转让成为部分开发商抵御寒冷的迫不得已的痛心选择。另外，非房地产主业企业剥离房地产业务加速推进了房企并购浪潮，几乎支撑起此轮房企并购潮的半壁江山。2011年1月至12月上旬，非房地产主业企业涉及的房地产产权交易达238宗，总金额超过400亿元。

（二）开发商拿地"最谨慎"

2011年住宅市场大幅萎缩，开发商资金链紧绷，对房地产未来发展走势看空，导致开发商对住宅市场拿地热情不高。据中原集团研究中心数据统计，2011年1~12月北京住宅用地供应面积为674万平方米，同比下降24.4%，成交面积为475万平方米，同比下降38.9%，1~12月住宅用地供应与成交比例为1.42∶1。2011年开发商合作拿地增多，1月至12月16日成交236宗土地，其中住宅类为53宗，住宅类开发商合作拿地占30.19%，为历年最高。

开发商拿地谨慎主要是受目前政策环境影响。以往地价或房价的上涨率远超过开发商金融渠道的融资成本，这使其财务杠杆形成一支驱动力，另外，经营杠杆中房地产成为被"超配"资产，驱使开发商热衷拿地循环进入开发领域。但2011年国际和国内市场格局震荡发展，企业发展"经营杠杆"和"财务杠杆"的"双高"时代面临根本性转变，制约开发商拿地的积极性。

（三）中介公司"关店最多"

2011年对于中介行业来说，是最难熬的一年，全年二手住宅过户量不足10万套，同比萎缩接近一半。中介公司赖以生存的水源接近枯竭，找不到更好的开源机会，大多中介公司处于亏损状态，"关店潮"再次袭击北京。据北京市住房和城乡建设委员会网站数据统计：2011年北京有备案的中介机构关店数量接近700家，而考虑到部分中小中介门店可能没有按规定进行备案，因此实际"关店数"还要大于700家。

但这次相对2008年，风暴来得更猛烈一些、更持久一些。2008年二手住宅交易低迷，住宅成交量不足7万套，市场也有关店情况，主要是经济危机原因，随后2009年系列刺激政策出台，打破交易低迷这一僵局，市场重回快行道上。但2011年局势有所不同，限购和限贷等系列行政约束类政策制约市场发展，

2012年政策并无松动迹象，月均网签不足8000套，难以保证目前5000余家中介门店赢利。

三 市场——成交暴跌，购房预期降冰点

（一）二手住宅成交量降幅最大

北京自1999年10月开放二手房市场以来，成交量逐年攀升，截至2011年，在二手房市场发展的12年中，仅有三年成交量同比下跌，其中2008年楼市成交量下降的原因是全球金融危机的宏观环境，即客观"被"调整的成分更多一些，而2010年、2011年的下调更多是政府主动调控楼市的结果，属于主观调控的过程。为了抑制因成交过快上涨、热钱不断涌进导致的房价急速大幅上涨，2011年的调控可谓空前严厉，使得当年二手住宅成交量萎缩明显，全年成交量（过户套数）为98779套，同比2010年17万套下降了42%，创下自二手房市场开放以来成交量降幅最大的纪录。

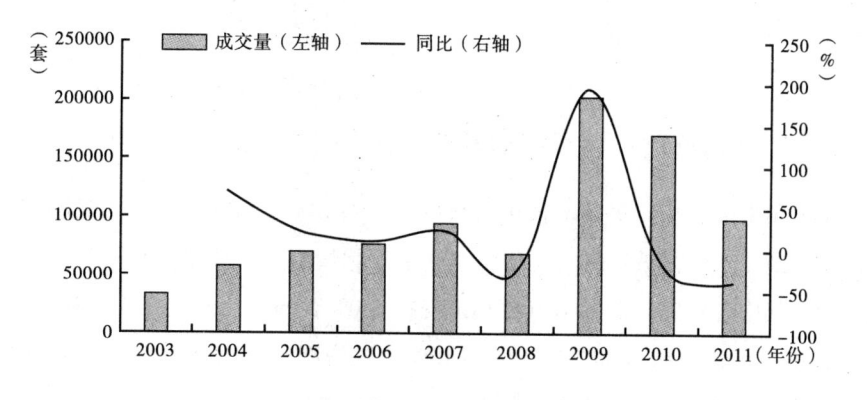

图2 北京市二手住宅成交量走势图

资料来源：北京中原市场研究部。

（二）二手房价连降月份最多

从二手住宅价格变化趋势的比较可以看出，二手房价格在2008年以前一直呈现或大或小的上涨，但自2008年金融危机以来，二手房价格出现了明显的波

动，价格有涨有跌，波动起伏较大。即使在2008年下半年因奥运会和金融危机的双重影响，导致房价下探时也仅连续下跌了7个月，而2011年房价连续下跌了9个月，下降的势头超过2008年。在下降幅度方面，2008年二手房价创下全年最大跌幅纪录7.9%（2008年12月与1月相比）。而2011年楼市受到政策严控，房价也是先高后缓之后急速下降，下降幅度也达到了5.8%，仅次于2008年最大降幅，显现出政策调控效果。

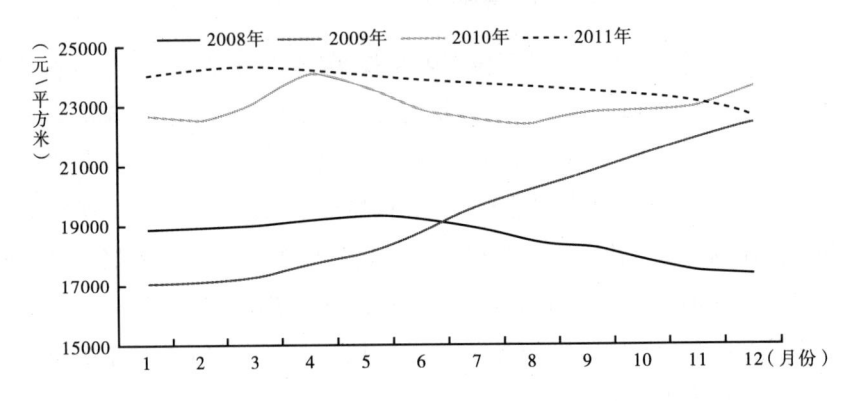

图3　2008~2011年北京市二手住宅成交价格走势图

资料来源：北京中原市场研究部。

（三）政策调控，业主预期降冰点

从三年来的北京二手住宅报价指数可以看出，随着国家对楼市的调控或松或紧，业主预期也随之波动，房屋报价水平上下起伏不定，从图4可以明显看出相应变动，其中各年度较低的节点分别出现在2009年1月、2010年5月和2011年12月，报价指数分别为20%、29%和10%，这表明在当时业主对楼市的看空态度达到极致。三者相比，北京中原市场研究部认为2011年楼市的悲观指数最高，12月达到了最低值10%。

（四）成交周期史上最长

楼市低迷会出现很多现象，如房价下降、成交量走低、投资客减少等等，还有一个重要特点就是成交周期拉长，在2008年金融危机到来的时候，因经济低迷导致楼市委靡不振，潜在购房者转为观望，部分投资型业主出现了抛售现

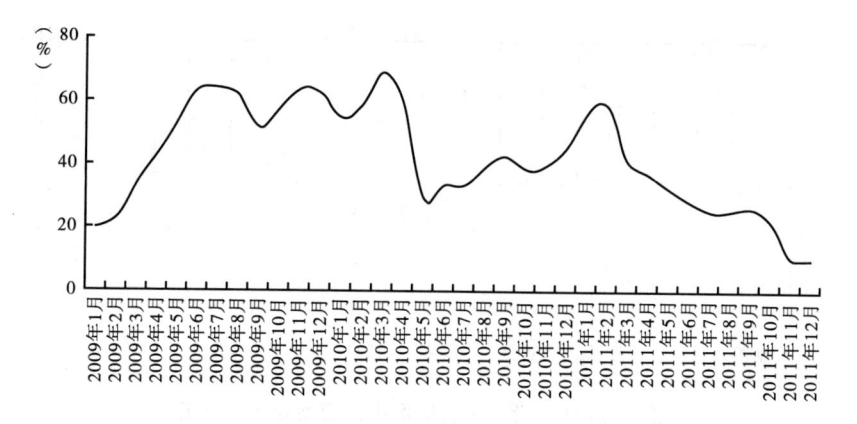

图 4　2009~2011 年北京市二手住宅报价指数走势图

资料来源：北京中原市场研究部。

象，"卖家积极，买家不急"的一边热现象导致了当时二手住宅的交易周期被拉长，楼市繁荣的时候一套房子一到两周即可成交，而 2008 年平均 1 套房子成交需要 1 个月到 2 个月的时间。2011 年这一现象更加突出，成交周期超过 2008 年。

究其原因是"限购"这一调控政策的抑制作用在买卖双方同时起效，"买卖双方，不急不慌"形象地概括出了 2011 年楼市的现状。因为政策限制导致拥有 2 套以上房产的投资者或富裕家庭卖出房产后将没有资格再买新房，不愿意卖和不愿意降价卖的两类人群占主流导致 2011 年抛售现象并不明显。而买方看到房价回落，了解到 2012 年楼市调控持续不放松的中央精神，更加坚定了观望的决心，导致买卖双方僵持不下，成交周期大大拉长，3 个月以上达不成交易也是常有之事。

（五）郊区房价跌幅远超城区

随着调控政策的效应逐渐显现，2011 年三、四季度房价开始出现明显松动。新房率先降价且多分布于郊区，使得郊区降价新盘吸引了大量的潜在购房者，导致郊区二手房需求明显不足，再加上部分新盘四季度开始大幅降价走量，促使郊区二手房降价幅度放大。而与郊区房价跳水相比，城区房价因无新增供应且业主惜售等因素影响，房价下降幅度比较有限，全年降幅 5%~6%，而近郊区如石景山、亦庄、通州地区的降幅在 8%~10%。

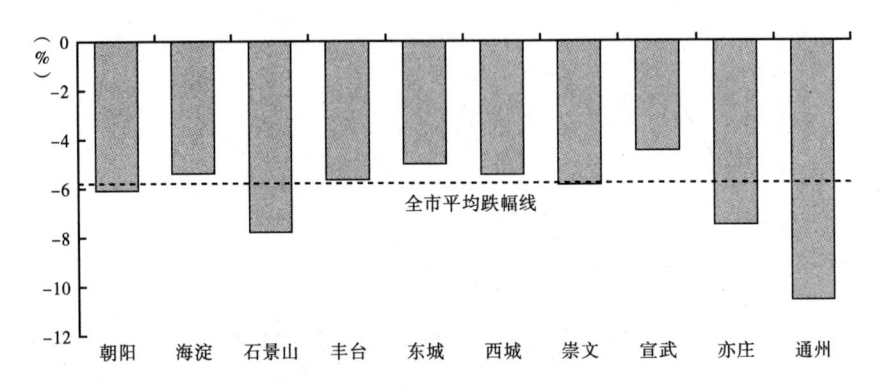

图5　2011年北京市各城区房价变动幅度对比图

资料来源：北京中原市场研究部。

（六）一、二手房成交之比9年首回升

从9年来一、二手房成交量可以看出，一、二手房成交量之比在2003～2010年一直处于下降状态，从2003年的6.3∶1下降到2010年的0.5∶1，即二手住宅逐渐成为市场交易的主力，2008年二手房成交首次超过一手房，成为住宅成交市场真正的转折点。而2011年的一、二手房之比9年首次出现回升，变为0.6∶1。

这一变化的原因首先是"限购"政策对投资热钱的挤出作用，二手房因位置优势、选择余地大、回报快（可立即有租金收益）而受到投资者的青睐，因此政策对二手市场的冲击更大；其次，2011年新房市场保障房供应力度加大，成交量也明显上升，再加上新房三、四季度陆续开始大幅降价，导致低价盘的成交情况较好，两点原因导致2011年二手房成交降幅大于一手房，这种非对称下调导致一、二手房成交量之比出现了反弹。

（七）租赁火暴，成交史上之最

随着城市化进程不断加速，外来人口数量不断增多，作为首都的北京，更是吸引了众多有志之士前来寻找自我价值的最大实现。在这样的大背景下，北京的限购政策又直接和间接地使得更多已具备购房实力（资金上的准备）的潜在购房者选择观望，总量与结构上的客观原因，使得北京的租赁市场需求更加膨胀，2011年租赁成交量首次突破200万套，较2010年和2009年分别上涨了24.5%和79.7%。租赁市场发展迅速，2011年的成交量创下了历年之最。

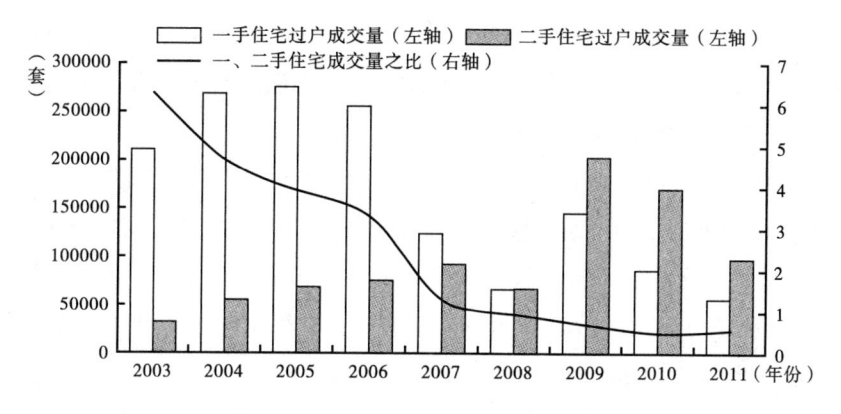

图6 一、二手住宅成交量对比走势图

资料来源：北京中原市场研究部。

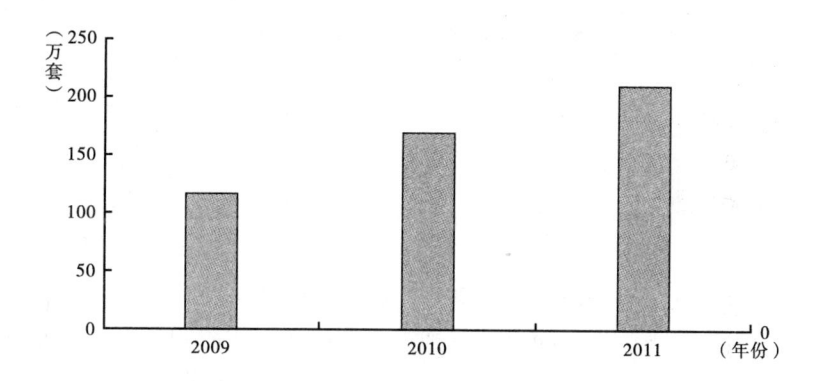

图7 租赁成交量比较

资料来源：北京中原市场研究部。

（八）区域外延，租金涨幅趋缓

中原领先指数（北京二手住宅租金指数）显示，北京租赁价格5年来总体呈现稳中上涨的趋势，2011年全年商品住宅平均单位月租金约为52.4元/平方米，同比上涨4%，涨幅比2010年缩小9.3个百分点，上涨趋势受到明显控制。

2011年租金上涨原因：一是传统租赁高峰带动如春节后外地务工人员进京和6月、7月高校毕业生离校租房热，助推成交量猛增。二是《商品房屋租赁管理办法》实施，明确规定禁止出租房屋分割，挤出部分新的租赁需求；同时，

"调控年"住房买卖市场低迷，居住需求集中向租赁市场转移，也造成租赁需求增加，租金上扬。三是消费价格水平增加、物价上涨、居民收入水平提高等作用，集体助推租金价格上涨。

2011年租赁区域由城市中心向外延展，通州、亦庄等生活圈随着交通、配套升级，出现新的租赁热点区域。如京通快速公交专用道开通，租赁向快速公交沿线区域转移，这些区域租金较低，拉低了整体租金价格水平。另外，换租增多，而换租租金上涨并不高。在租赁高峰期，换租租金普遍涨100~300元，而往年上涨在200~500元之间，上涨空间明显被压缩。

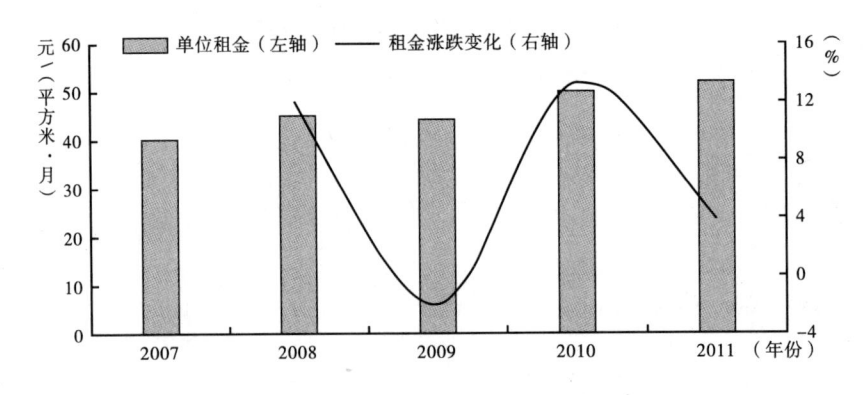

图8 2007~2011年租金价格走势图

资料来源：北京中原市场研究部。

（九）租售比逐月回落，波动最小

北京住宅的租售比水平一直较高，从国际公认的标准来看，租售比在1∶200~1∶300之间是较为合理的区间，低于200表示房价较低，适合投资，高于300，表示房价偏高，且越高表示房价偏离合理数值越多，泡沫越大。

而北京自2008年以来租售比一直位于300~500之间，偏高于合理区间。纵观这几年的租售比变化，最高值出现在2009年12月，比值为1∶480.5，最低值出现在2008年10月，比值为1∶389.7，而从每年最高值与最低值的波动情况来看，2009年波动最大，差值为87.1点，而2011年波动最小，差值为32.8点。2011年也是租售比回落的年份，原因是房价回落且变化幅度平稳，同时租金上涨。

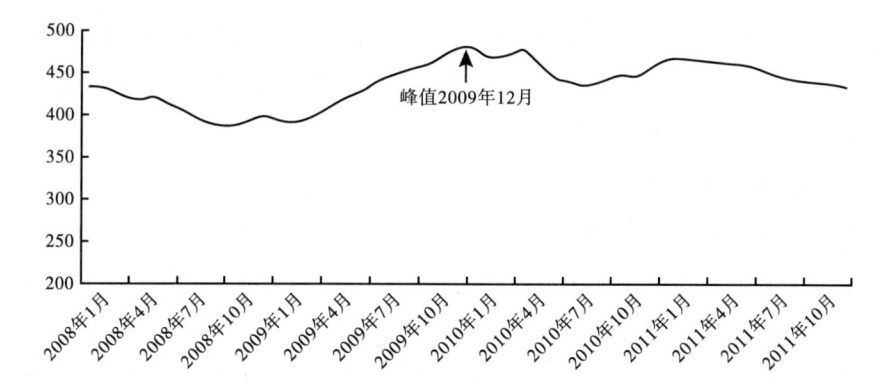

图9　2008～2011年租售比变化走势图

资料来源：北京中原市场研究部。

注：租售比指租金［元/（平方米·月）］与售价（元/平方米）之比。

四　2012年存量房市场展望

1. 调控继续不放松

2011年调控拐点和效果刚出现，一旦放松可能面临大幅反弹，目前楼市已经逐渐出现下行拐点，另外因为地方土地财政的建设，加上国外经济恶化，放松调控的呼声很高，但是本次调控可能是最后一个经济转型的机会，一旦放松，房地产很可能面临硬着陆的风险。

调控政策执行还有下半场，政策不动摇，中央强化宏观调控政策的意图一直并未改变。中央领导2011年底强调，当前房地产市场调控已取得一定成效，但仍处于关键时期，要坚持实施遏制房价过快上涨的政策措施，进一步巩固调控成果。楼市暴利时代已经过去，2011年经济工作会议定调续调后，部分开发商和地方政府期待放松调控的愿望落空，明显下调价格的现象将会更加普遍。

2. 继续加大保障房投入

统计局数据显示，1999年全国供应的经济适用房在商品住宅中所占比例为24.9%，而发展到了2008年，该比例则明显下降为7.2%，很多城市甚至不足5%。保障房的缺失迫使广大中低收入人群在商品住房市场释放需求，不仅加剧了商品房市场供求紧张的局面，也明显拉高了房价。

但最近两年，保障房建设力度被提升到政治高度。2010年全国各类保障性住房和棚户区改造住房开工590万套，基本建成370万套，2011年提出全国要建设保障性住房和棚户区改造1000万套，"十二五"期间更是预期开工3600万套，保障房占比将超过20%。

保障房建设力度的加强将减少中低收入人群对商品房市场的刚性需求。假定2010年370万套保障房全部推入2011~2012年市场，2012年的保障房供应将分流商品房8%~10%的购买需求。

预计2012年，保障房的建设总量将依然维持在一个高位，而且在商品房市场销售萎缩的情况下，部分开发商可能会加大保障房建设的积极性。

3. 房产税改革增试点城市

房产税试点扩散在2012年将成为趋势，而最近以北京为代表的城市，修改了普通住宅的认定标准也有可能是为区分征收房产税的类别而做准备。

目前已经试点的城市有上海和重庆，房产税可能是后期全国楼市调控的新方向。限购政策虽然目前来看短期内取消的可能不大，但是限购政策毕竟是完全的行政手段，强制地抑制了需求。从长远来看，作为房地产试点的重庆其房产税征收范围逐渐扩大，可能会影响到所有非自住房产，这可能标志着后限购时代的调控方向。

一旦房产税试点增加，对多套房拥有者的心理影响将非常大，也有可能给市场带来大量的存量供给。

4. 首套购房优惠利率或定向宽松

从目前市场来看，保障房的大量建设已经缓解了部分低收入人群的居住需求，但是对于夹心层和中等收入人群来说，目前受制于贷款紧缩等政策，入市艰难。

预计在2012年，政策可能会对首套房的购房者作出定向宽松，从中小套型的普通商品房加快建设供给到增加首套房购房者入市的比例，都将降低刚需置业人群的置业难度。以2011年1~11月全国数据为例，住宅新开工13.49亿平方米，而竣工仅仅4.77亿平方米，调控明显延缓了有效供应。

2012年信贷政策或有所放宽，进一步下调存款准备金率，释放流动性资金。另外，针对首套房利率或下调，趋于合理。通过增加大量中低价普通商品房供应、相对合理的首套房利率，促使刚性需求者进入市场实现居住梦想。

5. 经纪行业加速调整

2012年调控政策不放松，一、二手房市场缓慢回升，交投仍低迷。2012年将是经纪行业最难熬的一年，维持企业正常运营是第一要务，在业绩下滑的情况下，经纪行业内部调整速度会加快，调整局面会放宽。

6. 二手房价下调范围扩大

目前二手房市场的有价无市以及同一区域的一、二手房价格倒挂现象均属于短期的非平衡状态，市场将通过其自身的调节来回归平衡。但由于调控影响的持续性，价格下调以重建平衡的过程将会较为缓慢。预计2012年二手住宅价格下降范围将扩大。

分区域来看，在新房供应为主的郊区，二手房价格降价压力倍增；在新房供应和二手房供应并重的次中心区，二手房降价幅度相对较小；而在城市中心区，新房供应稀少，二手房价格相对坚挺。价格下降有望换来成交量的回升，但在限购和限贷的影响下，二手市场的流通性大大降低，因此复苏的过程将会曲折而漫长。

预计2012年二手房成交量缓升，价格进一步下调。从成交结构看，市场需求仍将以首次置业者为主，中低价的普通住宅依然会占据成交量的主体。

7. 租赁市场回归平稳

2010年开始的租金上涨高峰已经过去，虽然2011年同比涨幅依然比较大，但是环比逐渐下调，2012年北京租赁市场回归平稳。但是需要注意的是在春节后出现的租赁需求上涨，以及楼市买卖市场萎缩，房产投资者对租金收益的看重，租赁市场的短期活跃将会再次影响租金上涨。

Analysis on Stock Housing Market in Beijing (2011－2012)

Jin Ruixin

Abstract：China's real estate market belongs to "policy market", the government introduced a series of depth-control policies in 2011. From February, the "restriction" to the "credit limit", to raise interest rates three times during the year, deposits increased reserve ratio six times and other policies, the policy can be said that in 2011 the introduction of the most concentrated, the most severe, persistent longest of the year. "Restriction order" extended to second and third tier cities, limited credit policy further out of part of the effective housing demand, accelerate real estate market steep turn down, speculative, investment demand is out, improvement and first - time home buyers limited demand was met, the stock of a strong housing market of consumers waiting to see atmosphere and look forward to a substantial decline in housing prices, the purchase is expected to freezing point, low turnover, the whole year housing stock transfer less than 100 000 units, less than half of 2009, showing the extremely downturn trend in 2008. In contrast, the strong rental demand have helped push volume and price go, turnover record highs in 2011's rental market.

Key Words: Restriction; Limited Credit; Market Downturn; House Prices Loose; Rental Hot

保障与管理篇

Housing Security and Management

B.8
北京市两限住房建设、配售与入住使用调查

李恩平 李菲菲*

摘 要： 本文为针对北京市两限住房建设、配售和入住使用的调查报告。回顾和分析了北京市两限住房供应政策体系和管理机制，考察了北京市两限住房建设、配售状况和售后入住使用状况。研究发现北京市已经形成一套相对有效的两限住房建设、配售管理机制，两限住房实际配售与城市人力资本发展目标基本适应，通勤和质量是两限住房建设和管理存在的最大问题。因此进一步的政策制定应加强建筑质量管理和项目区位选择，优化住户对全市范围楼盘的空间选择机制。

关键词： 两限住房 配售 机制

---

* 李恩平，中国社会科学院城市发展与环境研究所副研究员，主要研究方向为城市经济；李菲菲，北京航空运动学校讲师，主要研究方向为房地产经济。

"两限住房"作为一种新型保障性住房政策模式,在我国已经运行实施数年,其建设、分配和入住均已达到一定规模,有必要对其政策实施过程和实施效果进行总结和评价。为此,我们以"两限住房"建设规模最大的北京市为例,就"两限住房"的建设、分配和入住管理进行了深入调研,评价分析了"两限住房"的政策效果,并提出了改进建议。

一 两限房的概念和历史渊源

(一) 什么是两限房

《北京市"十一五"保障性住房及"两限"商品住房用地布局规划(2006~2010年)》将"两限房"定义为:"限房价、限套型普通商品住房是指经城市人民政府批准,在限制套型比例、限定销售价格的基础上,以竞地价、竞房价的方式,招标确定住宅项目开发建设单位,由中标单位按照约定标准建设,按照约定价位面向符合条件的居民销售的中低价位、中小套型普通商品住房。"简言之,两限房是一种限房价、限套型面积、限销售对象的政策性商品房,是在高房价下,为满足中等收入家庭购房需求,政府出台的一项带有福利性的行政措施,其购买对象在户口、收入、资产方面都有严格的限定。两限房从形态到售价、销售对象等都由政府决定,从这个角度看,两限房理应属于公共产品或准公共产品之列,属于保障性住房范畴。

两限房与普通商品房相比,具有以下特征:一是在价格形成上,普通商品房是在市场供求关系下形成的市场价格,两限房是在政府参考周边普通商品房价格的基础上制定的政府指导价,一般比周边普通商品房低15%~20%;二是在销售对象上,普通商品房针对的是任何具有购买力的顾客,两限房一般仅仅针对无房户且慢低收入人群;三是从组织上看,普通商品房都是开发商主导进行的,两限房是由政府主导进行的,其生产、分配、消费环节都在政府的严密控制下进行;四是在上市问题上,普通商品房的基本特征是在其生命周期内进行不断的重复性交易,两限房上市则有年限限制等附属条件[1]。

---

[1] 钟庭军:《论两限住房的定义、性质与判断标准》,《建筑经济》2008年第11期。

在北京市住房保障体系中，两限住房是解决中等收入家庭、拆迁户中夹心层住房问题的主要途径，其价格低于周边商品房价格的10%~15%，套型面积控制在90平方米以下，供应对象的收入、住房、资产须符合表1的要求，且享有两限住房的产权，其上市交易条件与经济适用房相似。

（二）北京市两限住房的配售管理机制

经过多年探索，北京市限价住房已经形成了一套行之有效的管理机制，在管理机构、供应对象、申请和交易退出等方面均有较明确机制。

管理机构。北京市住房保障办公室是住房保障的政府管理机构，于2007年2月正式成立，隶属于北京市建设委员会，是由原北京市建委开发处挂牌成立的，主要负责对两限住房、经济适用住房和廉租住房的开发建设管理以及相关政策的制定等，设有租售处、协调处、政策处等几个部门。北京市各个区（县）以及区（县）以下的街道办事处（乡镇）均相应成立住房保障管理办公室，负责本区、本街道（乡镇）的住房保障工作。至此形成市级、区级、街道（乡镇）三级对住房保障工作的"一条龙"管理机构。

供应对象。两限住房的供应对象是中等收入住房困难的城镇居民家庭、征地拆迁过程中涉及的农民家庭以及市政规定的其他家庭。北京市对两限住房供应对象的申请条件要求严格，户籍、人均住房面积、家庭收入、家庭总资产等均有规定的标准。首先，必须是具有北京市城镇户籍，在北京市生活，且申请家庭成员之间应具有法定的赡养、抚养或者扶养关系，包括申请人及其配偶、子女等；父母原本也包含在内，但北京市住房和城乡建设委员会下发新规定，从2010年10月1日起父母不包含在申请的家庭成员范围内。单身家庭提出申请的，申请人须年满30周岁。其次，申请家庭人均住房面积、家庭收入、家庭资产须符合一定标准。其中人均住房面积、家庭收入、家庭资产标准实行动态管理，每年向社会公布一次，见表1。在符合上述条件的家庭中，属于下列三类家庭的，可优先购买：解危排险、旧城改造和风貌保护、环境整治、保障性住房项目和市重点工程等公益性项目所涉及的被拆迁或腾退家庭；家庭成员中有60周岁以上（含60周岁）的老人、严重残疾人、患有大病或做过大手术的人员、优抚对象的家庭；已通过经济适用住房购买资格审核自愿放弃购买经济适用房的家庭。

表1 北京市多层次住房保障体系

保障性住房类型		廉租房	经济适用房	公共租赁房	两限住房
保障范围		低收入、无收入家庭，被拆迁；有特殊病、重残人员	中低收入住房困难的城镇居民家庭	临时性解决特殊家庭住房问题的保障性住房，供应对象主要是廉租住房与经济适用房的夹心层、外来务工人员、刚就业的外地大学生、引进的紧缺技术人才等	中等收入住房困难的城镇居民家庭
申请标准	家庭年收入	1人户≤6960元，2人户≤13920元及，3人户≤20880元，4人户≤27840元，5人户及以上≤34800元	1人户≤22700元，2人户≤36300元，3人户≤45300元，4人户≤52900元，5人户及以上≤60000元	取得廉租住房、经济适用住房、限价商品住房资格的家庭	3人户及以下≤8.8万元，4人户及以上≤11.6万元
	人均住房面积	7.5平方米及以下，且申请人和家庭成员5年内未出售或者转让过房产	10平方米及以下		15平方米以下
	家庭总资产	1人户≤15万元，2人户≤23万元，3人户≤30万元，4人户≤38万，5人户及以上≤40万元	1人户≤24万元，2人户≤27万元，3人户≤36万元，4人户≤45万元，5人户及以上≤48万元		3人户及以下≤57万元，4人户及以上≤76万元
供给方式		政府强制提供	政府主导，市场配合提供	政府强制提供	政府组织监管，市场化运作
属　性		纯公共品	准公共品	纯公共品	准公共品

资料来源：北京市住房和城乡建设委员会网站。

申请流程。申请：申请家庭持如实填写《北京市限价商品住房家庭资格核定表》和相关证明材料，向户口所在地街道办事处或乡镇人民政府提出申请。初审：街道办事处或乡镇人民政府通过审核材料、入户调查、组织评议、公示等方式对申请家庭的收入、住房、资产等情况进行初审，提出初审意见，将符合条件的申请家庭材料报区县住房保障管理部门。人户分离申请家庭情况应在户口所在地和实际居住地同时进行公示。复审：区县住房保障管理部门对申请家庭材料进行复审，并将符合条件的申请家庭情况进行公示，无异议的，报市住房保障管理部门备案。备案：市住房保障管理部门对区县住房保障管理部门上报的申请家庭材料予以备案。区县住房保障管理部门为经过备案的申请家庭建立市和区县共享的住房需求档案。

售后管理。已购限价商品住房家庭取得契税完税凭证或房屋所有权证满五年后，可以按市场价出售所购住房，应按照市有关部门公布的届时同地段普通商品住房价格和限价商品住房价格之差的一定比例交纳土地收益等价款，交纳比例为35%。

二 北京市两限住房的建设情况

按照《北京市"十一五"保障性住房及"两限"商品住房用地布局规划（2006~2010年）》中规划，"十一五"期间，规划安排经济适用住房1500万平方米（含廉租住房150万平方米），两限住房1500万平方米，共计3000万平方米，占住房总量的24.4%。2008~2010年保障性住房及"两限"商品住房规划总建设规模约1800万平方米。其中"两限"商品住房1200万平方米。经过几年的建设，北京市两限住房建设已经完成规划建设目标，建设情况主要呈以下几个特点。

（一）土地供应基本得到保障

2007年4月，北京首宗"两限房"土地海淀区西三旗新都东路（原北京轮胎厂）的土地上市交易，从此拉开了北京"两限房"土地供应的序幕。据中国指数研究院统计，2007~2011年10月，共推出各类两限房地块44宗，分布在北京13个区县，分布比例如图1所示。

从区域分布来看，两限房供应地块主要集中在城市发展新区和城市功能拓展区，分别占土地总宗数的57%和32%，其中顺义最多占16%，大兴占14%，昌平、丰台、朝阳和房山分别占11%左右。这与《北京市"十一五"保障性住房及"两限"商品住房用地布局规划（2006~2010年）》中要求重点在中心城中心地区以外区域，在城市东部、南部区域安排保障性住房及"两限"住房的指导思想相一致。

从供应量来看，2007~2010年两限住房土地实际供应量约为1989公顷（包含

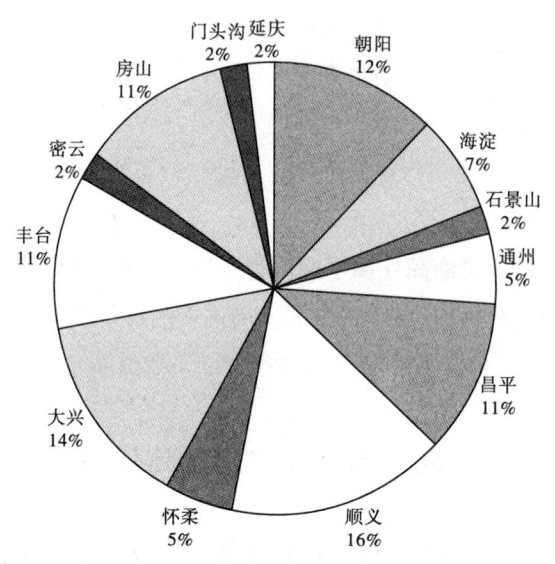

图 1　北京市两限房地块区县分布图

资料来源：CREIS 中指数据库。

部分公共租赁房和定向安置房）。由表2可以看出，自2007年开始，北京市两限房土地的供应量基本呈逐年上涨趋势，而且每年的供应计划都能够足额甚者超额完成。从两限房在保障性住房中的比例来看，2008年是两限房供应占比最高年份，达到63%。2009年，公共租赁房政策出台后，两限房的土地供应量有所减少，到2011年，两限房土地计划供应量占保障性住房用地总供应量的15%左右。

表 2　北京市两限房土地供应情况

	保障性住房类型	计划供应量	实际供应量
2007年	限价商品房（公顷）	180	226
	占保障性住房土地供应总量比例（%）	45	33
2008年	限价商品房（公顷）	300	310
	占保障性住房土地供应总量比例（%）	64	63
2009年	限价商品房及公共租赁住房用地（公顷）	400	453
	占保障性住房土地供应总量比例（%）	67	68
2010年	限价商品房及定向安置房用地（公顷）	1000	1000
	占保障性住房土地供应总量比例（%）	80	80
2011年	限价商品房用地（公顷）	200	—
	占保障性住房土地供应总量比例（%）	15	—

资料来源：北京市国土局。

（二）新开工面积逐年大幅提高

2007～2010年，北京市两限住房新开工项目69个，新开工面积达1719万平方米，占全市住房新开工面积的18.5%。从每年的开工情况看，2007～2009年，两限住房新开工面积逐年大幅提高，从2007年的313万平方米提高到684万平方米，占全市住房的比例也由2007年的14%提高到29.5%。2010年，由于定向安置房和公共租赁房的大幅开工，两限住房的开工面积有所下降。

表3 2007～2010年两限住房新开工面积

单位：万平方米，%

	两限住房	政策房合计	全市住房	占政策房比例	占全市住房比例
2007年	313	592	2232	52.9	14.0
2008年	452	803	2368	56.3	19.1
2009年	684	938	2318	72.9	29.5
2010年	270	1200	2400	22.5	11.3
合计	1719	3533	9318	48.7	18.4

资料来源：北京市统计局。

（三）项目上市频率有所加快

2008年9月14日位于丰台区东铁匠营的红狮家园是首批上市销售的两限房。从2008年到2011年10月，北京市批准上市的两限房项目有56个。其中2008年获得预售许可证的项目有8个，2009年有12个，2010年有30个，2011年到10月为止有19个，上市频率有所加快。从上市区域分布看，与土地供应分布基本一致，城市发展新区占53.1%，城市功能拓展区占46.7%。从区县看，如图2所示，朝阳区所占比例最大为31%，其次为昌平、通州和大兴。

从总量上来看，2008～2011年10月，北京市两限房批准上市套数为8.6万套，上市面积707.4万平方米，分别占保障性住房上市套数和上市面积的75.7%和78.0%，占全市住宅上市套数和上市面积的20%和15%。可见从2008年以来，两限房不仅成为北京市保障性住房的主要组成部分，也成为北京市商品住房市场的重要品种之一。

从供销情况看，由图3可以看出，北京市两限住房的上市套数远高于成交套

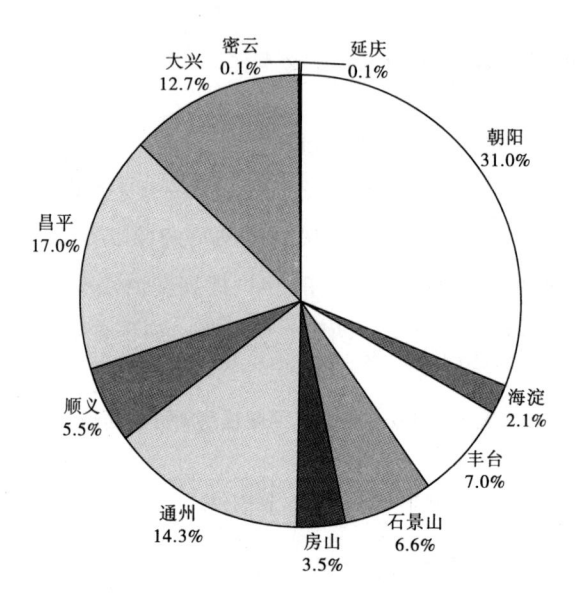

图 2　北京市两限房批准上市项目区域分布情况

资料来源：北京市城乡和住房建设委员会网站。

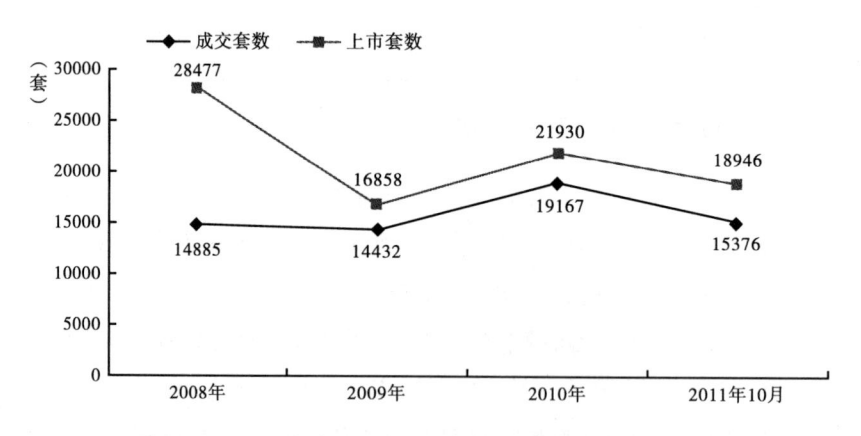

图 3　2008～2011 年 10 月两限房批准上市与成交套数情况

资料来源：CREIS 中指数据库。

数，这是因为，在 2008 年和 2009 年，由于经济危机的影响，普通商品住房价格下跌，两限住房的价格优势不明显，申购人会选择放弃两限住房而选择商品房，2009 年以后主要是因为两限住房购买的审核、摇号分配过程较长，推迟了上市两限住房的成交时间。

（四）户型结构以一居、二居为主

根据《北京市"十一五"保障性住房及"两限"商品住房用地布局规划（2006~2010年）》中的要求，两限房套型建筑面积90%控制在90平方米以下，平均套型标准为80平方米。《北京市限价商品住房管理办法（试行）》中规定，限价商品住房套型建筑面积以90平方米以下为主。其中，一居室控制在60平方米以下，二居室控制在75平方米以下。

通过对各个区县已分配的13个项目的20063套房源的统计，一居室7975套，占39.7%，二居室10769套，占53.7%，三居室1319套，占6.6%。

（五）建设模式以配建为主

所谓配建是指土地出让环节在商品房土地中搭配一部分保障房土地，在土地出让和规划设计上明确项目保障房和商品房各自比例，房地产企业按照规划好的商品房面积和保障房面积进行开发建设。开发商利润主要在于商品房销售部分。北京是全国较早在商品房用地中，配建一定比例保障房的城市，2010年下半年到2011年成交的地块中，大部分都须配建公租房、限价商品房等保障性住房。2010年11月初，北京市率先尝试"限地价、竞保障房面积"这种全新的出让方式。

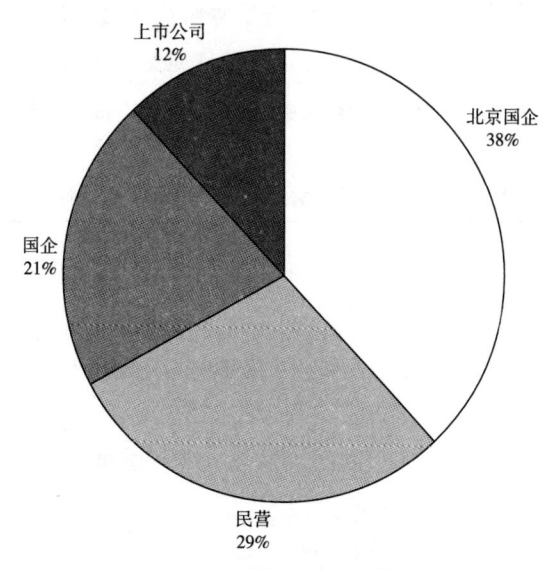

图4 两限房承建企业情况

（六）承建企业以北京本地企业为主

目前上市的58个两限住房项目中，由北京本地企业开发的项目有39个，其中属于国有企业开发的有22个，小型民营企业开发的有17个，其余由保利地产、中国铁建等大型国企开发的有12个，万科等大型上市公司开发的有7个。从项目分布区域看，大型企业由于资金实力雄厚，有能力高价拿地，开发的项目一般集中在城市功能拓展区，而民营小企业一般集中在生态涵养区等远郊区县。

项目质量上，从已经入住的27个项目反映看，大型国企及上市公司所建项目的质量反映较好，其次是北京市的国有企业，小型民营企业开发的项目质量参差不齐。因此未来在两限房招标时应综合考虑竞标者的综合实力、企业资质和开放建设方案，吸引大型企业和上市公司多参与两限房建设，并建立严格的监督机制，减少部分企业偷工减料，影响两限住房质量。

（七）建设融资基本为开发企业自筹

两限住房属于可出售型的保障房，可出售型保障房项目净利率一般在2%～9%左右（算上配建的商业等），由于政府有一定的对接措施，且供不应求，开发周期及资金回流周期短，因此开发商建设积极性相对较高，基本不存在融资困难，都是由开发商自行通过银行贷款等解决，可以良性运转。如表4所示，可出售型的保障房，现金回流速度快，而且纯保障房部分可能会亏钱，但是配套的一些商业之类的部分可以贡献收益，整体下来，保障房项目是赢利的。

表4 可出售型保障房部分项目的利润率统计

项目名称	性质	预计总投资(亿元)	预计净利率(%)	销售价格(元/平方米)	开工日期	对接说明
小屯馨城	两限房	16.12	8.85	两限住房:7300,经适房:3700,廉租房:4500,商业1.35万	2010-03-01	两限房已部分对接并收到销售款
大兴康庄	两限房	17.85	8.50	住宅:6500,商业1.5万	2010-10-20	2010年12月开始对接并收到销售款
常营经适房A标段	经济适用房	9.82	2.24	经适房:4320,办公:1.46万	2008-03-01	2008年10月开始对接并收到销售款

资料来源：首开股份、国泰君安房地产研究。

三 北京市两限住房的分配情况

据北京市住房和城乡建设部网站显示，截至2011年12月，北京市两限住房申请备案人员已超过14.9万人。而2008年7月到2011年10月北京市两限住房成交套数为6.5万套，据此推算，从2008年两限住房上市以来，两限住房的中签率大约为43.6%。考虑到相当一部分两限住房的中签人是由经济适用房和廉租房的申请人转来，两限住房的中签率应该小于43.6%。也就是说，有一多半的申请者还没能够分配到两限住房。

（一）申请情况

由于备案人员信息公开程度各个区县不一致，本文从首都功能核心区、城市功能拓展区、城市发展新区和生态涵养发展区分别抽取了西城、石景山、大兴和密云四个区县，抽取这四个区县最近三个月的申请备案人员共计1956人进行统计分析。

从申请人的单位性质看，股份制企业占49%，国家和集体所有单位占26%，私营企业占4%，外资企业占3%，失业及其他人员占18%。通过与全市从业人员单位情况对比可以看出，私营企业和外资企业从业人员申请两限房比例较低。外资从业人员申请两限房比例低是因为其收入较高。私营企业从业人员平均收入2010年为2.7万元左右，远低于其他单位从业人员收入，私营企业从业人员两限房申请比例较低主要是由于工作及收入不稳定，可能无法提供申请两限住房所需的有效收入以及其他证明。

从备案人员所属行业看，两限住房申请的行业分布基本上与主要从业行业和低收入行业相一致。如图6所示，申请备案人员所属前九大行业分别为：制造业、交通运输仓储和邮政业、租赁和商务服务业、公共管理和社会组织、居民服务和其他服务业、批发与零售业、信息传输计算机服务和软件业、科学研究及技术服务与地质勘察业、卫生社会保障社会福利事业。

（二）中签情况

本文随机抽取大兴区的201位中签人为研究样本。从中签人的单位性质看，

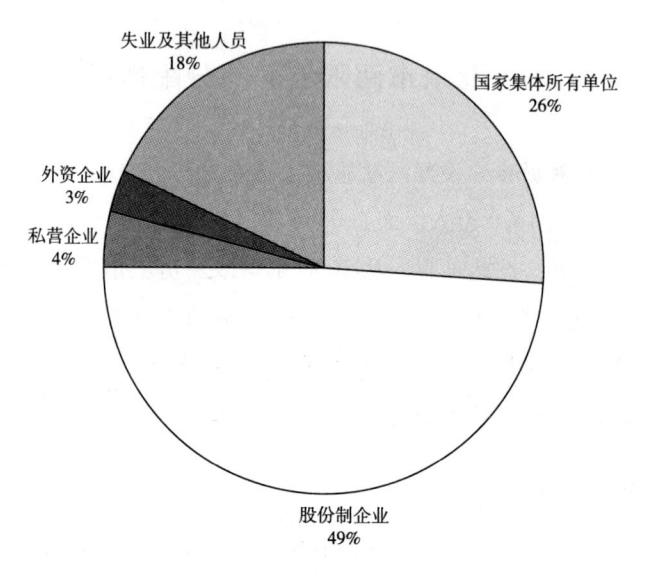

图5 备案人员从业单位性质

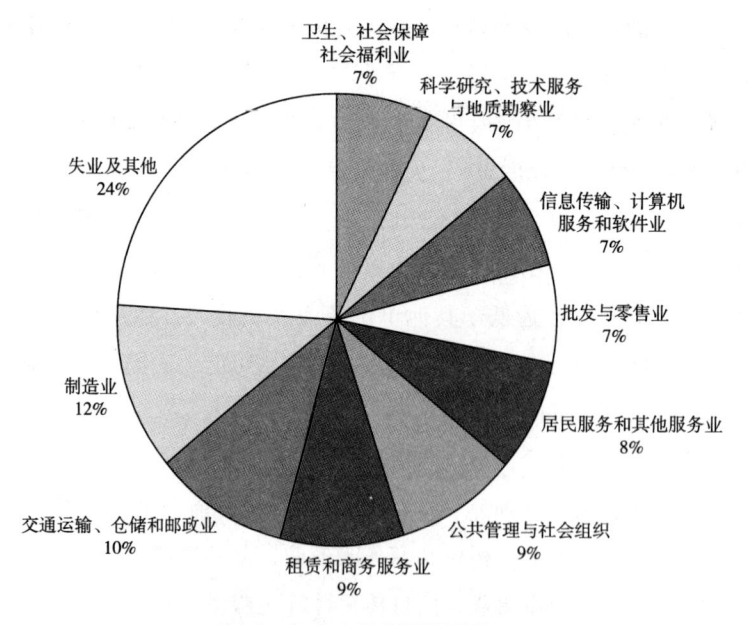

- 失业及其他人员 18%
- 国家集体所有单位 26%
- 外资企业 3%
- 私营企业 4%
- 股份制企业 49%

图6 备案人员所属行业情况

- 卫生、社会保障社会福利业 7%
- 科学研究、技术服务与地质勘察业 7%
- 信息传输、计算机服务和软件业 7%
- 批发与零售业 7%
- 居民服务和其他服务业 8%
- 公共管理与社会组织 9%
- 租赁和商务服务业 9%
- 交通运输、仓储和邮政业 10%
- 制造业 12%
- 失业及其他 24%

股份制企业占34%，国家和集体所有单位占43%，私营企业占5%，外资企业占3%，失业及其他人员占15%（见图7）。对比图5可以看出中签人中，国有和集体所有单位的中签比例要高于申请人中的比例。

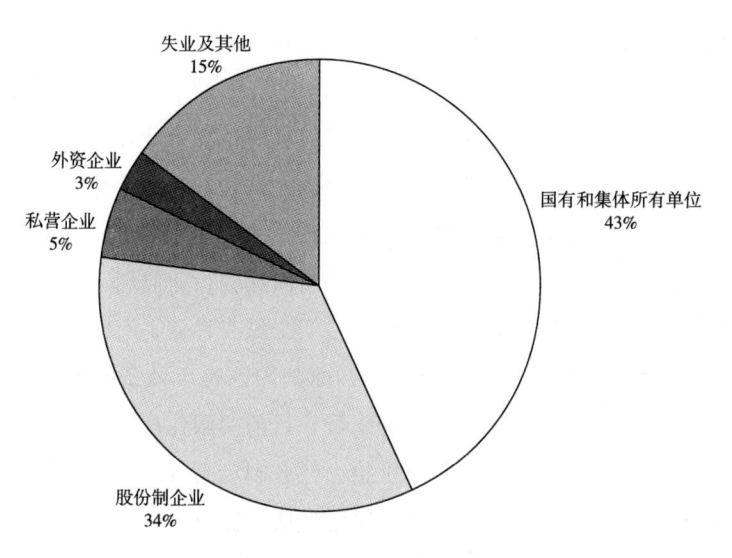

图7 中签人员从业单位情况

从所属行业看,与图8对比可以看出,中签人员中教育、居民服务和其他服务业两个行业所占比例较高,这两个行业的单位大部分属于国有或集体性质,可以看出上文分析中国有和集体所有单位比例上升的来源。其他行业分布情况与北京市行业人员分布和收入情况基本一致。

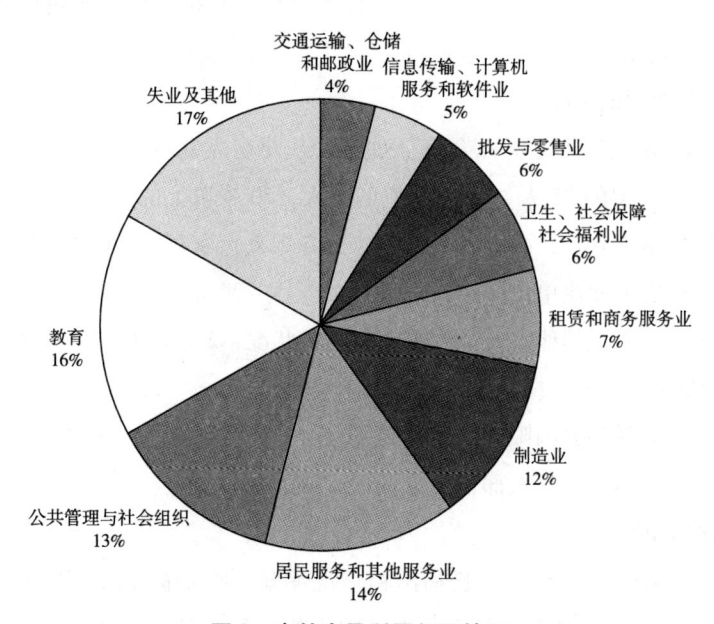

图8 中签人员所属行业情况

由于资料来源限制，可能在统计结果方面有所误差，但是可以明显看出，虽然国家机关和公共管理机构的申请人数比例不高，但是中签率却大大高于其他行业的人员，这一方面是由于公共管理机构的人员每年工资变化率不高，在等待摇号的时间内超过申请人员限制条件的几率较小，另一方面也由于两限住房的各种审核、分配越来越不透明，有可能有寻租现象发生。另外教育行业的中签人数也较高，由于教育行业的特殊性，政策可以适当向这些行业倾斜。

从两限住房的分配效率看，各区县摇号完全没有计划，有时每月一次，有时一年一次，如朝阳区 2010 年仅摇号一次，而朝阳区是申请备案人员最多的一个区。结合前面所述的两限住房建设情况来看，目前两限住房建设遇到的最根本问题是，前期的工作谋划不足，从土地供给、任务制定到政府的审批都很快，但是在建设、管理与分配环节却快不起来，这已经成为影响两限住房建设效率的最根本原因。

四 北京市两限住房的入住情况

为了解两限住房小区的入住、使用以及建设质量，本文走访了北京市的三个两限住房小区，对小区物业管理公司进行了访谈，并按照顺访随机原则针对 37 位两限住房小区住户进行了问卷调查。

1. 受访人分布概况

37 位住户房主基本经济社会特征如下：住户房主基本年龄分布：30 岁以下的 5 人，31～40 岁 25 人，41～50 岁的 5 人，50 岁以上的 2 人，其他未填报年龄。住户房主学历分布：高中以下 4 人，大专 2 人，本科 15 人，硕士 12 人，博士 4 人。住户房主就业单位分布：党政机关 3 人，事业单位 15 人，国有企业 11 人，三资企业 2 人，其他 6 人。住户家庭人口状况：2 人户的 12 个，3 人户的 12 个，4 人户的 8 个，5 人户及以上的 5 个。

可以看出，大部分两限住房住户是 30～40 岁左右的三口之家，学历在本科和硕士的居多，工作单位大部分为事业单位或者国有企业。

2. 入住情况

小区普遍入住率不高，空置和出租情况明显。在访问的 37 位小区住户中，就有 8 位是租户，占 22%。走访的小区中入住率最高的为 60%，最低的还不到

40%。房屋空置的主要原因是：①小区距离上班地点太远，通勤不便；②周围配套设施不健全，缺少学校、公园、超市等生活娱乐设施；③交通不便利，虽然大部分小区临近轨道交通，但是轨道交通运输压力大，早晚上下班高峰期仍有出行问题。

3. 房屋质量评价

如表5所示，针对两限住房小区的建筑质量，认为比较好的有4人，认为一般的有16人，其余人认为比较差或者很差；针对房屋设计合理程度，认为比较好的有7人，认为一般的有9人，大部分认为比较差或者很差。由于两限住房小区是由不同的开发商开发，开发的小区质量也层次不齐。有的小区质量比较过关，有的小区刚入住不久外立面就有脱落现象。

表5 两限住房质量调查情况

单位：人

态度	比较好	一般	比较差	很差
房屋的建筑质量	4	16	13	4
房屋设计	7	9	12	9

4. 两限住房上市交易意向

对于现有的两限住房转让方案，认为基本合理的有19人，有13人认为不太合理，4人认为很不合理。关于是否打算购买新住房：7人打算购买，22人不打算购买。是否会转让现有住房：绝对不会的有15人，过了5年也许会考虑的有11人，5年内也会考虑的有3人。

两限住房的小户型、低质量、位置远使得刚刚分到两限住房的住户也不得不考虑转向商品房市场，寻找更合适的房源。但是由于有上市交易限制，很多人不愿意转让现有的两限住房。而且由于两限住房的住户中有很大一部分是毕业后留在北京工作的外地人，他们即使购买了新的房子，现有的两限住房也会考虑留给父母来京住，不会考虑转让。

五 结论与建议

通过对北京市两限住房建设、分配和售后管理的调查，以下几方面的结论是重要的。

（1）两限住房供应已经成为北京市住房保障体系的重要组成部分。两限住房与廉租房、经济适用房一起为住房市场弱势人群提供了相对有效的居住保障形式。

（2）北京市基本上已经形成了一套相对完善的两限住房建设、分配管理机制。在土地供应、规划保障、申请人群识别、住房配售等方面均已摸索出一套与北京城市特色相适应的机制。两限住房政策实施以来，其建设、配售管理中没有出现重大失误。

（3）相对于廉租房、经济适用房，两限住房供应在建设融资、财政投入负担等方面具有明显优势。已有两限住房基本上采用房地产开发项目配建模式，因为基本上能保持微利，开发企业对建设融资具有较高的积极性，只要政府能够提供合适土地供给，两限住房建设能够有效保持可持续供应。

（4）北京市两限住房分配基本上与城市人力资源发展目标相适应。两限住房分配在贯彻住房困难、收入户籍等申请条件外，实际分配呈现比较明显的三大倾斜（即向30~40岁的中青年人群倾斜、向受高等教育人群倾斜、向城市基础服务行业——事业单位职工倾斜）。

（5）两限住房入住使用率较低，并且多与工作地通勤距离远有关。这可能表明两限住房选址相对偏离中心城区，也可能与两限住房分配采用分区分配机制和两限住房总体信息有关。

（6）两限住房建筑质量得到住户较大关注，且多数住户对质量表现出不满意，实地调查也的确发现部分楼盘出现较严重质量问题。

对北京市两限住房建设、配售管理研究表明，尽管已有的两限住房建设、配售管理为全市住房保障政策提供了良好的支撑，但作为住房保障体系的组成部分，两限住房建设、配售的部分管理机制还有待完善。

（1）完善个人住房档案和信用体系。住房保障制度能否有效实施，有赖于个人信用体系的建立和完善，但目前北京市个人信用数据极端分散，处于相互屏蔽的状态。没有健全的个人信用体系和住房档案，保障性住房的具体审核单位——各个区县的住房保障办公室便无从下手，只能是对所在区县的家庭进行摸底调查得出大概的保障性住房需求数量，并没有具体到需求家庭，很容易导致保障性住房资格审核流于形式，保障供给与实际保障对象错位，出现保障性住房的骗购、转让获利问题。

（2）提高工作透明度。北京市住房均价已经超过2万元/平方米，均价六七千的限价商品房成为炙手可热的"紧缺资源",从土地价格优惠、税费减免、房价限定、购房者资格界定以及销售等各个环节,由于政府的介入,就必然会产生行政权力的"寻租空间"。这种"寻租空间"显然容易为暗箱操作提供便利。提高工作透明度首先要开展全民监督,把申请者的资料公之于众。必须尽快建立和完善法规,规范投入、建设、分配、监管、退出等制度,将保障房分配的公平、公正性列为地方政府考核的重要标准之一,比如应明确公布入住人口中,有多少是公务员、有多少是低收入者等指标。信息透明是寻租的消毒剂,网上彻底公开可以降低官方的监管成本。

(3) 保证限价商品房的质量问题。追求高额利润是开发商的天性,在强制性的行政限价面前,必然会想方设法增加利润,要扩大利润当然也就只能在成本和材料上"动脑筋"。在执行限价商品房政策过程中,需要政府实行严格的质量管理和质量监督职能,保证住房质量。

(4) 多渠道扩展房源。目前北京市政府积极推行的保障性住房政策,是一项构建"和谐社会"、为百姓办实事、平抑房价的重大举措,也是一项非常艰巨的任务,但住房问题的解决是个长期的过程,不可能在短期内一劳永逸地解决,应从实际出发,借鉴国外住房过滤理论,分阶段、分层次地解决中低收入家庭的住房问题。政府出资收购富人、中高收入群体腾退的中小户型商品房、公房,国外的住房过滤理论是此方法的指导理论。住宅过滤是指在住宅市场中,最初为较高收入房客建造的住房随着时间的推移,住房发生老化,房屋质量降低,较高收入房客为了追求质量更高的住房,放弃现有住房,而由较低收入的房客继续使用该住房的过程。同时也可以考虑改变两限住房保障思路,由实物分配改为货币补贴,将审核通过的家庭在购买房产的时候由政府给予一定的补贴,对这些房子的再上市或者出租给予一定的限制,这样既减少了政府集中建房的土地和资金压力,也为中低收入人群买房提供更多选择的余地。

(5) 建立更为灵活的申请体制。目前北京市两限住房的空置问题主要原因之一是北京市城市面积过大,两限住房又多处于城市中心区以外,过高的通勤成本和通勤时间使得住户不得不选择将两限住房出租或者空置,再去租赁另外的商品房。出现这个问题的主要原因是目前的两限住房申请是在其户籍所在地区县申请,而许多人户口所在地与工作所在地并不一致,因此形成有房不能住的局面,造成资源的空置浪费。因此,取消单一的以户籍所在地为单位的申请体制,建立结合工作所在地或者申请人可多项选择的方式申请并分配两限房，将会使有限的资源得到更有效率的分配。

（6）明确保障对象，提高二居、三居户型比例。两限住房一开始推出时的保障目标是北京市的"夹心层"人员，其实是涵盖了一部分目前的公共租赁房的保障对象。现在随着北京市住房保障体系的健全，两限住房的保障目标应该更为明确。城市中等收入群体，工作相对稳定，一般都已经组建了家庭，即使未组建家庭，由于两限住房要求单身申请人在30岁以上，也属于适婚年龄，婚后考虑到孩子以及父母的居住问题，普遍需要二居或者三居的住房。目前的两限住房户型过多偏重于一居和二居的小户型，不能满足这些人群的需要，使得他们在刚刚申请到两限住房的情况下就不得不考虑购买新的住房。这样既起不到平稳房价的作用，也降低了住房保障的效率。因此，在公共租赁房兴建的前提下，应区分公租房和两限住房的保障对象，前者保障的是刚刚毕业或者新参加工作的群体，后者保障的是有一定的工作年限或者收入水平的群体，使二者各有针对，互相衔接，也使得住房困难群体各得其所。

An Investigation on the Construction, Distribution and Use of the Two Limited Housing in Beijing

Li Enping　Li Feifei

Abstract：This paper provides an investigation on the construction, distribution and use of the two limited housing in Beijing. We analyzes the supply system and management mechanism of the two limited housing, investigates the two limited housing construction and distribution in the recent years. This research think at present Beijing has formed a set of effective management mechanism on the two limited housing construction and distribution. The actual distribution of two limited housing is consistent with the aim of the city's human resources development. Inconvenient Commuting and poor quality is the two biggest problem for house-owners of the two limited housing. Therefore, the future policy goal should be to strengthen the construction of quality management and optimization of the project location selection.

Key Words：Real Estate；Distribution；Mechanism

B.9
中国保障房配售后的金融借鉴
——来自美国的经验与教训

陈 北 Euel W. Elliott Kruti Dholakia-Lehenbauer[*]

摘　要：随着中国保障房项目的陆续竣工，2012年的中国将迎来有史以来保障房配售的高峰期。在民生问题得以改善的同时，隐藏在保障房背后的金融问题也将逐步暴露出来。如果问题处理失当，最终或将成为中国经济崛起的"阿喀琉斯之踵"。笔者站在居安思危的立场，考察住房市场化发达的美国解决本国中低收入阶层住房问题上的做法，尤其是"两房"——房利美与房贷美在住房市场中所起的作用，以便让中国从中汲取经验与教训，这将有利于中国房地产市场的健康发展。

关键词：保障房　配售　房利美　房贷美

一　中国保障房配售背后的金融困局

随着中国保障房项目的陆续竣工，2012年的中国将迎来有史以来保障房配售的高峰期。在民生问题得以改善的同时，隐藏在保障房背后的金融问题将逐步暴露出来。从2011年起，中国已经进入保障性住房建设加速阶段。中央政府目的是通过大规模建设保障性住房，到"十二五"末，全国城镇保障性住房覆盖率将提高到20%以上，基本解决城镇低收入家庭住房困难问题。保障形式以廉

---

[*] 陈北，中国人民大学财政金融学院博士候选人，现供职于中国社会科学院世界经济与政治研究所；Dr. Elliott, Professor of Political Science and Public Policy, The University of Texas at Dallas; Dr. Dholakia-Lehenbauer, Asst. Professor of Political Science and Public Policy, The University of Texas at Dallas。

租房、公共租赁住房、经济适用房、两限房、政策性产权房和各类棚户区改造安置房等以实物住房保障为主，同时结合租金补贴的配售。这五年中，全国计划新建保障性住房3600万套，大约是过去10年建设规模的两倍；同时，每年还将改造农村危房150万户以上。2011年一年的时间，全国就开工了保障性住房和棚户区改造住房1000万套，比上年增长70%以上，创历年之最。2011年10月25日，住房和城乡建设部透露，2011年的1000万套保障房可以在11月底前实现全部开工。笔者对这一信息的解读是，2012～2015年期间，将是中国保障房配售的高峰时期，而2012年，中国将迎来有史以来首个保障房配售的高峰年。

这一政策自然有利于基本解决城镇低收入家庭住房困难问题，并进一步增进社会和谐，有利于巩固改革开放的大好局面，同时在此基础上，便于转变经济发展模式，从而使得中国的经济进入可持续发展的良性轨道。而且这些改革成果，也会很快在中国经济社会的各个层面体现出来，进一步展示中国经济发展在世界经济中的独特魅力。但是，凡事皆一体两面，当前全球经济仍具有不确定性与脆弱性[1]，中国面临这样一种外部环境，如何依靠自身来配置巨额住房信贷资金呢？目前理论界认为可用的金融手段有二，一是鼓励发行企业债券融资[2]；二是利用金融工具提供支持[3]。但是，笔者认为，仅通过两种金融手段来解决地区性乃至全国性的保障房问题，仍然有如杯水车薪，难以解困。理由何在呢？

---

[1] 《2012年全球经济展望》指出，2012年1月世界经济已进入一个危险期。欧洲金融动荡已部分扩散到不久前尚未受到影响的发展中国家和其他高收入国家。这种传染性推高了世界许多地区的借贷成本，拉低了股市，而流向发展中国家的资本流量急剧下跌。欧洲显然已陷入衰退。与此同时，几个主要发展中国家（巴西、印度等国，在较小程度上还包括俄罗斯、南非和土耳其）的增长率比复苏初期明显减速，主要反映出2010年末和2011年初为抑制通胀压力上升而启动的政策收紧的结果。因此，尽管美国和日本的经济活动正在趋强，但全球增长与世界贸易已大幅减速。在这种大背景下，前景十分不明朗。

[2] 2012年2月2日发布的《关于贯彻国务院办公厅保障性安居工程建设和管理指导意见的实施意见》中提到，规范利用企业债券融资。支持和鼓励承担保障性住房建设项目的企业，通过发行企业债券进行项目融资，市相关部门要加大支持力度，优先办理相关手续。

[3] 《关于贯彻国务院办公厅保障性安居工程建设和管理指导意见的实施意见》中还提到："加大信贷支持力度。积极争取金融管理部门和金融机构政策支持，在贷款条件、贷款利率和贷款期限上为保障性住房特别是公共租赁住房项目提供更加优惠的贷款政策。争取扩大本市住房公积金贷款支持保障性住房建设的额度，进一步扩大试点规模。鼓励和引导社保资金、保险资金等长期资金以及社会资本参与本市保障性住房建设。支持金融产品创新，探索发行中长期债券、房地产投资信托基金等金融工具支持本市保障性住房建设和运营。"

首先，从鼓励企业发行债券的角度看，由于尚未形成成熟有效的赢利模式，致使企业参与保障房建设的动力不足。以北京市住房公积金为例，参管部门近20家①，造成资金难以有效利用，形成资金长期沉淀的局面。众多的管理机构意味着主管部门在保证公积金安全性的同时，也牺牲掉了对资金的有效利用。

如果在保障安全性的前提下，以企业或金融机构的形式，通过金融手段激活公积金，这样的做法或将有利于催生相关企业与金融机构参与保障房建设的投资。

其次，从利用金融工具提供资金支持的角度看，可引导社保资金、保险资金等长期资金以及房地产投资信托基金等金融工具支持保障性住房项目的建设。但是，仅以保险资金为例，从法理上讲，基金的实质就是信托，二者法理同源。但是，由于中国央行管理信托公司与中国证监会管理基金公司这样的监管错配，加之中国金融监管当局对金融机构混业经营持长期的审慎态度，限制有余，激励不足，致使保险金信托②类产品缺乏在中国的生存空间。而一时让保险资金参与保障房建设，保险业或有力不从心的顾虑。

因此，在住房市场化的语境中，无论是发行企业债还是让公积金入市，最终的合力将会催生一个可以自我约束的、或者几个能够彼此制衡的，以政府为背景的、全国范围的、营利性的，针对中低收入者住房市场的金融机构，以此来统一运作中国的保障房。即随着中国保障房的出现，为有效解决随后出现的房地产融资问题，一个或几个全国性的专营保障房的国企很可能就此在中国产生。当然，相应的立法亦应当随即跟进。

而与此类似的住房金融实体，在市场化发达的美国已经出现，那就是"房利美"（Fannie Mae），时间都是在20世纪30年代。其创建的宗旨同中国保障房建设进程中的"居者有其屋"③目标如出一辙，其受众群体也是社会的中低收入阶层，当时的美国正在经历有史以来的社会经济大萧条。为了缓和社会矛盾，政

---

① 其公积金管委会委员由近20家单位组成，参见 http://www.bjgjj.gov.cn/jgjj/gwh/200805/t20080515_2466.html。
② 陈北：《保险金信托——中国房地产业融资的新亮点》，《北京房地产》2004年第10期，第86页。
③ 2010年在充分吸取十一届人大二次会议代表审议和全国政协十一届二次会议委员提出的意见和建议的基础上，国务院对《政府工作报告》进行了修改，政府工作报告拟订把"努力实现居者有其屋的目标"改为了"努力实现住有所居的目标"。

府面临的首要问题是解决民众的"安居"问题。下面就以美国为例,让我们了解美国是如何帮助国民实现"居者有其屋"之梦的,以资中国借鉴。

二 美国中低收入阶层住房保障的金融经验与教训

(一) 美国"两房[①]"的金融经验

美国政府为了实现"居者有其屋"这一国民梦想[②],在住房政策上一直秉持着向中低收入阶层倾斜的意向,并保持美国住房与按揭市场稳定性和向该市场提供流动性的理念,国会在1938年,特许了一个由政府赞助的企业,名为"联邦政府国民按揭协会",化名"房利美"(Fannie Mae),从此以该名称运作。房利美的作用是在二级抵押市场(次贷市场)进行运作,通过购买较小规模金融机构(小机构)的贷款,来保证小机构有必要的资本可以提供给那些付得起贷款利率的购房者[③]。该举措的实质是扩张了私人银行向更多的美国公民提供住房贷款的能力。在这期间,国会为了把同住房相关的项目、机构和国有企业纳入同一把保护伞之下,于1965年筹建了美国住房与城市发展部(HUD),其宗旨是增进居者有其屋的能力、支持社区的发展、支持因此拥有购房的权利,以避免美国国民在该权利上受到歧视。美国住房与城市发展部(HUD)和房利美两机构的目的包括如下内容:为发展中社区限制使用拨款项目(Community Development Block Grant Program)提供充足的资金;向那些为首次置业者提供金融服务的合格住宅信托基金(Affordable Housing Trust Fund)注入流动性;为基于规划的辅助性租费住房项目提供信贷;对按揭欺诈予以监察和防范;从资金上支持新能源开发项目和新型邻里关系的创建;淘汰和放弃对无效和缺乏创意项目的资金支持[④]。

这些做法从20世纪30年代中期一直延续到30年代末,并在40年代和50

[①] "两房"指的是美国最大的两家房地产信贷公司房利美与房贷美。
[②] 也可理解为美国政客为选票而为。
[③] Fannie Mae., *About Us* (Fannie Mae). 2011. http://www.fanniemae.com/kb/index?page = home&c = aboutus (accessed February 08, 2011).
[④] U. S. Department of Housing and Urban Development. *About HUD*. 2011. http://portal.hud.gov/hudportal/HUD? src =/about (accessed February 8, 2011).

年代对美国人"居者有其屋"的理念给予了实实在在的、真金白银的支持。1968年，国会对房利美进行了私有化，房利美的业务从此仅限于次级抵押市场，而有别于其他大银行的直接按揭与直接贷款业务。但是，房利美仍然以政府赞助性企业的形式运作，即隐含的意思是，这是美国政府背书的不可倒闭的企业。鉴于房利美在次级抵押市场上的垄断地位，它曾被看做是对其他住房信贷机构产生威胁的利维坦。结果是，为了对其形成制衡，国会在1970年批准成立了一个类似的金融机构，命名为"联邦住房抵押贷款公司"，化名"房贷美"（Freddie Mac），用来在次级抵押市场对房利美构成竞争。"二战"后，美国经济的迅猛发展让美国国民住房私有得以普及，在美国政府隐含背书的支持下，房利美与房贷美一步一个脚印地稳居美国次级抵押市场的第一与第二把交椅，这一局面的出现，即政府给两房持续的金融优惠，让其他大银行和金融机构对此极为不满。房利美在1999年普及化它在次级抵押市场的贷款标准，对少数民族和低收入消费者放松信贷，鼓励住房私有化，这一举措同其他商业银行相比，相当于房利美放松了信贷要求（Holmes，1999）①。从此，几乎所有人都深信美国人的"居者有其屋"是现实而不是梦想。

如图1、图2所示，一百多年来，美国全民的住房拥有率一直处于上升的态势，与之形成呼应的是美国的人口在以往的一个世纪里也一直处于上升态势，且上升变化率明显高于住房拥有率的变化。这一现象说明，美国政府在国民住房拥有率上的每一次提高，即便是较小的进步，都是在努力让更多的美国人实现着他们的住房梦。

除了设立"两房"的举措之外，美国于1977年还颁布了《社区再投资法案》（CRA，以下简称《法案》）②，该法案在吉米卡特总统当政时期通过，《法案》是为确保金融机构能够服务于那些从事商务活动的社区而设计的。其宗旨有二，可谓是对"两房"在法律上的一种支持：一方面鼓励低收入借款人购买住房，

---

① 此后，其他银行与金融机构纷纷效仿，从此，在住房私有化率上升的同时，美国的金融机构也同时在提供着更高风险的贷款。
② 针对法案CRA的批评也因法案的出台而甚嚣尘上。一种批评认为，该法案的安排给银行和金融机构一种微妙的压力，这种压力即没有有效地反映真实的市场供需，同时也没有保证贷款的安全性，而唯一能够保障的只是让金融机构一味地迎合法案的标准。另一种批评则更进一步认为，导致住房市场崩盘的诸多因素皆可归因于法案CRA。

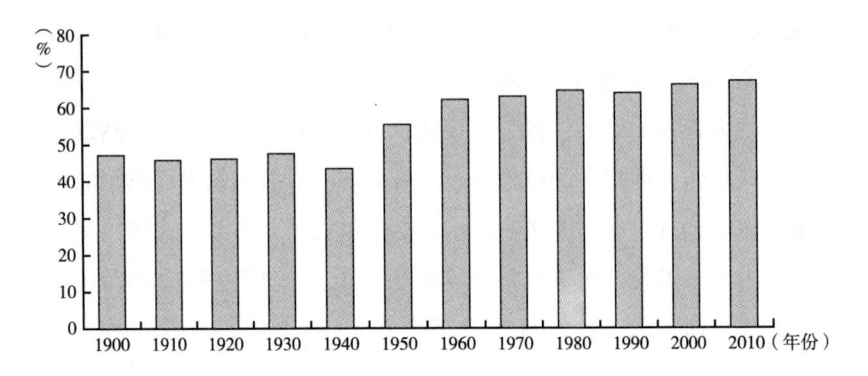

图1　美国住房拥有率百年变化一览

资料来源：美国人口普查局历史数据，1900～2010年的数据反映的是美国每十年的平均人口数。

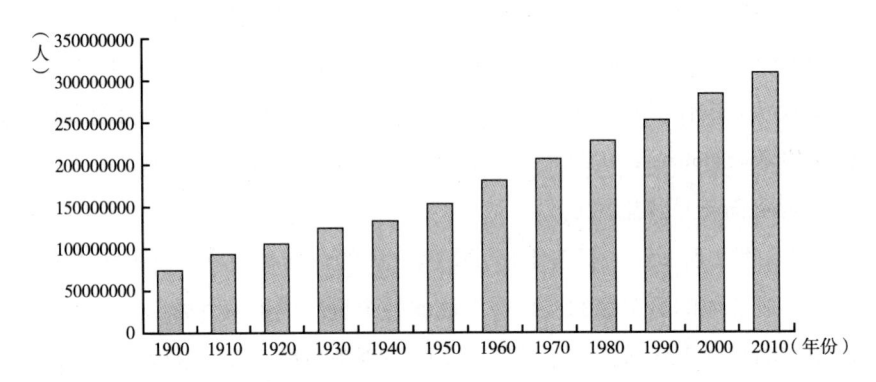

图2　美国人口百年变化一览

资料来源：美国人口普查局历史数据，1900～2010年的数据反映的是美国每十年的平均人口数。

另一方面为低收入阶层预留了整顿金融机构的手段。从1977年起，《法案》对贷款方的记录调查被如下四大机构采纳实施，用以保证贷款方可以向低收入和中产阶级邻里社区提供充足的贷款基金[①]：美联储主管委员会（FRB）、美联邦存款保险公司（FDIC）、美通货监理办公室（OCC）、美节俭检查办公室（OTC）。

然而，继《法案》（CRA）之后，接踵而至的是1996年的《住房与城市发展规章》（HUD，以下简称《规章》），对两房在住房市场的垄断地位加以了约束

---

① Federal Financial Institutions Examination Council（FFIEC）. *CRA Examinations*. 2011，http：//www. ffiec. gov/cra/examinations. htm（accessed February 8, 2011）.

(尽管是形式上的约束)。约束的内容主要是两房所购得的按揭中，按照规定要有12%被安排为特殊支付贷款即特付贷款。特付贷款的含义是，这一部分住房贷款的对象应该是收入低于当地中等收入者60%的那些收入阶层。《规章》(HUD)还对参与房地产的政府赞助企业制定了一个明确目标，即其按揭融资中的42%的比重应当向低于当地平均收入的阶层倾斜。到2000年《规章》(HUD)对上述两组数据调整为20%和50%，此后在2005年再次调整为22%和52%[①]。恰恰是该政策在法律上为金融创新预留了空间，即为资产证券化在住房信贷领域施展拳脚开辟了场所。从那些难以迎合贷款标准的低收入购房者角度出发，为他们创造"拖着尾巴的贷款"，实际上就是创造一个让起先是两房，进而是包括两房在内的住房赞助企业，最后扩展到所有与住房相关的金融机构，几乎是全民的，用以迎合《法案》(CRA)和《规章》(HUD)规制要求的次贷抵押按揭市场。从此，政府赞助企业便被要求购买由国会最终埋单的在417000美元以内的按揭贷款，而小银行因此也跃跃欲试，参与到向低收入者发放住房贷款的行列，最终催生出来的是创造住房信贷流动性的一件件利器——次贷市场、打包资产和资产证券化[②]。

(二) 美国"两房"的金融教训

创建房利美与房贷美的初衷是为了向住房市场注入更多的流动性。这种理念并非臆想，而是理性使然，即为了推广美国中产阶级住房受众范围的设想，为了实现"居者有其屋"的国民梦想，美国在住房贷款上人为地扩张信贷规模，鼓励商业银行提供更多的贷款。到20世纪90年代末期，两房这类金融实体依旧在进行这样的做法，即靠发行企业债的方式，不断地向住房贷款市场注入资本金。当然，它们还一直在购买打了包的银行按揭资产，即证券化的银行资产(亦称以抵押品做背书的证券)，这样一来，银行便再也不能控制住它们自己曾经创造的贷款了。最终结果正如众所周知的，2007年随着房地产泡沫的破裂，冰山一角开始暴露，相继的多米诺效应在2008年把几乎全球的金融体系拖垮了。一时间，所有人都怨声载道，口诛笔伐。人们谴责房利美与房贷美以及所有卷入利益

---

① Istook, E, "Democrats Behind CRA Cover-Up." *Human Events 64*, No. 35 (2008): 1–9.
② 需要指出的是，资产证券化已经不算是美国联邦住房监管委员会和房利美贷款条款可以约束的范畴了。

链条中的放款者，其中当然包括国会、白宫和游走于这些集团中的活动家们（下文中还会提及）。那么，到底发生了什么？

首先，房利美与房贷美曾经是政府赞助性企业，通常称之为GSEs，技术上讲，它们并非一般意义上的政府部门，即并非像国防部或者农业部这样的行政机构。但是，它们被看做有政府背景的机构，这就是问题的根结所在了。由于政府不会也不可能允许两房倒闭，因此公众会假设这样的企业是完全不会破产的。对于那些已经和正打算把购房作为投资的人而言，他们还有更好的理由，即房利美、房贷美对国会和白宫都有着强大的影响力，凭借这样特殊的背景，房利美、房贷美一定会稳如泰山。

其次，无独有偶的是，房利美、房贷美的管理层也持这种观点。客观上，房地产市场中的诸多通用标准对两房而言并不适用，正是这样一种得天独厚的地位，为房利美、房贷美在经营中积累了越来越多的道德风险问题。回首金融危机，正是它们当年对风险积累的漠视甚至纵容所致。这其中，美国国会自然脱不了干系，理由是许多国会议员同这些政府赞助企业之间有着非同一般的关系，政客们可以有各种各样的理由为企业说情，同时在政策上提供源源不断的支持；作为利益回报，房利美与房贷美以及全美与之相关的企业，心照不宣地同政客们结成了利益共同体，它们或在竞选捐献或在选票上支持那些推行住房私有化的政治家。即便是2005年，金融危机发生的前夜，公众已经有足够的证据证明房利美与房贷美存在严重问题时，仍然有国会议员反对就此对两房立案调查。这足以说明有太多的政治家在以往从GSO企业中获得了太多的好处，同时，太多的企业家同政客之间建立了相当亲密的纽带关系。例如，房利美的首席执行官富兰克林·瑞恩斯（Franklin Raines）就同民主党有着非同寻常的关系。

道德风险问题一直就有，90年代末期，在克林顿执政时代开始发酵，在小布什当政时期达到了顶峰。一些旁敲侧击的非营利机构，例如美国社区组织改革协会（ACORN）①，曾经向房利美、房贷美以及商业银行施压，要求扩大合格住

---

① 美国社区组织改革协会（ACORN），是一个由退役老兵发起的左翼政治组织，自称为"非营利、非党派的社会正义组织"，目的是帮助穷人找工作和管理他们的聚居区。最早成立于1970年的阿肯色州，ACORN的主张是：更高的最低工资、买得起的住房和增加贫民区选举权。ACORN一度被卷入同房利美、房贷美2008年抵押贷款崩盘事件有染的社会争执中，并于2010年3月对外宣布，由于巨额债务，关闭其下属所有分支机构。

房贷款人的受众范围。迫于压力，房利美、房贷美只好终止了对以往那些服务水平低下的住房社区所做的进一步的信贷新规，尤其在贷款份额上进行了让步。也就是说，为了迎合个体的标准，银行放松了放款标准，同时把金融机构暴露在更高的信贷风险当中。当然，银行妥协的理由有三：①银行要靠贷款赢利；②有政府赞助性企业为贷款埋单；③购买的贷款是由银行，尤其是大银行进行按揭证券化后的资产（被认为是优质资产）。所有这一切导致的后果是美国住房私有化比率节节攀升。从90年代早期的63%，到2000年的68%，进而升至2005年及以后的69%以上。

上述一切为巨大的房地产泡沫的形成创造了无比宽松的外部环境，从而最终导致了2007年底房地产市场的崩盘。在此之前，美国学界就有人开始质疑这样的政策，那就是，即便没有房价泡沫破裂出现，把大量投资引入一个由其他行业为其埋单的经济领域——房地产行业，这种政策的机会成本会有多大？换言之，有多少有潜力的高科技公司或者潜在的社会经济发展机会，由于房利美与房贷美的不懈"努力"，和那些带有强烈政治考虑的国会与政府行政机构的行政干预而付之东流了？

三 中国保障房配售后的金融借鉴

（一）从"居有其屋"到"住有所居"是"按揭与租赁"的金融创新之选而非"补课与下课"的路径之争

尽管2010年在充分吸取十一届人大二次会议代表审议和全国政协十一届二次会议委员提出的意见和建议的基础上，国务院对《政府工作报告》进行了修改，政府工作报告拟订把实现"居者有其屋"的目标改为了实现"住有所居"的目标，但是，笔者认为，政府依然在坚持走房地产市场化的道路。理由是，"居有其屋"强调的是对房屋产权的所有，而在实际操作中是以按揭的方式体现出来；"住有所居"是对产权的租赁。最终的差异是按揭与租赁之间的差别，实质是两种金融手段上的差异，本质上依然遵循的是市场化的游戏规则。在美国房地产发展中，曾有过类似的时期，历史上有名的美国住房"租赁控制体制"，就是"二战"对美国住房市场破坏后，美国政府"补课"的产物，中国在该问题上应该避免走美国曾经走过的弯路。在全球经济衰退而中国经济持续增长、GDP

全球排名第二的历史时期,抓住机遇,缓解社会发展矛盾,杜绝社会危机爆发,防微杜渐,一方面制止住房市场的投机行为,另一方面加大保障房的建设,此举是给金融工具的创新提供了新的空间,是在市场经济语境下对金融工具的创造与选择。因此,当下中国的房地产发展依然在坚定地走市场化道路,这一点毋庸置疑,而并非如同美国,在经济危机爆发后再行"补课"的做法。所以,仅就房地产市场而言,中国的改革并没有下课。

因此,笔者在对两房评析后,还要提及的是美国的"租赁控制体制"(Rent Control System),该体制出现在两房之前,在以往的《房地产发展报告》[①]中提及,这里希望能够抛砖引玉,对我国房屋租赁市场的管理决策起到一定的支持作用。

"租赁控制体制"简称"租控制",是美国政府旨在通过抑制飞速上涨的房屋价格、城市人口的急剧增加以及通货膨胀而采取的保护房屋承租人的法律体系。"二战"时期,由于战争期间房屋短缺,1943年美国联邦政府实施了对房地产租赁市场进行管理的一套法律体系。该体系可以帮助地方政府更好地了解到房地产承租人向房产主交付的租金额度应该是多少,从而确保战时国内社会秩序的稳定。由于"租控制"带有明显的政府干预市场的作用,不利于和平时期的经济发展,所以在"二战"结束后"租控制"就被终止了,但是在有些地方,由于相继而来的经济繁荣与超速发展,为了平衡区域经济差异,避免经济发展失衡,美国政府在少数城市仍然保留了"租控制"作为经济系统中避免房地产市场过热的"稳压器",比如纽约,"租控制"延续至今。在加利福尼亚的圣·莫尼卡,"租控制"存在的原因是:20世纪70年代受到通货膨胀和人口快速增长的刺激,房地产与房租的价格一路飙升,圣·莫尼卡市政府于1979年借用"租控制",要求房地产主削减其房租到1978年的水平,并且规定未来的房租价格只可以在该年度总体价格水平的基础上浮动2/3的价格空间。结果是圣·莫尼卡市新公寓的建造受到了遏制而新办公用房与商务用房的建设未受影响。与此同时,"租控制"在三藩市也得到了有效的推行,同年,在具有可比性的两个城市中——达拉斯与三藩市,没有推行"租控制"的达拉斯新建造单元达11000套

---

① 陈北:《中国房地产金融构建与管控中的轻、重、缓、急》,载潘家华、李景国主编《中国房地产发展报告(2010)》,社会科学文献出版社,2010,第83页。

而房屋空置率达16%，实施"租控制"的三藩市新建单元仅有2000套，空置率为1.6%，"租控制"对治理美国当时混乱的房地产市场而言收到了非常良好的效果。回顾历史，美国房地产业的"租控制"，无论是在战争时期还是和平时期的房地产市场中，都在有效地履行着三个方面的功能：①推进现有房地产资源的有效利用和刺激新房的建造；②在竞争性住房需求中分配现有短缺房源；③通过潜在承租人理性利用现有房源。"租控制"的出现成为压制营利性房屋租赁价格最重要的长期决定因素。从这一点即可看出，"租控制"基本上是从维护租户"有起码尊严的居住条件"的立场出发的。颇令人觉得玩味的是，甚至有相关规定，保护租户用自有资金对老旧住房进行装修改造，而此举的一个客观效果是激发了租户对住房条件改善的需求，刺激了租户周边的消费市场，繁荣了当地经济。

笔者在这里提到美国房地产业的"租控制"，从宏观角度来看，是因为美国"租控制"出现的社会背景同我国现阶段的社会经济环境有一定的相似之处；从微观层面观察，美国"租控制"曾经达到的效果正是目前我国房地产市场发展所期待的效果。随着城市化速度的加快，到2020年我国将实现全面小康目标，每年至少有2800万农民将进入城市定居。要保证这些未来新产业工人在城里安居乐业，每年投资在住房建设上的资金至少要上百亿元，因此，我国房地产的市场化发展道路可谓刚刚起步，"十二五"《政府工作报告》从"居有其屋"到"住有所居"，是对国情清醒的认识与理性的回归，在不同地区针对不同收入阶层中，适时采用"租控制"的做法，对探索保障房的退出机制具有参考价值，同时这也是中国房地产金融工具在中国健康发展的一次历史契机。

（二）发行企业债与房地产投资信托基金是柄双刃剑

一方面，针对保障性住房发行企业债，有利于对发债企业行为的研究，是观察我国资本市场运行机制的重要切入点。随着国内资本市场的发展，企业债券研究日益受到重视。党的十六届三中全会《决定》明确指出：在大力发展资本市场过程中，要"积极拓展债券市场，完善和规范发行程序，扩大公司债券发行规模"。我国在1994年实施的《公司法》第五章中对公司债券作出了专门规定。但十几年的时间过去了，我国迄今依然没有成熟的公司债券。在西方的金融理论和实践中公司债券是公司直接融资的主要金融工具。金融学家米什金认为，发行股票并非工商企业融资的最重要来源，发行债券远比发行股票重要得多。美国通过公司债券融资所获得的资金曾有过比通过股票融资所获得的资金高15倍的纪录；欧洲的证券市场中，公司债券的每年融资数额占三大基本证券（公司债券、政府债券和股票）的比重通常达到60%~80%，而股票仅占10%左右。由此看来，公司债券是证券市场的主体性证券。因此，大力发展公司债券将是进一步完善我国资本市场的重要环节。

另一方面，目前，我国上市公司的融资行为依然是个谜，传统西方金融学对比如投资者过度自信（Odean，1998）[1]、投资者情绪（Baker and Wurgler，2005）[2]、噪声交易（DeLong，Shleifer，Summer，Waldmann，1990）[3]等没有给出应有的理论解释，而这对于我国全面建设资本市场的目标来说，是一个不容忽视的缺陷。学界也有采用行为金融学方法进行研究的文献，以期望解决主流金融模型与实证证据之间出现的背离困境。但是相关研究主要集中在证券投资者的表层行为分析上，很少有涉及深层次的、证券发行者的行为分析，如道德风险分析，因此有必要对这一课题进行系统、科学、深入的研究，避免中国重蹈欧美国家金融危机的覆辙。

当然，中国的情况有别于美国。发展一个切实可行的房地产市场和住房产权文化可以有助于从长期的角度帮助中国在传统的高储蓄/高出口模式与发展一个更加成熟的消费者领域之间培育一个更加平衡的经济体。

要指出的是，中国看来必须要谨慎地限制产生道德风险的情况出现。在美国，有一种论调表明，最好对房利美、房贷美彻底私有化。当然，从未来的发展看这不太可能发生，但是，这表明公众对这两个机构是多么的大失所望。或许，问题可以这样解决：坚持严格的贷款标准，除非具备有力的信用记录，否则无法得到哪怕是一分钱的贷款，中国保障性住房中的限价房与经济适用房在贷款审查问题上，目前正在受到来自中央的高度关注。现在的美国，在金融危机后更是高度重视这一问题。任何得到贷款的人必须要有所顾忌，也就是说，购房首付款要

---

[1] Odean, T., *Are Investors Reluctant to Realize their Losses.* Journal of Finance, 1998, pp. 1775-1798.
[2] Baker and Wurgler, *Investor Sentiment and the Cross-section of Stock Returns.* HBS Working Paper, 2005.
[3] DeLong, Shleifer, Summer, Waldmann, *Noise Trader Risk in Financial Markets.* Journal of Political Economy, 1990, pp. 98, 703-738.

落在实处，即15%~20%。商业银行必须控制住一定比例的原始贷款。这样做才可以赋予银行积极性，让它们有动力去厘清哪些人值得银行发放贷款，哪些人不值得。

How to Deal with Financial Problems Beneath the China's Policy-based Housing

Chen Bei   Euel W. Elliott   Kruti Dholakia-Lehenbauer

Abstract: With the national new housing policy coming in to being, some projects of policy-based housing will be completed in China's 2012; meanwhile, China's housing-related financial problems will rise to the surface. These problems will probably become the right heel of Achilles, the most vulnerable part of China's development. So, comparing with the well-developed and prosperous housing market of America, especially how China learns from Fannie Mae and Freddie is a serious question to China's economy. We provide some suggestions in this paper, the most important thing for China's government is China should insist on reform guided by Market, which is the key point to solve China's real estate problem in the future.

Key Words: Low-income Housing; Policy-based Housing; Fannie Mae; Freddie Mac

B.10
我国房地产中介服务行业回顾与展望

赵庆祥 张勇 王霞*

摘 要: 房地产中介服务包括房地产估价、房地产经纪和房地产咨询,是房地产业和现代服务业的重要组成部分。改革开放后,房地产中介服务伴随着房地产市场的发展而逐步发展起来,并在规范社会主义市场经济秩序、维护国家和人民的财产安全、促进房地产市场健康发展、提高房地产市场效率、提高人民居住生活水平等方面发挥着重要作用。2011年,受房地产市场调控的影响,房地产估价行业和房地产经纪行业存在的问题不断显现,行业发展速度减缓。房地产中介行业在曲折发展中走向成熟,开始显现出逐步成为房地产行业主流的发展趋势。随着房地产市场的结构性调整及对专业服务需求的不断增加,房地产中介行业发展前景愈加广阔。

关键词: 房地产中介 房地产估价 房地产经纪

房地产中介服务包括房地产估价、房地产经纪和房地产咨询,是房地产业的重要组成部分。房地产估价是指房地产估价机构接受他人委托,委派房地产估价师,为了特定目的,遵循公认的原则,按照严谨的程序,依据有关法规、政策和标准,在合理的假设下,采用科学的方法,对特定房地产在特定时间的特定价值进行分析、测算和判断并提供专业意见的活动。房地产经纪行业是为了促成房地产交易,为房地产供求者提供房源、客源、市场价格等房地产交易相关信息,以及提供代拟房地产交易合同、代办房地产贷款、代办房地产登记等服务的行业。房地产咨询主要是为投资者、消费者和房地产经营者,就投资环境、市场信息(供求信息、客户资信等)、项目评估、质量鉴定、测量估价、购房手续、相关法律等提供

---

* 赵庆祥、张勇、王霞,中国房地产估价师与房地产经纪人学会,房地产研究中心。

咨询服务的行业，目前主要由房地产估价师和房地产经纪人从事这方面的工作。

房地产中介服务是在改革开放后伴随着房地产市场的发展而逐步发展起来的，其在规范社会主义市场经济秩序、维护国家和人民的财产安全、促进房地产市场健康发展、提高房地产市场效率、提高人民居住生活水平等方面发挥着重要作用。2011年，以房地产估价师和房地产经纪人为代表的广大房地产中介服务行业的从业者奋发进取，开拓创新，行业发展和行业组织建设等各项事业取得显著成绩，较好地服务了经济社会特别是房地产业的发展。

一 房地产估价行业发展状况

（一）房地产估价行业基本状况

经过近30年的发展，我国房地产估价队伍迅速壮大，人员素质逐步提高，法律法规不断完善，标准体系逐渐健全，执业行为更加规范，逐步建立起了政府监管、行业自律、社会监督的管理体制，基本形成了公平竞争、开放有序、监管有力的房地产估价市场。

（1）房地产估价是国家法定制度。《城市房地产管理法》第34条规定："国家实行房地产价格评估制度"；第59条规定："国家实行房地产价格评估人员资格认证制度"。这两条规定明确了房地产估价的法律地位，使房地产估价成为国家的法定制度。

（2）建立了房地产估价师执业资格制度。1993年，在借鉴美国、日本等市场经济发达国家经验的基础上，原人事部、原建设部共同建立了我国房地产估价师执业资格制度。这是我国最早建立的专业技术人员执业资格制度之一。

（3）设定了"房地产估价师执业资格注册"和"房地产估价机构资质核准"等行政许可项目。《国务院对确需保留的行政审批项目设定行政许可的决定》（国务院令第412号）规定，"房地产估价师执业资格注册"是《城市房地产管理法》设定的行政许可项目，依法继续实施；"房地产估价机构资质核准"是国务院决定予以保留并设定行政许可的500项之一（第110项）。

（4）房地产估价相关法规比较完善。目前出台的房地产估价相关法律法规有：法律《城市房地产管理法》、行政法规《国有土地上房屋征收与补偿条例》

以及部门规章《注册房地产估价师管理办法》、《房地产估价机构管理办法》。

（5）房地产估价标准基本健全。目前出台的房地产估价标准有：国家标准《房地产估价规范》，以及《房地产抵押估价指导意见》、《国有土地上房屋征收评估办法》。此外，北京市发布了《北京市房屋质量缺陷损失评估规程》，四川省发布了《四川省房地产司法鉴定评估指导意见》，成都市发布了《成都市农村房地产估价规范》。

（6）与香港测量师实现了资格互认。2004年8月，在"内地与香港关于建立更紧密经贸关系的安排"（CEPA）下，内地房地产估价师与香港测量师首批资格互认完成，97名香港测量师获得内地房地产估价师资格。111名内地房地产估价师获得香港测量师资格。2011年10月，实现了第二批内地房地产估价师与香港测量师首批资格互认，内地和香港又各有99人获得对方资格。

截止到2011年底，全国共有房地产估价机构5400余家，其中239家具有一级资质；从业人员超过30万人，共有44197人取得了房地产估价师执业资格，其中39148人注册执业。

（二）2011年房地产估价行业发展情况

2011年，有2321人取得房地产估价师职业资格，有16家房地产估价机构取得一级资质。根据2011年12月31日之前取得一级资质的房地产估价机构（全国共239家）填报的2011年房地产估价信用档案信息，营业收入全国前10名的房地产估价机构见表1。

表1　2011年营业收入全国前10名房地产估价机构

序号	机构名称
1	深圳市世联土地房地产评估有限公司
2	北京仁达房地产评估有限公司
3	北京首佳房地产评估有限公司
4	北京康正宏基房地产评估有限公司
5	上海城市房地产估价有限公司
6	北京市金利安房地产咨询评估有限责任公司
7	江苏博文房地产土地造价咨询评估有限公司
8	上海房地产估价师事务所有限公司
9	深圳市国策房地产土地估价有限公司
10	深圳市天健国众联资产评估土地房地产估价有限公司

2011年，受房地产市场调控的影响，房地产估价业务量有所下降。根据房地产估价信用档案的数据，全国239家一级机构开展的房地产估价业务中，房地产抵押估价项目共23.7万宗，比2010年下降约10%，评估价值合计2.7万亿元；房屋征收评估项目5000余宗，比2010年下降约27%，评估价值合计362亿元；房地产司法鉴定估价3000余宗，评估价值合计254亿元。

2011年，国务院出台了《国有土地上房屋征收与补偿条例》，明确了被征收房屋的价值，由具有相应资质的房地产价格评估机构按照房屋征收评估办法评估确定。住房和城乡建设部发布了《国有土地上房屋征收评估办法》，进一步完善了房屋征收评估的程序和技术。这些法规一方面强化了房地产估价的地位，但另一方面也增加了估价难度，强化了房地产估价机构和估价师的责任。

2010年11月，财政部、国家税务总局发布了《关于推进应用房地产评估技术加强存量房交易税收征管工作的通知》，明确应用房地产评估技术加强存量房交易税收征管，堵塞税收漏洞。2011年，在两部门部署下，多地开展并完成了存量房评估试点工作。房地产估价机构在试点工作中发挥了极为重要的技术支撑作用，存量房税收评估也为房地产估价机构开拓了一条新的业务渠道。

（三）当前房地产估价行业存在的主要问题

1. 外部生存环境日益严峻

随着国际、国内宏观经济形势的风云变幻，房地产市场的起伏波动，估价机构的外部生存环境亦面临严峻挑战，主要包括以下几个方面：①客户对估价服务的要求不断提高，但机构为客户创造价值的能力明显不足；②估价市场业务结构变化较大，传统业务优势逐步萎缩，新型业务开拓不足；③治理商业贿赂直指估价机构，执业风险不断升高；④几大评估行业互相挤压，房地产估价业务市场前景不容乐观。

2011年，在有些地方，个别银行在住房抵押贷款中，已经不再要求有估价报告。抵押估价也不是法定的必要环节。同时，客户风险责任意识明显增强，估价机构承担的责任和风险明显加大。

2. 业内无序竞争持续激烈

在国家实施严厉的房地产市场调控背景下，一些估价机构经常会采取各种不正当的竞争手段，如压低收费标准、无原则迎合委托人要求，以及利用一些不正当的公关手段等，进行低水平恶性竞争。这一现象的长期存在，主要是由于某些估价委托人不看重估价报告质量，而只关心估价结果，以及一份在形式上能够达到办事要求、签了字盖了章的估价报告。这种状况对其他规范经营的估价机构，以及整个房地产估价行业的正常健康发展，均已造成了极为不利的影响。

3. 缺乏倡优扶强的政策支持

房地产估价行业的长期发展，离不开一批真正把估价当做终生事业来做的估价机构。这些企业是行业良性发展的唯一希望。但是，全国至今尚未提出和采取一定的倡优扶强措施，以支持一些综合实力较强、专业水平较高、报告质量较好、社会口碑较佳的房地产估价机构得到较快的发展。

恰恰相反，目前有一些不注意规范经营、不注重企业管理的估价机构，由于成本相对低廉，反而能够通过采用压价竞争、估价结果迎合不合理要求等手段，获得较多的估价业务，并得到一定的发展。另外还有一些估价机构，虽然在行业内资格较老，但经营者目光短浅，不懂得长远发展，内部乱象丛生，更是在行业中造成极其负面的影响。这也从侧面说明了估价行业需要加强行业自律，并采取倡优扶强措施的必要性和紧迫性。

（四）推进房地产估价行业健康发展建议

针对房地产估价行业的现状和存在的主要问题，建议通过加强行业组织建设、强化教育和培训、加强行业正面宣传等手段来促进房地产估价行业规范健康发展。

1. 建设行业组织，加强自律管理

一是，国家从政策上扶持全国性行业组织发展壮大，根据行业组织的实际情况和经济发展的客观需要，研究制定规范约束和培育发展行业组织的专门法律法规，进一步明确行业组织的职能，使行业组织监督和控制功能得以扩大。二是，鼓励、支持省、市加强房地产估价行业组织的建设，提升服务职能，使其有能力获得信息，有能力满足成员的要求。三是，借鉴发达国家和地区经验，

采取政府行政管理与行业组织自律管理相结合的方式，充分发挥行业组织自律管理作用，通过立法确定"业必归会"的原则，为实施行业自律管理奠定重要基础。

2. 搭建成长平台，促进机构发展

对部分房地产估价机构实行一定的倾斜政策，扶优扶强。如通过充分发挥行业主管部门的行政影响力，支持若干个具有较强综合实力的估价机构，开展房地产税税基评估和房地产投资信托基金物业评估，以及属于房地产咨询服务范畴的房地产市场分析、房地产开发投资咨询、房地产置业投资咨询、房地产间接投资咨询、房地产贷款项目咨询、房地产资产管理咨询、房地产政策参考咨询、房地产征收征用咨询和房地产事务办理咨询等新兴业务。

与此同时，对一些弱小的企业，也应给予一定的指导帮助，协助找到企业核心的竞争力。坚持特色，发挥特长，稳步发展。这些企业如能增加与综合实力较强的估价机构之间的交流、合作，也可以进一步拓宽其发展的空间。例如在企业所得税、个人所得税等税收方面，对房地产估价机构实行优惠政策。建立房地产中介服务职业风险金制度，通过过失保险来转移来自业务上的风险。

3. 改善社会环境，提升社会地位

房地产估价行业是现代社会经济活动中不可缺少的一个中介服务行业。但是，目前房地产估价行业在我国的知名度和美誉度并不高，甚至有些业内人士也说不清楚房地产估价到底是做什么的。社会上还有不少人，对房地产估价行业存在偏见。有关部门应该重视和加强宣传工作，在主要的媒体平台开辟估价行业的窗口，增加估价行业的话语权，对行业中各个主要估价机构所作出的优秀业绩要进行正面宣传，让社会各界能了解估价行业，知悉估价行业在经济活动中已经发挥的和正在发挥的重要作用。

此外，还可以定期评选、表彰优秀房地产估价师，形成一批模范典型，带动行业规范经营、诚信执业。组织优秀房地产估价师形成专家团队，与政府有关部门建立密切工作联系，为政府制订城乡规划、土地利用规划和年度计划、房地产开发计划等方面提供专业咨询。推荐优秀房地产估价师进入各级人大、政协，参政议政。

尽管房地产估价行业的规模不大，发展中还存在一些问题，但其在社会经济生活中，特别是在保障交易安全、维持社会稳定方面发挥着关键作用。从发达国家和地区的经验来看，房地产估价行业是一个伴随着房地产业永续发展的行业，只要房地产业存在，就需要专业的估价服务。房地产估价行业需要在规范和培育中不断成长。

二 房地产经纪行业发展状况

（一）房地产经纪行业基本状况

近30年来，我国房地产经纪行业不断发展壮大。

（1）房地产经纪行业是房地产业和现代服务业的重要组成部分。改革开放后，随着我国房地产市场的崛起，房地产经纪行业快速发展，房地产经纪在提高房地产市场运行效率、保障房地产交易安全、维护房地产交易秩序、优化房地产资源配置、提高人民居住水平以及扩大就业等方面，发挥了重要作用。近几年来，随着现代科学技术不断进步，许多房地产经纪机构广泛应用计算机、互联网、地理信息系统、移动通信等高新技术，推动了房地产经纪行业不断创新。一些新型服务业态如经纪网店、网上拍房、微博营销等不断涌现，房地产经纪完成了由传统服务业向现代服务业的转变，并已成为现代服务业的重要组成部分。

（2）房地产经纪行业规模不断壮大，形成多元化竞争格局。据不完全统计，目前房地产经纪从业人员超过100万人，其中取得全国房地产经纪人资格者44013人；房地产经纪机构超过5万家，并成长起一批门店过百、人员上千，甚至门店过千、人员上万的大型品牌房地产经纪机构，如土生土长的链家地产、伟业我爱我家、满堂红等；港台地区的一些知名房地产经纪机构先后进入大陆，如香港地区的中原地产、美联物业，台湾地区的信义房屋、住商不动产等；国外的知名品牌也进入内地，如美国的21世纪不动产。在经营模式上，满堂红、贵房置换等机构还探索出了具有中国特色的发展模式，形成了内地模式、香港模式、台湾模式和美国模式并存的局面。21世纪中国不动产、易居等房地产经纪机构，还在资本市场成功上市。

（3）房地产经纪活动促成多数房地产交易，行业重要性增强。目前，我国房地产市场正面临结构性调整，二手房市场逐渐超越新建商品房成为房地产市场的主流。房地产交易中通过经纪服务成交的比例越来越高，房地产经纪服务的内容越来越丰富，房地产经纪在整个房地产交易链条中的地位逐渐增强。以深圳为例，2010年1~5月，房地产市场交易中二手住房与新建商品住房交易的比例为4∶1，二手住房交易中，有近90%通过房地产经纪服务撮合完成。虽然房地产单笔交易金额并不算大，但交易量巨大，涉众面广。例如，2010年链家地产共撮合成交3.98万套房地产交易，交易总额662亿元，涉及近8万个家庭，2011年撮合成交2.75万套房地产交易，交易总额531亿元，涉及5.5万个家庭。房地产经纪行业一旦出现问题，容易引发群体性事件，影响社会稳定，应引起足够重视。

（二）2011年房地产经纪行业发展情况

2011年，受房地产市场周期及政策调控影响，北京、上海、广州、深圳等一线城市的二手房交易量同比出现下滑。如北京，2011年二手房成交量为12.2万套，比2010年全年的19.7万套下降了38.1%，相比2009年的26.7万套下调幅度达54.3%。房地产交易量下降，直接导致房地产经纪行业的调整。根据北京链家房地产经纪公司的统计，北京房地产经纪门店单店月均成交量不足1.5套，中小经纪机构的生存压力加大而被迫关店止亏，2011年北京房地产经纪机构共关店约1400家，超七成为中小经纪机构。

房地产市场的调整也促使房地产经纪行业聚集度进一步提升。根据北京房地产交易管理网的统计，2011年北京市由房地产经纪机构促成的房地产交易中，排名前三名的房地产经纪机构成交占比达到51.5%，比2010年上涨3.8个百分点；而排名在前10名之后的经纪机构成交占比仅为35.7%，与2010年相比大约下降了4个百分点。在上海，排名前三名的房地产经纪机构成交占比也接近20%。这显示出在市场低迷时期，房地产经纪机构的品牌作用更加突出。

2011年，《房地产经纪管理办法》发布并施行，房地产经纪行业管理迈出关键性一步。2011年4月1日，《房地产经纪管理办法》施行，5月11日，住房和城乡建设部、国家发展和改革委员会又联合印发《关于加强房地产经纪管理进一步规范房地产交易秩序的通知》（建房〔2011〕68号），贯彻落实该办法，布置专项整治工作，重点查处未经备案从事房地产经纪业务、无资格在服务合同上签字、宣传虚假房源、改变房屋内部结构分割出租、提供或者代办虚假证明材料、协助当事人签订"阴阳合同"、不履行必要告知说明义务，以及不实行明码标价、违规分解收费项目、变相提高收费标准等违法违规行为。

（三）房地产经纪行业存在的问题及解决对策

1. 房地产经纪行业存在的问题

（1）目前仍存在大量不规范的执业行为。不规范行为主要表现在：有意隐瞒重要信息，发布虚假广告，不核实房源、客源信息；房地产经纪机构或从业人员"炒房"；在房屋租赁代理中赚取差价；协助交易当事人签订"阴阳合同"，偷逃税款；房地产经纪从业人员骚扰客户；扣留租赁押金、挪用房款等。2011年底，"北京常青园诈骗案"，因房地产经纪机构违规操作，未核实房源的真实性，导致17户购房人的2871万元购房款被骗。这些不规范行为不仅严重影响房地产经纪行业秩序和行业社会声誉，也为购房人造成了极大的损失。

（2）服务质量不高，无序竞争严重。目前我国房地产经纪机构众多，人员庞杂，业务发展主要靠开店、招人的"人海战术"，不重视提高专业水平和服务质量，大多数业务是"一锤子买卖"。而房地产交易业务数量有限，多家委托（即业主可以将同一房地产交易事项委托多家房地产经纪机构）的经纪业务承揽方式，使房地产经纪机构之间房源、客源信息重复，服务同质化，加剧了机构之间的竞争。一些机构为了争夺房源、客源，恶意诋毁其他机构，采用压低收费、虚假承诺、恶意阻断他人房屋交易、网签锁定房源等手段恶性竞争。这些行为严重扰乱了房地产经纪行业秩序。

（3）社会公众对房地产经纪的作用认识不足。目前，我国房地产经纪执业环境较差，委托人单纯追求高效率或者高价格，不诚信，委托人待交易促成后"跳单"或者拒付佣金的情况普遍存在，导致房地产经纪人员的合法权益无法得到保障。社会公众对房地产经纪的偏见，导致房地产经纪从业人员得不到应有的尊重，社会地位不高，更不能把房地产经纪工作当做终生职业，甚至不能长期从事这个职业。

2. 规范发展房地产经纪行业的对策和建议

2011年4月1日以来,随着《房地产经纪管理办法》贯彻落实,上述问题有所改观,但深层次原因依然存在,如法制建设滞后、缺少行业准入制度、专门管理队伍缺位,管理力量不足等。彻底解决房地产经纪行业的发展问题,还需要做好以下工作:

(1) 逐步推行行业准入。建议对房地产经纪行业实行严格准入制度。美国及我国台湾、香港地区都对房地产经纪人员实行严格的牌照管理,只有取得牌照的人员才能从事房地产经纪业务。长远来看,我国也应借鉴发达国家和地区的经验逐步推行严格的行业准入制度。近期可通过提高房地产经纪机构设立门槛,如增加对资金和人员资格的要求逐步解决这个问题。

(2) 加强对房地产经纪从业人员的培训和信用管理。从业人员的素质和信用直接影响执业水平的高低,建议发挥行业组织的作用,加强对从业人员的职业教育和培训,对执业人员进行资信评价,建立和完善房地产经纪信用体系。可借鉴我国台湾地区"人必归业、业必归会"的制度,房地产经纪行业组织通过"会员服务、会员管理"的方式,建立健全房地产经纪人员信用档案,对房地产经纪人员进行专业性培训和资信评价,从而提高房地产经纪人员的素质,实现房地产经纪行业的自律管理。

(3) 建立房源、客源共享系统,逐步推行独家代理制度。建议借鉴美国的做法,由房地产经纪行业组织牵头建立房源、客源共享系统,逐步推行独家代理制度。建立房源、客源信息共享系统,可以实现房地产经纪机构间信息资源共享,降低信息搜寻发布成本,减少陈旧和重复信息,促进经纪机构之间的业务合作。推行独家代理制度,可以有效解决机构为抢夺业务而发生恶性竞争、客户跳单等问题。独家代理制度和客源信息共享系统,是打破行业发展瓶颈、解决房地产经纪行业持续健康有序发展问题的有力工具,可由房地产经纪行业组织逐步建立并在行业内推行。

(4) 积极推进房地产经纪行业法律法规体系建设。建议房地产经纪行业专门立法。市场经济发达国家和我国港台地区都有房地产经纪专门立法,如我国台湾地区有《不动产经纪业管理条例》,香港地区有《地产代理条例》,美国各州都有房地产经纪人执照立法。解决我国房地产经纪行业长远发展问题,专门立法是必由之路。

近期,可在修订《城市房地产管理法》时,增加对房地产经纪行业管理的专门规定。通过法律建立房地产经纪行业准入制度,明确房地产经纪机构和人员的权利、义务、禁止行为和法律责任。同时,应进一步完善房地产法律法规体系,尽快出台《房地产中介服务管理条例》等配套行政法规,细化对房地产经纪的有关规定,弥补行政法规的缺失。

(四) 房地产经纪行业发展前景

近十年来,我国商品房和住宅销售量逐年增长(见图1),2010年,全国商品房销售面积10.43亿平方米,是1999年的8倍多,这为房地产经纪行业的快速发展提供了历史机遇。2011年,尽管实行房地产市场调控,全国商品房销售面积仍达10.99亿平方米,比上年增长4.9%,其中,住宅销售面积9.703亿平方米,增长3.9%。

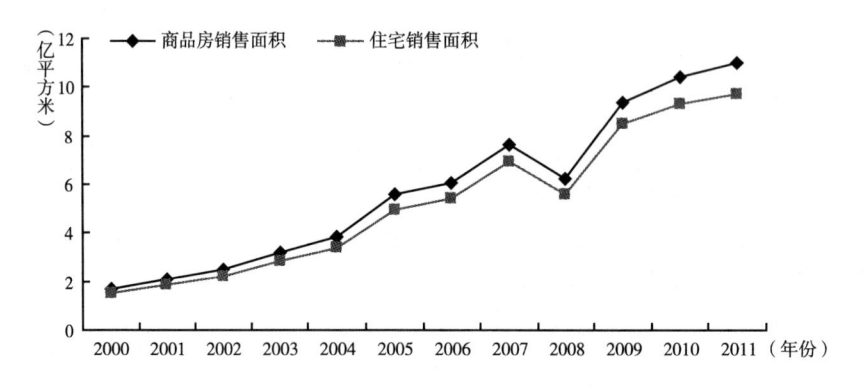

图1　2000~2011年商品房和住宅销售面积

二手房交易量的不断增加为房地产经纪行业提供了发展空间。目前北京、上海、广州等大城市二手房市场发展迅速,成交量已经超过新建商品房,其中,北京、上海的二手房成交量占房地产总成交量的60%以上(见图2)。国外经验表明,市场经济越发达、经济发展水平越高,就越需要房地产经纪服务。在市场经济发达国家和地区,房地产交易中约有90%以上是通过房地产经纪服务促成,与其相比,我国房地产交易中房地产经纪服务的比重还有很大的提升空间。因此,房地产经纪行业是一个朝阳行业,是一个可以长久发展的行业,未来的发展前景非常广阔。

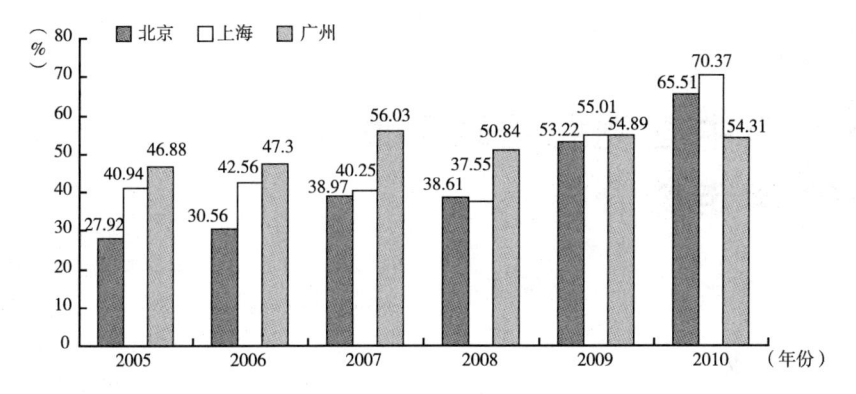

图2 2005～2010年二手房成交套数占总成交量的比例

Review and Prospect of China's Real Estate Intermediary Services Industry

Zhao Qingxiang   Zhang Yong   Wang Xia

Abstract: Real estate intermediary services including real estate appraisal, real estate brokerage and real estate consultation, is an important component of real estate industry and modern service industry. After the reform and opening up, real estate intermediary services develop accompanying with the development of real estate market, and play an crucial role in regulating the order of the socialist market economy, maintaining the national and the people's property safety, promoting the development of the real estate market in a healthy way, and improving the efficiency of the real estate market and people's living condition, etc. In 2011, due to regulation and controls of the real estate market, existing problems in the real estate valuation and real estate brokerage industries have become increasingly evident. These factors have contributed to a slowdown in the real estate sector. The real estate intermediary industry, as part of its process of ongoing maturation, has gradually emerged as a mainstream industry trend. At the same time, structural adjustments in the real estate market and the rising demand for the professional services of intermediaries have increased prospects for the entire industry.

Key Words: Real Estate Intermediary; Real Estate Appraisal; Real Estate Brokerage

B.11
2011年中国物业管理回顾与2012年走势分析

叶天泉　许玉彪　叶宁*

摘　要： 2011年，是中国物业管理行业最丰富多彩和最令人难忘的一年，这一年，中国物业管理进入了而立之年。中国物业人没有沉醉于30年行业发展取得的巨大成就，而是对行业面临的困难和问题，以及行业新的发展机遇和发展目标作了透彻分析和展望。不容忽视的是，随着我国CPI指数的不断增长，职工最低工资标准的不断提高，物业服务企业经营成本大幅增加与物业服务企业收费标准偏低的矛盾更加突出，已经到了非解决不可的程度。本文对2011年行业发展作了阐述，对热点问题进行了剖析，并对2012年行业的走势作了分析。

关键词： 亮点　热点　走势

2011年是中国物业管理的理论年。在这一年中，各种理论研讨会、论坛、座谈会、理论专刊（专版）等从《中国物业管理》杂志、《中国建设报》，到各地物业管理协会和物业服务企业的报刊，理论文章之多、论点之鲜明、涉及范围之广和探讨的层面之深，是中国物业管理行业有史以来前所未有的。2011年，是中国物业管理的喜庆年。年初，庆祝物业管理改革发展30周年的帷幕一拉开，庆祝活动便好戏连连。2011年，也是中国物业管理的发展年。在这一年中，无论从理论上还是实践上，行业都有诸多亮点和突破，特别是在国家对房地产业实施最严厉宏观调控政策的大背景下，物业管理行业仍然保持了平稳

---

* 叶天泉，辽宁省住房和城乡建设厅；许玉彪，上海市物业管理行业协会；叶宁，辽宁城市建设职业技术学院。

较快的发展。尤其令人欣慰的是，面对行业下一个 30 年，中国物业人正以崭新的精神状态、与时俱进的创新思维、脚踏实地的工作作风，再次踏上新的征程。

一 2011 年中国物业管理行业的亮点

1. 中物协部署物业管理改革发展 30 周年庆祝活动

2011 年 2 月 28 日，中物协下发了《关于开展物业管理发展 30 周年庆祝活动的通知》（以下简称《通知》），《通知》对庆祝活动的方式及组织、庆祝活动的内容及时间均作了全面、具体的安排。《通知》明确提出庆祝活动由全国性宣传活动和地方庆祝活动组成。全国性的庆祝活动包括同年 10 月在深圳召开的庆祝大会，编辑出版论文集、纪念册，开展行业表彰及文艺汇演活动等。至此，全国范围内的行业 30 周年庆祝活动正式拉开帷幕。

2. 物业管理理论研究空前繁荣

2011 年，令人惊喜的是物业管理理论研究空前高涨。从住建部房地产市场监管司在天津、上海、西安、沈阳、南京、成都等地分别召开的华北、华东、西北、东北、中南、西南等六大片区物业管理座谈会，到 6 月 10 日由《中国物业管理》杂志社与上海物业管理行业协会共同主办的"2011 物业管理与既有建筑节能（上海）研讨会"；从 7 月 11 日由中物协主办，武汉市物业管理协会承办的"2011 年首届中国物业管理（中部）长江论坛"，到 8 月 8 日北京市海淀和谐社区发展中心在深圳举办的"物业管理费研讨会"；从 8 月 11 日"第四届中国西部物业管理论坛"，到 8 月 13～17 日《现代物业》杂志社、台湾物业管理学会和华夏技术学院（台湾）联合主办的"现代物业发展论坛——2011 海峡两岸物业管理交流研讨会"；从 9 月 7 日"2011 年乌鲁木齐物业管理研讨会"，到 9 月 23～24 日上海市住房保障和房屋管理局同杭州市房产管理局联合举办的"物业管理发展战略研讨会"；从 12 月 8 日由《中国物业管理》杂志社举办的"第十届杂志协办年会暨中国物业管理年度论坛"，到 12 月 15 日由中物协行业发展研究中心和上海市物业管理行业协会主办的物业管理"管作分离"模式研讨会等。此外，中物协编辑出版了《光辉的足迹——物业管理发展 30 周年论文集》，《中国建设报》开设了"纪念物业管理发展 30 周年专版"，《中国物业管理》杂志开辟了"行业发展30年中国物业管理行业特别纪念"专题,《深圳物业管理》杂志出版了"回顾与展望"专刊等。其理论研讨会之密集、发表的文章和出版的文集之多、质量之高,是中国物业管理行业有史以来空前的,对推进行业理论体系的建设和行业创新与发展将产生巨大的推动作用。

3. 北京率先出台两种情况物业酬金制免征营业税

2011年6月22日,北京市地方税务局发布了《关于酬金制物业管理服务有关营业税政策问题的公告》(以下简称《公告》)。《公告》规定,对于以酬金制开展物业项目管理的物业服务企业代管物业服务资金免征营业税有两种行为:一是对物业管理企业开设单独账户专项存放为业主委员会代管资金的行为;二是业主委员会直接与提供劳务的单位或个人签订合同,且该提供劳务的单位或个人直接为业主委员会开具结算发票,对物业服务企业从代管资金账户代付劳动价款的行为。《公告》的发布在行业内产生了积极的影响,对规范物业服务酬金制税收、减轻物业服务企业不应承担的税收负担,在全国起到带头和示范作用。

4. 北京全国首家业主大会"独立"获批

2011年6月16日,北京市怀柔区于家区一区的业主大会成为全国首个取得民事主体资格的业主大会。今后,这个已具备法人资格的实体组织,不仅可以与物业服务企业对簿公堂,还可以决定小区内公共收益的处置分配,真正实行"自己的家自己管"。北京市首家业主大会具备独立法人资格的获批,解决了长期以来一些城市业主和业主委员会呼吁业主大会应当具备独立法人资格的愿望,这种模式不仅在北京,而且在全国都具有示范意义。

5. 深圳出台全国首部绿色物业管理导则

2011年6月21日,深圳市住房和建设局发布了《深圳市绿色物业管理导则(试行)》(以下简称《导则》)。《导则》由总则、绿色物业管理的基本架构、绿色物业管理制度要点、绿色物业管理技术要点、绿色物业管理的创新发展和应用示范项目等五部分组成。《导则》是我国物业管理行业首部以绿色物业管理为主题的技术规程,它不仅对深圳物业服务企业开展绿色物业管理活动起到重要的指导作用,而且将对全国物业管理行业产生积极的影响。

二 2011年中国物业管理热点问题透析

1. 物业管理的"获"与"惑"

中国物业管理经过30年探索与发展，从无到有，从小到大，在改善人居、工作环境，维护社区和社会稳定，提高城市管理水平等方面发挥了重要作用，已成为人们生活、工作和学习不可或缺的行业。特别是随着行业地位的不断提升，行业立法的进一步加快，服务领域的不断扩展，行业规模的不断扩大，业主满意度的不断提升，目前已成为覆盖领域最广、管理规模最大、发展速度最快、服务企业最多的行业。

令人欣喜的是，2002年10月，国家统计局第一次将物业管理列入新修订的《国民经济行业分类》，使物业管理行业在国民经济统计中拥有了一席之地。2003年5月，国务院审议通过的《物业管理条例》，在国家层面架构了物业管理法规。2007年3月，《中华人民共和国物权法》第一次将物业管理行业有关规范纳入国家大法之中。2009年、2010年国务院在《政府工作报告》中都明确提出"大力发展物业服务业"。在"十一五"、"十二五"《中华人民共和国国民经济和社会发展规划纲要》中对物业管理均有明确的表述。

特别值得一提的是，在北京奥运会、上海世博会、广州亚运会、深圳大运会、重庆世园会等国际重大活动中，处处都有中国物业人的精彩服务，这些都说明了30年来中国物业管理行业在发展中取得的收获是巨大的。

不容忽视的是，目前中国物业管理在快速发展中仍存在着诸多的困惑，如地方物业管理立法严重滞后，规范的业主大会和业主委员会制度，质价相符的物业服务收费联动机制，规范有序的市场竞争机制以及高素质的物业管理人才队伍尚未形成等问题，一直困扰和制约着行业健康有序的发展。

由此看来，要打破制约行业发展的瓶颈，破解影响行业发展的难题，必须在加速物业管理地方立法、健全业主大会和业主委员会制度、营造公平竞争的市场环境、加大物业管理市场监管力度、建立质价相符的物业服务收费机制、提高物业管理服务水平、实现行业可持续发展上下工夫，用气力。只有经过各级政府、行业行政主管部门、行业协会和全行业的不懈努力，物业管理的法制建设才能逐步完善，规范有序的市场竞争机制才能逐步健全，规范的业主大会和业主委员会

制度、质价相符的物业服务收费价格联动机制才能建立起来，高素质的人才队伍才能逐步形成。也只有这样，中国物业管理才能走上可持续的发展道路。

2."用工荒"

2011年新年伊始，"用工荒"从我国的东部向西部、从制造业向服务业、从技术人员向普通岗位迅速蔓延。平时不起眼的保姆、钟点工、快递员、保洁工、保安等服务行业的从业人员都成了许多企业和中介公司争抢的对象。一时间物业服务企业普遍感到招聘工作吃紧，一些项目管理处纷纷告急，保洁员、秩序维护员等一线操作员工缺口严重，成为影响行业常态化运行的突出问题。

究其产生物业管理"用工荒"的原因，从宏观上看是随着沿海发达地区城市产业结构的自发调整，低端制造业的快速转移和中西部地区的迅速崛起，流动人口开始从"走出去"向"留下来"转变。特别是以"80后"、"90后"为主体的"农二代"，对职业的选择更加灵活，对城市生活更加向往，对企业长远发展、工作环境、成长空间、企业文化更感兴趣，对所从事的工作越加渴望被尊重，希望体面和拥有幸福感，尤其是能够有城里人同样的保障，成了他们最大的追求，是物业管理"用工荒"的间接原因。从微观上看是物业管理行业从业人员工资收入低、社会地位低、工作稳定性差，尤其是秩序维护员作为高风险职业，不仅工作环境艰苦，而且往往得不到业主的尊重，甚至人身安全得不到保障，是物业管理"用工荒"的直接原因。

面对严峻的"用工荒"形势，物业管理行业应当采取相应的措施，规范企业招工用工行为，建立起良性的招工用工机制，要营造诚信招工、体面用工、尊重员工、逐步提高员工幸福指数的良好环境。政府部门要加大对拖欠职工工资、欠缴社会保险等企业违法、违规行为的整治力度。要落实农民工参加职业技能培训相关补贴政策，提高企业农民工服务技能，鼓励农民工实现"素质就业"，让企业切实成为农民工温暖的新家园。物业服务企业应当转换招聘视角，在保留人才市场、就业中心、劳务中介等传统的招聘办法外，要充分利用网络平台传递招工信息，拓宽大专院校、职业技校、部队等招聘渠道，与劳动力输出大省的县级劳动、就业、培训部门，建立长期稳固的用工关系。在招工用工时，要注重外来务工人员的切身感受，破除不合理的内部规定和歧视性土政策，尤其要学会用先进的企业文化吸引人，用优越的企业环境留住人，用和谐的成长氛围凝聚人，用稳定的物质条件鼓励人。此外，物业服务企业除一些写字楼、商业物业、高档住宅等需招聘年轻且形象好的秩序维护员,以树立服务形象、展示企业品牌外,在普通小区等可以选择责任心强、稳定性高、工作态度认真、有忠诚度的"4050"人员,以缓解物业服务企业"用工荒"的燃眉之急,上述办法可能是当前解决物业服务企业"用工荒"的最佳选择。

3. 调整物业服务收费标准的呼声再起

进入2011年,各地物业服务企业呼吁上调物业服务收费标准的呼声越来越高,在全国及省市"两会"期间,对此问题的建议和提案也并不鲜见。应当说,随着近年来我国CPI指数的不断增长和职工最低工资标准的逐年提升,物业服务企业的管理成本也出现迅速上升的趋势。由于受到政府指导价的严格规约,物业服务收费标准难以调整,一些物业服务企业已经陷入入不敷出难以维系的局面。

分析物业服务收费"入不敷出"的原因,一是劳动力成本大幅上涨。在2011年政协会议上,全国政协委员田在伟向大会提交的《关于尽快建立"质价相等"的物业服务价格调整机制的建议》(以下简称《建议》)显示,2011年以来,北京、上海、广东、山东等地在2010年全国30个省份上调月最低工资标准,平均涨幅为22.8%的基础上,进一步上调了最低工资标准,提高幅度大多在20%以上。加上社保缴费基数的增加,使得物业服务企业的劳动力成本明显提升。《建议》还显示,北京市2001年保洁员月工资仅500~600元,2011年已调至1200~2000元,涨幅超过200%。加之节假日加班费的同步上涨,导致物业服务秩序维护员、设备设施维护员等全年全天候工种的工资水平整体攀升。二是水、电、气等公共事业费大幅上升。如北京市水的价格由2001年3.2元/立方米调至2011年6.21元/立方米,增长幅度为94.1%。三是物价指数持续增长和物料成本不断上涨,1997~2011年,我国物价指数平均以3.5%的比例上涨,随着通货膨胀率的攀升,物业服务企业物料成本也在逐年提高。四是部分业主消费意识薄弱,拖欠、拒缴物业服务费现象普遍。一些业主以服务不到位、管理措施跟不上等为由拒付物业服务费,导致物业服务费收缴率逐年下降。低收费标准和低收缴率已严重影响了企业的生存和发展。

客观地讲,现行物业服务收费价格体系,已经严重脱离价值规律和影响物业服务企业的正常运营,特别是公有住宅售后物业服务收费标准与物业服务企业提供的实际服务相比严重失调。此问题如不引起高度重视,降低服务标准和"退盘"小区的现象将进一步加剧。

其实，解决物业服务收费标准偏低的问题，最简单的办法是适当提高物业服务收费标准和适当减轻物业服务企业税赋。但提高物业服务收费标准直接关系业主的切身利益，应本着既合理补偿物业服务企业成本，又兼顾消费者承受能力的原则，现阶段可采取以下措施。从长远看，国家有关部门应当借鉴我国石油、电力、供热等行业实行燃油价格、煤电价格、热费价格联动机制的办法，从建立和完善物业管理市场机制入手，按照质价相符的原则，在细化分等定级物业服务收费的基础上，积极推进由政府指导价向市场调节价的转变，逐步建立起由价格部门出台物价指数与物业服务收费同步调整的联动政策，实施物业服务收费与物价消费指数同步增减机制。在目前物业服务收费联动机制尚未建立起来的情况下，可以从三个方面减轻物业服务企业负担：一要将物业服务企业的税收比照我国交通运输业、建筑业、邮电通信业、文化体育业的税收，将营业税由现行的5%的税率调低为3%的税率。二要修订《物业服务收费管理办法》，在分等定级标准不变的情况下，适当调整物业服务各等级的收费标准。对于实行政府指导价的物业服务，应当根据不同地区经济发展水平、物价指数上涨和服务成本增加等实际情况，及时调整政府指导价的基准价格，建立健全与服务内容、服务标准、服务成本挂钩的动态化、差异化的物业服务收费机制。对于保障性住房和老旧住宅小区的物业服务收费标准适度上调后，低收入业主家庭难以承受的，当地政府应当给予适当的补贴，以保证物业服务行业的正常运行，保障人民群众居住环境的保持和改善。对于实行市场调节价的物业服务，应当建立物业服务收费正常调节机制。当物业服务企业难以同业主协商达成提高收费标准时，可以聘请第三方评估机构对物业服务成本进行评估，以促成物业服务收费价格的合理调整或服务标准的适当降低。三要对住宅小区内公共部位和公用设施设备的用电、用水享受居民生活用电、用水价格。这可能是现阶段缓解物业服务收费入不敷出、维持物业服务企业正常运转的最佳途径。

4. 养犬致人伤害

2011年2月9日，春节后第一天上班，在河北省石家庄市西三庄街与和平西路交叉口附近一家汽修厂，52岁的报纸投递员郝大妈，当她隔着铁门递送报纸时，两条大狗先后从门内冲出，将她的胳膊和大腿咬伤，这一事件经媒体报道后在社会上引起广泛的关注。而郝大妈的一位同事于同年2月1日送报时刚被狗咬伤。

随着人们生活水平的提高，如今养犬已成为一些城市居民生活的一种时尚，那些活泼可爱的宠物狗确实能给人带来乐趣，仅在中央电视台举办的2012年"我要上春晚"的节目选拔中，以宠物犬登台参选的就不下3个，特别是近年来以宠物狗为题材的影视片也时有所见，如美国电影《宝贵吉娃娃》、香港电视连续剧《老友狗狗》等，足以看出人们对宠物犬的喜爱和推崇。但是，在现实生活中被狗咬伤的事件时有新闻，社区内因养狗带来的噪声扰民、安全威胁等引发的邻里矛盾和纠纷屡见不鲜，被狗咬伤致死的案件也偶有发生，如上海市金山区吕巷镇一金姓居民，2011年1月和7月先后被自家养的一条母犬及其所产的幼犬咬伤左手背，当时金某并未对伤口作任何处理。同年8月1日，金某感觉身体不适，才前往医院进行医治，经临床诊断为疑似狂犬病，经治疗无效于同年8月5日死亡。

据有关资料显示，目前上海养犬总量约80万只，每年还在以30%的速度递增，但是80%是"无证犬"。狗越来越多，带来的各种社会问题也日趋突出，从2006年至今，上海市每年因狗伤人事件超过10万起，其中2008年、2009年该市共发生犬伤人事件分别为11万多起和近14万起。另据广州市疾控中心预防医学门诊的统计，每天到该门诊因遭到宠物咬伤而治疗的患者就达80多例，如果按此推算，每年该门诊接受被宠物咬伤的患者近3万例。

面对严重影响居民生活与健康的狗患，要从根本上缓解养犬给社会和家庭带来的危害，不仅成为社会迫切关注的热点话题，也是在现代城市建设进程中需要引起足够重视和切实加以解决的问题。为了规范养犬行为，近年来，南京、上海、广州、沈阳、石家庄等城市先后颁布了《养犬管理条例》或《养犬管理规定》，这些地方性法规或规章的颁布实施，对于规范养犬行为、保障公民健康和人身安全、维护市容环境卫生和社会秩序发挥了重要的作用。但是，目前有效加强城市养犬监管的力度仍显薄弱，相关部门的配合和监管仍显不够，特别是养犬者的自律明显跟不上。

那么，怎样才能解决养犬这一社会问题呢？笔者认为，当下应当加强以下工作：一是加速立法。建议国家尽快出台《养犬法》或《养犬条例》，切实规范养犬和养犬管理行为，保障公民人身健康和安全，维护市容环境和公共秩序。二是养犬者要提高文明养犬意识，依法养犬、文明养犬，不得侵害他人的合法权益。三是要培育发达的社会管理服务力量，建立符合实际的市场机制。公安、畜牧兽医、城管执法、物业管理、卫生等部门要按照各自的职责，协同做好养犬管理工作。居民委员会、村民委员会、业主委员会和物业服务企业应当协助相关管理部门开展依法养犬、文明养犬的宣传，引导、督促养犬人遵守养犬的行为规范。四是物业服务企业应当根据养犬管理的规定，积极配合乡、镇人民政府、街道办事处和有关行政管理部门在管理辖区做好养犬管理工作，开展社会公德教育和养犬知识宣传，引导养犬人形成良好的养犬习惯，对违法养犬行为进行批评、劝阻、举报、投诉，切实承担起维护园区环境和秩序的责任。

由此看来，对于养犬的管理，只要政府部门加强监管，城管部门严格执法，养犬人加强自律，基层组织切实参与，社会公众共同监管，多管齐下，就一定能收到好的效果，养犬致人伤害的问题也一定能够得到缓解。

5. 行业再度出现"退盘潮"

2011年7月31日，中央电视台财经频道《经济信息联播》播出"物业公司收缩调查，上海知名物业公司纷纷弃盘"的新闻后，在行业内外引起广泛关注。进入2011年，物业服务企业再度出现"退盘潮"，并有愈演愈烈之势。据上海市一份对该市62家物业服务企业的抽样调查结果显示，样本企业原管项目1314个，总建筑面积为1.05亿平方米，2011年上半年已"退盘"125个，占项目总数的9.51%；总面积925.18万平方米，占管理总面积的8.81%。2011年下半年计划调整的项目数为86个，总面积为644.69万平方米，全年合计"退盘"项目211个，占项目总数的16.05%；退出面积达1569万平方米，占管理总面积的14.94%。这股"退盘潮"直至2012年初仍未平息，据《沈阳晚报》2012年1月19日报道，同年1月16日腊月二十三小年夜，管理沈阳嘉禾花园的物业公司因上调物业服务收费标准未果突然撤离。

纵观2011年出现的物业服务企业大规模"退盘"，其原因有三：一是"断臂求存"的无奈选择。由于物业服务企业人力资源成本和物料成本的节节攀升，管理项目特别是普通住宅管理项目成为沉重包袱。据一家拥有一级资质的物业服务企业老总披露，在该企业管理的50多个项目中有2/3是普通住宅物业，因企业保险、职工最低工资标准等调整后，企业一年净增人力成本高达100多万元。原来有几个管理项目亏损，企业还可以用赢利的项目来弥补，现在十几个管理项目同时大面积亏损，如果再不下决心"退盘"，企业将面临"全军覆没"的危险。二是调整收费标准无望的理性选择。以上海市为例，1995年9月，上海市房屋土地管理局和上海市物价局联合出台了《关于公有住宅售后管理服务费和房屋修缮人工费等收取标准的通知》（以下简称《通知》）。《通知》规定住宅管理费多层每户每月3~5元，高层住宅每户每月5~10元；保洁、保安服务费住宅每户每月3~6元，修缮人工费每小时5元。1996年8月，两局对《通知》规定的价格标准稍作微调，住宅管理费多层每户每月4.5~7.5元，修缮人工费每小时5.75元。此后16年，该价格标准丝毫未作修改。而上海市劳动力成本已从2000年最低工资标准的445元调至1280元。由于物业服务收费标准偏低，用人成本偏高，一些物业服务企业只能选择服务合同期满后走人，这是理性物业服务企业的必然选择。三是企业发展的战略调整。进入"十二五"，为了适应物业市场发展的需要，已有大批品牌物业服务企业实行了战略调整，纷纷提出：发展会展、巩固商业写字楼、调整住宅的发展目标，甚至一些企业明确提出只经营"高档物业"或不涉足普通住宅的发展定位。企业经营亏损的普通住宅物业项目，理所当然地成了被淘汰的对象。

面对汹涌的"退盘"现象，各级政府应当引起高度重视，把它放到改善民生的更高层面加以解决。从建立质价相符的收费机制入手，引导物业服务企业按照合同规定提供质价相符的服务，引导业主树立质价相符的物业服务消费意识，切实建立起物业管理市场化的平台。物业管理行政主管部门应当抓紧制定《物业服务企业"进入"、"退出"管理办法》，使这一问题尽早得到规范。物业服务企业对于收不抵支的项目，在服务合同期满后主动退出无可非议，这是物业服务市场走向成熟的表现，也是市场经济的必然结果。但是，企业应当按照《物业服务合同》的约定，在合同期满后将决定退出的项目向业主或业主委员会做好解释工作，求得业主的理解。同时要按照相关程序善始善终做好交接工作，为后续管理创造条件，这是物业服务企业应尽的社会责任。

三 2012年中国物业管理走势分析

2012年是中国物业管理承上启下的关键年，也是行业下一个30年的起步年，在新的历史节点上，面对新一轮发展机遇和挑战，行业将凸显以下发展趋势。

1. 深圳物业管理在全国"一枝独秀"的局面已被打破，"三足鼎立"的格局已经形成，"百舸争流"时代正在到来

深圳作为内地物业管理的发源地，经过30年的积极探索和大胆实践，在全

国物业管理行业创造了诸多第一，为中国物业管理行业的形成和发展作出了卓越贡献。但是，近几年来上海、北京物业管理发展迅猛，并在众多方面为中国物业管理的创新与发展起到了带头和示范作用。

上海市物业管理始于20世纪90年代初，上海浦东新区规划的确立和虹桥经济开发区的建设大潮，急速拉动了上海房地产业的开发热浪，悄然带动了传统房地产管理体制的全面改革，物业管理迅速崛起，管理领域和覆盖面快速扩张，法规体系框架初步形成，市场机制初步建立，不仅为"海派物业"的大发展打下了坚实的基础，而且在全国崭露头角。步入21世纪，上海市物业管理进入了专业化、规范化大发展的新时期，法规制度建设进一步加快，在全国率先出台了《办公楼物业管理服务规范》和《医院物业管理服务规范》等技术规范，特别是上海物业人在世博会期间组建的物业服务联盟，开创了在重大国际活动中物业服务之先河，为世博会提供了精彩服务，充分展示了"海派物业"的精神风采。"海派物业"经过20年的发展，淬砺出具有海纳百川、开放包容、精细管理、服务规范、持续创新、诚信自律的特征。

北京市物业管理尽管晚于深圳10年，但发展迅速，法规健全，制度完善，稳中求好，好中求快，厚积薄发。目前北京市已有物业服务企业3000多家，从业人员20余万人，管理面积达3.2亿平方米。据第二次全国经济普查数据显示，截至2008年，北京市物业服务企业主营业务收入达到255.4亿元，占全市国内生产总值的2.44%。北京市高度重视物业管理的法制建设，早在1995年就出台了《北京市住宅小区管理办法》，2003年9月，国务院《物业管理条例》颁布实施后，北京市确定了"1195"（即出台1个实施细则，1个过渡意见，9个规范性文件和5个示范文本），使物业管理初步走上了法制化的轨道。在北京奥运会期间，物业人的优质服务为世人留下了难忘的印象。特别值得一提的是2010年4月，北京市政府通过了新的《北京市物业管理办法》，该法规立法过程之阳光，酝酿之久，开放之纵深，研讨之民主，论证之严谨，创新之大胆，都是物业管理30年以来前所未有的，诸多做法在全国同行业取得重大突破，在业界引起广泛的关注。随之北京市又提出"1+36"，即围绕《北京市物业管理办法》，制定36个规范性文件或技术规范，届时北京市将成为全国物业管理法规体系建设最全面、最完善的城市。

如今，上海、北京两市的物业管理不仅在推进城市两个文明的建设中扮演着越来越重要的角色,发挥着不可替代的作用,而且丰富了中国物业管理内涵,演绎了中国物业管理的风范,成为中国物业管理精彩、给力的篇章。上海、北京物业管理的蓬勃发展已同深圳物业管理在全国形成"三足鼎立"之势,这"三驾马车"并驾齐驱,将为中国物业管理的发展谱写更加绚丽的篇章。

除上海、北京外,广州、天津、重庆、南京、杭州、沈阳、大连、武汉、长沙、贵阳、乌鲁木齐、拉萨、青岛、郑州等城市的物业管理也发展很快,各有千秋。可以断言,中国物业管理已经进入了"群雄并起,百舸争流"的时代。

2. 转型升级,可持续发展将成为行业的不懈追求

中国物业管理经过30年的发展,取得的成绩令人瞩目。但是,目前物业管理行业仍存在发展不平衡、不协调和不可持续等难题。近年来,一些品牌物业服务企业围绕实现转型升级和可持续发展进行了艰辛的探索和大胆的尝试,取得了一定的进展和成果。从目前来看,要实现行业的转型升级和可持续发展还有很长的路要走,仍需要着力做好以下工作。

(1) 在转型升级方面,物业管理要实现三个根本转变,即:由粗放式管理向精细化管理转变,由松散型经营向集约型经营转变,由劳动密集型向技术密集型转变。行业要实现由粗放式管理向精细化管理的转变,需要突出抓好五个环节:一要牢固树立精细化管理的观念,这是搞好精细化管理的前提;二要建立健全精细化管理制度,这是搞好精细化管理的基础;三要制定精细化考核评估标准,这是搞好精细化管理的重点;四要强化精细化工作的执行力,这是搞好精细化管理的关键;五要打造精细化工作人员的队伍,这是搞好精细化管理的根本。只有解决了观念、制度、标准、执行力和队伍等问题,物业管理实现精细化管理的目标才能实现。行业要实现由松散型向集约型转变,必须改变时下物业服务企业整体规模小、规模效益差、多数企业严重亏损、无法取得规模效益、专业技术人才少且分散、企业发展后劲不足和行业整体抗风险能力差的现状,走集团化发展道路。组建一批经济实力雄厚、人才集中、专业技术力量强、一业为主、多种经营,具有市场核心竞争力,能够代表行业发展方向,跨地区、跨行业的企业集团。行业要实现由劳动密集型向技术密集型的转变,必须开拓资产管理市场,将物业管理上升到资产管理的高度,不断拓展物业管理的经营领域,不断创新物业管理赢利模式,不断探索新的商业模式。行业只有加速产业结构调整,优化产业布局,推进技术创新和进步,才能实现由劳动密集型向技术密集型的转变。

（2）在实现行业可持续发展方面。目前，中国物业管理正在进入一个实现阶段性转型升级时期，物业管理产业结构正在发生重大变化。在这关键的历史时刻，为了抓住未来5年、10年甚至更长时间中国物业管理的战略机遇期，行业行政主管部门、行业协会和物业服务企业一要加速地方物业管理立法，完善物业管理法规体系，使行业尽快走上有法可依、有章可循的轨道。二要规范物业管理服务市场，完善物业管理招投标机制，使行业尽快建立起规范有序的市场竞争机制。三要规范业主大会和业主委员会制度，充分发挥业主大会和业主委员会作用，切实维护业主的合法权益。四要加速建立物业服务价格联动机制，形成质价相符的物业服务收费价格体系，使物业管理尽快走上良性循环的轨道。五要加快推进绿色物业管理，使物业管理在保证物业管理服务质量等基本要求的前提下，通过科学管理、技术改造和行动引导，有效降低各类物业运行能耗，最大限度地节约资源和保护环境，致力于构建节能低碳的生活社区。六要加快人才队伍培养，不断提升物业管理服务水平，使之满足业主日益增长的对物业服务的需求。

3. 打造品牌将成为物业服务企业的发展战略

中国物业管理经过30年的历练，已经打造了一批像万科、绿城、首开、长城、中海、金地、保利等品牌物业服务企业。但是，目前我国物业管理品牌企业数量太少，远不能满足行业发展的需求。

面对中国物业管理下一个30年，物业管理市场的竞争将愈演愈烈，而新一轮竞争的核心是品牌之间的竞争。中国物业管理行业要想在国内外物业管理市场的竞争中立于不败之地，必须打造一大批品牌物业企业。因为，品牌不仅是企业的生命，而且是企业发展的基石。在我国实施物业管理品牌发展战略是树立行业排头兵，加快行业发展的需要；是走出国门进入国际市场的需要；是与国外品牌企业争夺国内物业市场的需要；是提高行业整体水平，满足业主日益增长的服务需求的需要；也是行业可持续发展的需要。一个行业如果没有一批代表行业形象，体现行业综合实力、科技水平、管理水平、服务质量和企业文化，在国内外市场上叫得响的品牌企业，难以确定行业地位和形象。

当下，已有越来越多物业服务企业的决策者们意识到打造品牌的必要性和紧迫性，他们正不遗余力地打造品牌企业。实施物业管理品牌发展战略是一项系统工程，需要做的工作相当多，从目前看，应当做好以下工作：一要加速制定物业管理行业品牌战略规划，确定行业品牌战略的近期发展目标和中长期发展规划。

二要制定物业管理品牌企业评价标准和评价办法，明确规定评价的目的、依据、适用范围、申报程序、评价程序和有效期限等，使评价工作制度化、规范化和程序化。三要扶持物业管理行业实施品牌发展战略，政府主管部门、行业协会要采取激励措施和推进手段，鼓励和推动企业创立品牌企业，发展品牌企业和保护品牌企业。四要鼓励、支持物业服务企业争创品牌企业，使企业不失时机，积极融入创立品牌企业的大潮中来，以一流的环境吸引和留住人才，为企业创立和发展品牌提供人才保证；以一流的管理和服务，为企业创立和发展品牌奠定基础；以一流的工作目标和业绩，为企业创立和发展品牌助力；以一流的品牌拓展市场，为企业发展创造条件。通过打造品牌、发展品牌，树立起品牌企业的形象。

由此看来，实施物业管理品牌发展战略，有政府的领导，有行业行政主管部门和行业协会的组织推动，有物业服务企业不懈的努力，有业主委员会及业主的积极参与，有新闻媒体的舆论宣传和监督，就一定能收到预期的效果和达到预期的目的。我国物业管理品牌企业也一定能在国内外市场的竞争中展示出中国物业管理行业的水平。

4. 搭上国家税改列车将成为行业共同心愿

2011年10月26日，国务院常务会议决定开展深化增值税制度改革试点。从2012年1月1日起，在上海交通运输业和部分现代服务业等率先开展试点，逐步将目前征收营业税的行业改为征收增值税。这一决定预示着中国将拉开结构减税的序幕，对于上海市乃至全国物业管理行业无疑是一个难得的机会。

如前所述，眼下物业管理行业在税收方面存在的问题主要有二：其一，重复纳税。根据国家有关规定，消防维保、电梯维保应当委托具备相应资质的专业单位承担。同样如避雷、监控、水质检测等也属政府强制性规定，须由专业公司提供维护与检测。上述分包费用是从收取的物业服务费中列支，物业服务企业已就其收取的全部物业服务收入缴纳了营业税，但专业分包公司又要对其所得的分包费再次缴纳营业税，物业服务企业实际存在着双重税收。其二，税率偏高。目前对物业服务企业沿用的5%的营业税税率，相对于交通运输、建筑、邮电通信、文化体育等行业3%的税率，明显存在税率偏高的问题，应当通过纳入增值税制度改革试点得到解决。

鉴于上述情况和理由，上海市物业管理行政主管部门和行业协会应当抓住这次国家开展深化增值税制度改革试点的有利契机，积极向国家税务部门反映目前物业管理行业税收的现状、存在的问题，建议国家税务部门将物业管理行业纳入增值税制度改革试点，从物业服务企业经营状况的实际出发，重新核定物业服务企业的税率和解决物业服务企业重复纳税的问题，争取国家对物业管理行业在税收方面的支持。通过调整物业管理税收政策，使行业在合理税收情况下，既不增加业主的经济负担，又能保证物业服务企业的正常运行。这不仅是扶持物业服务企业发展的最好途径，也是全国物业人的共同期盼。

5. 不断提高管理服务水平将成为行业发展的永恒主题

我国推行物业管理的目的，是通过专业物业服务企业的管理和服务，为业主创造优美整洁、文明安全、舒适方便的生活、工作和学习环境，使物业保值增值。为了实现上述目的，30年来，全国人大、国务院、国家物业管理行政主管部门和相关部委（局）、行业协会等发布了《物权法》、《物业管理条例》等法律法规，出台了一系列规章、规范性文件和技术规范，举办了一系列活动，采取了一系列措施，经过全行业的不懈努力，使物业管理服务水平得到了明显的提高，业主满意度得到了明显提升。但目前我国物业管理仍处于发展的初级阶段，同国外发达国家的物业管理相比仍存在较大差距，随着业主服务需求的不断提高，物业服务企业应当在服务理念、服务手段、服务特色上下工夫，千方百计为业主提供周到满意的服务。

美国著名行销学家维特认为，未来市场部分的关键不在于企业能提供什么样的产品，而是能提供多少产品的附加值。服务就是提供附加值的一种有效途径。国外企业界有一句名言：质量与服务是企业起飞的两个轮子。世界上所有优秀的企业都极为注重服务，把服务看成企业的立身之本。

作为服务行业的物业管理，更应当把优质完美的服务放在首位。为业主提供高品位、高层次、全方位的服务，不仅包括服务热情、服务规范和服务到位等内容，更重要的是在服务中凝结着一种先进的企业文化。在物业管理中，真挚的服务精神，不仅体现了中华民族的优良传统，也体现了一种先进的服务理念。

物业管理的对象是物，核心是人，如何通过房屋及其附属设备设施等管理来促进对人的管理，是物业管理行业亟待研究和解决的重大课题。对物业服务企业来说，其生命在于业主的满意程度和能否为他们创造价值。只有在现代服务理念的支配下，不断追求更高目标，提升服务品位，创造服务特色，为顾客提供超值服务，实现业主满意度最大化，才能得到最大的认知度和忠诚度，从而增强企业的竞争能力。对物业服务来说，就是通过精细化的服务，为业主创造良好的生活和工作环境，使其名下的产业增值。近年来一些品牌企业在实施物业服务中，充分考虑与企业相关受益者的利益平衡和公众社会价值，并为此建立相应的绩效评价体系，包括顾客满意度、服务质量管理体系、经营绩效、员工满意度以及社会声誉等，受到业主及社会各界的普遍好评。要提高物业管理服务水平，行业还要通过推行物业管理师制度，全面提高从业人员素质，通过落实严格的职业培训和执行精细的服务标准，不断提高物业管理的专业水平，这将成为行业发展的永恒主题。

The Retrospect of China Property Management in 2011 and Trend Analysis for 2012

Ye Tianquan   Xu Yubiao   Ye Ning

Abstract：2011 is the most varied and unforgettable year for China property management. In this year, China Property Management went into its thirtieth year. Commendably, in this joyful moment, people didn't indulge in success, but analyse the difficulties and problems that the industry is confronting. However, as China CPI and the minimum wage standard increases constantly, the contradiction between the greatly rising operating cost and the low charging standard of property management service is becoming so evident that it must be solved as soon as possible. This thesis describes the industry development in 2011, explore the hot spot, and make a trend analysis for 2012.

Key Words：Highlight；Hot Spot；Trend

区域篇
Region

B.12
2011年上海市房地产业发展分析报告

陈则明*

摘 要：2011年上海房地产业经历了非常严厉的调控。在"调结构、稳物价"的大背景下，房地产调控持续加码，限购、限贷措施进一步落实细化；2011年全年上海市住宅成交量较2010年有大幅下降，成交均价仅上涨1.4%，调控效果显著，上海土地市场表现低迷，尤其是住宅土地，溢价低、底价成交是今年土地市场最大特征；部分开发企业在2011年下半年开始大幅度降价，以价换量取得成效；住房保障和房产税等长效政策具有实质性进展。

关键词：房产税 限购令 住房保障 房价

一 2011年上海市房地产市场运行情况分析

1. 房地产开发投资比上年仍有一定增长

2011年，上海市房地产完成开发投资2170.31亿元，比上年增长9.6%。从

---

* 陈则明，上海社会科学院房地产业研究中心副主任，上海民盟市委特邀研究员。

商品房类型看，商品住宅投资1398.75亿元，同比2010年增长9.6%；办公楼投资231.09亿元，同比增长3%；商业营业用房投资236.05亿元，同比减少3.5%。

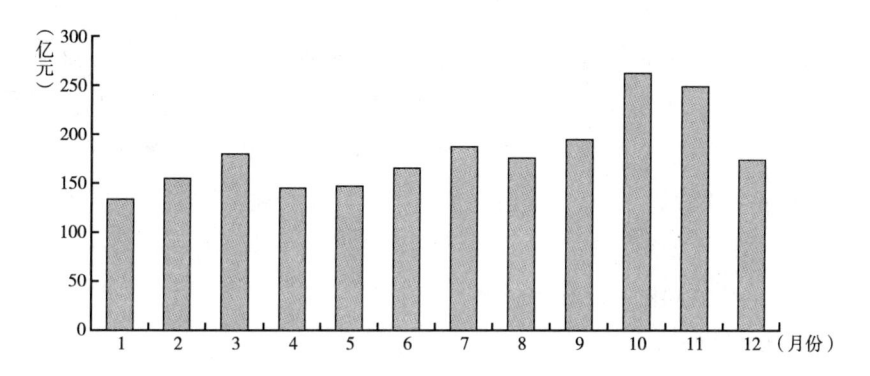

图1　2011年上海市房地产开发投资完成情况

从月度数据来看，2011年国庆之后房地产开发投资具有较大幅度增长。10月份，房地产开发投资达到263.35亿元，同比2010年10月增长29%。其中办公楼开发投资的贡献最大，达到42.21亿元，同比增长108.6%；商业营业用房开发投资达到30.8亿元，同比增长36.8%。在住宅市场景气受到调控影响的环境下，开发企业的投资具有向商业地产转移的趋势。

2. 房地产建设规模平稳增长

随着房地产开发投资的增长，商品房在建规模继续扩大。2011年，上海市商品房施工面积12983.32万平方米，比上年增长14.9%。其中商品住宅施工面积8386.26万平方米，增长14.7%。2011年，上海市商品房新开工面积3644.06万平方米，比上年增长20.2%。其中商品住宅新开工面积2473.6万平方米，增长17.2%。2011年，上海市商品房竣工面积2240.62万平方米，比上年增长15.4%。其中商品住宅竣工面积1549.66万平方米，增长11%。房地产建设规模保持着近年来稳定增长的水平，未明显受到调控等因素影响。

3. 商品房销售面积继续下降

2011年上海市商品住宅呈现出"低开低走"的市场走势，虽然供应量年初有小幅的增长，但成交始终疲软，总体走势一直处于一个低位运行的市场态势。2011年，上海市商品房销售面积1771.3万平方米，比上年下降13.8%。其中商品住宅销售面积1473.72万平方米,下降12.6%。

4. 新建商品住宅价格保持稳定

根据搜房网统计,2011年上海全年商品住宅均价约为2.2万元/平方米,同比上升1.4%,虽仍呈上涨趋势,但较2010年30%以上的同比涨幅,缩小明显。根据国家统计局公布的70个大中城市房地产价格指数,2011年12月,上海新建住宅价格指数同比上涨1.7%,其中90平方米以下住宅价格同比上涨3.7%,90~144平方米住宅价格同比上涨2.3%,144平方米以上住宅价格同比上涨0.9%。2011年12月,上海二手住宅价格指数同比上涨1.7%,其中90平方米以下住宅价格同比上涨2.3%,90~144平方米住宅价格同比上涨2.3%,144平方米以上住宅价格同比下降0.7%。

5. 土地市场低迷

2011年上海土地市场整体呈现低迷的状态,住宅类用地市场表现尤为明显。开发商存量高、资金链紧张,整体拿地热情不高,成交量、成交单价下跌,溢价率持续走低,缓拍、流拍现象显著。

2011年上海市土地供应量上涨,推出面积2927.76万平方米,同比增加20.63%。供应结构变化明显,住宅类用地供应量占总量的27%,较上年34.7%的比重明显减少,土地供应量上涨主要是受工业用地与商办用地增加影响。其中2011年上海共推出经营性用地308幅,共计1464万平方米,同比2010年增长12.79%,其中2011年有27幅土地因出让终止而未能实现成交,占比近一成。2011年年初上海规土局公布住房用地供应计划,全年计划供地1200万平方米,实际共成交1031万平方米,未能完成供地计划。2011年上海共成交经营性土地281幅,成交面积共计1336.7万平方米,同比2010年增长4.72%。其中住宅用地成交面积481.51万平方米,同比减少16.97%,商业用地成交面积305.12万平方米,同比减少1.82%,保障房用地成交面积550.06万平方米,同比增长42.62%,住宅用地及商业用地成交面积均较上年有一定程度下降。

在成交面积同比增长的同时,土地出让金却出现了近年来首次负增长,2011年上海经营性土地出让金共计1183.22亿元,同比2010年减少14.41%。其中住宅用地成交470.41亿元,同比减少39.54%;商办用地成交500.8亿元,同比增长4.66%;保障房用地成交212.01亿元,同比增长68.27%。2007年上海土地出让金收入481.29亿元,2008年为398.18亿元,2009年为1043亿元,2010年为1382.51亿元，也就是说这是继2008年后上海土地出让金两年来首次出现负增长。

在2011年成交的281幅土地中，有170幅为底价成交，占比超六成，平均溢价率仅为17.66%，而这一数字在2010年为46%。溢价率的下降充分反映出2011年上海土地市场的不景气。

二 上海部分楼盘引领降价

1. 上海部分楼盘降价的原因

上海的房价在历来市场调整中比较平稳，但是2011年10月以来部分上海房地产项目降价，引起社会广泛关注，在全国引领本轮房价下跌，这些楼盘有龙湖郦城、绿地秋霞坊、中海御景熙岸、闵行星河湾等。

历来房地产市场调整都在实业经济之后，外向型经济城市受经济周期影响更大，比如温州、东莞、深圳、苏州等。本次降价发生在上海，具有政策效果和企业营销策略的原因。上海是受调控政策影响最大的城市。在限购、限贷、房产税综合影响下，上海的调控政策最多最严格。全国1~9月销量增长10%以上，但是，一线城市销售量降10%以上。2011年7月份"沪四条"颁布后，对补缴纳税买房不予认可，进一步扩大了限购人群，更加遏制了上海市整体成交，上海商品住宅成交从5~7月月均成交7000套降至8~9月份月均成交不到5000套，下滑约29%，对成交量影响大。而北京从8500套下滑至6500套，下滑24%，幅度小于上海。广州市8~9月份月均减少也在1000套左右，均没有上海严重。

此次降价的原因首先来自龙湖抢收华东的促销计划。龙湖10月19日发布抢收华东促销行动的成果是5天20亿元的销售成绩。此次，龙湖在上海和杭州共3个项目以限时团购的方式推出约1000套房源，其中龙湖郦城促销房源最多，这也是激起龙湖郦城大量前期业主维权的导火索。此外龙湖华东区域年初既定销售目标是50亿元，而在此次促销前，华东仅完成20亿元的销售额，这也是促成此次抢收华东的主因，最终通过降价确实也达到了龙湖预期的目的。不仅华东区域降价意图显现，龙湖也逐渐展现出在全国布局城市降价的意图，包括青岛的龙湖滟澜海岸，10月推出小高层虽然不同于之前的连排别墅，但是均价6500元/平方米，较周边也低了约1000元/平方米，获得了热销，预计总回款在3.7亿元。

龙湖虽然在全国取得了较好业绩，但是大幅度降价促销只能说明营销策略的驱使，而不具有市场普遍意义，这种价格不是在供求关系彻底扭转的条件下形成的市场价格。

降价由中海、龙湖、绿地这样大型开发商发起，这些企业前三季度销售目标均完成了70%~80%，离全年目标并不太远，抢占先机先降价，抢占市场。前三季度，绿地销售目标已完成83%，龙湖完成71%，中海完成68%，整体完成情况不错。相对于完成情况不足50%的房企，龙湖、中海这样的企业还是有机会在最后一个季度冲刺销售目标，此时的降价与企业的资金链并不相关，而是希望在年底拿出一份好的成绩单，给股东和管理层看。

近期降价促销没有高节奏周转的企业。万科在2008年曾经有率先降价抢占先机的先例，从上年10月开始，万科的楼盘就注意低价跑量，之前万科楼盘基本都超过周边楼盘价格，但近一年来万科楼盘在价格上都具有竞争力。同样恒大在二、三线城市楼盘的销售节奏都很快。各大开发企业决策人对调控政策始终持谨慎经营的态度。

目前已经出现的上海降价楼盘，属于外环外少数企业的局部行为。对哄抬房价需要关注，同时也需要关注降价中的违法嫌疑和恶意倾销。少数楼盘对尾盘超低价销售，对其他企业销售造成困难。对调控深化进行要挟的恶性竞争，对远期规划项目超低价预售融资，也需要政府有所警惕和采取措施。

当前中国房地产调控处于关键时期，保障房建设后还没有大规模分配，城市房屋征收条例的细则还没有完成。相对于房地产市场的限购、限贷政策，作为长期政策的保障房和征收条例的影响更加深远。在这两项政策没有发挥作用之前，市场都会处于调整时期。

2. 上海近期项目降价过程

判断一个楼盘是否降价，有两种依据。第一，和楼盘自身相比，价格是否低于前期售价。这种降价方式是"在售直降"。第二，和同质（区位）楼盘相比，开盘价格是否较低。这种降价方式是"低开入市"。同时，在降价幅度上，只有降幅超过10%以上的，才能认定为真正意义上的降价。根据以上判断标准，2011年上海商品住宅真正意义上的降价楼盘早在3月份即已出现。2011年，上海降价大致经历了两个阶段。

第一阶段：3~9月。总计有45个项目进行了真正意义上的降价，这一阶段降价方式主要为"低开入市",价格降幅约为10%~15%。第二阶段:10月以后,上海降价进入新的高潮。一方面,单月约有10个项目集中进行了降价,并且降价方式转变为"在售直降",价格降幅达到了15%~25%。另一方面,中海、龙湖、星河湾等大牌开发企业也加入了降价潮。同时,"在售直降"的方式也引发了前期消费者的不满,团体退房事件屡屡发生。

汇总2011年3~10月上海降价项目,总计有55个项目真正意义上进行过价格调整,占全市在售400余个项目的不到15%。按环线分布,内环以内有2个,降幅20%~30%;内外环间8个,平均降幅10%~20%;外环以外45个,平均降幅10%~25%。可见,目前降价项目主要集中在外围区域,且外围各区、各新城均有项目进行了降价。

3. 存销比创历史新高

2012年12月底,北京、上海、广州、深圳4个一线城市新建商品住宅存销比分别为12.5、17.0、12.8和12.1。以上海为例,自2011年以来,上海的住宅库存量已连续7个月处在过大区间。截至2011年12月底,上海新建商品住宅库存973万平方米,同比增长51.99%;库存量与上年相比有大幅的提高。

三 上海严格贯彻执行调控政策

1. "沪四条"杜绝调控漏洞

7月26日,上海市房管局下发《关于加强本市商品住房销售行为监管,严格执行住房限售政策等有关问题的通知》(下称"沪四条"),巩固加强房地产调控决心。社会普遍认为"继续严格执行住房限售政策"一项最为严厉。房地产调控政策中"一房一价"难以执行,"限售令"可以采用多种办法规避。"沪四条"主要是对目前监管漏洞的堵截,一是制定修正"一房一价"与合理定价的办法,二是填补"限购令"的漏洞,三是规范销售行为,四是整治房产经纪管理。

通知要求各区县房管部门要与价格主管部门配合做好"一房一价"工作,销售现场公布的房源价格应与经房管部门备案的价格保持一致。对于定价过高的,可以采取约谈、劝诫等方式加强指导和审核,也可以联合价格主管等部门进行会审。沪版"限价令"出台,进一步收紧了开发商的"涨价权",意味着房地产相关部门将来在房地产市场定价上,具有越来越重要的责任和权利。

严格按照住房限售规定开展销售、经纪业务，认真核对购房人户籍、婚姻、个税或社保缴纳证明等材料。非本市户籍居民家庭持"个人所得税完税凭证"购房，个人所得税申报日期须符合"自购房之日起算的前2年内累计缴纳满12个月"的规定，补缴的不予认可。补税的纳税证明不被认可购房资格。对此项限购政策短板的补齐，对楼市尤其是中高端市场冲击比较大。

未取得预售许可或未办理现房销售备案的商品住房项目，房地产开发企业不得以认购、预订、排号、发放VIP卡等方式，向买受人收取或变相收取定金、预订款等性质的费用；也不得通过商业网站以认筹、发放VIP卡、网络团购等方式，收取或变相收取定金、预订款等性质的费用。

各区县房管部门要会同价格主管等部门集中开展一次房地产经纪市场专项整治，重点检查未经备案从事房地产经纪业务、提供或者代办虚假证明材料、怂恿或协助当事人签订"阴阳合同"、炒卖房号、哄抬房价等行为，严格查处各类违法违规行为。

2. 房产税开始试点

1月27日，上海和重庆市房产税试点方案出炉。上海市政府发布《上海市开展对部分个人住房征收房产税试点的暂行办法》通知，从1月28日起开展对部分个人住房征收房产税试点，征收对象包括本暂行办法施行之日起，本市居民家庭在本市新购且属于该居民家庭第二套及以上的住房（包括新购的二手存量住房和新建商品住房）和非本市居民家庭在本市新购的住房（"应税住房"），税率暂定为0.6%。一年来，房产税的政策效应已开始逐步显现，高档商品住房消费得到遏制，商品住房供应结构得以优化，居民住房消费观念开始转变，应税住房的比例明显减少。

3. 住房保障取得实质进展

2011年是上海保障性安居工程全力推进的一年，在保证质量前提下加快建设，在确保公平前提下加快供应，一系列工作全面提速。全年新开工建设和筹措保障性住房1700万平方米、26.7万套（间），供应1240万平方米、17.5万套（间），保障房首次成为上海房地产开发格局中的主角。上海已经初步构建起了廉租住房、经济适用房、公共租赁房、动迁安置房"四位一体"的保障性住房体系。

上海保障房的资金筹措方式也不断创新。2011年5月，上海保障房建设开发企业之一的上海城投与中国平安携手推出了 7 年期保障房项目债权投资计划，募集不超过 30 亿元的资金，迈出了我国保障性住房建设融资创新的重要一步。上海银监局等部门联合建立信贷支持保障房建设的"名单式"管理制度，陆续公布了重点信贷支持的保障性住房项目名单。

上海在经济适用房建设中推出了"共有产权"制度，依据政府在经适房中的各种投入（如免收的土地出让金、行政事业性收费、城市基础设施建设费用、其他税费的减免等）和购房人购房款投入所占的不同比例，设定政府的住房保障机构和购房人不同比例的产权份额，并由双方在购房时通过购房合同事先加以约定。"共有产权"的运作机制可以有效压缩通过经适房投资获利的空间，防止社会公共资源流失，也最大限度减少了寻租的可能。

四 2012 年上海房地产业展望

2012 年国家进一步促进房价合理回归，将是调控政策的主线。

1. 房地产政策会随经济状况和市场情况微调

2011 年严厉的限制性政策的执行效果，在打击投资和投机性需求的同时，也难免抑制了刚性和改善性需求。房地产刚性和改善性需求是房地产可持续发展的基础。只有刚性和改善性需求恢复，才可能带来房地产交易量和开发量的逐步企稳，也才能保证房地产业"稳中求进"的发展。中央经济工作会议确定了 2012 年中国宏观经济"稳中求进"的发展基调，其中对于房地产的表述中依然强调"要坚持房地产调控政策不动摇，促进房价合理回归"。房地产业"稳中求进"的发展依然举足轻重。因此，在现有的政策框架中，逐步放开刚性和改善性需求的灵活调整是非常有可能的，可能会由"短期政策"向"长效机制"转变，由"行政措施"向"经济手段"转变。

2. "限贷"更加强调"差别化、动态化"

2012 年货币政策依然会"稳健运行"。11 月 30 日晚，央行宣布从 2011 年 12 月 5 日起，下调存款类金融机构人民币存款准备金率 0.5 个百分点。在 2012 年上半年，随着货币政策的微调、银行新一年信贷额度的释放，房贷或将出现结构性松动。

在贷款方向上，对于刚需型和改善型购房者，下调首付比例和利率也具备了一定的实施条件。动态、差别化的个人住房贷款政策，限制各种名目的炒房和投机性购房。对住房公积金的差别化贷款也可能深化。公积金贷款购房最低首付比例已提高至三成（90平方米以上住房），并推行多套房的差别化利率。对保障住房的公积金贷款可能会有支持政策。在开发贷款方面，保障房所需要的资金可能还是主要需要银行贷款支撑。

3. "限购"政策继续从严

限制购买多套住房，对打击投机和抑制投资具有显著效果。住建部部长姜伟新在十一届全国人大常委会上坦言，限购令行政色彩过重，因此未来将更多地考虑用财税的手段进行调控，为此已经着手进行个人住房信息联网的建设，该系统将与银行、财政、税务、公安等系统联网，联网后将不必再使用限购令。国税总局人士表示房产税扩容之时可能考虑取消限购令。各级政府是不会轻易放开限购措施的，放开限购措施的前提是找到其他替代方式来转换，如增加交易税、资本的利泽税、房产税等手段，只有这样才会避免下一轮房价的快速上涨。上海等少数城市表示在"限购令"到期后延续执行，但是，在既定法规内，对户籍要求可能会降低要求，对改善性需求也会有一定程度放宽的考虑。

4. 房产税试点可能扩大

上海、重庆的房产税试点后，房价稳定，高端住宅投资率下降。推广财产性税收，将房地产税收从交易阶段转移到保有阶段，是税收改革的大方向。但是房产税对存量征税，可能进一步引发公平问题的争议。房地产信息系统是否全面准确、法律是否无瑕疵、程序是否合法、征税手段是否充足，都是社会关注的问题。城市在"土地财政"背景下搞房地产开发不征收房产税，政府把土地出让后开始征税，需要取得公众的认同，需要与70年土地使用权制度结合。

5. 住房保障稳步推进

2010年保障房建设已在全国范围内全面启动，从中央到地方纷纷加大了对保障房的建设和投入力度，完成了1000万套的建设任务。今后住房保障指标不仅仅重视开工量，竣工量也是保证住房保障工作的质量指标。上海市2012年明确了当年"四位一体"住房保障体系推进指标与具体目标任务，全市保障性住房的总体目标为新开工和筹措1100万平方米、16.58万套，竣工9万套（户），以及可供应770万平方米、11万套。此外，市政府还同意在临港产业园、漕河泾开发区浦江高科技园区以及临港主城区分别探索开展"先租后售"公共租赁住房和定向的限价商品房工作。保障性安居工程新开工建设与筹措16.58万套，其中共有产权保障房（经济适用住房）5.3万套，动迁安置房（限价商品房）4.28万套，另外，建设和筹措4万套公共租赁住房，对符合廉租住房条件的受益家庭"应保尽保"，城市旧区改造完成2.5万户。

在这些政策稳步推进的条件下，房地产市场必然是一个稳步调整的市场。房地产价格逐步与国民经济指标和居民收入相适应；市场秩序更加合理，打击投机投资需求的同时，满足刚性和改善性需求；市场结构进一步优化，保障房和市场房协调发展，普通商品房比例进一步提高，户型比例更加优化。

Analysis on Shanghai Real Estate Market in 2011

Chen Zeming

Abstract: In 2011, the Shanghai real estate has gone through a very stringent regulation. In the backdrop of the "structural adjustment, stabilize prices", the regulation of real estate continues to overweight, purchase restriction, loan restriction were implemented further; throughout 2011, Shanghai residential volume in 2010 compared to a significant decrease in turnover are prices rose only 1.4 percent, a significant control effect, the sluggish performance of the Shanghai land market, especially residential land, low premium, at the opening price is the biggest feature of the land market in 2011; part of the development in the second half of 2011, a substantial price reduction, the amount of change in price success; housing security and property taxes and other long-term policy has a substantial progress.

Key Words: Property Taxes; the Purchase Order; Housing Security; Housing Price

B.13
2011年广州房地产市场研究和 2012年展望

廖俊平 饶雅洁 蔡楚星*

摘 要：和全国情况一样，2011年广州房地产市场调控取得显著效果，政府房地产市场调控的行政、经济手段并用，需求控制和扩大供给双管齐下，成功遏制了房价过快上涨势头。但房地产市场也就此陷入了明显的停滞，成交低迷，土地出让受挫。展望2012年，市场状况不会有明显改观。

关键词：广州 房地产市场 房地产市场调控

一 2011年广州市房地产市场政策环境分析

从2005年开始的房地产市场调控，终于在2011年走出了"越调越涨"的怪圈，在限购乃至限价的强力行政措施之下，加上限贷的金融政策，终于使住房价格高昂的龙头无法再抬头了，至少在"北上广深"等一线城市，房价上涨的势头可以说已经遏制住了。

从2011年1月26日"新国八条"的出台到上海、重庆两市房产税的试行，再到3月份国务院政府工作报告中将"坚定不移地搞好房地产市场调控"作为本年度房地产政策的主题，房地产政策调控的力度一直在不断加大，房价调控的目标也从遏制房价过快增长到促进房价合理回归，中央政府的调控政策表现出从未有过的坚定决心，地方政府为了完成目标相继推出限购乃至直接限价的政策。

---

* 廖俊平，中山大学岭南学院房地产咨询研究中心主任、教授，中国房地产估价师与房地产经纪人学会副会长，广州市房地产中介协会会长，主要研究领域：住房政策、房地产市场、房地产估价、房地产经纪等；饶雅洁、蔡楚星，中山大学岭南学院硕士研究生。

行政和经济手段并用，需求控制和扩大供给双管齐下是2011年房地产各项调控措施的主要特征。"新国八条"中首次要求地方政府制定房价控制目标，表明房地产市场调控从通过经济、行政手段调控上升为直接调控房价。同时"新国八条"中也指出，各直辖市、计划单列市、省会城市和房价过高、上涨过快的城市，在一定时期内，要从严制定和执行住房限购措施。此后关于限购的各项实施标准和范围不断深化和扩大，7月12日，温家宝总理在国务院常务会议上又强调房价上涨过快的二、三线城市也要限购，截至2011年12月，全国共有46个城市出台了限购政策。

在抑制需求的同时，中央及地方政府也将扩大供给作为调控市场、平衡供需、抑制房价的主要手段。其中，大力加强保障房建设就是配合2011年房地产市场调控的一项关键举措。2011年3月份的《政府工作报告》中明确提出年内将建设保障性住房1000万套，同比上升72.4%，中央财政预算拟安排补助资金1030亿元，比上年增加265亿元。为保证保障房建设计划的按时完成，中央政府继续实行问责制，并且在多项政策中重复提出、反复强调。3月份保障房建设计划分配完成后，中央便与地方政府签订"军令状"，4月派出专项督察小组对各地建设情况进行检查，5月住建部发布《关于加强保障性安居工程质量管理的通知》，督促各地保质保量完成保障房建设任务。全国保障房开工率逐月上升，6月份完成率达56%，7月份达到72%，8月升至86%，9月达到98%。11月10日，住房和城乡建设部向社会公布，截至10月底，全国城镇保障性安居工程开工已超1000万套，实现了年初计划的目标任务。2011年成为中国保障房大规模建设元年。

纵观2011年房地产市场的各项调控政策，中央政府在商品房市场、保障房供应、土地供应三方面同时出手，以行政、税收、信贷措施共同抑制商品房市场上的投资投机需求，同时通过确保土地、资金的充足供应和制度的有效性来支持保障性住房建设，希望切实解决"住有所居"；土地市场上则继续保持并加大用地供给，为保障房和普通商品房建设提供充足的土地资源，并完善招拍挂制度，提高土地出让的规范化程度。

在国家出台一系列调控政策之后，地方政府的配套政策也相继出台。为贯彻落实国务院办公厅《关于进一步做好房地产市场调控工作有关问题的通知》（即"新国八条"），2月24日广州国土资源和房屋管理局公布了《关于进一步严格执

表1　2010年与2011年全国房地产主要调控措施对比

政策性质	2010年	2011年	区别
增加供给	1. 保障性住房、棚户区改造和中小套型普通商品住房用地不低于住房建设用地供应总量的70%，并优先保证供应； 2. 确保完成2010年建设保障性住房300万套、各类棚户区改造住房280万套的工作任务	1. 计划建设保障性住房、棚户区改造住房1000万套，重点发展公共租赁住房； 2. 强调重视保障房建设质量； 3. 建立保障性住房考核问责制	1. 保障房建设力度加强，建设套数较2010年增长72.4%； 2. 扩大规模的同时确保质量
控制需求	对于房价过高、上涨过快、供应紧张的城市，要在一定时间内限定居民家庭购房套数	"新国八条"要求地方政府制定限购措施，并出台房价控制目标；对地方政府落实调控政策的落实情况派出专项督察小组进行检查；要求二、三线城市也要限购	1. 限购范围扩大，力度加强； 2. 提出房价控制目标； 3. 政府行政干预力度前所未有
信贷管理	首套房贷首付不低于30%，二套房贷首付不低于50%，利率不低于基准利率的1.1倍，三套房全面暂停贷款	1. 二套房首付比例提高至60%以上； 2. 部分银行将首套房贷款利率提升至基准利率的1.1倍	更加严厉地抑制投资、投机性需求，大幅收紧银行房地产贷款
税收管理	对销售收入和购买价格的差额征收营业税	重庆、上海试行房产税；对购买不足5年的普通住房转让收入全额征收营业税	营业税由差额转为全额征收，直接遏制投资、投机性需求

行广州市商品住房限购政策的通知》，作为广州市落实"新国八条"有关限购的地方性配套文件，该《通知》结合广州实际，对本市户籍和非本市户籍居民家庭的限购套数作出了明确规定，同时二套房首付提至六成，不足5年的住房交易的营业税按全额征收。但其中的限购范围只限于市辖十区，购房者在增城、从化的置业并未纳入限购行列。3月29日广州市政府又发布了《关于公布我市新建住房2011年度价格控制目标的通知》，提出2011年度新建住房价格涨幅要低于全市年度生产总值增幅和城市居民人均可支配收入增幅。通过不断调控和监管，广州市房地产市场出现了积极的变化，房价过快上涨的势头得到初步遏制。

保障房建设方面，广州市2011年计划筹集8.5万套保障性住房，约占全省的1/4，是历年来开工总量最大、任务最重的一年。按照省委、省政府要求，纳入2011年建设计划的保障房项目，必须在10月底前全面开工。截至10月25日，随着广州市规模最大的保障房项目——萝岗中心城区项目举行开工仪式，全市筹建保障房89174套,完成年度目标任务105%;如期完成解决77177户家庭住房困难目标任务。

表2　2011年广州市房地产行业相关政策

日期及文件名称	主要内容
2月24日广州市政府公布《关于贯彻国务院办公厅〈关于进一步做好房地产市场调控工作有关问题的通知〉的实施意见》	共有十条,主要内容:广州3月底前公布年度价格控制目标;不足5年,全额征收营业税;实行"认房又认贷",二套住房首付款60%,利率1.1倍;市区实行限购政策等
2月24日,广州市国土资源和房屋管理局公布《关于进一步严格执行广州市商品住房限购政策的通知》	对在本市已拥有1套住房的本市户籍居民家庭(包括购房人、配偶及未成年子女)限购1套住房(含新建商品住房和二手住房);对在本市已拥有2套及以上住房的本市户籍居民家庭、拥有1套及以上住房的非本市户籍居民家庭,不得购买住房
3月29日,广州市政府公布《关于公布我市新建住房2011年度价格控制目标的通知》	2011年度新建住房价格涨幅要低于全市年度生产总值增幅和城市居民人均可支配收入增幅
6月1日,广东省物价局公布《关于印发〈关于商品房销售明码标价的规定〉的通知》	商品房销售明码标价实行一套一标,商品房经营者应当对每套商品房进行明码标价,对取得预售许可或办理现房销售备案的商品房项目,商品房经营者要在规定时间内一次性公开全部销售房源,并严格按照申报价格明码标价销售
9月28日,国土房管局颁布实施《关于报送年度商品房项目预(销)售计划和商品房预售方案有关事项的通知》	各房地产开发企业应于每年1月31日前报送本企业本年度商品房项目预(销)售计划表,报送范围涵盖全市十区范围内的所有项目。应根据开发项目建设进度制定商品房预售方案,在申办商品房预售许可时应依法将方案报送至广州市房屋交易监管中心审核备案
10月20日,国土房管局颁布实施《广州市集体建设用地使用权流转管理试行办法》	广州市集体建设用地将可以合法化流转,用地单位和企业可以购买集体建设用地。集体建设用地使用权出让价格不得低于同区域、同类别国有土地使用权基准地价的30%

资料来源:广州市国土资源与房屋管理局。

二　2011年广州市房地产市场总体分析

(一) 房地产投资分析

1. 房地产开发投资:保障房建设拉动低迷投资市场,总体保持适度增长

相比固定资产投资增速的放缓,房地产开发投资的快速稳定增长对固定资投资的拉动作用明显。2011年房地产开发投资增幅呈逐步走高态势，累计完成房地产开发投资1306.74亿元，同比增长32.8%，增幅较上半年（26.7%）提高了6.1个百分点，占全社会固定资产投资额的38.28%，同比提高8.2%。其中，民营房地产开发投资额为448.75亿元，比2010年同期增长28.1%，增幅较2010年同期（16%）上升12.1个百分点；国有单位房地产开发投资额达117.46亿元，虽相比民营房地产企业绝对数量较小，但较上年同期猛增66.4%，增幅同比（-13.19%）上升79.59个百分点。2010年国家勒令78家央企退出房地产市场虽然使得年末国有房企开发投资额出现急剧下滑，但2011年保障房建设的大跨越对冲了这一因素的影响，使政府住房建设投资成为严厉调控下房地产开发投资增长的主力军，最终全年房地产开发投资额仍保持了适度增长的势头。

表3 2006~2011年广州市房地产开发投资情况

单位：亿元，%

年 份	2006	2007	2008	2009	2010	2011
地区生产总值	6073.83	7109.18	8215.82	9112.76	10604.48	12303.12
同比增长	17.8	17.1	15.6	10.9	13.00	11.0
全社会固定资产投资额	1696.38	1863.34	2105.67	2659.85	3263.57	3413.58
同比增长	11.7	9.8	13	26.3	22.70	10
房地产开发投资额	556.79	703.8	763.54	817.34	983.66	1306.74
同比增长	9.6	26.4	8.5	7.1	20.30	32.8
房地产开发投资额占固定资产投资额比重	32.8	37.8	36.3	30.7	30.1	38.3

资料来源：广州市统计局。

2. 房屋施工及竣工面积：年末增速加快，来年供给堪忧

2011年广州市房地产开发施工面积为7704.34万平方米，同比增长19.2%。其中住宅施工面积4848.07万平方米，同比增长21.7%，增速较2010年同期（20.3%）上升1.4个百分点。虽然受到宏观调控政策的影响部分开发商延缓施工进度，施工面积增幅较房地产开发投资额增幅较小，但受到保障房大面积开工的影响，房屋施工面积增幅与2010年同期（20.8%）相比，仅下降1.6个百分点。由于保障房仅能满足部分低收入人群的住房需求，商品房施工面积特别是新开工面积的减少将对未来房地产市场供给造成不利影响，房屋供给不足或将导致未来两三年内供需矛盾凸显。

广州市2011年累计完成房屋竣工面积1263.2万平方米，同比上升15.4%，其中12月竣工的房屋面积接近全年竣工面积的50%。住宅竣工面积为831.68万平方米，比2010年同期上升7.4%，虽同比增幅较小，但年底呈现出竣工速度加快的情况，说明不少开发商趁年末开盘以回笼资金。2011年广州市房地产开发投资和施工及竣工面积继续保持上升态势，虽然限购等严厉调控政策对房地产市场供给造成了相当大的影响，特别是上半年部分资金较为充裕的开发商在销售情况不佳、未来市场走势尚不明朗的时候选择放慢开发速度以维持现金流的稳定，但年末竣工面积增速加快也说明开发商逐渐意识到2012年房地产市场仍将严峻的事实，加紧促销力度。但房地产市场的不景气已经影响到开发商的拿地热情，年内多宗土地流拍，在这种情况下未来一两年内的开工面积和未来两三年内的竣工面积可能会出现下降态势，从而影响商品房供给。

表4　2007~2011年广州市房屋建设情况

单位：万平方米，%

年　份	2007	2008	2009	2010	2011
房屋施工面积	5185.43	5500.37	5505.56	6464.12	7704.34
同比增长	6.9	6.1	-0.7	16.4	19.2
住宅施工面积	3594.99	3659.65	3420.09	3983.84	4848.07
同比增长	4.9	1.8	-7.3	15.4	21.7
房屋竣工面积	853.71	943.76	961.24	1094.59	1263.2
同比增长	-13.4	7	-9.1	1.5	15.4
住宅竣工面积	674.85	673.92	715.68	774.69	831.68
同比增长	-12.4	-3.9	-5.2	-2.4	7.4

资料来源：广州市统计局。

（二）土地市场

1. 供给：推行有弹性的供地计划

广州市政府2011年制订了有弹性的土地供应计划，希望根据市场需求和运行状况保持适度的土地供应规模，促进土地供应布局和结构的优化升级。3月30日，广州市国土资源与房屋管理局发布《关于公布广州市2011年市辖区经营性用地出让计划的通告》，预计全年广州市将推出35宗住宅用地，62宗商服用地，面积分别为3.37平方公里和2.2平方公里，主要分布在琶洲、大学城、新客运站、珠江新城及白云新城，同时计划出让产业用地7.15平方公里。除正式计划外，市辖十区预安排了4.47平方公里的商品住房用地，以及3.3平方公里的商服用地。2011年广州市的土地供应计划主要有以下特点。

第一，中心城区商住用地供应增加。正式出让计划的3.37平方公里的住宅用地中，中心六区约为1.97平方公里，占58.5%。

第二，商服用地比例进一步增大，供应区域重点突出。正式出让计划中住宅和商服用地的面积比约为3∶2，供地计划继续向商服用地倾斜。从区域分布来看，62宗商服用地大部分分布在海珠区的琶洲、番禺区大学城和新客站周围，突出体现了集中、优先供应重点功能区商服用地的特点。

第三，"三旧"改造力度加强。2011年正式出让计划中安排了"三旧"改造用地0.66平方公里，其中居住用地0.43平方公里，商服用地0.23平方公里。

2. 需求：土地出让市场反应冷淡

2011年全年广州市土地一级市场通过招拍挂方式成功出让商住用地26宗（不含工业用地及从化、增城两市范围用地），总出让面积184.36万平方米，商业办公用地33宗，面积为72.21万平方米。商住及商业办公用地总出让面积为256.57万平方米，较2010年的297.79万平方米减少13.84%。3月30日国土资源与房屋管理局公布《关于公布广州市2011年市辖区经营性用地出让计划的通告》之后，2011年的土地出让正式拉开序幕。4月份广州市政府开始了大规模集中推地，但由于推出地块大都分布在番禺等外围区域，中心城区仅有荔湾区高尔夫球场AF030448地块推出，市场反应冷淡，4月份成交的8宗土地中仅有高尔夫球场地块和中国石油天然气股份有限公司在番禺区小谷围地区竞得的加油加气站地块出现小幅溢价，其余土地均以底价成交。7月之后政府开始加快供地步伐，土地供给出现"井喷"，开发商拿地却愈发谨慎，一来是所推优质土地较少，二来是挂牌价较高，使得大多数开发商望而却步，但最为关键的仍在于调控政策的收紧让地产商们对后市前景担忧，目前若大规模拿地，未来市场需求一旦不足将面临巨大风险。从11月1日至15日，广州市国土房管局主动叫停了包括广州南站24宗土地在内的31宗土地的出让，实际上是在明知没有买家情况下采取的果断措施。

2011年广州政府十区计划出让居住用地337万平方米，而实际出让面积仅为184.36万平方米，占全年计划的54.71%，政策调控下的市场热情不足使得政府并未完成年内的土地出让计划。从出让价格来看，与2010年由优质地引发的市场火暴局面不同，2011年出让的26宗商住用地并未造就新一代地王，低溢价和底价成交已经成为住宅拍卖市场的主流，广州土地市场明显已从2010年的"地王时代"步入"底价时代"。其中主要原因在于信贷的收紧使得开发商的资金压力渐显，再加上调控政策的逐渐深入，后市前景不被看好，开发商拿地的动力更加不足，热情也在消减。2011年共成交的26宗商住用地中，17宗以底价成交，其余9宗的溢价率与2010年相比也有很大差距。

从商住用地成交的区域构成来看（见图1），已成交的26宗商住用地大都分布在外围区域。市场成交情况大致如下：中心六区中荔湾有两宗成交，白云区有一宗成交，越秀区在1月份成功出让了杨箕村的一宗"三旧"改造土地，中心六区商住用地总成交面积为总面积的22.95%。

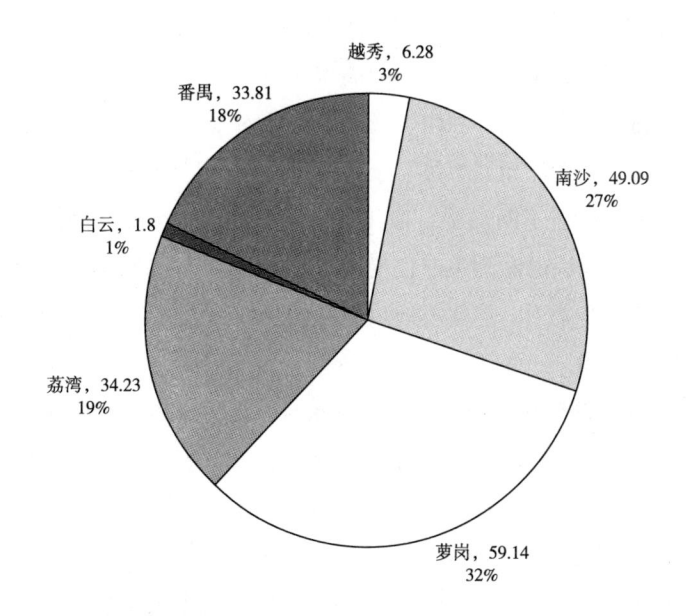

图1 2011年商住用地成交区域构成

资料来源：广州市国土资源与房屋管理局。

商业办公用地方面，按照年初的供地计划，2011年广州市商业办公用地的供地面积为220万平方米，全年实际成交面积为72.21万平方米，仅为全年计划的32.82%，虽然8月份后土地供应出现相当大的放量，但开发商往日的热情已逐渐退去，多宗土地出让临阵叫停足见市场冷清程度。从成交价格来看，33宗商业办公用地中，仅有天河区珠江新城B2-11地块、广州市花都区新华街迎宾大道花都区交通局以东（J10-XH01）地块、番禺区新造镇小谷围交通设施用地高于底价成交，溢价率分别为29.95%、72.1%和12.37%。虽与2010年多宗土地溢价率高于100%的情况相比，市场争夺略显不足，但珠江新城B2-11地块起始楼面地价就达到13800元/平方米，已超过此前保持的13538元/平方米的珠江新城"地王"纪录，成交的楼面地价更是达到17933元/平方米，可见市场对珠江新城区域及地块本身价值的高度认同，在抢手地块的争夺上开发商们还是会不惜血本，但对地理位置较差的商业地块却都显得兴趣不大。

从商服用地成交的区域构成来看（见图2），萝岗的科学城地区占据了全年广州市商服用地成交面积的55%，同时番禺以及海珠区的琶洲占比也较大，而天河、荔湾两大中心城区的占比之和仅为3.15%。其中天河区珠江新城B2-11地块溢价率为29.95%，作为城市新中轴线上最后一宗储备地块，甫一推出就已经吸引多家企业"勾地"，受到市场的高度关注。经过20多年的打造，珠江新城已成为广州的中央商务区，在内资及跨国企业对写字楼日益上升的扩充和升级的强大需求推动下，珠江新城甲级写字楼售价和租金呈结构性上涨。再加上国家对住房市场的宏观调控不断加强，商用物业成为房地产投资市场热点的趋势渐显。开发商对该宗地块的激烈争夺也反映了广州这座城市所具有的投资吸引力、辐射带动力和核心竞争力。但优质地块毕竟是少数，大部分外围区域土地仍然是土地供应市场的主体。

3. 土地收益大幅缩水，勾地制度生不逢时，土地规划未雨绸缪

在限购、限贷等调控政策步步紧逼的情况下，商品房价的僵持效应已传导到土地市场上，高库存、融资难以及年末开发商资金链趋紧等因素正在给土地市场降温。往年的"金九银十"如今沦为"铜九铁十"，击碎了开发商放量成交的幻想，对后期土地开发信心的不足，在一定时期内将导致土地流拍、底价成交、延期出让等现象更加频繁出现。

2011年3月30日广州市推出颇为"高调"的年度土地出让计划，646.5亿元的预期土地收入比2010年上调了38%，在国家房地产调控不断收紧、开发商拿地热情不高的2011年，完成如此高的目标可谓是困难重重。11月1日一次性推出包含二类居住用地以及商业办公用地在内的18宗土地，由于没有足够多的

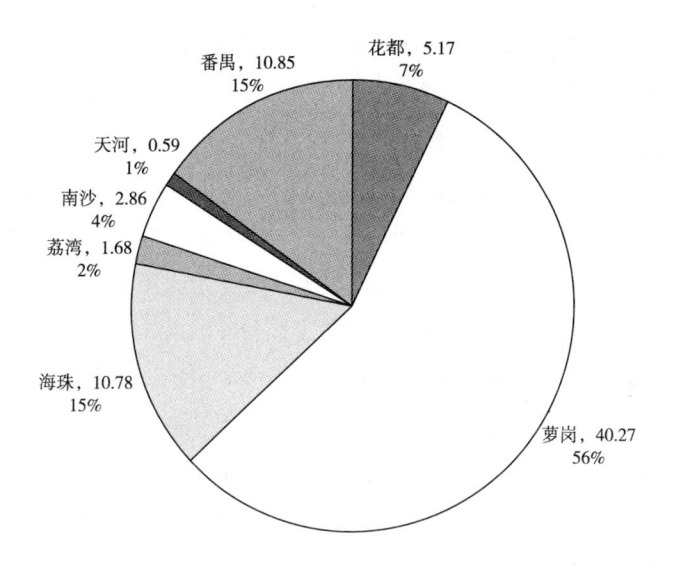

图2 2011年商服用地成交区域构成

资料来源：广州市国土资源与房屋管理局。

开发商捧场，仅有6宗地以"底价"成交，总成交金额约20亿元。从11月1日起的半月内，广州市就有31宗地拍卖被出让方主动叫停。此前，为了吸引更多企业关注南站地区，10月17日广州市政府相关部门还专程到香港召开了一场推介会，并给出了包括延长支付首期土地出让金期限在内的一系列充满诱惑力的条件。但渐入寒冬的土地市场并没有因政府的努力而显现回暖迹象，多数开发商认为南站周边配套不成熟，开发缓慢，而且政府一次性推地量过大，出让底价过高，短期内投资前景尚不明朗。2011年土地出让市场的冷清使政府有雪上加霜之感：另一方面土地收入大幅减少，另一方面大规模开建保障房、地铁等城市建设的开支大幅上升。

经过多番探索后，2011年8月24日，广州市国土房管局公布了《广州市国有建设用地使用权公开出让预申请暂行办法》（下称《办法》），并宣布正式实行这一俗称"勾地"制度的办法。根据《办法》，开发商可对年度公开出让计划或宗地公开出让预公告中公布的地块进行"勾地"，出让人可以通过"勾地"了解市场需求后组织出让，也可根据实际对年度出让计划的地块直接进行出让。同时申请人应当按承诺地价的1%交纳"勾地"保证金，保证金数额设有上限，不高于1000万元，地块正式公开出让时，"勾地"保证金可转抵竞买保证金。《办法》还规定，"已签订预申请确认书的申请人未按出让公告要求提交竞买（竞投）申请，未履行承诺内容导致预申请地块未成交的，一年内不得参加广州市市辖区内招标拍卖挂牌出让活动"。这些规定都表明政府此举"勾地制"的意图在于促进土地顺利成交，防止流拍。具体实施效果却未如预期理想。2011年6月香港南丰集团曾向广州市土地部门递交了"勾地"意向书，一次性勾中了7宗广州南站地块，但该集团却在这些地块出让时决定收手，导致该区域地块被迫叫停出让，究其原因还是与政府有意提高出让价款有关。"勾地制"在香港是一项成熟的土地批租制度，但成熟的制度遇到低迷的市场，也是无能为力的，市场行情和土地价格仍然是主导开发商拿地决策和左右土地命运的最重要因素。

2011年6月16日广州市国土资源与房屋管理局召开了广州市土地利用"十二五"规划专家咨询会，邀请国内著名专家对广州"十二五"期间土地利用提供宝贵意见和建议。这是广州首个土地利用五年规划，表明广州对增加土地储备和加强土地集约利用的重视程度正在日益提升。广州土地利用五年规划的内容主要包括：体现土地利用规划对重大战略性基础设施、重大战略性主导产业、重大战略性发展平台和重大民生用地的优先安排；结合城市空间发展战略，优化全市建设用地的结构和布局。五年规划提出2011年将按照"科学统筹、整体规划、突出重点、滚动开发"的模式，大手笔地开展土地储备。以广州市重点功能区位平台，实行集中连片储备。在土地管理措施上，要坚持"一个龙头出水"的土地供应制度，实行市和区同时储备土地的"多个池子蓄水"的土地储备体制。

（三）商品房市场

1. 新建商品房供需情况

（1）商品房市场呈现价升量跌的局面

2011年广州十区批准预售商品房项目共318个，批准预售套数80252套，可预售商品房面积865万平方米，同比下降6.75%。商品房市场供应量的减少一方面是由于2010年亚运城的建设使得供应基数较往年偏高；另一方面也与2011年以来不断收紧的调控政策密不可分，开发商们或由于客观资金紧张导致建设进度拖后，或主观放慢开发进度，以期市场回暖后再行推盘；同时2010年广州市土地出让面积的减少也在一定程度上抑制了供给的增加。从月度变化来看，随着年底开发商回笼资金的需要，11月和12月广州市商品房供应持续维持高位，预售面积出现"井喷"。

2011年广州十区新建商品房网签83548宗，面积为735.36万平方米，比2010年同期下降11.2%。同2010年相比，2011年新建商品房网签面积仅在1月份超过80万平方米，其他各月的网签面积基本维持在60万平方米左右。从8月份开始，2011年各月新建商品房网签面积均小于2010年同期，其中住宅市场在2010年"金九银十"的传统成交旺季中取得骄人成绩，而2011年却未呈现往年的火暴局面，虽然开发商仍然通过集中推货、增加供给的方式调动市场热情，却收效甚微，"金九银十"期间的成交量与前几个月基本不存在差异。

但从网签均价来看，2011年广州十区新建商品房网签均价15421元/平方米，同比上涨8.1%。1~3月受到限购等调控政策的影响，新建商品房市场均价出现缓慢走低趋势，4月份后又一路上扬，至7月达到16937元/平方米的高位。此后虽伴随着购房者置业热情的消退，成交均价出现小幅松动，但仍旧维持在15000元/平方米左右。12月，新建商品房网签均价出现结构性上扬。总体上，全年商品房市场呈现滞胀局面。

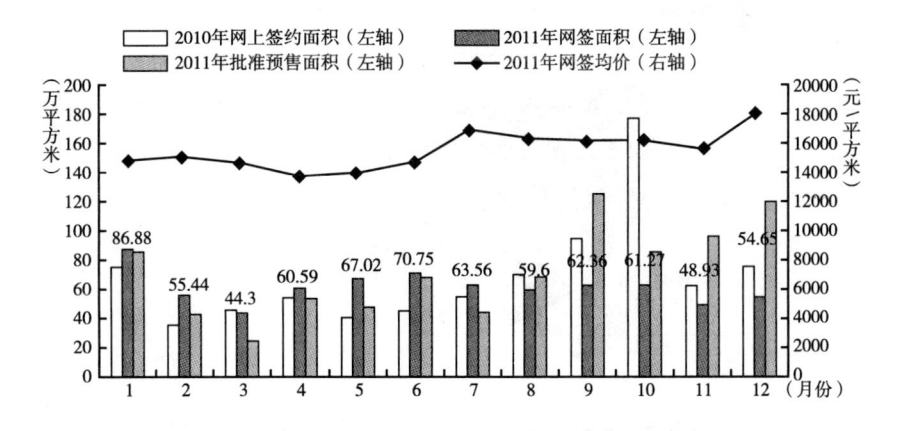

图3　全市十区新建商品房网上签约面积月度走势

资料来源：广州市国土资源与房屋管理局。

（2）外围区域成网签主力，白云区住宅签约面积占比超八成

批准预售方面，2011年位于前列的分别是外围四区中的花都、番禺、南沙三区，其占比达到广州十区商品房预售总量的61%，外围区域目前已成为广州新增商品房供应的主力区域，房地产开发大大提速，显示出不断增强的开发潜力。中心六区中，天河区多以办公物业为主，办公物业的预售面积占到该区商品房总预售面积的69.8%，海珠和白云两区的预售商品房中住宅占有最大比例。

新建商品房网上签约面积的区域分布情况基本与批准预售情况相一致，仍然是花都、番禺、南沙三区占比最大，充分体现出供给与需求之间相对应的关系，外围区域已经逐渐成为成交的热点区域。中心六区的天河和白云两区成交占比相当，但结构差异明显：天河区的办公物业对其成交面积的贡献很大，白云区签约面积则有超过80%来自于住宅物业的成交。作为中心城区的后起之秀，白云区可供开发的地块相对较多，新建住宅的供应面积也一直在中心六区中位于领先地位，是目前中心六区住宅供应的主力军。而荔湾、越秀、海珠三大老城区将随着出让地块的减少，新建住宅呈现更为稀缺的状态。

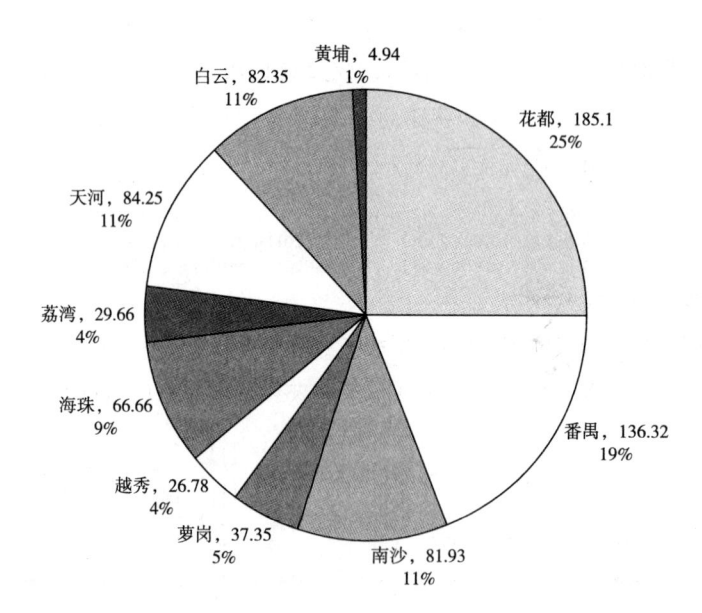

图4 全市十区新建商品房网上签约面积区域分布（万平方米）

资料来源：广州市国土资源与房屋管理局。

（3）住宅限购诱发投资者进军商业地产领域

2011年广州市新建商品房网签面积中住宅仍旧占据绝对优势，签约均价为13401元/平方米，受到"金九银十"成交低迷的影响，住宅网签面积比2010年有所下降。由于住宅市场受限购影响明显，部分住宅市场投资者开始另辟蹊径，2011年写字楼的成交面积较2010年同期上涨12.4%，投资型购房者数量有所增加，同时一些以前未涉足商业地产领域的开发商也开始从事商业物业的开发和投资活动。广州十区商业、办公物业全年成交面积分别为54.3万和94.75万平方米。商业、办公和车位的签约均价均高于住宅，其中商业物业签约均价达到23972元/平方米，办公物业的签约均价也超过20000元/平方米。

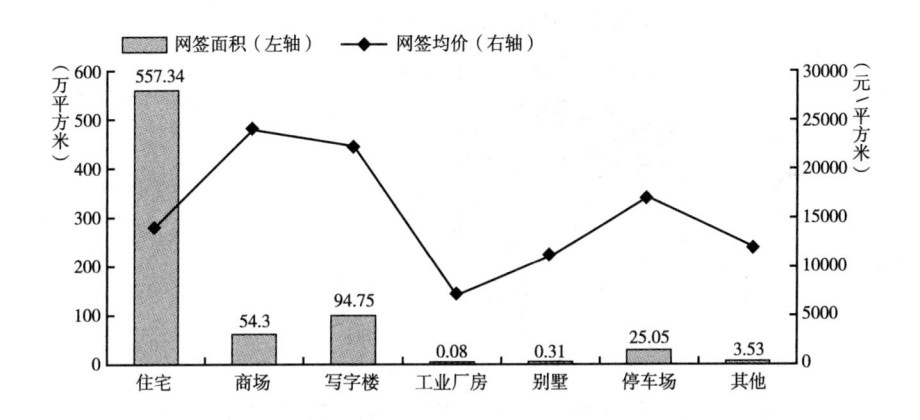

图5 全市十区新建商品房各类型网上签约面积及均价

资料来源：广州市国土资源与房屋管理局。

2. 存量商品房交易登记情况

（1）中心城区存量房成交仍占据绝对优势

从存量房交易登记面积的区域分布情况来看，中心六区占据绝对优势，这与中心城区开发早、存量房源供应多有关，而目前外围四区仍以一手商品房供应为主。其中，番禺区存量商品房的交易登记面积占比为十区之最，这主要归功于该区存量住宅的成交。2011年番禺区存量住宅交易登记16190宗，面积为166.9万平方米，但该区的存量住宅成交大都以自行交易方式完成，中介促成比例比较低。

（2）存量住宅成交占比最大，商业物业均价最高

从各用途存量商品房交易登记情况来看，住宅物业仍然是存量商品房交易市场的主力军，全市十区共成交存量住宅599.26万平方米，交易登记均价为7142元/平方米，由于自行交易中非正常因素对成交均价拉低的影响，市场总体正常成交均价应高于该水平。商业物业各月交易登记均价一般波动较大，这主要是由于商业物业的成交价格受到个体性因素的影响明显。

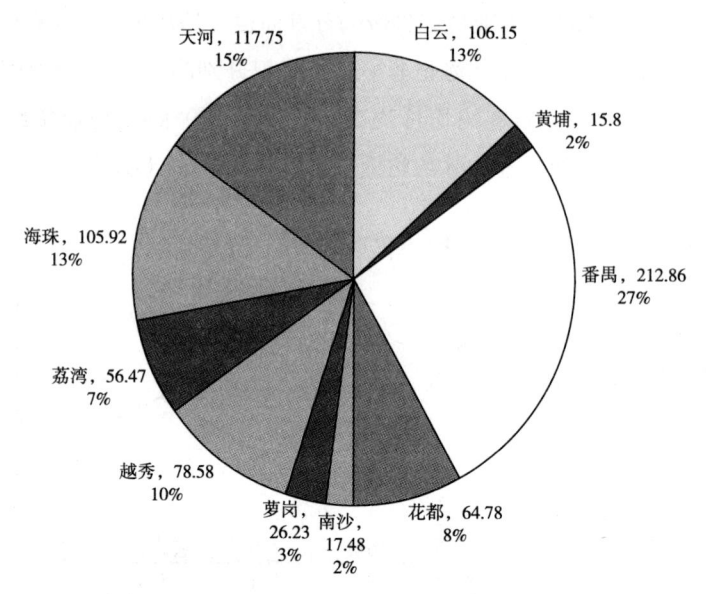

图6　全市十区存量商品房交易登记面积区域分布（万平方米）

资料来源：广州市国土资源与房屋管理局。

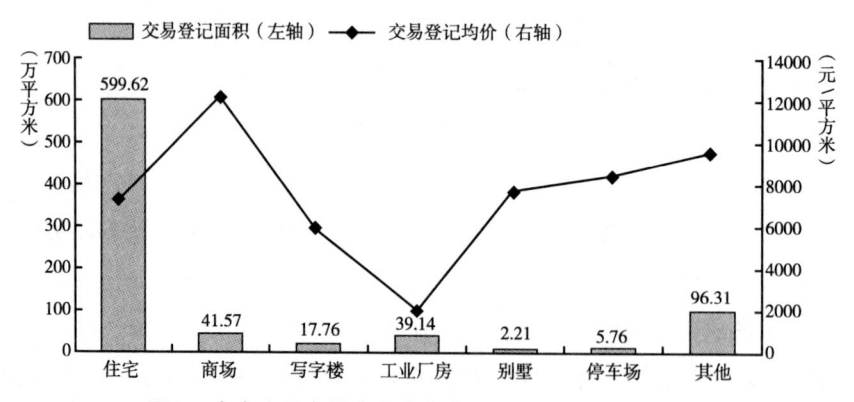

图7　全市十区存量商品房各类型交易登记面积及均价

资料来源：广州市国土资源与房屋管理局。

（四）住宅市场

1. 新建商品住宅

（1）总体情况

2011年广州市十区新建商品住宅批准预售面积687.53万平方米，同比下降

8.26%，交易登记面积680.63万平方米，同比上升6.7%，消化率为99%，2011年广州市新建商品住宅市场基本维持供求平衡的状况。2010年由于受到调控政策预期的影响，新建商品住宅交易登记面积出现明显下降趋势，不断增加的供给支撑了市场需求的满足。但2011年广州市房地产调控地方实施细则落实以来，开发商消极情绪加深，或放慢开发进度或推迟开盘计划，特别是作为推货高峰的第三季度，2010年第三季度的批准预售住宅面积为261万平方米，2011年第三季度仅为183万平方米，虽然比一、二季度有较大增长，但同比却下降29.9%，市场供应大幅缩水。同时，从交易登记面积来看，由于开发商近期以来降价促销力度不断加强，刺激了部分刚需购房者将购房计划提上日程，刚性需求的释放使得限购令下市场交易登记面积有增无减，市场消化率较2010年有所上升。

表5　2005~2011年新建商品住宅交易登记情况

单位：万平方米，%

年　份	2005	2006	2007	2008	2009	2010	2011
新建商品住宅批准预售面积	958.99	917.72	669.78	805.59	668.03	749.44	687.53
新建商品住宅交易登记面积	1099.97	924.65	801.57	553.04	978.32	637.67	680.63
消化率	114.7	100.8	119.7	68.7	146.4	85.1	99

资料来源：广州市国土资源与房屋管理局。

（2）交易登记情况

2011年广州市住宅交易登记面积变化基本平稳，均在60万平方米上下波动。一般来说，住宅交易登记面积都会较实际市场成交量有所滞后，而且2011年以来有关限贷等调控措施使得银行放贷规模缩小，按揭贷款放贷速度减慢，登记备案数据的滞后性就更显突出，并在很大程度上熨平了月度成交情况的差异。广州市限购令颁布后的3月份迎来了成交高峰，但通常交易登记数据一般会比签约数据延后一个月左右，3月份的成交量基本来自于广州市限购政策处于酝酿过程中的2月份的网签成交面积，这其中不乏为了及时躲避政策限制而加紧置业的投资型购房者，同时1月份开发商的集中放量推盘也为投资客们提供了足够的货源。3月份过后，广州市新建商品住宅市场平稳的成交情况充分显现出买卖双方的足够理性以及相互僵持和博弈的市场状况。

从供需面积的对比来看，1月份的批准预售面积大于交易登记面积，这是由于开发商已经察觉到调控脚步的逼近，抓紧推货。限购政策出台后，2~8月的市场消化率均在100%以上，这主要是由于开发商在限购政策出台后及时调整了推盘的节奏，放缓了申请预售的进度。进入7月份，开发商们开始为即将到来的"金九银十"储备货源。9月份批准预售面积果然出现"井喷"，接下来的四季度预售面积维持高位，而交易登记面积反而有所下降，开发商的心态已经逐步发生变化，或者说资金状况已经不容许其继续保持矜持，不得不加快推盘速度。而反过来，购房者的观望态度却更加坚定，于是出现了9~12月连续4个月消化率低于100%的现象。

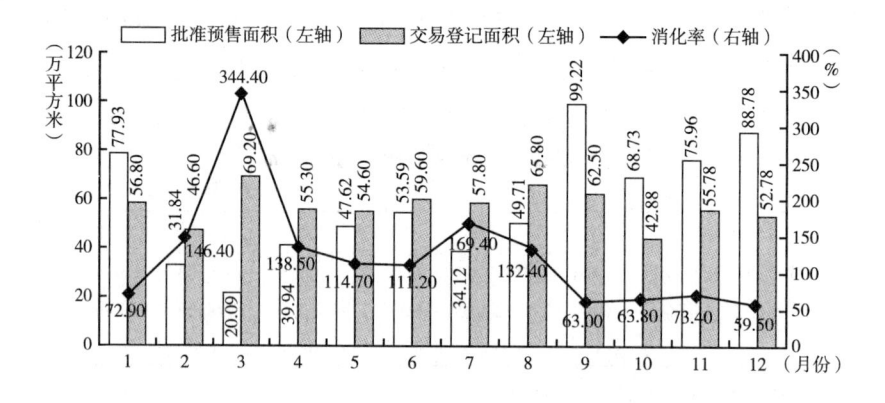

图8 2011年全市十区商品住宅供需面积月度走势*

*交易登记数据相比网签数据一般具有滞后性，2011年广州市十区新建商品住宅网上签约49628套，面积为557.34万平方米，比2010年同期下降15.2%。其中2011年的网签面积同比下降主要来源于"金九银十"期间成交量的大幅萎缩。

资料来源：广州市国土资源与房屋管理局。

2011年广州市中心六区（越秀、荔湾、海珠、天河、白云、黄埔）批准预售面积为193.81万平方米，交易登记面积为221.7万平方米，总体市场消化率114.39%。而外围四区（番禺、花都、南沙、萝岗）批准预售面积493.73万平方米，交易登记面积458.93万平方米，市场消化率为93%。其中批准预售面积最大的地区依次是花都、番禺、南沙以及白云，交易登记面积位居前列的也对应这四个区域。随着外围区域开发的不断加快，广州市一手房市场已逐渐成为外围区域的天下，而中心城区近年来土地供应日渐紧张，新推楼盘有限，再加上供不应求导致的价格高涨使得多数购房者只得将置业目光投到外围各区的楼盘上来。

近年来，中心六区住宅交易登记面积总体呈下降趋势，虽个别年份出现同比上升，但一般幅度不大，中心六区住宅供给市场正在走向饱和，可供开发土地日益减少，新建商品住宅严重不足，但这些区域的市场需求仍然很大，交通、配套设施的便利常常使得中心六区成为购房者的首选。从供需的对比情况来看，中心六区中大多区域呈现供不应求的市场状况，虽然新推面积较少，但购房者对于中心城区楼盘的置业热情依旧不减，各区消化情况普遍较理想，天河区的市场消化率为六区之最，达到178%。外围四区中，花都区新增供应量大，远大于登记面积。与其相类似的是南沙区，2010年该区全年批准预售面积为40.33万平方米，2011年达到90.49万平方米，新增住宅供应量超过100%，该区新建住宅面积的增加主要来源于充足的土地供应。在外围四区中南沙区正在逐渐显示出不断增强的开发潜力和越来越快的开发速度。同时，番禺区由于2010年批准预售面积远远高于交易登记面积，市场存货增加，再加上该区日益完善的交通等配套设施，大大激发了购房者的置业热情，2011年番禺区出现放量成交局面，市场消化率达到135.1%。

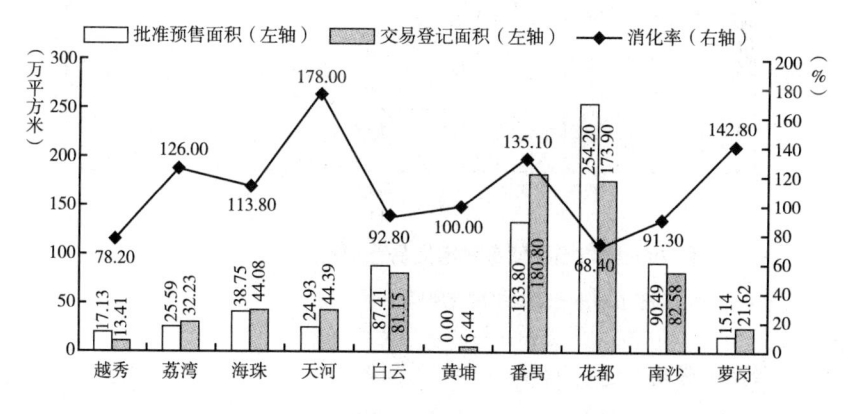

图9 全市十区商品住宅供需面积区域情况*

*交易登记数据相比网签数据一般具有滞后性，2011年广州市中心六区新建住宅网签面积合计171.45万平方米，外围四区成交面积385.89万平方米，外围区域的网签数量超过中心城区的2倍以上，住宅成交热点开始向外围区域转移。

资料来源：广州市国土资源与房屋管理局。

2011年广州市十区新建住宅交易登记均价12725元/平方米，同比上涨2.6%，中心六区新建住宅交易登记均价18997元/平方米，同比上升18.4%，中心六区价格上升幅度明显高于外围区域。从各区商品住宅成交均价看，广州市十区大致分为三个梯队。第一梯队，中心四区（越秀、荔湾、海珠、天河）的成交均价主要在 20000～25000 元/平方米之间，其中天河区交易登记均价稳居首位，基本达到 25000 元/平方米。第二梯队，近郊的白云、番禺两区，成交均价在 13000～15000 元/平方米之间；第三梯队，其他四区均价在 7000～10000 元/平方米左右。

和 2010 年同期相比，除黄埔、萝岗两区外，广州十区新建商品住宅交易登记均价均出现不同程度的上涨，特别是中心四区的涨幅均在 20% 左右。均价同比升幅最大的是南沙区，为 47.1%，甚至超过了中心四区，与其年内预售和成交面积的大幅增加相对应，南沙地区已吸引了越来越多购房者的目光，开发潜力的增大促使该区成交均价上升，市场呈现量价齐升的局面。

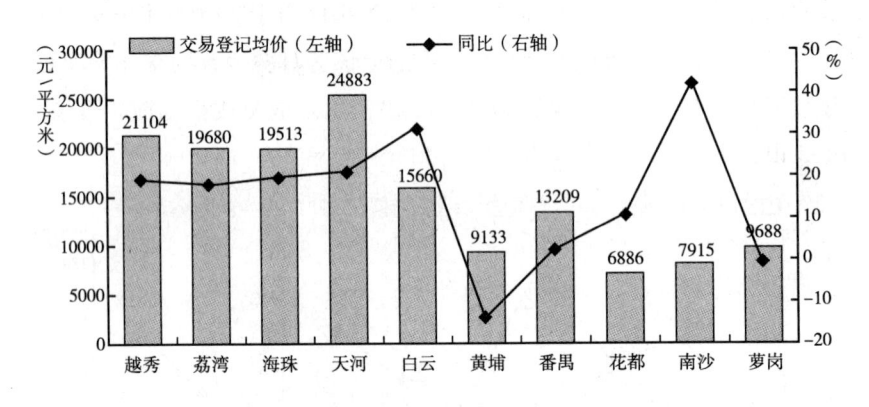

图 10　全市十区商品住宅交易登记均价同比区域情况

资料来源：广州市国土资源与房屋管理局。

2. 存量商品住宅

相比一手房市场，限购、限贷等调控政策对存量房市场交易情况的影响强度有过之而无不及。2011 年广州市存量商品住宅市场呈现出"成交量急速回落，价格高位盘整"的特点。限购令下，广州存量住宅市场的投资、投机性需求受到严格限制，首次置业和改善型置业需求的价格期望又和业主的价格期望值相差较大，最终导致有价无市，成交量同比出现明显下降。数据显示，全年十区存量住宅交易登记 70589 宗，共 599.26 万平方米，成交面积同比下降 27.4%。

尽管存量住宅市场的交易量在新政前有较大滑坡，存量住宅价格却保持坚挺，甚至还稳中有升，全年存量住宅成交均价 7142 元/平方米，同比上升

34.7%。存量住宅价格的逆市上升，主要还是受成交区域结构的影响。广州市的存量住宅大多集中在中心区域，而这些区域新增供给量小，很多购房者为了工作、生活的方便则倾向于选择购买中心六区的存量住宅，致使供需缺口一直难以缩小。同时，二手业主大多资金充裕，强烈的惜售心态使得价格松动异常困难。另外还有一个重要原因是：2011年1月1日开始推出二手网签系统，在很大程度上抑制了在存量房交易中普遍存在的"报低价"现象，网签价格较之从前能够更接近真实的成交价格。

从各月情况看，1月份，全市存量商品住宅交易登记面积依然维持在89.44万平方米的高位，但随着广州调控细则的落地，全市存量商品住宅交易登记面积迅速回落，原先活跃在市场上的投资、投机性需求逐渐消失，2月份以后存量住宅市场的交易量迅速滑落至每月40万~50万平方米的水平。9月份，存量住宅市场在新建商品住宅市场的冲击下，成交量更是创下年内新低，仅42.05万平方米，同比减少35.3%，环比减少21.7%。传统的"金九"成交旺季终以惨淡落幕。而"银十"也并未带来惊喜，10月份全市二手住宅成交面积仅42.38万平方米，基本与9月份持平，一方面房地产市场本就不景气，市场观望氛围浓厚，另一方面一手开发商不断加强的促销力度也使得部分购房者被一手市场分流。年末的二手住宅市场在价格僵持之下更加一蹶不振，至12月，单月成交量仅为32.1万平方米，几近谷底。

各月登记成交均价则基本呈现震荡上行的趋势，至5月份高位运行至7434元/平方米，比2010年同期大幅上涨40.5%。可见，虽然成交面积随调控政策的步步紧逼下滑明显，但存量住宅议价空间却难有扩大，即使"金九银十"期间成交再次缩量，大部分业主"只涨不跌"的惜售心态还是异常坚定。11月受结构性因素的影响，成交均价短暂攀升至8524元/平方米。随着年底一手房打折促销力度的加大，住宅市场一、二手倒挂现象的趋势日渐显现。

从区域结构上看，存量住宅成交的区域分布与新建住宅区域分布情况不同，中心城区依然是存量住宅交易的主要地区，这主要是由于中心六区开发早，存量住宅供应充足，而外围区域的住宅市场得益于近几年的快速发展，存量住宅存货相对较少，但不应忽视的是随着外围四区新建住宅推货量的增加，部分房屋将作为二手住宅房源进入存量房流通市场再次交易。从各区情况来看，成交量位居前列的是番禺、天河、白云、海珠四区，其中番禺区成交面积达166.9万平方米，

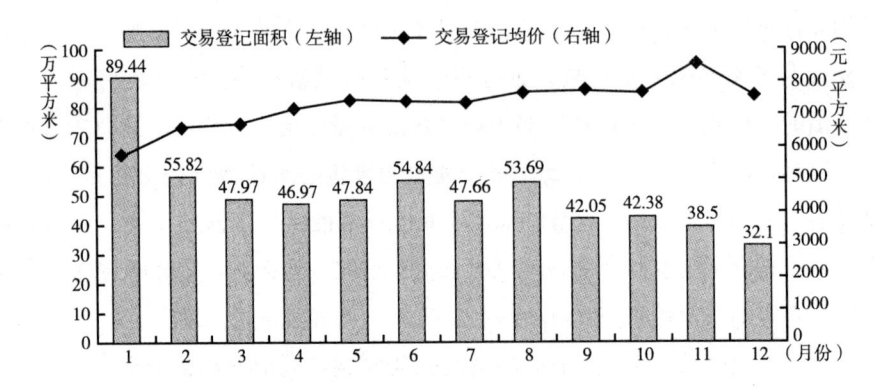

图11 全市十区存量商品住宅交易登记情况月度走势

资料来源：广州市国土资源与房屋管理局。

是成交量最小的萝岗区的近20倍。番禺和天河两区作为十区之中投资气氛较为活跃的区域，在限购、限贷政策出台后，投资性需求逐渐退场，成交量受到了较大冲击，两区成交面积分别较2010年下降31.99%和29.46%。

存量商品住宅成交均价最高的是天河区，为9975元/平方米，同比上升49.9%；其次是越秀和海珠区，分别为8982元/平方米和8668元/平方米，涨幅也分别达到43%和48%。

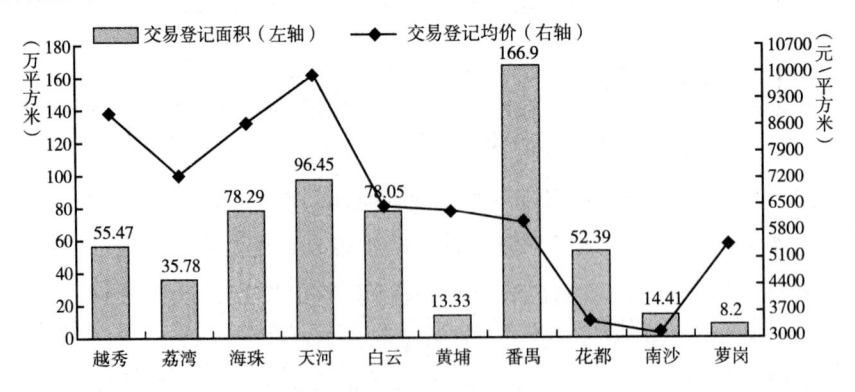

图12 全市十区存量商品住宅交易登记情况区域分布

资料来源：广州市国土资源与房屋管理局。

3. 住宅租赁市场

二手房市场进入冰冻期，租赁市场也有所降温。直至年末由于部分中介日益将业务重点转移到租赁市场，以及越来越多的二手业主选择转售为租，住宅租赁面积同比出现一定回升。

2011年广州市住宅租金虽仍旧坚挺,但住宅租赁面积同比却大幅缩量,受季节性因素的影响,租赁市场也曾出现阶段性回暖,但力度有限,始终难以扭转惨淡的局面。1~3月份是住宅租赁的淡季,受春节前后广州市大部分外来务工人员回乡过节的影响,租赁市场出现季节性转淡,但租金却连续上升,这也是业主们为迎接节后租赁高峰所作的准备。春节后大量节前返乡的外来工、求职者陆续抵穗,广州市二手住宅租赁市场明显回暖。6~8月是租赁的传统旺季,主要是有大量的大学毕业生进入租赁市场,这些新增客源增加了市场的活跃度,造成成交旺盛。10月份受秋季广交会短租房需求上升的影响,租赁面积和租金均呈现双双上行的局面。年末二手中介业务逐渐向租赁市场转移,广州市住宅租赁面积同比出现上升。

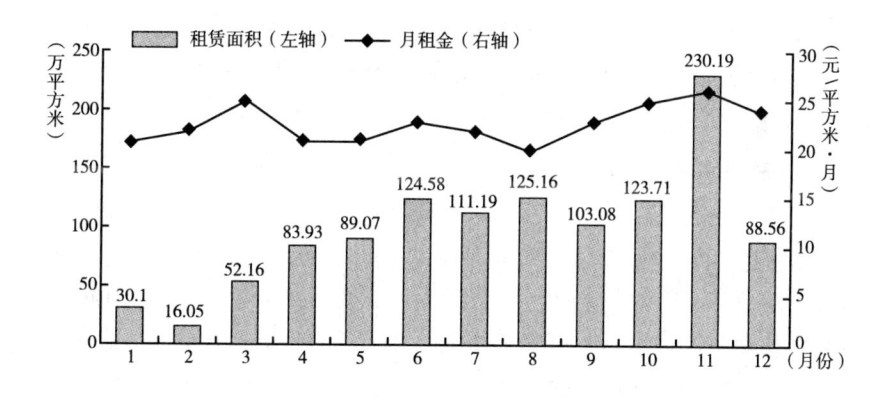

图13 全市十区住宅租赁情况月度走势

资料来源:广州市国土资源与房屋管理局。

2011年广州中心城区以及非中心城区的租赁市场表现各异:中心城区二手住宅租金高,租赁面积有限;非中心城区,租赁市场活跃,市场吸纳的需求数量越来越大,但租金依旧维持低位。其中租金最高的是天河和越秀两区。天河区是广州的商务中心区,是外来人口的主要聚居地,随着近年来珠江新城大量甲级写字楼投入使用,该区出租住宅将迎来更多年轻白领的青睐,租金上涨也在情理之中。越秀区则依旧保持老城区土地"寸土寸金"的惯例,房屋租金居高不下。随着广州城市中心的东移,到黄埔区租房的人越来越多,2011年该区的总出租面积达到207.64万平方米。同黄埔区类似，番禺区住宅租赁市场因为配套欠缺难以吸引"市区客"，但是随着地铁等配套设施的完善，在市区工作到番禺租房的人也在增多，番禺区住宅租赁面积为十区之首。

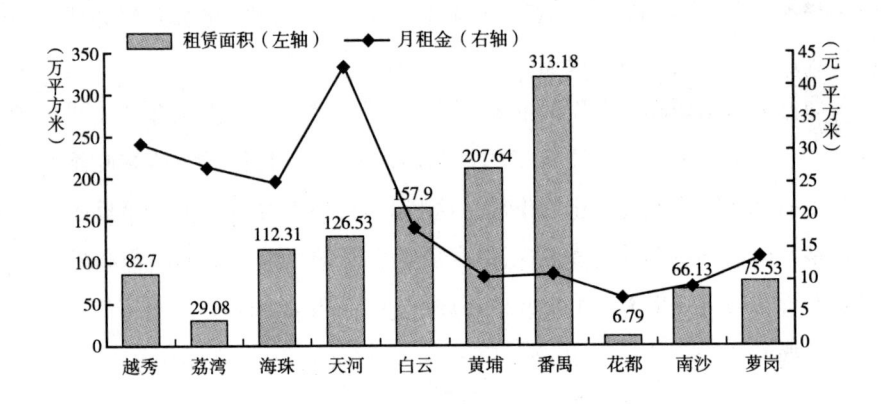

图14 全市十区住宅租赁情况区域分布

资料来源：广州市国土资源与房屋管理局。

（五）商铺市场

1. 新建商铺

随着城市的新一轮扩张运动，广州市贯穿南北的新中轴线应运而生，其带动的不仅是居住质量的提升，同时也带动了商业地产的繁华。自新中轴线商圈划定以来，该区域内的顶级商城不断涌现，写字楼、商铺、公寓蜂拥而起，中轴线成为这些房企们的主战场。特别是在2011年住宅市场面临严控之后，开发商开始大力向商业地产进军。商业物业市场近年来发展迅速的天河一带，更保持了良好的上升势头，供应、成交量持续走强。

2011年广州市批准预售商铺面积53.96万平方米，受2010年珠江新城区片多个购物中心建成并投入市场和写字楼、住宅的附属商铺集中入市导致供应大幅增加的影响，2011年新增供应面积同比下降26.44%。全年商铺交易登记面积74.85万平方米，同比下降2.2%，商铺市场消化率达138.7%，为近四年以来的最高水平，充分显示出市场投资的热情。高端项目大举入市在很大程度上拉高了全市新建商铺成交均价，全年商铺成交均价为19303元/平方米，同比上涨14.3%。

表6 2007~2011年新建商铺交易情况

年 份	2007	2008	2009	2010	2011
商铺批准预售面积(万平方米)	51.84	51.94	55.8	73.35	53.96
新建商铺交易登记面积(万平方米)	78.3	65.26	61.06	76.57	74.85
消化率(%)	151	125.6	109.4	104.4	138.7
新建商铺交易登记均价(元/平方米)	11188	10737	11314	16892	19303

资料来源：广州市国土资源与房屋管理局。

从供应上看，商铺供应在农历新年2月份迎来了年内高峰。年初如期而至的"限购"新政对住宅市场的成交有明显的制约，商业物业市场机遇初显，但一季度商业物业并未出现明显的放量成交。主要原因在于：与2010年下半年相比，商业物业供应显著减少，投资者选择范围较小，同时在住宅限购下商业物业市场前景更为乐观，大部分发展商转售为租，作为长期持有的优质物业进行投资。随着限购等调控政策的深入，商铺市场在4月份出现第一次成交高潮，成交面积比2010年同期增加48.4%，其后虽有一定回落，但各月消化率均大于100%。其中7月份的成交面积创单月成交新高，主要受益于大型商业项目的放量成交，越秀区正佳东方国际广场、名商天地皮具材料广场、建和商业广场，海珠区的琶洲国际采购中心，天河区的富力盈盛广场项目贡献最为突出。

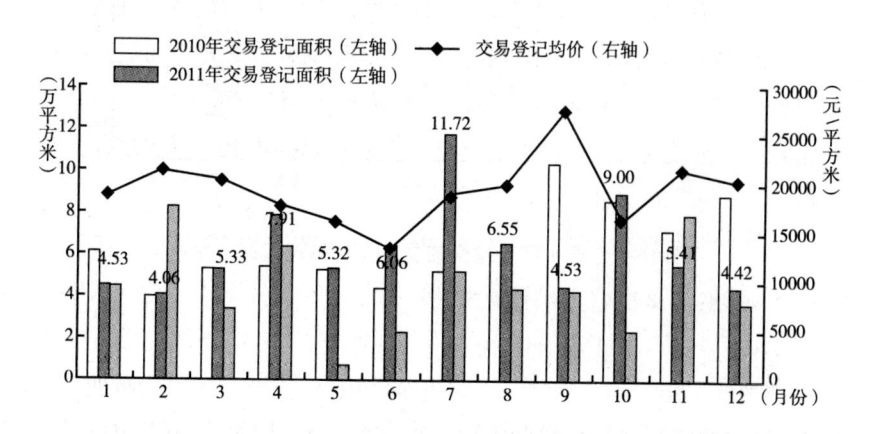

图15 2011年全市十区新建商铺交易登记情况月度走势

资料来源：广州市国土资源与房屋管理局。

供应方面，天河、白云区的贡献较小，新增量主要由海珠区和外围的花都、番禺、南沙三区构成。新增供应量主要得益于琶洲会展业的发展和南沙新CBD的规划与建设，按照"十二五"规划，这两个区域会继续成为投资者的关注热点区域，发展潜力巨大。各大型商业项目的入市，表明开发商已经意识到被住宅市场挤占的资金将会流入商办物业领域，从而增加整体商业项目供应以吸引大额资金介入。

天河、海珠、越秀、番禺的成交业绩最为亮眼。天河区是广州的商务中心腹地，又是继北京路旧商圈之后的新兴商业圈。其商业发展是广州市潮流发展的领航者。大量高端商城和购物中心的落成使该区的商铺经营呈现以高档消费为中心点、周边专业市场做辅助配套的经营模式。海珠区的放量成交则主要得益于琶洲采购中心。在各种利好因素的推动之下，番禺商圈也正在崛起，市桥商圈、洛浦商圈、番禺新城商圈、广州南站商圈是番禺区主推的四大商圈，年内南站地区的大规模推地也说明政府日益重视该区域的建设，广州南站商圈也成为目前最受关注的商圈之一。依仗该区的土地空间优势，番禺区正显示出越来越大的商业发展潜力。

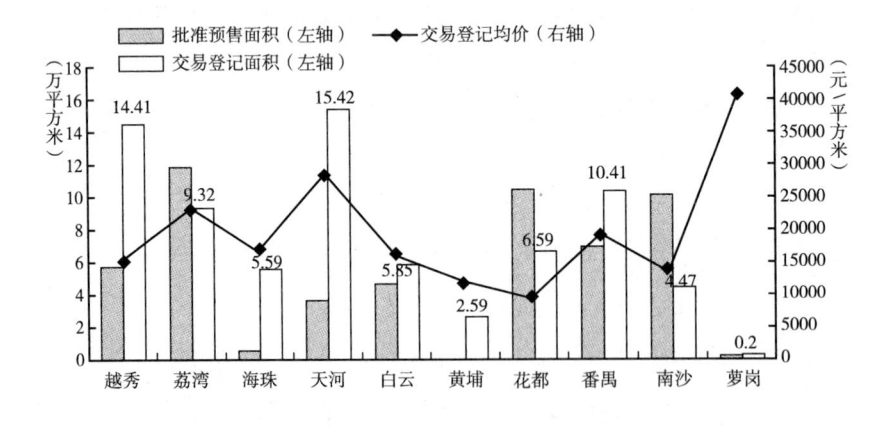

图16 全市十区新建商铺交易登记情况区域分布

资料来源：广州市国土资源与房屋管理局。

2. 存量商铺

2011年存量商铺交易登记面积41.57万平方米，同比上升23.7%。交易登记均价12250元/平方米，同比2010年大幅上升50.9%。

从各月交易登记情况来看，2011年下半年存量商铺的交易登记面积均高于

2010年同期，而上半年存量商铺市场略显平淡，不仅绝对量一直处于低位徘徊，而且除1月份外，成交面积均未达到2010年同期水平。6月份后，存量商铺市场开始日渐活跃，交投维持在高位，成交价格也走出明显的上升趋势。下半年受到商业地产投资火暴的影响以及新建商铺价格上行的带动作用，至9月，存量商铺成交均价达到峰值，为18846元/平方米。但由于存量商铺大都位置分散，规模小且成交宗数多，其价格的个体性差异更为复杂，从而价格对市场走势的反应力度也较新建商铺相对弱一些。

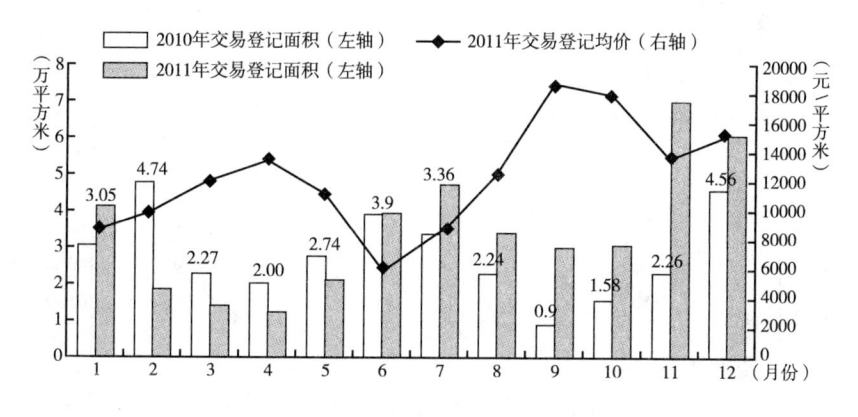

图17 全市十区存量商铺交易登记月度走势

资料来源：广州市国土资源与房屋管理局。

2011年广州市存量商铺成交呈现明显地向外围区域倾斜的状态，花都、番禺、萝岗三区的成交面积为19.1万平方米，占总成交面积的45.95%，价格洼地以及政府政策扶持是这三个区域成交活跃的主要原因。而同为近郊区域的黄埔、南沙则在存量商铺的成交上要逊色很多，这与两区开发相对较晚、商铺存量供应不足有关，但随着城市空间的东进与南拓，这两个区域的人口规模正在逐渐扩大，其对商业设施的需求也将急剧增长。

3. 商铺租赁市场

2011年广州市商铺租赁市场保持平稳走势，传统1～2月淡季过后，商铺的大范围营业使得广州市月商铺租赁面积一直维持在60万平方米以上。从商铺租赁市场的月度走势图来看，租赁面积和单位租金基本呈现同步变化的趋势，一旦需求增加，价格就出现明显上涨，需求下降，价格立即下跌。这也显示出商铺租赁市场对需求的快速反应程度。

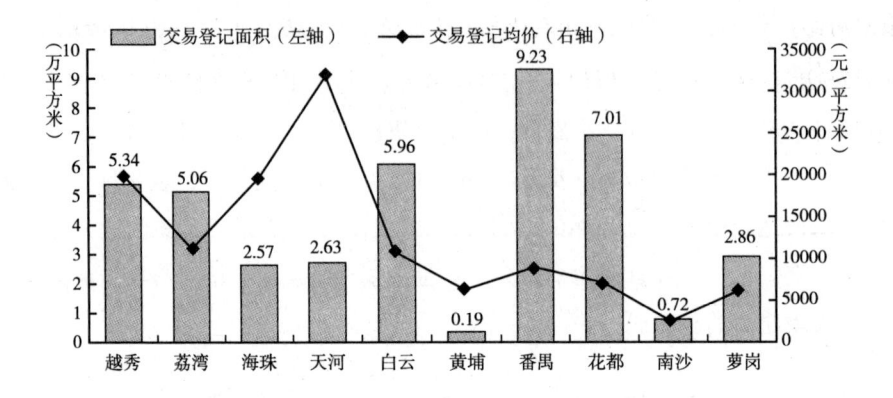

图18　全市十区存量商铺交易登记情况区域分布

资料来源：广州市国土资源与房屋管理局。

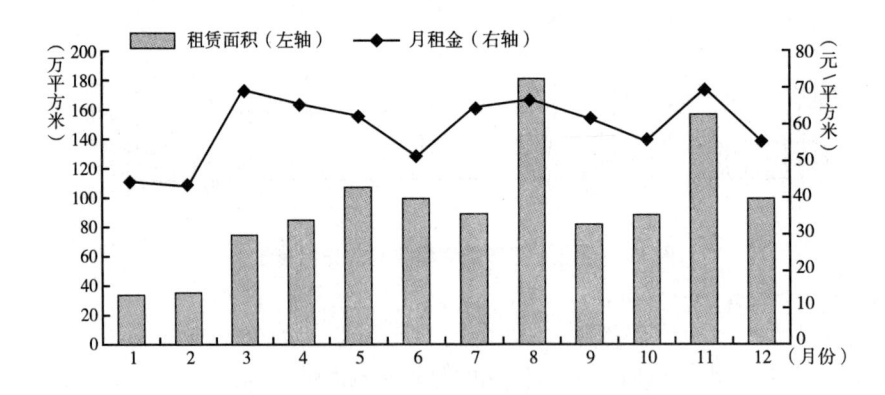

图19　全市十区商铺租赁情况月度走势

资料来源：广州市国土资源与房屋管理局。

（六）写字楼市场

1. 新建写字楼

2011年广州市新建写字楼批准预售面积为123.51万平方米，同比上升17.81%，交易登记面积97.58万平方米，同比上升40.8%。受住宅市场严厉调控政策的影响，部分投资资金逐渐转向写字楼市场，使写字楼市场的需求增加，消化率为近三年的最高值，市场对于办公物业，特别是高端的办公物业有着强烈的需求，即使广州本年度将共推出接近百万的新推货量，市场的消化率依然可给予信心。同时广州市写字楼市场也呈现出新的变化，其中甲级写字楼和综合体所占的比重逐渐增大，一改此前以公寓和非甲级写字楼为主导的市场状态。

表7 2007~2011年新建写字楼供需情况

年　份	2007	2008	2009	2010	2011
写字楼批准预售面积（万平方米）	41.25	49.71	72.98	104.83	123.51
新建写字楼交易登记面积（万平方米）	78.91	41.51	45.52	69.31	97.58
消化率（%）	191.2	83.5	62.4	66.1	79
新建写字楼交易登记均价（元/平方米）	11763	12091	14093	17572	20961

资料来源：广州市国土资源与房屋管理局。

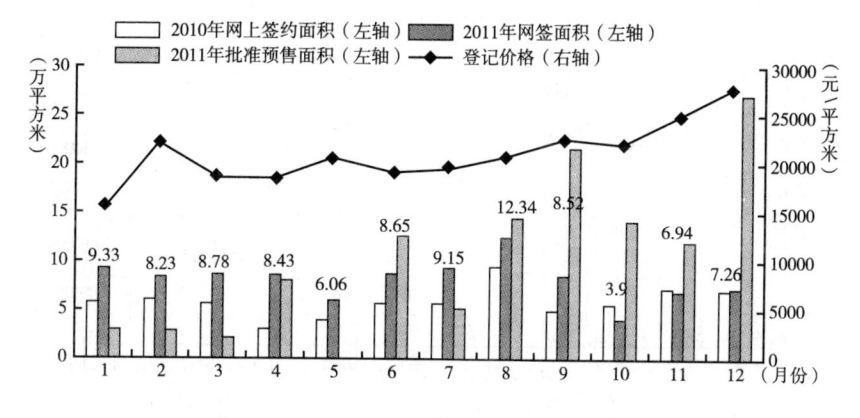

图20 全市十区新建写字楼交易登记情况月度走势

资料来源：广州市国土资源与房屋管理局。

从成交的区域分布情况来看，天河、海珠仍是新建写字楼交投最为活跃的地区。

从供应来看，天河区市场表现强劲，2011年该区新增供应量66.27万平方米，其中三季度广晟国际大厦与三大发展商联合开发的天銮广场便提供超过24万平方米的新增办公面积，大面积高端写字楼项目的入市必将推动成交量的大幅攀升，且对整体均价的拉高作用也将逐渐显现。

从需求来看，天河、海珠、越秀三大老城区以及外围的萝岗区成交活跃。其中三大老城区成交面积居前与三区办公物业新增推货量的增加密不可分，市场对于新增供给的消化度很高，潜在需求量大。萝岗区则以15.78万平方米的成交量领跑外围区域新建办公物业成交市场，其成交的办公物业主要来源于科学城地区。

在成交均价上，除黄埔区外，其他五大中心城区新建写字楼交易登记均价均在20000元/平方米上下波动，特别是交投最为活跃的天河、海珠、越秀三区成交均价超过22000元/平方米，其中既与新建写字楼品质提高、大量甲级写字楼拉高两区市场成交均价有关，也与来自住宅市场投资者的资金支撑相联系。外围四区中，番禺区办公物业成交正在显示出极大的活力，随着近年来番禺区开发速度不断加快，与中心城区的联系日益方便，该区写字楼也将越来越受到那些正处于起步阶段的公司的青睐。

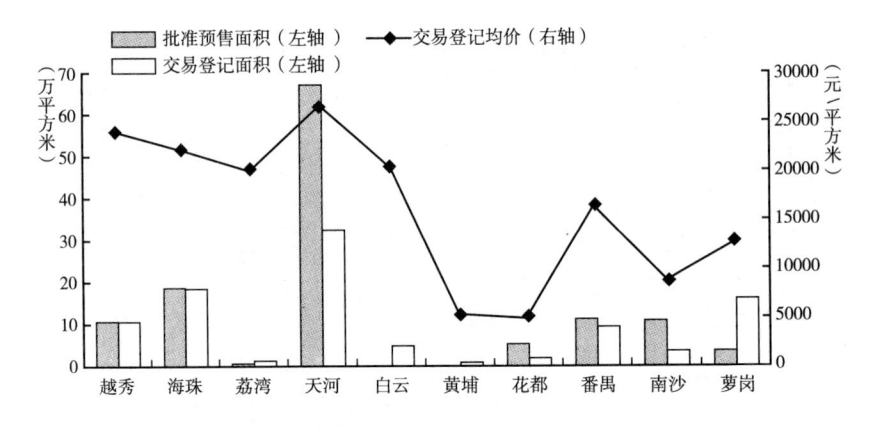

图21　全市十区新建写字楼交易登记情况区域分布

资料来源：广州市国土资源与房屋管理局。

2. 存量写字楼

2011年广州市存量写字楼交易登记面积17.76万平方米，比2010年增加10.7%，其中存量写字楼成交面积基本只有新建办公物业成交量的20%。如此大的差距一方面由于存量办公物业一般品质较低，同时也与本季度内新建办公物业的大面积集中推货有关，一手办公物业供应量的增加也会带走部分存量市场的潜在客户。交易登记均价5926元/平方米，较2010年下跌0.7%。与2010年情况相比，存量写字楼市场总体发展平稳。

2011年1、2月受到元旦和春节假期的影响，存量写字楼交易登记面积回落至低位。进入3月份后，存量写字楼市场开始步入复苏阶段，4~6月份迎来年内销售旺季，三个月的交易登记面积占到全年的42.13%。7、8月份由于新建写字楼市场推货量大，特别是珠江新城大量甲级写字楼入市，部分存量买主被分流到一手市场，成交量再次跌入低谷。进入"金九银十"后，存量写字楼成交出现强势反弹，月成交面积均超过1.5万平方米，但年末成交量又逐步走低。

2011年广州市存量写字楼成交均价波幅较大，6月份仅为2643元/平方米，7月份最高为8448元/平方米。成交均价的异常变化与大宗特殊交易有关。

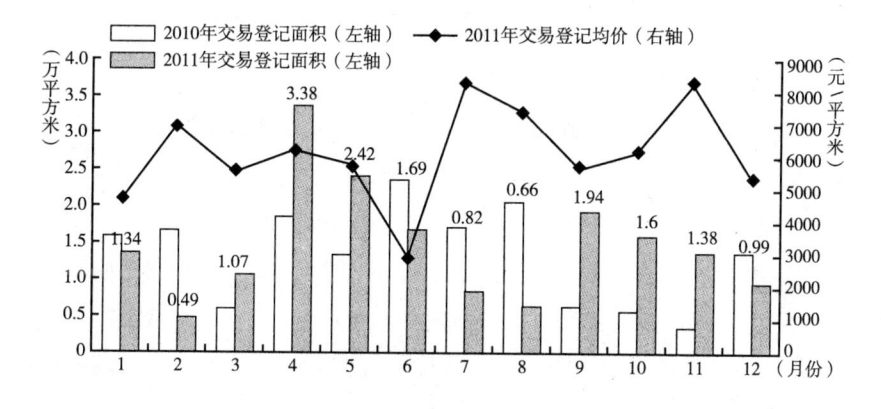

图22 全市十区存量写字楼交易登记月度走势

资料来源：广州市国土资源与房屋管理局。

从区域情况来看，存量写字楼与新建写字楼成交情况存在很大差异。首先，存量市场上并未延续天河区一区独大的局面，反而传统的越秀、荔湾、海珠三区的占比均高于天河区。这三区由于开发较早，是广州市传统的经济、金融中心，存在很多楼龄较长的存量写字楼，虽然这些老的写字楼在品质上与珠江新城和天河北地区的大量甲级写字楼有一定差距，但楼宇面积较小、布置灵活也成为一些资金并不充裕的小公司的最佳选择。

从成交均价来看，天河区仍以绝对优势超过其他各区。该区存量写字楼一般楼龄较短，品质与目前新推的新建甲级写字楼差距不大，从而价格与越秀、海珠等区的存量写字楼成交价格也相去甚远。

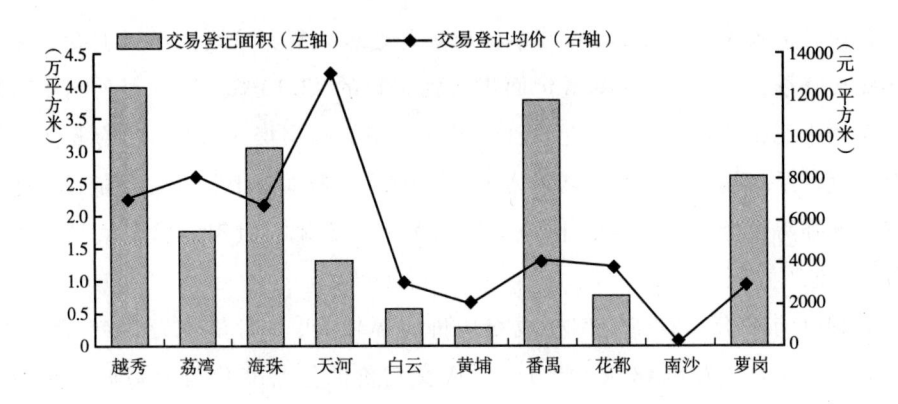

图23 全市十区存量写字楼交易登记情况区域分布

资料来源：广州市国土资源与房屋管理局。

3. 写字楼租赁市场

2011年广州市写字楼租金随着租赁面积的增加出现短期攀升，特别是在租赁面积大幅增加的3月份，单位租金也呈现明显向上拉高的趋势，到4月份达到顶峰。这一方面是业主主动提高租金来抵抗通胀带来的影响，另一方面市场需求的增加也促使租金存在极大的上升空间。7月份受到新建写字楼成交面积突增的影响，市场租金下降，部分公司购买了新推出的一手写字楼从而放弃租赁，租赁市场一时需求明显下降，租金下跌。8月份在众多内外资企业对甲级写字楼强大的需求推动下，珠江新城甲级写字楼的租金呈上升趋势，但速度明显减慢，10月份后，随着租赁面积的上升，写字楼租金开始呈现较快上升趋势。

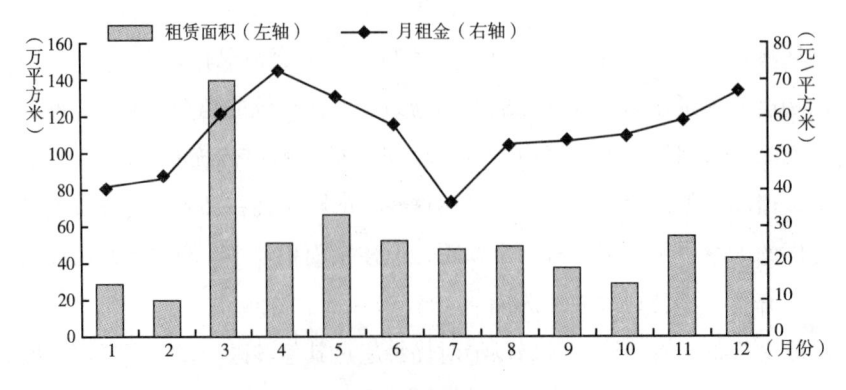

图24 全市十区写字楼租赁情况月度走势

资料来源：广州市国土资源与房屋管理局。

三 2012年广州市房地产市场展望

"限购"无疑是2011年房地产调控政策的关键词,虽然该项政策内涵简单,看似单薄,与其他市场因素也未有直接联系,但可以肯定的是如此的行政调控手段对房地产市场已产生了前所未有的影响,无疑是迄今为止最严厉的调控措施。对2012年的市场展望,最核心的一点也是对限购政策是否继续严格执行的预判。

(一) 政策展望

1. 货币政策

一年一度的中央经济工作会议被认为是为下一年全国经济政策描绘蓝图。其主要任务是明确提出明年经济工作的总体要求、大政方针、主要任务,其中确定下一年货币政策的指导方向是会议的重点,也是各方关注的焦点。2011年12月的中央经济工作会议确定了2012年"稳中求进"的工作总基调,其中"稳"主要强调要稳增长和稳物价,"进"则侧重于经济结构的调整,同时要积极关注外部风险,根据经济运行情况、适时适度进行预调微调。货币政策方面2012年将继续执行稳健的货币政策,但是与2011年同样定义为稳健的货币政策相比,2012年具体层面将有可能呈现稳中偏松的局面,特别是近两个月货币政策放松的迹象已经初现。

2011年11月,央行副行长胡晓炼提出对货币政策进行"预调微调",巩固好宏观调控的成果,从而货币政策适时适度调整的信号又一次加强。11月30日央行宣布将从12月5日起下调存款类金融机构人民币存款准备金率0.5个百分点,调整后,中国大型金融机构和中小金融机构将分别执行21.0%和17.5%的存款准备金率,但是对于银行目前出现的流动性偏紧的困难仍是杯水车薪,各大银行高息揽存现象依旧存在,未来存款准备金再度下调的可能性很大。

2. 保障房建设

2011年广州市圆满完成年度保障房建设8.5万套的任务,其中企事业单位建设保障房8000套、商品房用地配建保障房7000套,二者合计占2011年开工任务的17.7%,社会力量建设成为2011年广州保障房的重要补充。2012年广州市政府将继续鼓励社会力量尤其是高校、高新技术企业和产业园区等建设公共租

赁住房，其利用政府储备土地建设公共租赁住房的，建设用地使用权可采取土地公开出租方式取得。预计2012年社会力量对公共租赁房建设的贡献力度将会加大，同时出租土地按年收取租金，也有利于解决建设启动资金问题，公租房将日益成为满足"夹心层"住房需求的有效措施。在资金筹措方面，广州市将加快搭建保障房融资平台，鼓励金融机构加大信贷投入，支持符合条件的保障房融资主体发行中长期债券，积极探索运用保险资金、社保基金及其他金融工具投资保障房建设。相比全国保障房建设资金短缺、地方政府资金压力大的难题，广州市由于经济发展速度较快、经济环境稳定等特点，在解决这一问题上将具有领先优势，且独创性政策的出台也将为其保障房建设提供可靠支持。

3. 限购政策

从限购政策实施至今已有一年半之久，随着2011年临近尾声，已经执行限购的46个城市中，有11个限购即将到期。但中央确有表现出房地产调控不取得完胜决不收兵的决心。12月中央政治局会议上明确表示"坚持房地产调控政策不动摇，促进房价合理回归，促进房地产市场健康发展"是2012年调控政策的主基调。且此次的"房价合理回归"相较以前"坚决遏制部分城市房价过快上涨"或"遏制房价过快上涨势头"的表述更折射出2012年房地产调控政策将更加严厉、目标更加明确的信号。在中央屡次重申房地产调控不放松的大背景下，地方政府2012年放松限购的可能性很小，从目前调控政策的效果来看，现阶段正处于政策深入期，楼市调控的重点是防范房价反弹。鉴于此，2012年楼市调控的主基调仍是"双限"为主的从紧政策，事实也表明，截至2012年1月7日，2011年开始限购的全国46个大中城市，虽然未有继续加强力度的城市，但是也没有一个城市放宽政策。但从长远来看，限购作为行政调控手段毕竟与引导市场走向正常发展轨迹的方法相异，随着房价逐渐回归理性，各地将逐渐分批退出限购。

从广州市的情况来看，当初广州出台"限购令"时并没有限制时间，在全国调控政策不放松的背景下，广州势必会继续执行，限购松绑的可能性微乎其微。对于目前实行限购的广州十区来说，特别是中心六区，其可供出让的土地已经越来越少，新建住宅的开发也逐渐转移到外围区域，所以限购对广州市产生影响较大的区域基本集中在番禺、花都、南沙、萝岗四区，这几区的新建住宅市场未来将主要以刚需购房者为主。而从化、增城两市由于未纳入限购范围，投资需求或将进一步向这些地区转移。广州市不同类型购房者或会形成明显的地理区分。

4. 税收政策

自年初重庆、上海两地房产税试点以来，房产税推行范围并未趁此机会进一步扩大，其基本原因还在于房产税在全国大范围推行仍缺乏一定的制度、人员和技术的保障。上海、重庆两地由于仅对增量房和豪宅进行征收，其试点意义对全国推行房产税并没有提供多大的参考空间，其实际试行效果也须依赖年底的相关总结评估。但不容置疑的是，限购等行政措施毕竟只能作为短期政策，再加上地方政府对土地出让金的依赖，将房产税等经济手段作为限购令的替换方案在全国大范围推行的这个大方向无疑是正确的，并且这也是促进房地产市场合理、健康发展的治本之策。然而在制度设计仍不完善的情况下，房产税的推行还须以谨慎为主。预计2012年房产税将还是以试点为主，包括试点城市的增多以及征收对象的扩大，并在此过程中不断理清征税思路，提高房产税设计的科学性、合理性、全面性。特别需要明确的是，国家在推行房产税时，试点方案应该以纵深拓展为主，逐步加深房产税制度的缜密性，促进与其他税种的融合并适时扩大征税对象的覆盖面，而横向拓展，即增加试点城市只是辅助措施。毕竟这样一个全国性普遍性的税种需要有一个完善的征收规范，而不是大量地方实践经验的单纯累积。至于广州市是否会成为下一批房产税试点城市之一，笔者认为可能性不大，因为同作为一线城市，广州市房价相对于上海、北京仍处于相对理性范围之内，而且广州市相关部门对开征房产税的准备工作并不比国内其他一些城市更充分。

5. 二手房网签设计更为严密

2011年1月1日起广州市中心六区正式推行二手房网上签约，番禺和增城也分别于7月和10月被纳入存量房网签范围。在实行网签后，广州市行政区域内已经取得房地产权证的存量房交易（包括住宅、商铺、写字楼、车位等）均须通过存量房网上交易系统办理网上交易手续。实行二手房网签的一个非常大的益处在于可以减少"阴阳合同"的存在。从2011年10月1日起，广州二手房网签系统正式与银行对接，房管部门、银行、税务局在为交易当事人办理交易过户、审批购房贷款及征税时都将查询其网上签署的《存量房买卖合同》，核对提交的申请资料，二手房交易将很难报低价。因为如果买家希望获得足额的贷款，就不能报低价，否则只能贷到以"报低价"计算的贷款成数。

12月10日北京正式实行契税新政，地税部门将参照新评估确定的北京各区域二手房交易价格的评估值来确定各区域的最低计税价格。此后各区域的最低计税价大约是原先的3倍，和目前市场实际成交价差不多，二手房网签存在的"阴阳合同"现象能够进一步避免。契税新政的实施将使购房者的购房成本上升，二手房市场观望情绪会更加浓厚，购房者将继续等待房价下降，以弥补契税提高后增加的支付成本，为此，业主降价的压力会越来越大。北京的契税新政也将对广州市存量房市场产生一定影响，虽然2011年10月广州市网签系统完成了与银行系统的对接来避免"阴阳合同"的发生，但一部分通过一次性付款的二手买主并未受到影响。北京这一调整最低纳税指导价的做法或将对广州进行相关尝试产生积极影响，广州市地税部门已经在积极筹备全面引入二手房交易评税体系。

（二）土地市场展望

1. 土地供给地域结构有望调整，预先报价防流拍

2011年广州市土地出让市场可谓是经历了一个寒冬期，仅在11月，就有32幅原定拍卖的商住用地因故中止出让被收回，在连续遭遇临时停拍的尴尬后，相关部门不得不转变供给结构，开始以市中心靓地吸引开发商的眼球。临近年末，广州土地出让有重整旗鼓之势，12月份国土房管局发布卖地预公告，拟出让分别位于广氮地块、白云新城、海珠昌岗路等热门地段的7幅用地，其中3幅住宅用地、4幅商业金融用地，且清一色位于市中心地区。在房企资金普遍紧张的背景下，高企的地价、苛刻的出让条件以及中心靓地的稀缺是房企屡屡"弃购"的主要原因，此次集中推出的共16.4万平方米的7幅土地预计将在2012年正式出让，将不被纳入2011年完成的土地出让宗数之列。但此番推地向市场展示了一个明确的信号，政府为保证土地出让面积达到基本标准以满足商品房建设的供给需要，正在极力调整供地的区域结构以使之符合市场需求，进而保证土地出让能够顺利完成。在限购政策极大可能延续的情况下，2012年广州市的土地市场仍无望出现大的起色，通过增加市中心靓地的推出数量和外围区域开发及升值潜力较大的地块将是2012年政府土地出让的撒手锏，但是否会得到开发商的积极响应还在于地价与开发商预期水平的差距大小。

同时，在出让方式上，广州市政府将越来越倾向于采取预公告的方式，从而最大限度地避免出现"流拍"，因为如果开发商没有太强意愿拿地或者是出价过

低的地块，政府可选择暂时不正式推出。

2. 土地出让附加条件仍将延续

在2011年广州市完成的8.5万套保障性住房建设任务中，结合商品房项目的配建达7000套，社会力量在保障房建设中发挥着举足轻重的作用。对出让土地的附加条件不仅体现在保障性住房的配建上，其他例如对户型的限制也相当苛刻。12月初预告出让的广氮等7幅地块中有多宗都对90平方米以下户型的建设比例作出了一定限制。其中广氮地块要求56%的比例限建90平方米以下的中小户型，还要求建设幼儿园。诸多的限制条件也成为开发商谨慎拿地的一个重要原因。2012年商品房配建保障房依然是完成保障房建设任务的重要方式，在广州市保障房建设套数不会出现大幅度减少的预期下，土地出让附加条件仍将延续，但苛刻程度如何就须依赖政策的持续时间和保障房建设任务的轻重了。

3. 商业用地持续受追捧

限购的持续使得住宅市场成交乏力，无法给市场带来更多的信心，在各大房企纷纷进军商业地产领域的情况下，商业用地在土地市场上备受追捧。许多房企都明确表明已经调整战略布局，2012年将进一步增加商业地产项目的占比，集中在一线城市发展商业地产，而在二、三线城市建设住宅。据报道，越秀城建已经确定了把40%的投资用于商业地产，而合景泰富上半年65亿元的销售也主要来自于广州一个纯商业项目和成都的一个高端住宅项目。越来越多的地产公司的发展战略已经向商业地产领域转移，这一趋势在2012年将会更为明显，商业用地受到各大房企争相追捧的现象将延续到2012年的土地出让市场。

4. "三旧"改造有序推进

土地市场最令人瞩目的杨箕村改造地块于2011年1月份已成功出让，由富力地产获得。地块除了住宅用地还带有大面积的商业配套用地，规定竞得人必须按照杨箕村全面改造要求实施开发建设，并承担全部改造成本。由于位处中心城区，各种配套成熟，该土地的成功出让为中心城区腾出了不可或缺的土地资源，广州市土地资源优化配置再次得到肯定。广州市老城区"三旧"改造工作进度的推进，将为中心市区再储备丰富的土地资源，同时"三旧"改造项目由于地理位置的优势也将是后续开发商们角逐的一个重要战场。

（三）商品房市场走势展望

1. 商业物业市场不确定性较大

2011年在住宅限购政策之下，商服物业迎来了新的机会，成交活跃，价格攀升。面对住宅市场日益惨淡的成交额，各大房企也开始将业务领域向商业地产扩展。随着2012年住宅限购的持续，商业地产的开发市场或将呈现一片欣欣向荣的景象，但从商业物业本身的特点来看，其并不像住宅一样拥有一大批的刚性需求买方，成交波动较大。一方面，商服物业市场的发展会受到全球经济大环境、国家产业结构调整和地方经济表现等因素的影响，特别是在美国经济复苏缓慢、欧债危机持续深入以及全球经济动荡的环境下，大量进入商服物业市场的新军在把握发展机遇方面面临更大的挑战。另一方面，许多原先主要投资住宅物业的房企在商业地产开发上缺乏经验，而商业地产相比住宅投资更为复杂，对专业知识和市场发展方向把握准确度的要求也更高，商业地产投资风险较大，投资者们在做出投资决策之前更应多加谨慎。

2. 楼市真正的价格拐点或将临近

从广州市目前房地产市场运行情况来看，全市房价呈现以下几个特点。第一，核心区域让利降价空间有限。例如环市东板块、上下九—康王路板块、天河北板块，这些区域由于在售的一手楼盘极为有限，地理位置优越，市场需求仍旧充足，开发商态度也相对强硬，有的降价仅是噱头，有的虽号称大幅度优惠，但实际让利有限，而且一旦完成相应任务，优惠马上取消。总体来说，价格松动楼盘并不多见。第二，外围热点居住区域渐显止涨态势。例如芳村板块、金沙洲板块和番禺板块，这些区域或者目前供应楼盘不少，或是接下来将有多个新盘推出，开发商之间的竞争比较激烈，业绩以及回笼资金的压力也较大，打折力度较核心地段楼盘有所加强。随着2012年这些区域的商住项目陆续开工，开发商的销售压力将会越来越大，价格的下行速度和范围也将领先于核心区域。第三，未来发展潜力较大且存在明显利好因素的区域降价意图并不明显。例如目前销售情况较好、周边交通日益完善的白云大道板块以及位于旧城改造重点区域的同德围板块，开发商均看重该区域未来的发展潜力而不愿大幅度降价，推出的"特价单位"也往往是为了试探市场。未来利好因素带来的良好预期是这些区域降价有限的主要原因。第四，不限购区域折扣优惠较大。由于增城限价不限购，区域内在售楼盘较多，投资者均由限购的十区向增城等地转移，这也为该地区楼盘的放量成交带来了契机。

2011年广州市已经顺利完成年初提出的房价调控目标，这也是近几年来广州GDP首次"跑赢"房价。在2012年调控政策仍旧趋紧的预期下，广州市一手楼市将出现真正的拐点，价格会出现实质性的下调。但由于各区域在供货量、地段、楼盘品质等方面差异明显，2012年不同区域的楼价下调区间将有较大差别，限购范围内的外围热点区域住宅的降价幅度会更大一些。

Guangzhou Property Market Review of 2011 and Prospect of 2012

Liao Junping   Rao Yajie   Cai Chuxing

Abstract: Same to the property markets all of the country, regulations on Guangzhou's property market made obvious success, and the accompanying consequences are lower transaction volume and less land offers. The situation would not be obviously changed.

Key Words: Guangzhou; Property Market; Regulation

B.14
2011~2012年深圳房地产市场解析与展望

宋博通 万 清 李 黎 伊廷阁*

摘 要： 与国内其他城市一样，2011年深圳房地产市场调整深入，市场观望氛围浓厚。新建市场方面，商品住宅量价齐跌，写字楼价增量减，商业用房量价双升；二手市场方面，商品住宅、写字楼持续繁荣，商业用房价格高位回调；租赁市场方面，商品住宅、写字楼租金稳步上涨，商业用房租金先抑后扬；土地市场方面，居住用地多数底价成交，商服用地均价同比升幅近半；土地增量方面，土地整备全面启动，开局计划如期完成。据模型测算，深圳2011年新建住宅市场泡沫程度稳中微降，调控效果初现，但仍显虚高。展望2012年，随着调控延续，房企或逐渐让利，需求者将观望待发，调整仍为年内基调。放眼未来，深圳强调质量发展，经济转型，加之土地整备，也将为房地产发展提供强力支撑。

关键词： 深圳 房地产市场 调控 泡沫

一 2011年房产市场分析

（一）房地产开发投资额连年增长，占固定资产投资比重止跌回升

从房地产开发投资额看，深圳市自2001年以来总体呈增长势头，2007~

---

* 宋博通，建筑学科博士后，深圳大学土木工程学院党委书记，深圳大学房地产研究中心常务副主任、副教授，主要研究住房政策、城市经济与房地产市场；第二作者：万清、李黎、伊廷阁，深圳大学土木工程学院硕士研究生，排名不分先后。

2009年小幅调整，2010年重拾升势，2011年首次突破500亿元，达590.21亿元，2008年金融危机后的拿地高潮依然处于消化周期。

国内一线城市中，2011年京、沪、穗、深房地产开发投资同比增幅分别为4.66%、9.57%、32.84%、28.73%，深圳增速仅次广州。受城市规模限制，深圳房地产开发投资总额在四大城市中最小，约为广州的一半、上海的1/4、北京的1/6。

从房地产开发投资占全社会固定资产投资比重看，深圳自2002年呈逐降走势（2006年稍有回升，为36.3%），2011年止跌回升，达31.86%。值得注意的是，全社会固定资产投资额经10年连续增长后，2011年首度回落。世界大学生运动会在深圳召开，对深圳2009～2011年上半年固定资产投资拉动效应显著，随着大运会落幕，未来固定资产投资将回归合理水平。

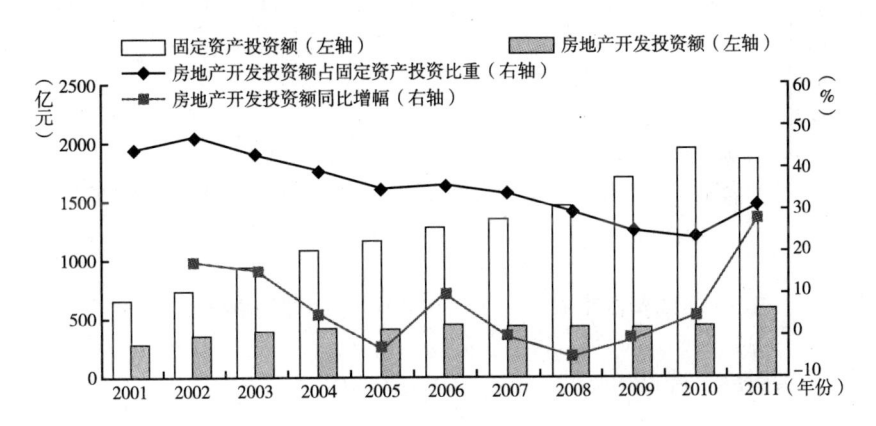

图1 2001～2011年深圳市房地产开发投资情况

资料来源：深圳市统计局。

（二）商品住宅价格先升后降，老特区远超新特区，新房、二手房价倒挂初现

1. 指数年内先扬后抑，涨跌幅引领一线城市

从京、沪、穗、深2011年各月新建商品住宅价格指数走势来看（见图2），一线城市均低开高走，6～10月高位横盘，岁尾跳水。

2011年1月26日"新国八条"颁布后，京、深指数3月滞涨，北京3～9月累计涨幅0.39%，不及2月单月0.49%，成为全年一线城市中指数涨幅最小城市。2011年上半年，深圳、广州领涨一线城市，京、沪、穗、深累计涨幅分别为0.87%、1.98%、2.24%、2.25%，深圳居首。

房地产市场素有"金九银十"之称，但10月京、沪、穗、深新建商品住宅价格指数却初现环比下降，分别为-0.096%、-0.291%、-0.190%、-0.191%，上海降幅最大，深圳位居榜眼。

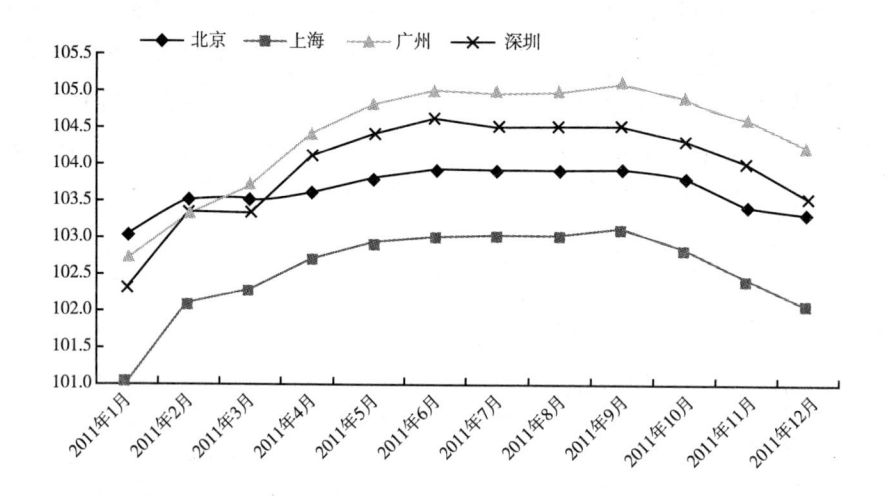

图2 2011年各月京、沪、穗、深新建商品住宅价格指数*走势

*图2、图3价格指数均为定基以2010年价格为100。
资料来源：国家统计局。

与新建商品住宅价格指数走势类似，深圳二手商品住宅价格指数1~6月为全年最大累计涨幅，达4.04%，远超新建商品住宅价格指数增长幅度2.25%。对比2011年各月二手住宅价格指数（见图3），京、沪、穗、深全年累计最大涨幅分别为0.3%、2.39%、2.64%、4.04%，深圳居首。

纵观全年，北京1~7月横盘整理，8月转向下跌，成一线城市中唯一年初末指数倒挂城市，年内最大跌幅达-1.77%。广州、上海走势基本一致，1~8月震荡上行，9月起持续下降。

深圳指数从年初始即强力拉升，6~9月小幅下降，10月起跌势跃升。12月与年初相比，京、沪、穗、深二手住宅价格指数涨跌幅分别为-2.27%、1.29%、0.98%、2.07%，深指上涨远超其他一线城市。

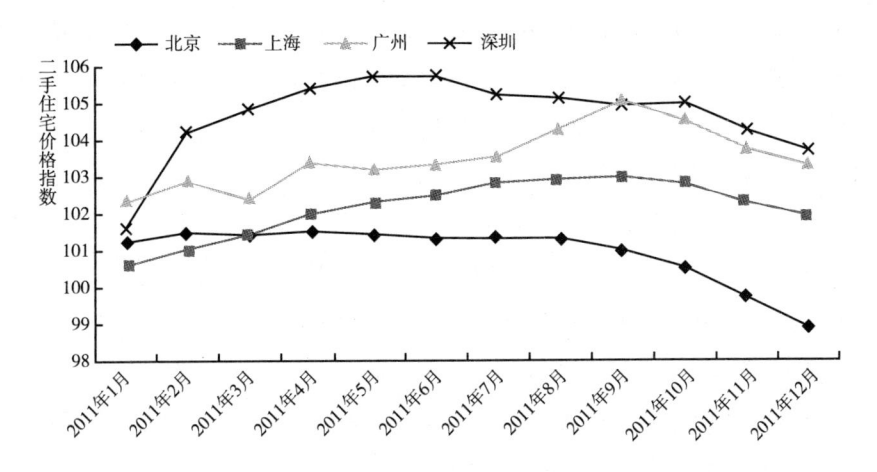

图3 2011年各月京、沪、穗、深二手住宅价格指数走势

资料来源：国家统计局。

2. 新房均价近4年首次下跌，二手房价格再创新高

从历年商品住宅交易价格看（见图4），2004~2007年，房价平稳增长；2008年短暂调整，新建商品住宅均价13255元/平方米，同比下降0.86%，二手房成交价格跌破万元，为9117元/平方米，同比下降13.7%；2009~2010年再次上扬，2011年在交易量双降压力下，新建商品住宅均价18992元/平方米，同比下降6.00%，二手房成交价格20442元/平方米，同比大涨25.67%，两价差幅收窄。

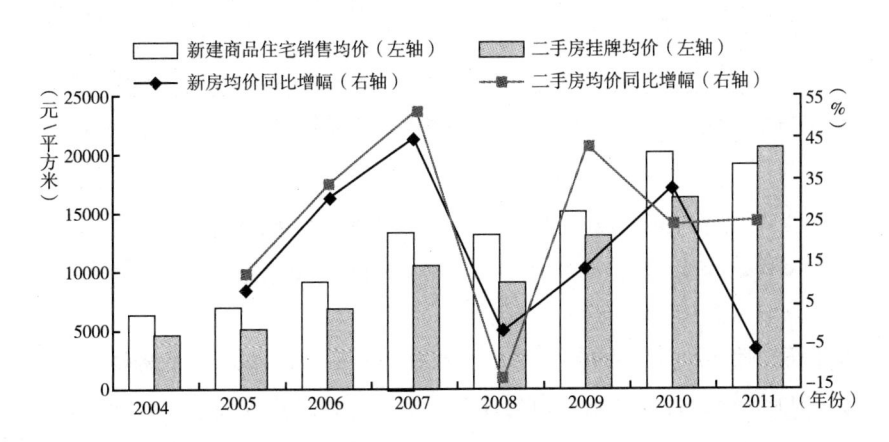

图4 2004~2011年历年二手房新房销售均价对比

资料来源：深圳房地产信息网、深圳市统计局。

3. 新房、二手房价屡现倒挂，住宅租金稳中有升

对比新房、二手房，从2010～2011年各月价格走势看（见图5），2010～2011年上半年，相对新建商品住宅价格震荡下行，二手住宅均价稳中有升，2011年下半年二手住宅均价降幅弱于新房，二者剪刀差仍有扩大趋势。2011年全年，1～2月走势平稳，3月首现新房、二手房价格倒挂，5月二手房价格高出新房5936元/平方米，6～9月逐步回归，10～12月再现倒挂。导致此现象原因有三：一是开发商较二手房业主套现压力大，新房降幅超二手房；二是诸多二手房综合质量（地段、品质、社区完善程度）较新房高，价格相对坚挺；三是学位房成交价格居高不下，带动二手房月均价上涨。另外，二手房缴纳税费较新房多，致倒挂现象更为严重。

从租金走势来看，2010～2011年，住宅租金基本以季度为单位，呈阶段性上涨，季平均涨幅1元/平方米，2011年最低月租金44元/平方米，最高月租金46元/平方米，波动较小，表明住宅租赁市场供需较为均衡。

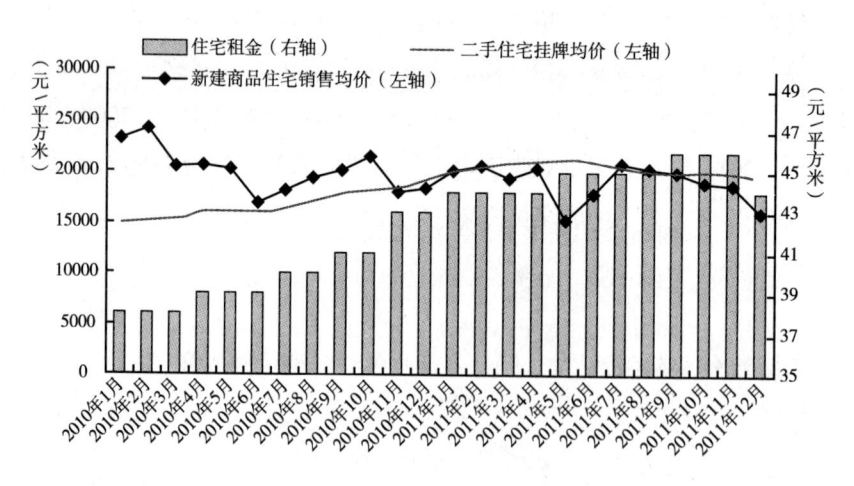

图5 2010～2011年各月二手房新房售价及住宅租金走势

资料来源：深圳房地产信息网、深圳市规划与国土资源委员会。

4. 新房均价区域走势各异，南山一枝独秀，宝安、龙岗盘底整理

从2011年全年各区域新建商品住宅价格运行情况看（见图6），南山一枝独秀，4月超福田成为全年均价最高区域，8月以高端项目为主，仅成交181套，均价达46364元/平方米，较1月大涨66.51%；福田U形反转，1～7月均价小

幅波动，8月跳水，9~10月趋稳，11~12月回归，反超南山，上演逆转；罗湖平稳运行，1月成交全年最低23507元/平方米，3月最高27176元/平方米，较1月涨15.61%，其余月份均在两者间波动；盐田岁末摆尾，1~9月小幅震荡，10月增加新盘，均价环比大涨43.71%，11~12月运行平稳；宝安、龙岗①低位盘旋，龙岗区5月现全市全年最低价，为12921元/平方米，环比下降16.9%，致当月全市成交均价15263元/平方米同为全年最低，除5月外，两区域其他月份成交价格均低于全市均价，这与近年龙岗、宝安中心区大量新房供应有关。

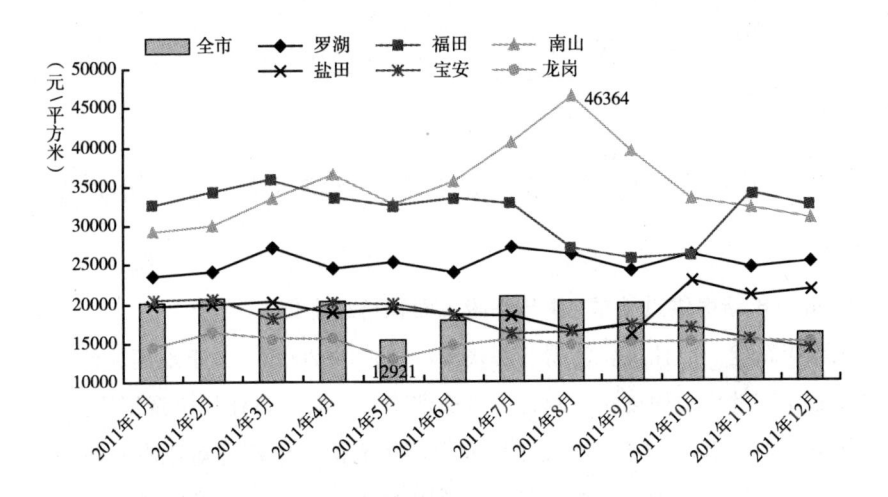

图6　2011年各区域新建商品住宅月均价比走势

资料来源：深圳房地产信息网、深圳市规划与国土资源委员会。

5. 二手房价区域运行平稳，福田始终高位，龙岗延续低价

从2011年全年各区域二手房价格运行情况看（见图7），二手房交易价格全年走势平稳，下半年稳中有降；与新房类似，福田、南山价格最高，宝安、龙岗最低；但盐田二手房成交均价超越罗湖，位居第三，3~8月逐月小幅下降，9~10月稳步上行，10月22883元/平方米为全年最高，较8月上涨14.58%；宝安二手房交易价格远超龙岗，也因宝安中心区位于大前海概念中，发展速度高于龙岗中心区，未来预期效应明显。

---

① 龙岗含坪山新区，宝安含光明新区。

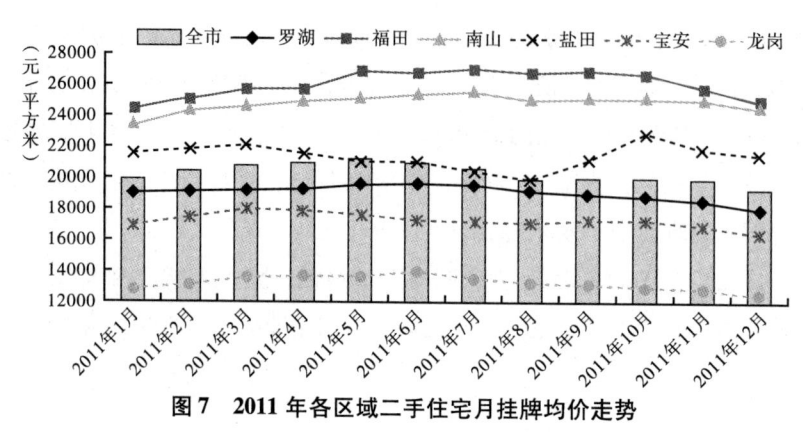

图7 2011年各区域二手住宅月挂牌均价走势

资料来源：深圳房地产信息网。

（三）新房需求再创新低，成交量新老特区差距大，小户型完全主打

1. 近两年新房供过于求，8年来竣工面积持续走低

从历年新建商品住宅供需看（见图8），2004～2006年，土地出让低量波动，新建商品住宅批售面积逐年递减，房价稳定攀升，居民自住投资意识增强，新建商品住宅供不应求；2007年，受土地成交及住宅价格压制，新建商品住宅批售、销售双降，销售面积500.4万平方米，同比大降29.1%，初形成供大于需格局；受美国次贷危机影响，2008年底在多管齐下救市政策刺激下，刚性及投资需求激增，致2009年供不应求，住宅面积吸纳率达147.09%，为近年最高，2010年竣工、批售及销售面积进一步下降，2011年继续严格执行限购政策，年内存款准备金率持续数月上调至历史最高21.5%[1]等，在一系列调控措施下，新建商品住宅批售面积仅396.93万平方米，同比下降0.91%，销售面积272.93万平方米，同比下降14.98%，再创新低。

对比新建商品住宅竣工面积，2002年后逐步进入下行通道，2003～2007年逐年下降，2008年因前期土地储备丰富，2008年12月商品住宅竣工量达244.74万平方米，占当年55.15%，整年同比上涨1.52%；2009～2010年再次下行，2011年仅为247.29万平方米，再创新低。

---

[1] 自1985年统一调整后至今。

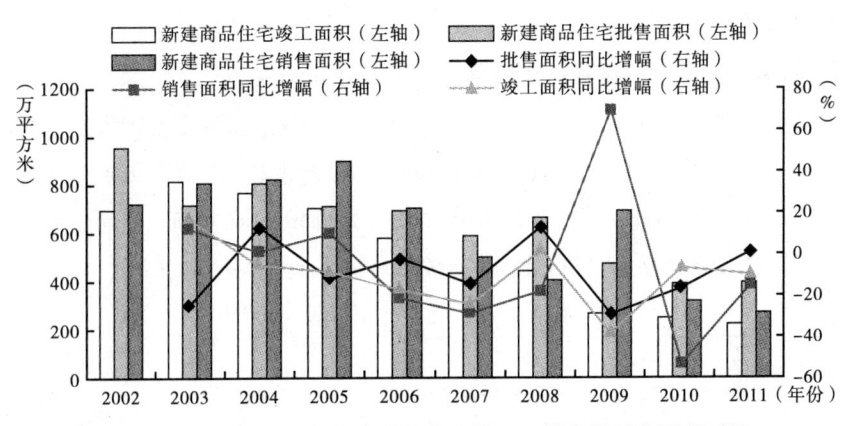

图 8 2002~2011 历年新建商品住宅竣工、批售及销售面积对比

资料来源：深圳房地产信息网、深圳市统计局。

2. 新房供给远超需求，面积吸纳率上下半年差距大

对比 2011 年各月新房交易情况（见图 9），全年新房成交量偏低，呈阶段性小幅波动，全年新房批售与销售面积比达 1.45∶1。

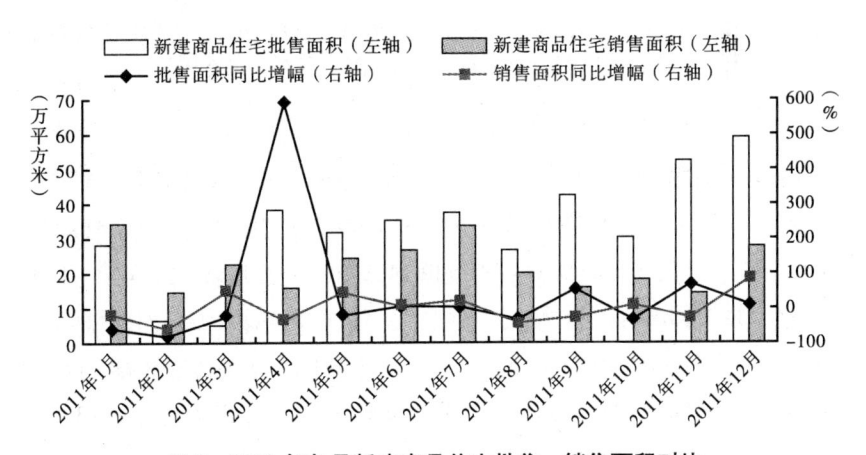

图 9 2011 年各月新建商品住宅批售、销售面积对比

从全年新房交易来看，受政策调控，全年成交缩水，批售面积上半年波动较大。2011 年 1 月 26 日 "新国八条" 出台，加之春节假期影响，2 月、3 月批售面积骤降，分别为 7.03 万、5.55 万平方米，为全年最低双月；4 月批售面积 38.5 万平方米，环比大增 593.18%；5~12 月，批售量震荡上行，波动较小。住宅面积吸纳率上半年为 95.59%，下半年降至 52.93%，全年供给远超需求，已

237

使房价趋高态势有所改善。

3. 新房成交量新特区更胜老特区，小户型成绝对主力

自 2010 下半年，深圳特区内外一体化实施，以龙岗、宝安中心区为代表的新特区开始新一轮开发，2011 年新特区新建商品住宅成交量 216.99 万平方米，为老特区 3.88 倍，占全市 79.51%。对比 2011 年各区域（见图 10），全年新建商品住宅成交量自高至低行政区依次为：新特区龙岗、宝安，老特区南山、盐田、福田、罗湖。

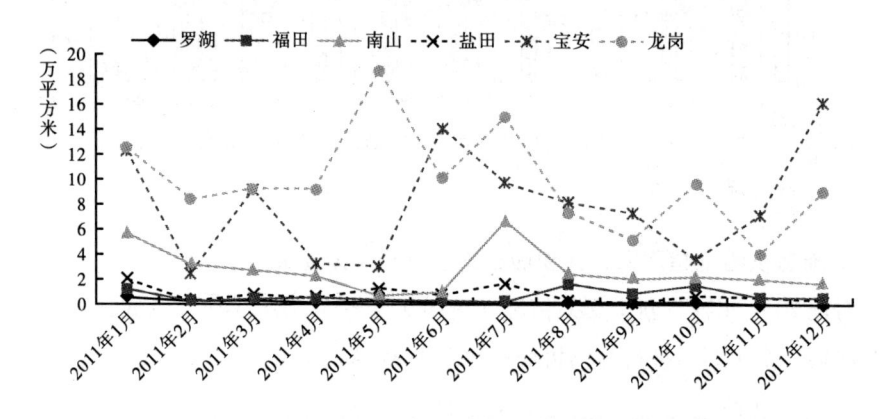

图 10　2011 年各区域新建商品住宅月度成交量走势

资料来源：深圳房地产信息网、深圳市规划与国土资源委员会。

龙岗全年大幅波动，上半年火热成交 92.14 万平方米，远超下半年 50.78 万平方米，5 月交易量 18.8 万平方米，环比增 102.75%，为全年各区域成交最高月份，6~11 月波动下行，12 月小幅上扬；宝安剧烈震荡，岁末井喷，2、4、5 月为全年成交量最低三月，分别为 2.58 万、3.36 万、3.11 万平方米，6 月四新盘入市，成交 14.26 万平方米，环比暴涨 358.48%，7~10 月逐降，年末成交井喷，12 月达全年最高成交量 16.3 万平方米，环比大涨 124.39%；南山成交年中过山车，1~6 月缓慢下行，7 月成交量 6.77 万平方米，环比大增 553.86%，8 月成交 2.53 万平方米，环比降 62.58%，9~12 月趋稳，呈翻越之势；盐田、福田、罗湖全年成交均在低位盘整，这与老特区可出让土地较少、新盘推出量垫底、致近年成交量无法提高有关。

2011 年（见图 11a），央行三次上调存贷款基准利率，增加了置业成本，以 90 平方米以下小户型为主，成交 196.03 万平方米，占总交易量 71.83%；90~144 平方米改善型物业与 144 平方米以上大户型相差无几，分别成交 39.91 万、36.99 万平方米，占总交易量 14.62%、13.55%，新房市场仍处于初次置业及改

2011~2012年深圳房地产市场解析与展望

善型置业刚需时代。

从各区域新房成交面积形态走势看（见图11b），以全市小户型：改善型：大户型比例5.3∶1.08∶1为均水平，区域市场各具特色，罗湖2.04∶1.45∶1，小户型成交仅为大户型2倍，90平方米以下与90平方米以上物业二分市场；福田11.13∶0.59∶1，南山3.18∶0.52∶1，两区域成交受物业成熟度影响，市场以居住改善、投资置业为导向，改善型（90~144平方米）与大户型（>144平方米）物业成交倒挂，大户型成交超改善型近1倍，其中，福田小户型成交8.03万平方米，超大户型10倍多，物业成交相对非均衡；盐田、宝安、龙岗成交比例分别为5.04∶1.52∶1、7.91∶1.51∶1、4.68∶1.05∶1，三市场投资需求受较低价格抑制，小户型成交呈绝对优势，改善型及大户型交易量相对平稳。

a 全市三种面积结构成交量比例

b 各行政区新建商品住宅三种面积结构成交走势

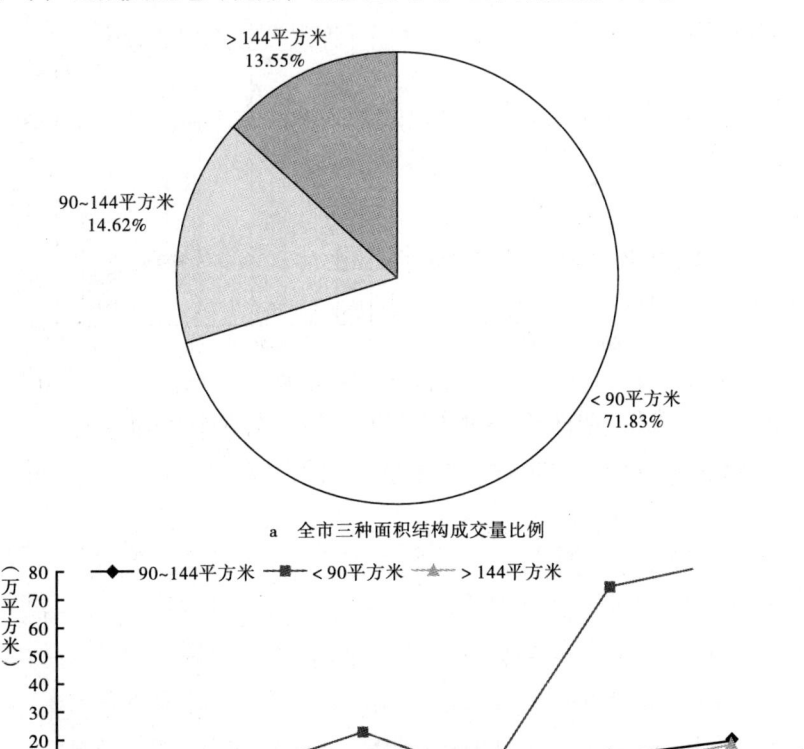

图11 全市及各区域新建商品住宅面积形态成交情况

资料来源：深圳房地产信息网、深圳市规划与国土资源委员会。

（四）二手房成交量骤降仍超新房，年内先高后低

1. 政策累积效应渐现，二手房成交量前热后冷

对比历年二手商品住宅成交面积（见图12），2004~2007年，成交量稳定上升；2008年受金融危机影响，仅成交435.85万平方米，同比下降53.19%；在2008年11月5日出台的4万亿元扩大内需等一系列刺激措施下，2009年二手房交易量达1395.83万平方米，同比大涨220.25%，初步确定二手房在市场交易中的主体地位；2010年略有下降，为1130.66万平方米；2011年，二手房成交699.31万平方米，超新房三倍，同比下降38.15%。

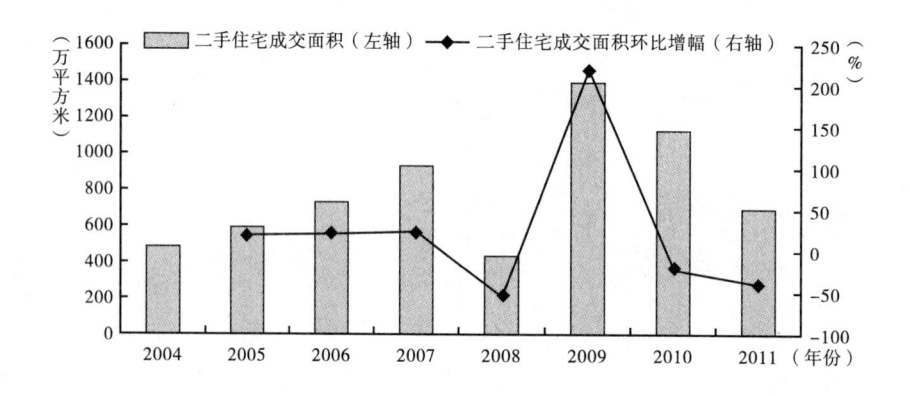

图12 2004~2011年历年二手住宅成交面积对比分析

资料来源：深圳房地产信息网、深圳市规划与国土资源委员会。

从2011年各月交易来看（见图13），前半年交易火热，后半年市场低迷。除春节假期影响，在2011年1月27日《关于调整个人住房转让营业税政策的通知》压力下，2月二手房成交量36.87万平方米，环比骤降62.78%；3~7月高位震荡，成交量占全年61.44%；1~7月，央行6次上调存款准备金率，3次上调存贷款基准利率，加之"新国八条"调控，积累效应在7月后凸显，8~12月二手房成交低位运行，交易量仅占全年19.13%。

2. 二手房新特区宝安小户放量，老特区盐田大户型与别墅略增

对比2010年、2011年各区域二手房成交面积及套数（见图14），第一，龙岗、宝安份额增加，小户型抬头。龙岗2011年二手房成交162.39万平方

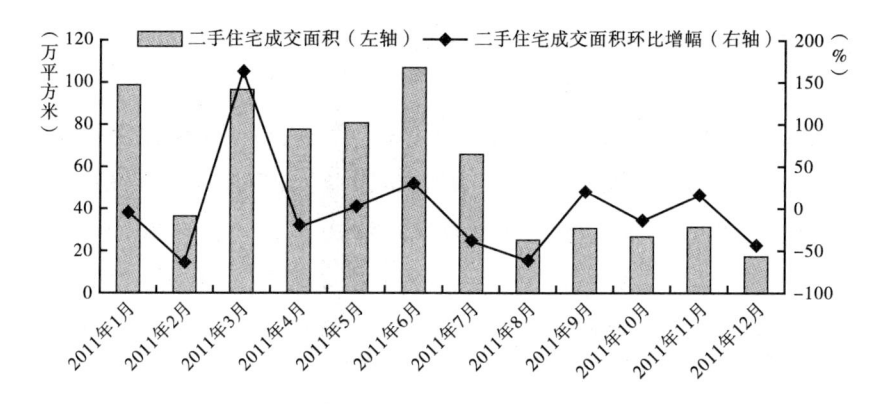

2011～2012年深圳房地产市场解析与展望

图13 2011年各月二手住宅成交面积对比分析

资料来源：深圳房地产信息网、深圳市规划与国土资源委员会。

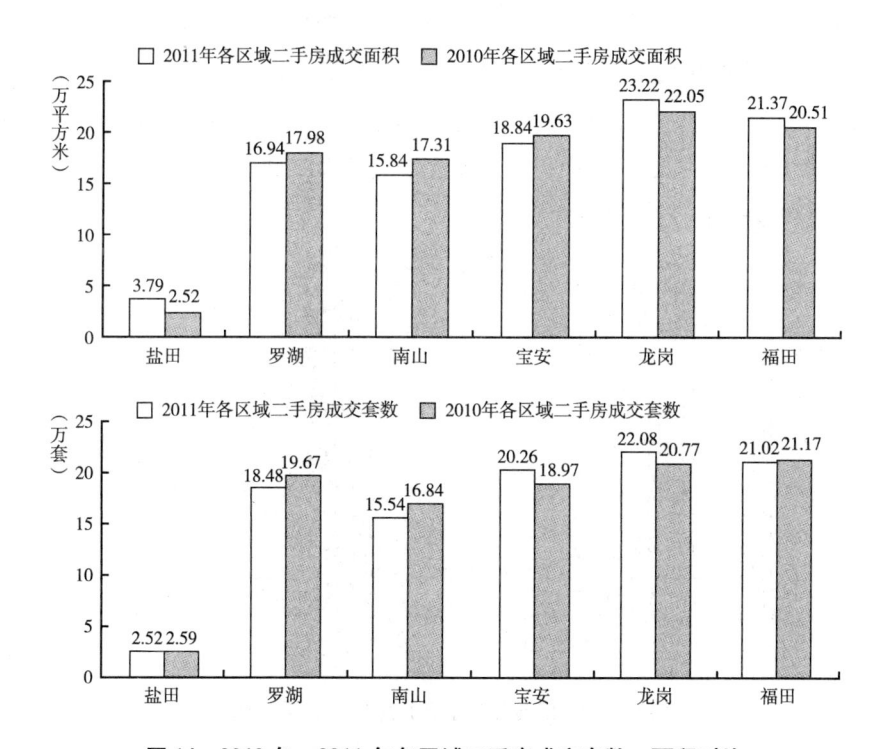

图14 2010年、2011年各区域二手房成交套数、面积对比

资料来源：深圳房地产信息网、深圳市规划与国土资源委员会。

米，占全市23.22%，成交16156套，占22.08%，面积占比较套数高1.14个百分点，两者基本持平。宝安面积与套数占比之差由2010年0.66个百分点降至2011年-1.42个百分点，发生逆转。表明在年内房价及融资成本压力下，存量住房小户型成交增加。第二，南山、罗湖、福田市场成熟，小幅震荡。老特区南山、罗湖、福田成交与2011年所占份额均未出现较大波动。第三，盐田依山傍水，大户型放量。盐田区东起大鹏湾，内置梧桐山，近年大户型及别墅项目增加，2011年成交26.53万平方米，与2010年基本持平，成交1915套，同比大降39.8%；2011年盐田新房市场别墅项目较少，而二手大户型及别墅成交量上升，户均面积大幅增加，面积份额远高套数占比。

3. 二手房/新房套数比先高后低，罗湖二手房成交绝对主力

从2011年二手房新房成交套数对比看（见图15），上半年二手房套数占绝对优势，下半年二手房交易降幅远超新房。3月二手房新房套数比达全年最高4.4∶1，7~8月二手房交易骤降，8月成交全年最低2384套，致二手房新房成交套数倒挂，交易比0.946，9~11月二手房新房成交套数低位震荡，趋于平稳，12月新房成交放量，二手房价相比愈发高于新房，致成交量出现下滑，二手房新房成交套数出现年内二次倒挂。

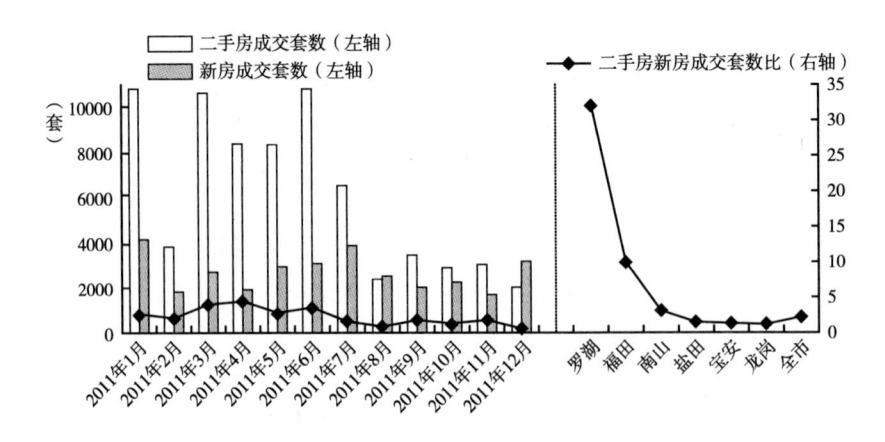

图15 2011年各月二手房新房成交套数对比图

资料来源：深圳房地产信息网、深圳市规划与国土资源委员会。

从区域成交活跃度对比来看，罗湖二手房远超新房，二手房/新房成交套数比达32.12∶1，福田紧随罗湖，二手房成交套数超新房10倍；其他区域均在3.2倍内，龙岗1.2∶1最低。

（五）写字楼新建市场价增量减，二手市场持续繁荣

1. 新建写字楼需求转冷，全年均价高歌猛进

2011年，深圳写字楼总体空置率继续下行。新建写字楼批售面积基本与2010年持平，为14.49万平方米，销售6.38万平方米，自2009年以来连续两年下跌，吸纳率仅44%。

从新建写字楼历年成交均价看，除2008年经济危机导致下降外，2005年后一路高歌猛涨，2010年受宏观调控影响，增速有所放缓，2011年新建写字楼成交均价达45783元/平方米，同比2010年大涨67%，创下历史新高。2011年深圳市新建写字楼市场成交低迷，大部分成交楼盘价格高昂，是2011年全市均价大幅攀升的主要原因。

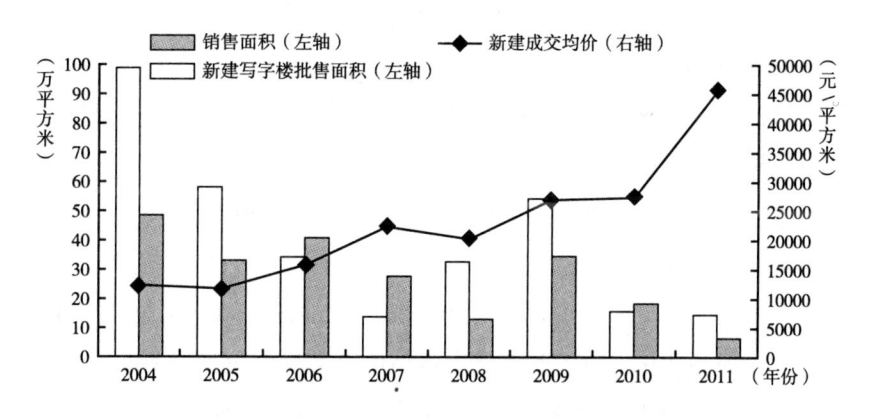

图 16　2004～2011年历年新建写字楼市场比较

资料来源：CRIC房地产决策咨询信息系统、深圳市房地产信息网。

2. 二手写字楼挂牌均价先升后降，租金震荡攀升

2011年，二手写字楼挂牌均价、租金持续快速增长①。2010年，挂牌均价、租金分别大涨30.1%、23.45%。2011年继续保持强势，挂牌均价达33288元/平方米，月租金至113元/平方米，分别上涨34.72%、18.65%。挂牌均价方面，上半年连续增长，下半年则有所回调。租金方面，一、三季度节节攀升，二、四季度微量回调，全年震荡上行。

---

① 商业、办公写字楼年均价及租金为全年1~12月加权平均值，下同。

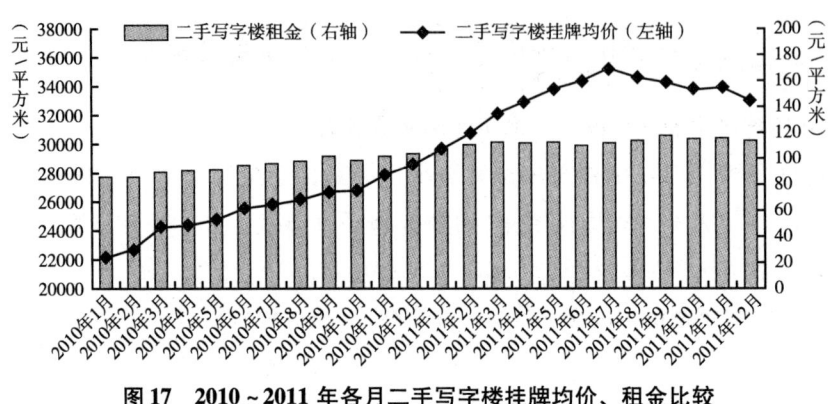

图 17　2010～2011年各月二手写字楼挂牌均价、租金比较

资料来源：深圳市房地产信息网。

（六）商业新建市场稳步上行，二手市场高位回调

1. 新建商业用房供给锐减，成交均价大幅上扬

新建商业用房批售面积于2005年达到峰值，而后一路下滑，2008年稍有起色，2011年批售面积27.2万平方米，削减至2010年一半水平。销售面积较2010年有所提升，达18.9万平方米，吸纳率为69.49%，远高于2010年的34.1%，批售面积减少是主要原因。

新建商业用房成交均价于2005～2006年上涨迅猛，2007年微量回调，2008年后一直保持温和增长，2011年新建商业用房成交均价为30818元/平方米，同比2010年大涨33.44%。2007年以来，年均增长率为15.54%。

图 18　2004～2011年历年新建商业用房市场比较

资料来源：深圳市规划和国土资源委员会、深圳市房地产信息网。

2011～2012年深圳房地产市场解析与展望

2. 二手商业挂牌均价波动下行，租金先抑后扬

较之2010年二手商业的火暴行情，2011年深圳市二手商业市场有所回调。2011年二手商业挂牌均价55567元/平方米，同比2010年上涨2.7%；租金为204元/平方米，同比2010年下跌2.9%。挂牌均价方面，全年呈波动下行走势，2月份达最高值60174元/平方米，6月份为全年最低53400元/平方米；租金方面全年先抑后扬，上半年迅速下滑，下半年波动上涨，12月份平均月租金为198元/平方米，低于年初最高水平。

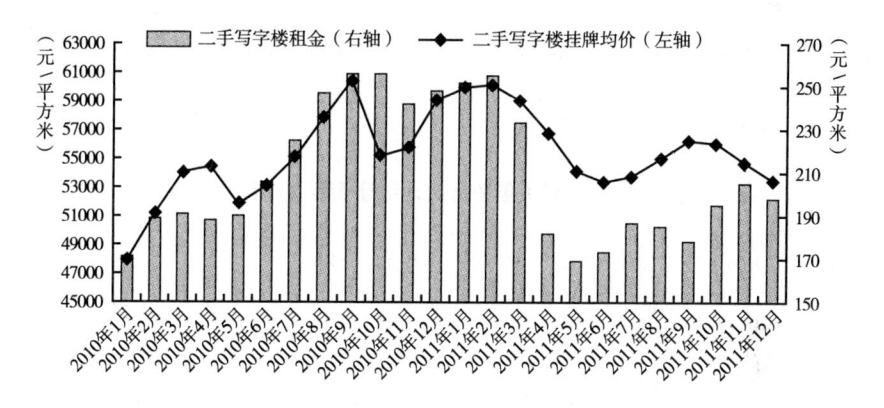

图19　2010～2011年各月二手商业用房挂牌均价、租金比较

资料来源：深圳市房地产信息网。

二　2011年土地市场分析

（一）交易总量剧减，基本底价成交

2011年，全市挂牌出让土地面积284.9万平方米，同比剧降44.3%。出让共73宗[①]，成交68宗，宗数流拍率6.8%，面积流拍率5.2%。其中居住用地10宗全部成交，面积52.2万平方米[②]，同比下跌13.7%；商服旅馆业用地10宗，成交7宗，成交面积6.9万平方米；工业用地40宗，成交39宗，成交面积

---

① 同一宗地号地块重复拍卖计为1宗，如K602-0009。
② 不含综合用地中的居住用地部分。

132.3万平方米；综合性用地3宗，成交面积74.4万平方米。全年土地供给大幅减少，市场交易活跃度处于低潮，多数以底价成交。

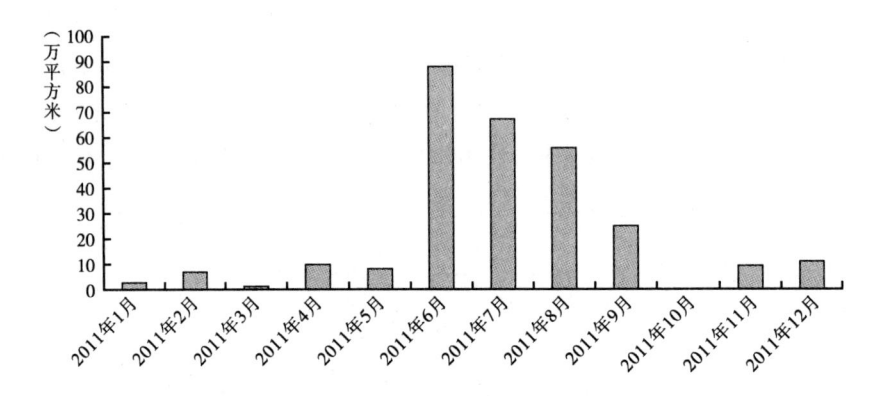

图20 2011年各月土地出让面积走势图

资料来源：深圳房地产信息网、深圳市规划与国土资源委员会。

（二）居住用地供给连年下降，近两年成交率100%

2004～2011年，居住用地比例总体呈下降趋势，2006年和2011年小幅上扬。2008年以来，居住用地供应连年走低，面积成交率保持高位，2010年、2011年两年成交率皆为100%。宗地多数集中在关外，关内只有南山区留仙大道南侧、塘朗站车辆段上盖一处。10宗居住用地中，8宗具保障性质，部分或全部作为安居型商品房，致2011年平均楼面价为3423元/米，虽同比增长17.2%，但基本以底价成交，较2009年5587元/平方米差距明显。年度均价地王为宝安区龙华布龙路以西、和平路以北的一处居住用地，平均楼面地价9590元/平方米。

（三）商服用地面积流拍过半，出让价格明显增长

2011年商服用地（包括商业用地、商业办公用地、商务性用地、商业性服务设施用地、旅馆业用地等）挂牌出让10宗，共18.2万平方米，占总出让面积6.4%，成交7宗（其中3宗同一天成交）。均价9885元/平方米，同比增长45.5%，最高价达16100元/平方米。

流拍3宗，流拍面积11.3万平方米，面积流拍率达62.1%。最后两宗商业用地于12月相继流标，总面积约11.0万平方米。

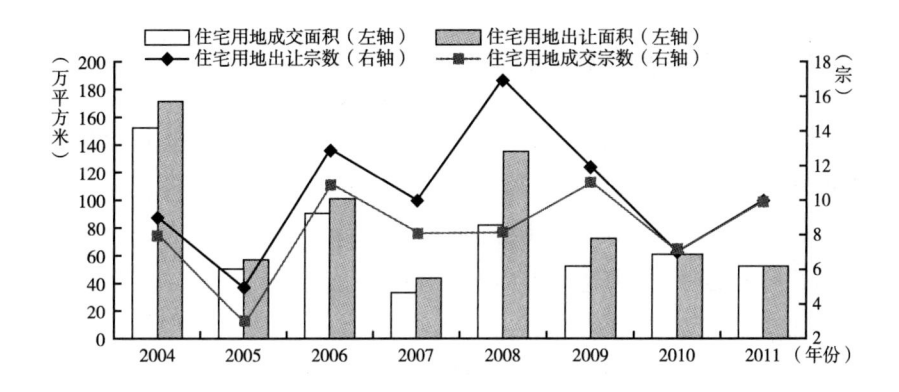

图 21 2004~2011年出让土地总面积及居住用地情况

资料来源：深圳房地产信息网、深圳市规划与国土资源委员会。

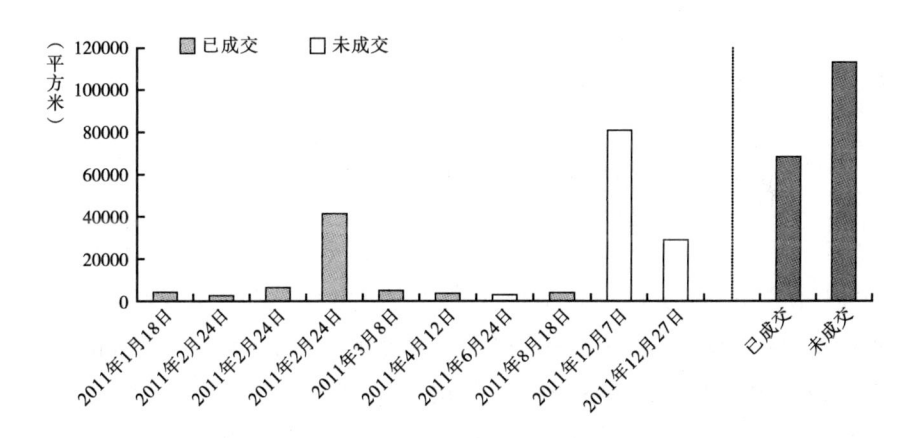

图 22 2011年各宗商服用地面积及成交情况

注：图区左为年内成交情况，白色柱形为流拍；图区右为出让土地成交情况对比。
资料来源：深圳房地产信息网、深圳市规划与国土资源委员会。

（四）综合用地受关注，历史最高总价现世

2011年出让三块综合用地，全部成交，占总面积26%。地块性质多样化，有高等院校用地工业用地混合、商住用地混合等。其中宗地 K202-0014 位于太子湾片区，是集商业服务业设施、仓储、港口码头、居住多功能于一体的综合用地，面积达69.764万平方米，为2001年以来深圳出让最大地块。招商地产以64.39亿元竞得，总价创深圳土地招拍挂历史最高。

（五）土地整备全面启动，开局计划如期完成

《深圳近期建设与土地利用规划（2011~2015年）》明确提出以整备破解土地资源困境，土地整备于2011年7月全面启动。

土地整备工作包括通过土地使用权收回、房屋征收及拆迁、土地收购、征转地历史遗留问题处理、填海造地等方式，对零散用地进行整合，并进行土地清理及土地前期开发。

截至2011年底，各区已按《深圳市2011年度土地整备计划》（实施期：2011年7月至2012年6月）完成土地整备工作总量的50%。计划中，全市拟完成75个土地整备项目，通过整备释放45平方公里建设用地，推进87个征地拆迁项目及7个拆迁安置房建设项目。

三 2012年房地产市场展望

（一）态势良好，转型加速、质量当先，房地产发展支撑有力

2011年深圳经济运行良好，主要经济指标增幅加速。全年GDP达11502.06万亿元人民币，同比增长10%，继续位列全国大中城市第四位。主要指标方面，工业生产快速增长，全市规模以上工业增加值5228.78亿元，同比增长12.6%。固定资产投资加速，全社会固定资产完成投资2136.39亿元，同比增长10.1%。社会消费品零售总额快速增长，全市社会消费品零售总额3520.87亿元，同比增长17.8%。外贸进出口总额再创新高，进出口总额4141.00亿美元，同比增长19.4%。居民消费价格涨幅继续扩大，居民消费价格同比上涨5.4%。

2011年，深圳在经济总量高位突破的同时，经济社会发展质量全面提升。《深圳政府工作报告》提出，2012年深圳市将更加注重追求质量、改善民生、调整结构、扩大内需、改革创新、外溢发展，努力实现有质量的稳定增长、可持续的全面发展，并计划2012年实现GDP增长10%左右，高于全国7.5%的增长目标。

经济发展和质量提升，将为深圳未来房地产发展提供基础性支撑。

（二）调控延续，房企渐让利、需求续观望，深度调整为年内基调

从政策背景看，2012年市场反响将以深度调整为主。2011年房地产"三限"政策确实起到降低成交量和抑制价格上涨的作用。限制贷款等于限制了投机性需求，也限制了刚性需求，同时让开发商资金面压力重重；限制价格上涨，改变了市场预期，从而改变了市场双方博弈力量天平；限购更是限制了投资性需求，改变了社会资金流向。虽然自2011年12月5日起，存款准备金率下调0.5%，为近三年来首次松绑，释放出2012年货币政策微调信号，但限购政策并未转向，鉴于2008年调控政策中途夭折教训，且住宅价格泡沫远未回归合理，中央政府会坚持调控基调不动摇，政策持续周期取决于房企自我调整决心及房价回归水平。

从房企运作看，市场僵持将进一步考验内部资金及良性运营能力。受存货及负债率影响，开发商加速出货意愿将逐渐增强，"首付分期"、"开发商垫首付"、"全款购房折扣"等让利营销策略已频频出现。市场之手在促进销售的同时，也使政府限贷政策中"误伤"刚需的负面效果有所化解，无形中更有利于调控政策延续。

从供需层面看，2012年将处于供给不少、需求观望局面。2011年商品住宅累计施工2089.87万平方米[1]，同比上涨3.2%。2011年新建商品住宅批售面积393.93万平方米，销售面积272.93万平方米；但截至2011年末，可售面积仍达265.18万平方米[2]，与全年销售量基本持平，存量化明显。虽考虑开发商资金趋紧，或有意延缓开发速度，但所积累供给量仍较充裕。2011年岁末房价续降致观望气氛愈发浓重，但过去房产升值和调控半途而废的"经验"，使刚需和投资性需求者已然揣摩，稳定的调控政策将左右消费者心理判读。

（三）概念纷出，新热点片区渐显、电商模式起步，助力城市多极发展及增进市场信息对称

从城市事件看，新热点片区渐显雏形。深圳行政划分已达10区，形成六大

---

[1] 资料来源：深圳市统计局。
[2] 资料来源：深圳市规划与国土资源委员会。

四小的"6+4"格局。2011年12月30日，龙华、大鹏新区正式挂牌成立，将进一步优化城市空间布局，成为新兴增长极。2011年12月29日，轨道交通三期工程（6、7、8、9、11号线）正式动工，地铁网络将延伸至盐田区与光明新区，可预见会掀起新一轮"地铁沿线置业"热潮。新热点片区和组团将逐渐形成。《深圳市安居型商品房轮候规则》即将出台，首个"双限房"正待发售，深圳保障性住房政策愈发完善，将有助于维护楼市稳定。

从营销模式看，"电商"模式已正式起步。新浪乐居、搜房网等积极搭建房地产电子商务平台，推出"百房齐拍"、"E金券"等营销模式，具有价格透明、信息完整、投资选择多样等特点，在给房企带来营销机遇的同时，也带来"完全竞争市场"挑战，或将渐进辅助房价合理调整；但房产交易金额、商业标准化、交易手续等限制也将成为"电商"模式发展瓶颈，消费者适应性尚需进一步培育。

（四）服务业升级，城市更新、新区发展所供土地区位优良，商业、写字楼中长期前景向好

从中长期看，深圳城市更新和新区发展，将为商业、写字楼市场提供区位较理想的存量和新增用地。2011年末，作为广东省最大城中村改造项目、深圳"十二五"标志性更新项目之一的大冲村整体改造正式奠基，标志深圳"旧改"进一步加速，将增进商业、写字楼存量用地供给。

现代服务业升级，为深圳商业、写字楼市场发展提供了原动力。根据《深圳市现代产业体系总体规划（2009~2015年）》，现代服务业为深圳未来重点产业，至2015年在三个产业中比重将超60%。深圳前海深港现代服务业合作区建设，已上升为国家发展战略，正式写入2011年全国人大审议通过的"十二五"规划。前海片区规划超前，配套先进，消费能力强大，无疑将成为深圳商业、写字楼市场的重要一极。此外，2011年12月北站启用，深圳正式进入高铁时代，深、穗、港三城加速融合，北站片区作为深圳未来五大总部基地之一，其商业、写字楼市场将明显受益；加之后海片区等的商业、写字楼建设，总体而言，深圳商业、写字楼市场前景广阔。2012年或受经济不景气拖累，但出现深幅调整可能性不大，中长期发展前景向好。

（五）拿地理性又积极，综合用地受肯定，居住用地依旧围绕保障安居

从房企拿地策略看，或既理性又积极。相比2010年，2011年政府供地面积大幅下降，但供地价格有所增长、居住用地成交率达100%。对房企而言，2012年政策和资金压力会继续凸显，但鉴于对历年行情把握和楼市复兴的考虑，预计开发商在理性拿地的同时，也做好下一轮开发的积极准备。

从居住用地出让区位看，老特区土地稀缺加剧。居住用地2011年仅一宗位于老特区，2012年将同样基本分布于新特区。

从用地类型看，综合用途广受认同。新区成立、旧城改造、轨道交通等大大促进商业和居住地产发展，2011年蛇口太子湾的总价"地王"宗地即为融合商业、公寓和写字楼等的综合用地，预计未来商业用地或商住混合用地市场会更多被开发商肯定。

2012年深圳拟新增筹建4万套保障性住房，居住用地继续向保障房倾斜。省市保障房建设压力巨大，亦一定程度减弱商品住房用地供给。

Commentary on Shenzhen's Real Estate Market in 2011

Song Botong   Wan Qing   Li Li   Yi Tingge

Abstract: Like many other cities in China, the readjustment of real estate market in Shenzhen has increased with a stronger wait and see atmosphere under the influence of continuous control policies. In primary market, the residential market reacted to the fall in price and transaction volume; the price of the office building market was rising while the volume decreasing; the commercial building market showed an increase of price and volume. In the secondary market, the residential and the office building market was booming; the commercial building market showed a high back. In the rental market, the rent of the residential and the office building market was increasing steadily; while the rent of the commercial building market decreased at first and then recovered. There was a downturn of the transaction in the land market with the total turnover decreasing sharply, reserve price appearing frequently and half commercial land meeting with the failure bids. In land supply, the land resupply by arrangement started, which has completed certain goals as the plan. According to the estimates of typical models, the new housing market price bubble decreased slightly, but still high. Looking into 2012, the real estate market of Shenzhen will still face with kinds of pressure, and the continuous adjustment will be a greater probability. Looking towards the future, with the emphasis on quality development, and the acceleration of economic transition in Shenzhen, as well as the land resupply by arrangement, which will energetically guarantee the sound development for real estate.

Key Words: Shenzhen; Real Estate Market; Control Policies; Bubble

B.15
2011年重庆房地产市场分析及2012年展望

陈德强 阿布都艾尼·阿不都哈力克 刘 婷*

摘 要：本文回顾了重庆市2011年房地产市场的运行状况，详细分析了影响重庆市2011年房地产市场运行的主要因素，结合重庆市房地产市场的宏观及微观环境，预测2012年重庆房地产发展态势。

关键词：重庆 房地产市场 运行状况 展望

一 2011年重庆市房地产市场运行状况

自2010年4月15日"国十条"颁布以来，房地产市场调控已有近一年半的时间。重庆房地产开发市场在宏观调控环境中发展趋势渐趋明朗，开发投资由年初高速增长转向平稳较快增长，商品房销售市场增速破位下行，保障性安居工程建设超额完成全年开工计划。2011年年末，房地产市场宏观调控政策效果初步显现，重庆市房地产市场建设投资与市场销售等各项增速均呈现逐步放缓趋势，市场理性回归态势较为明显，各类保障性安居工程建设均超额提前完成全年计划，以实现"低端有保障、中端有市场、高端有遏制"为目标的调控政策，一个多层次的综合性房地产市场体系正在形成。

---

* 陈德强，博士，副教授，重庆大学建设管理与房地产学院研究生导师，城市发展与建筑技术集成实验室主任。研究方向为房地产经营与管理、财务管理、投资理财等；阿布都艾尼·阿不都哈力克，重庆大学建设管理与房地产学院硕士研究生，研究方向为工程管理；刘婷，重庆大学建设管理与房地产学院硕士研究生，研究方向为财务管理。

（一）重庆市固定资产投资、房地产投资趋于平稳

重庆市 2011 年度房地产投资占固定资产投资的比例维持在 27% 左右。由表 1 和图 1 可以看出，重庆固定资产投资稳定增长，房地产开发投资稳步增长。此外，房地产投资增幅要小于固定资产投资增幅。

表 1 2011 年度重庆市固定资产、房地产投资情况

2011 年	房地产投资 （亿元）	固定资产投资 （亿元）	房地产投资占固定资产 投资的比例(%)
1~2 月	193.30	603.46	32.03
1~3 月	332.08	1142.34	29.07
1~4 月	488.06	1720.23	28.37
1~5 月	651.93	2354.19	27.69
1~6 月	832.11	3034.86	27.42
1~7 月	1003.15	3722.75	26.95
1~8 月	1195.78	4364.18	27.40
1~9 月	1381.08	5114.35	27.00
1~10 月	1594.48	5903.82	27.01
1~11 月	1775.45	6709.07	26.46
1~12 月	2015.09	7631.80	26.40

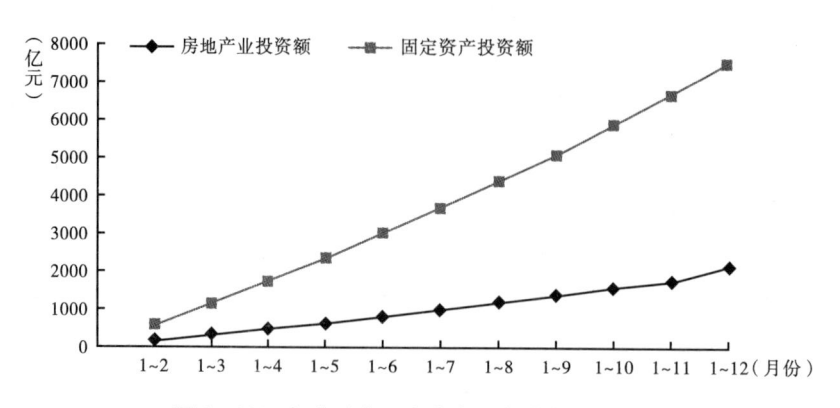

图 1 2011 年度重庆固定资产、房地产投资曲线

2011 年，在宏观调控背景下，各种举措继续对房地产市场起到刺激作用，购房需求稳步增长，企业资金状况不断好转，房地产开发在 2010 年的短暂调整后，2011 年上半年谨慎前行，三季度步伐加快，四季度节节攀升。全市房地产开发投资全年共计完成投资 2015.09 亿元，同比增长 24.4%，占全社会固定资产

投资的26.4%,比2010年增长了3.04个百分点。重庆市调整产业结构的举措取得成效,逐步降低了全市经济对房地产业的依赖性,为全市经济及房地产业的可持续发展奠定了基础。

(二)重庆市房地产供应市场分析

1. 施工面积增幅逐年提高,但增速缓慢

1996年以来,重庆市房屋施工面积逐年增加。除1999年以外,重庆市商品房施工面积年增幅均在10%以上。2011年,重庆市房屋施工面积达到20397万平方米,相当于2000年的7.2倍,是2004年的3.3倍,重庆房地产市场发展十分迅速。

从住宅施工面积来看,重庆市商品住宅施工面积一直处于高速增长阶段,自2000年起,重庆市住宅施工面积年增长维持在20%以上,即使全球经济遭受重创的2008年和2009年,重庆市住宅施工面积年增长率仍保持在12%以上。重庆市2011年商品房住宅施工面积达到15924万平方米,相当于2000年的8.4倍,是2004年的3.5倍。其中商品住宅施工面积所占比例逐年提高,自2003年开始一直保持在70%以上(见表2)。

表2 商品房屋及住宅施工面积分析

年份	商品房屋施工面积 数量(万平方米)	年增长率(%)	住宅施工面积 数量(万平方米)	年增长率(%)	房屋施工面积中住宅所占比例(%)
1996	1424	—	856	—	60.11
1997	1652	16.01	904	5.61	54.72
1998	2058	24.57	1224	35.40	59.48
1999	2104	2.24	1285	5.00	61.07
2000	2833	34.65	1896	47.55	66.93
2001	3654	28.98	2508	32.28	68.64
2002	4415	20.83	3082	22.89	69.81
2003	5288	19.77	3747	21.58	70.86
2004	6248	18.16	4545	21.30	72.74
2005	7487	19.84	5515	21.34	73.66
2006	8864	18.39	6655	20.67	75.08
2007	10579	19.34	8179	22.90	77.31
2008	11639	10.02	9166	12.07	78.75
2009	13052	12.14	10338	12.79	79.21
2010	17138	31.3	13745	33.0	80.20
2011	20397	19.00	15924	15.90	78.07

由表3和图2可以看出，重庆市2011年施工面积相比2010年有所上升，除绝对量增加外，增长幅度相比2010年也加大了，全市商品房面积20397.24万平方米，同比增长19%，其中住宅面积15923.84万平方米，增长15.9%。

表3 2010～2011年度重庆商品房施工面积分析

单位：万平方米

时间(2010年)	商品房屋施工面积	时间(2011年)	商品房屋施工面积
1～2月	10225.95	1～2月	14094.66
1～3月	10726.82	1～3月	14959.64
1～4月	11219.14	1～4月	15459.07
1～5月	11842.12	1～5月	16523.22
1～6月	12969.46	1～6月	16917.19
1～7月	13369.66	1～7月	17369.13
1～8月	14073.04	1～8月	17974.82
1～9月	14693.67	1～9月	18580.51
1～10月	15327.61	1～10月	19195.15
1～11月	15941.40	1～11月	19739.97
1～12月	17138.50	1～12月	20397.24

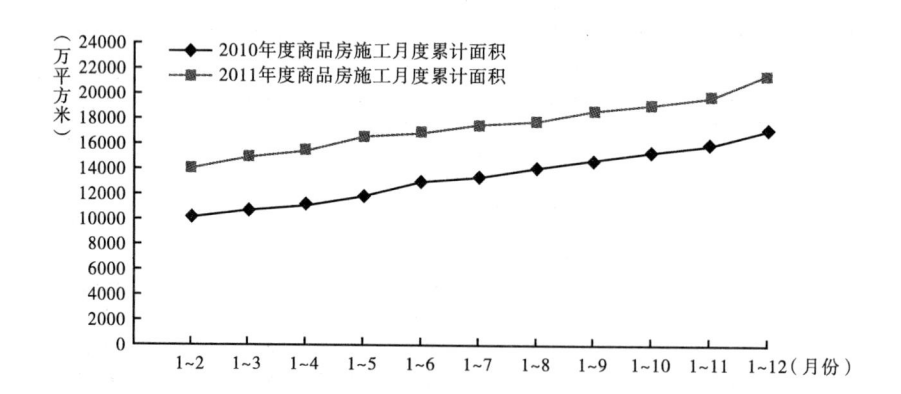

图2 2010～2011年度重庆商品房屋施工面积曲线图

2. 房屋竣工面积年年增长，年增幅变化显著

重庆市商品房屋竣工面积处于年年增长状态，但是年增长率的变动显著，如2004年重庆市商品房竣工面积增长率为-5.43%，2005年达到39.34%，而在2006年又降为0.68%，2007年有所提升，变为1.26%，2008年上升至5.10%，

2009年又上升至22.76%，2010年又降至-9.60%，2011年升至30.40%。重庆市商品住宅竣工面积年增幅变动幅度也不稳定，在2004年为-0.32%，到2005年时这一指标升为39.58%，而在2006年又跌至-0.82%，在2007年再次变为正值，达到4.06%，在2008年和2009年增幅很明显，继续保持在10%以上，而且2009年达到了22.25%，但2010年再次跌至-8.60%，这也是过去十几年中最低的，2011年又升为29.70%。2011年商品房竣工面积增速有所加快，全年商品房竣工面积3424万平方米，同比增长30.40%，其中住宅竣工面积2827万平方米，增长29.70%（见表4）。

表4 重庆市房屋竣工面积分析

年份	房屋竣工面积 数量（万平方米）	增长率（%）	#住宅竣工面积 数量（万平方米）	增长率（%）	住宅竣工面积所占比例
1996	352	—	276	—	78.41
1997	460	30.68	358	29.71	77.83
1998	600	30.43	423	18.16	70.50
1999	620	3.33	439	3.78	70.81
2000	849	36.94	622	41.69	73.26
2001	1021	20.26	738	18.65	72.28
2002	1391	36.24	1034	40.11	74.34
2003	1677	20.56	1232	19.15	73.46
2004	1586	-5.43	1228	-0.32	77.43
2005	2210	39.34	1714	39.58	77.56
2006	2225	0.68	1700	-0.82	76.40
2007	2253	1.26	1769	4.06	78.52
2008	2368	5.10	1951	10.29	82.39
2009	2907	22.76	2385	22.25	82.04
2010	2627	-9.60	2180	-8.60	82.99
2011	3424	30.40	2827	29.70	82.55

从以上分析可以看出，全市商品房屋竣工面积年度变化率非常明显，这在一定程度上也影响了商品房推向市场的步伐和力度。建议有关部门制定相应监管体系，控制好商品房推向市场的节奏，使得年度供应有规划、有保障，这在一定程度上会使重庆市房地产市场更加稳健。

（三）重庆市房地产需求市场分析

1. 商品房销售面积年度变化趋于平缓

重庆市商品房销售面积年度变化幅度较大。2004年，重庆市商品房销售面积为1329万平方米，与2003年相比增长了0.91%，但是2005年商品房销售面积达到2018万平方米，比2004年增长了51.84%，2008年商品房销售面积为2872万平方米，与2007年相比增长了-19.17%，2009年销售面积达到4003万平方米，比2008年增长了39.38%。2006~2011年，重庆市商品房销售面积变化幅度分别是10.41%、59.47%、-19.17%、39.38%、7.80%、5.10%。而重庆市商品住宅销售面积年度变化幅度更加显著。2006~2011年，重庆市商品住宅销售面积增幅分别是12.28%、64.51%、-19.34%、41.24%、5.7%、1.90%。

从重庆市住宅销售面积占商品房销售面积的比例来看，从2006年到2010年，商品住宅房的销售面积为整个商品房销售面积的90%还多，虽然2011年为89.63%，但这个比例保持在90%左右。商品住宅成了全市居民置业的首选。

2008年重庆市商品房销售面积绝对量有所下滑，相比2007年，销售面积变化幅度出现了负增长，为-19.17%。但2009年，商品房销售面积达到4003万平方米，比2008年提高39.38%，其中商品住宅销售面积3771万平方米，相比上一年度提高41.24%。但2010年和2011年重庆市商品房销售面积增长率有所下降，分别降到7.80%和5.10%。由此趋势可以看出全市居民的置业需求缓慢上升（见表5）。

2. 商品房销售额总体呈增长趋势

重庆市商品房销售额年度变化显著，但是从年度数据表6可以看出，除个别年份外，重庆市商品房销售额基本上呈现先逐步增加再下降的态势，其中2005年增幅达到85.04%，2007年更是高达91.29%，2008年降至-17.30%，而2009年度商品房销售额增幅高达72.22%，2010年和2011年增幅分别为34.10%和16.2%。从以上分析可以看出，重庆市商品房销售额年度变化幅度比较大。从商品住宅来看，重庆市也呈现类似态势，其中2005年增幅87.47%，2007年高达104.62%。虽然2008年度这一指标相比上一年度出现了负增长，为-17.73%，但是2009年，住宅销售额又比上一年度提升76.01%，而2010年和2011年增长

表5 重庆市商品房销售面积分析

年份	商品房销售面积 数量（万平方米）	商品房销售面积 增长率（%）	住宅销售面积 数量（万平方米）	住宅销售面积 增长率（%）	住宅销售面积所占比例
1996	166	—	143	—	86.14
1997	261	57.23	215	50.35	82.38
1998	417	59.77	360	67.44	86.33
1999	430	3.12	365	1.39	84.88
2000	580	34.88	491	34.52	84.66
2001	746	28.62	635	29.33	85.12
2002	1017	36.33	870	37.01	85.55
2003	1317	29.50	1133	30.23	86.03
2004	1329	0.91	1158	2.21	87.13
2005	2018	51.84	1792	54.75	88.80
2006	2228	10.41	2012	12.28	90.31
2007	3553	59.47	3310	64.51	93.16
2008	2872	-19.17	2670	-19.34	92.97
2009	4003	39.38	3771	41.24	94.20
2010	4314	7.80	3986	5.70	92.40
2011	4534	5.10	4063	1.90	89.63

表6 重庆市商品房销售额分析

年份	商品房销售额 数量（亿元）	商品房销售额 增长率（%）	住宅销售额 数量（亿元）	住宅销售额 增长率（%）	商品房销售额中住宅所占比例(%)
1996	18.9856	—	14.5507	—	76.64
1997	31.3111	64.92	22.2376	52.83	71.02
1998	55.4786	77.19	41.7609	87.79	75.27
1999	59.1992	6.71	39.3569	-5.76	66.48
2000	78.3709	32.39	52.8698	34.33	67.46
2001	107.6534	37.36	71.9196	36.03	66.81
2002	158.1505	46.91	111.1929	54.61	70.31
2003	210.226	32.93	149.9915	34.89	71.35
2004	232.7978	10.74	181.728	21.16	78.06
2005	430.7679	85.04	340.6768	87.47	79.09
2006	505.685	17.39	418.698	22.90	82.80
2007	967.3125	91.29	856.7327	104.62	88.57
2008	800.0006	-17.30	704.8198	-17.73	88.10
2009	1337.76	72.22	1240.57	76.01	92.73
2010	1846.94	34.10	1610.64	30.80	87.21
2011	2146.09	16.20	1825.41	13.3	85.06

幅度有所下降，分别是30.80%和13.3%，由此可以看出商品住宅销售额增幅年度变化也是比较大的。

2011年全市商品房均价变化不大，全年商品房销售额2146.09亿元，但同比增长16.2%，同销售面积增速相比差为11.1个百分点，均价上涨不明显。

3. 2011年重庆商品房销售市场稳步上升，住宅仍然是强劲需求

重庆市商品房销售额逐步增长。2011年1～2月份商品房销售面积为484.67万平方米，到2011年12月份，商品房销售面积累计达到4533.50万平方米，数额增长接近10倍。商品住宅1～2月的销售面积为451.71万平方米，到12月份销售面积累计达到4063.42万平方米，数额增长接近9倍（见表7）。

表7 2011年度重庆市商品房销售分析

2011年	商品房销售面积（万平方米）	商品房销售额（亿元）	商品住宅销售面积（万平方米）	商品住宅销售额（亿元）
1～2月	484.67	240.29	451.71	215.9
1～3月	899.05	432.63	842.56	395.71
1～4月	1198.16	590.71	1119.69	529.8
1～5月	1488.03	738.37	1389.69	660.93
1～6月	1906.61	929.42	1775.95	819.77
1～7月	2219.52	1085.66	2041.2	955.87
1～8月	2568.77	1249.12	2361.745	1096.78
1～9月	2918.02	1412.58	2682.29	1237.69
1～10月	3272.43	1578.44	2989.08	1375.73
1～11月	3687.11	1763.43	3350.32	1531.20
1～12月	4533.50	2146.09	4063.42	1825.41

从图3可以看出，重庆市2011年商品房销售面积增幅要大于商品房销售额增幅，说明本年度商品房成交量逐步增大，重庆房地产市场正在逐步回暖。价格增长低于成交量的增长，也说明重庆市房地产投资是稳健的。

4. 重庆市房地产资金有所回落，土地交易比较活跃

2011年，全市房地产开发累计到位资金4433.28亿元，同比增长28.9%，较前三季度回落7.7个百分点，较上半年回落14.7个百分点。其中上年末结余资金1137.59亿元，增长96.2%；本年到位资金3295.69亿元，增长15.3%，较前三季度回落11.5个百分点，较上半年回落13.8个百分点。作为房地产开发企

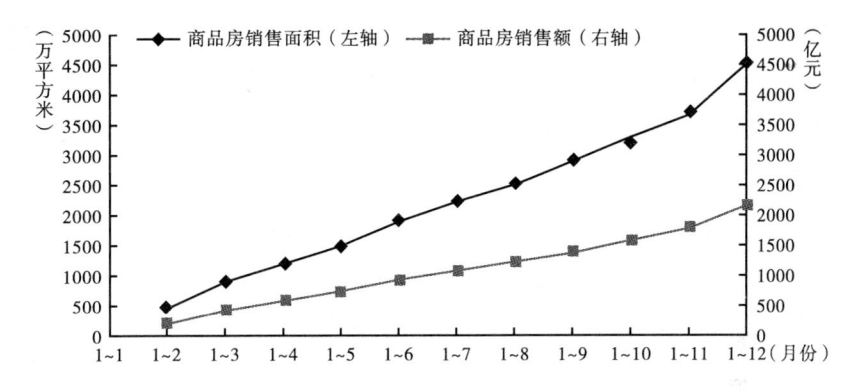

图3 2011年度重庆市商品房销售面积与销售额对比分析

业主要资金支持的本年到位资金增速较全市开发投资增速低9.1个百分点，资金收紧趋势正在显现。

2011年重庆主城区房地产相关用地受低迷楼市影响表现趋弱，2011年总成交房地产相关用地795.22万平方米，占比40%，环比下降近三成；而工业用地在两江新区政策的带动下表现较为活跃，2011年全年成交工业用地1068.33万平方米，超过市场总量五成比例，同比增长一倍之多；其他性质用地成交占据总量不足10%。

二 2011年重庆市房地产市场影响因素分析

（一）严厉的政策调控

2011年，货币政策由2010年的适当宽松转为稳健，中央政府继续加强房地产调控。1月，"新国八条"促使"限购"、"限价"、"限贷"等政策进一步加强，仅2011年上半年，中国人民银行5次上调存款类金融机构人民币存款准备金率0.5个百分点，这使大型金融机构存款准备金率从18%上升到21.5%的历史高位，中小型金融机构存款准备金率从15%上升到17.5%的历史高位，而政府的二次调控政策，从资金上限制购房，各地首付款比例提高到30%，二套房严格执行首付不低于50%、利率1.1倍；7月，国务院常务会议明确符合规定条件的"二、三线城市也要限购"；10月，1000万套保障房开工建设计划提前实现;四季度以来,温家宝总理多次强调"房地产市场调控绝不可以有丝毫动摇。我们的目标是既要使房价回归到合理的水平,同时又促进房地产业持续健康发展"。宏观政策环境依然严厉,调控方向仍将保持既有目标。这些政策进一步打压了房地产市场的投机行为,促进了房地产市场的降温。

(二) 保障房强势推进

按照国家住房和城乡建设部的要求,2011年重庆市保障性安居工程建设任务为50.62万套,其中公租房21.84万套、廉租房17.33万套、经济适用住房5万套、各类棚户区改造6.45万户。截至11月底,重庆市公租房开工建设21.92万套,占目标任务的100.4%;廉租房开工建设17.39万套,占目标任务的100.3%,提前完成了住建部下达的年度目标任务。重庆市公租房的计划开工量和实际开工量均居全国首位。

2011年重庆市公租房已组织了4次摇号配租,惠及11万户,30余万人配租成功。在超额完成本年开工建设计划的同时,由于重庆市保障性住房建设起步早、力度大、速度快,已率先进入配租保障、普惠民生阶段。截至年底,重庆市已开工建设公租房1425万平方米,加上2010年开工的1300万平方米,全市共开工2725万平方米。2012年,预计重庆还有1350万平方米公租房要开工建设,届时将全面完成"三年开工建设4000万平方米公租房"的任务(见表8和表9)。

表8 2011年重庆保障房建设计划指标

单位:套

任务总量	公租房任务量	廉租房任务量	经济适用房任务量	各类棚户区改造
506200	218400	173300	50000	64500

表9 截至2011年11月份重庆保障房建设一览

类型	开工套数(套)	开工面积(万平方米)	开工率(%)	竣工套数(套)	竣工面积(万平方米)	竣工率(%)
公共租赁住房	219200	1425	100.4	85812	490	39.29
廉租住房	173900	无	100.3	无	无	无
经济适用房	50000	无	无	无	无	无
各类棚户区改造	64500	无	无	无	无	无

与此同时，大量产业布局两江新区，人口也将迅速聚集。两江新区正在规划新建水土、蔡家、翠云、悦来、鸳鸯、空港、龙兴、御临、鱼嘴等9个大型聚居区，新增聚人口将达200万人以上。聚居区中，会布局修建9处公租房住宅区，居住人口将达到聚居区总人口的20%以上。在国家"十二五"规划下，一项项具体的政策，一个个有力的措施，一份份强大的保障，不断为保障房工程建设添砖加瓦，根据"十二五"纲要，今后中央对中西部的保障房资金支持力度将进一步加大。随着保障房建设规模的不断扩大，重庆房地产市场的高温环境得到了控制。

（三）户籍制度改革

截至2011年12月，重庆市户籍改革在不到两年时间内推动了300多万农村居民转户，平均每天转户近7000人，是新中国成立以来我国最大的一次户籍迁移，同时转户居民一次性穿上了城镇就业、社保、教育、医疗、住房等"5件衣服"。重庆是一个城市群，除了主城要建成一个1000多万人口的国家中心城市之外，周边还有30多个中等城市，以及几百个中心镇，共同构成一个城市群。农转非的居民中有60%分布在主城和区县的县城，还有40%分布在中心镇。农民转户进城后，城市配套要搞好基础设施、市政设施、公共服务等，这其中就包括解决农民工的住房问题。重庆启动建设4000万平方米公租房，明确服务于农民工，服务于新生代大学生，服务于城市原住民中的住房困难户。

为了切实进一步推进户籍改革工作的进程，维护好转户居民利益，确保转户居民真正享受到城镇居民同等待遇，需要进一步扩大公租房覆盖面，其中住房保障是非常重要的一方面。因此必须落实公租房建设的目标，将转户居民全面纳入公租房保障范围，减少转户居民的后顾之忧，保障社会稳定团结。

（四）"地票"制度更加成熟

自2007年6月，重庆成为统筹城乡综合配套实验区后，重庆市在探索城乡土地有效利用的道路上取得丰硕成果，其中，地票制度的成熟完善颇具代表性。重庆市政府网的统计数据显示：重庆农村土地交易所成立3年来，已有3.95万亩地票获得使用，累计交易地票达148亿元。交易金额全部用于支持地票产生区域"三农"的建设发展。其中，85%补贴给农户，15%补贴给集体经济组织。

这为提高农民生活水平，加强农村基础建设提供了有力保障。

以重庆忠县三汇镇为例，自2009年以来，已完成宅基地复垦项目2批，新增耕地达1300多亩，经土地管理部门严格验收后上市交易，实现地票交易收入超过20000万元。目前，第三批20个村1902户近2000亩的规划等工作已启动。

地票制度的发展在很大程度上带动了城镇建设发展。统计显示，重庆的进城打工者超过400万人，不少人还在城市买了房，导致农村宅基地闲置。把闲置的宅基地复垦为耕地，形成的指标留足农村发展空间后，将多余指标通过市场化交易拿到城市使用，可实现城乡建设用地统筹、合理利用，既避免了农村的资源浪费，增加了农民的收入，也加快了城镇建设发展，一举多得。重庆市在地票制度的落实方面也运用了新思路，采取措施将其与户籍制度改革结合在一起。将转户居民自愿退出的夹心房、连体房纳入全市周转金补偿范围，对暂时不能复垦产生地票的宅基地，先按地票价款进行托底补偿，并对不能复垦的宅基地和农房进行优化配置。

（五）"一圈两翼"的区域特征明显

重庆今后十年面临的最主要难题，是城乡统筹发展，平衡发展。为此，重庆市在2006年11月提出了"一圈两翼"发展战略。到2020年，一小时经济圈内将形成1个特大城市、5个大城市、7个中等城市、若干小城市的城市体系。以此为核心，带动渝东北、渝东南两翼生态区的发展，形成中国西部的强力增长极。"一圈"、"两翼"有不同的功能和责任："一圈"是实现"加快"和"率先"的"火车头"；"两翼"是实现"加快"和"率先"的"助推器"。"一圈"要做大做强，渝东北"一翼"要提挡提速；渝东南"一翼"要做特做优。

为了明确"一圈"的战略定位：2007年7月通过的《重庆市一小时经济圈经济社会发展规划》提出，"一小时经济圈"是西部地区重要增长极的核心区域、长江上游地区经济中心的主要载体、城乡统筹发展直辖市的战略平台。"一圈"、"两翼"带来的不仅是对重庆经济版图的重新编织，更重要的是资本与资源在空间上的重新配置，经济与社会发展在区域之间的"合纵连横"。

从开发投资分区域情况来看，2011年"一小时经济圈"完成开发投资1792.69亿元，同比增长23.2%，较全市增速低1.2个百分点，其中主城九区完成投资1347.19亿元，增长21.2%。"两翼"房地产开发投资增速仍高于全市平均水平，但较2010年有所放缓。"渝东北翼"开发投资完成额146.88亿元，增长37.8%，较上年增速回落3.3个百分点，"渝东南翼"完成投资75.52亿元，增长28.6%，较上年增速回落56.2个百分点。从商品房销售分区域情况来看，2011年，占全市商品房销售面积比重达76.2%的"一小时经济圈"，实现销售面积3454.34万平方米，基本与2010年持平，同比增长0.9%；"渝东北翼"商品房销售面积865.27万平方米，增长16.9%，增速较2010年放慢7.0个百分点；"渝东南翼"商品房销售面积213.89万平方米，增长41.4%，增速较2010年加快9.0个百分点。

（六）产业带来的支撑

以"一小时经济圈"为主战场，重庆市瞄准IT业开启了产业升级的蝶变。短短三年间，惠普、富士康、宏碁、纬创、仁宝等知名企业相继落户，重庆形成笔记本电脑品牌、代工商、零组件企业"5+6+300"的笔记本电脑产业集群。与此同时，重庆积极打造国内最大离岸数据处理中心。以西永微电园、两路寸滩保税港区为核心，信息产业正朝重庆第一支柱产业的方向快速发展。预计到2015年，重庆信息产业产值会占工业总产值的30%以上。

目前，我国产业结构调整正处于关键时期。从宏观经济环境来看，世界经济增长缺乏内生动能、持续放缓，出口支撑不足。大宗商品价格震荡，对企业生产经营造成影响。国内宏观经济增速有所回落、物价指数较高位运行，存在诸多不稳定因素。但"五个重庆"和民生导向的经济发展支撑动力不减，城镇化、工业化、市场化、国际化的基本面进一步巩固，"云端计划"、战略性新兴产业、金融及服务外包为核心的现代服务业新增长点不断涌现。总体而言是机遇大于挑战，利好因素大于不利因素。

制造业对房地产业的发展起着十分重要的支撑作用，重庆市产业结构的积极调整促进宏观经济环境稳定发展，扩大了房地产市场的内需，这就为2011年重庆市房地产市场的发展提供了有力的经济支撑。

三　2012年重庆市房地产市场发展形势展望

（一）房价合理回归，销量有望回升

2011年上半年，准备金率快速上提，导致下半年经济出现下滑态势。从2011年12月5日起，央行下调存款类金融机构人民币存款准备金率0.5个百分点，为近三年以来的首次，是货币政策在保持紧缩状态下的一次小幅调整，但2011年全年GDP增速放缓、CPI指数回落的国内宏观经济环境，以及国际经济形势的严峻背景，为货币政策的进一步微调创造了空间。作为资金密集型行业的房地产开发业，资金环境有望较2011年略好，从而为房地产投资建设提供资金保障。

从目前形势来看，政府实施房地产调控政策已经一年半，随着房地产调控的不断推进，房价上涨预期开始得到扭转，房地产市场开始全面走弱。大城市尤其是特大城市房价已经有所回落，新房价格回落比较明显，上涨势头已经受到抑制。过去一直困惑中央政府的一个大难题正在逐步破解。另外，国务院副总理李克强在河北省廊坊市召开保障房建设现场座谈会时表示，当前房地产市场调控仍处于关键时期，要坚持实施遏制房价过快上涨的政策措施，进一步巩固调控成果。这种说法实际上是要将房地产调控政策进行到底不放松，同时将调控目标的官方说法又恢复为"遏制房价过快上涨"。所以，2012年房地产整体调控格局不会变，会呈现一个整体紧、局部松的局面。

由于普遍的"买涨不买跌"的心理影响，2012年房价不会大幅下降。再加上商品房投资需求受限、贷款的额度减少，使得2012年商品房的投资增速可能会减缓，进而使得房价渐趋合理区间。房价理性回归后，刚性需求将恢复增长。在保障房方面，重庆的公租房建设力度也在不断加大，保障房的持续供应会满足很多潜在购房者的住房需求。因此，"稳中求进"是2012年重庆市房地产市场发展的总体目标。

（二）"五个重庆"——打造国际化居住品质

"五个重庆"的发展目标蕴涵着浓郁的人本思想，自2008年提出以来，为

重庆市的建设发展起到了重要作用。每个"重庆"都既是经济工程，也是民生工程。"森林重庆"侧重环境，"畅通重庆"偏重效率，"宜居重庆"重在舒适，"平安重庆"注重百姓的人身和财产安全，而"健康重庆"更是关注人本身。"五个重庆"连在一起，形成了一个改善民生的体系。

2012年，"五个重庆"有了新的具体发展目标："森林重庆"——力争林业总投资超过100亿元，实现全市森林覆盖率超过40%、林业总产值达到400亿元，人均林业收入达到700元；"畅通重庆"——进一步实现半小时主城、4小时重庆、8小时周边的目标；"宜居重庆"——人均住房建筑面积将不低于30平方米，达到"较好"标准，完成主城区1852万平方米的危旧房拆迁改造，保证搬迁居民的人均居住面积增加55%，达到15平方米以上；"平安重庆"——逐步完善城市社会治安安全、居住安全、交通安全等具体要求；"健康重庆"——从食品与药品安全、饮水安全、全民健身等方面促进重庆市民的身心健康发展。

"五个重庆"致力于打造重庆的国际化居住品质，其中以两江新区为重要代表。两江新区成立已经一年半，被誉为"西部经济发动机"。根据政府规划，未来几年将是两江新区建设全面提升阶段。目前，两江新区会聚了大量高品质项目，集聚城市各界精英，而且还会聚了数百家大、中型高科技企业，囊括了大量实力雄厚的经济实体，形成了集群效应，区域价值将得到不断提升。按照两江新区三大特色板块和十大功能区的布局，两江新区未来人口将增加一倍多，成为主城人口最重要的集聚区。大量的人口集聚，将形成更多的市场需求，对房地产市场来讲，是最直接的利好因素。从长远来看，两江新区将成为重庆未来房地产市场发展的热点所在，将形成新的居住聚集区。

目前，北部新区已成为主城最宜居的区域，宜居现状综合得分高于主城9.8分，已经达到了"较好"水平，人均住宅面积、人均绿地面积、人均商业设施面积等11个指标达到了"好"的标准，部分指标已经远远超过了满分标准值或全市2012年、2017年的发展目标。

城市价值决定房价，重庆作为国家五大中心城市，通过两江新区的规划，重庆也越发显示出其在中国经济发展中的特殊地位。再加上两江新区带来的人口效应、经济效应，重庆市的房地产市场将在国家宏观调控的政策指引下向着良好的前景前进。

（三）商业地产发展进入黄金时代

相比其他一线城市，重庆的商业地产仍处于价格洼地，还有更广阔的机会和空间。随着城市价值的提升，商业地产价值将会大幅度提升。同时，随着城市发展，惠普、广达、富士康等大批国际上具有极大行业影响力的财团企业纷纷入驻重庆。所以，重庆城市发展商业地产将会在未来几年进入黄金时期。重庆市主城区在2011年增添多条商业街，有6个大型商业项目都位于渝北境内。按照渝北区商贸服务业发展规划，重点围绕"一线两圈"布局，在这个范围内，共布局了25个大型商业项目，包括总部经济大楼、五星级酒店、购物中心、专业市场，等等。这25个项目建成后，将新增数百亿产值，新增商业面积近200万平方米，助力该区打造千亿商贸大区。

现在北部新区在两江新区范围之内的部分，2010年GDP为251亿元，到2020年，北部新区的GDP要上1000亿元。但现在北部新区被定位为都市功能板块，那么未来的经济发展就要靠现代服务业来拉动。经济的高速发展会拉动商业和服务业的发展，这就为商业地产的发展奠定了基础。随着城镇化的快速推进和服务业的快速发展，作为服务业的发展平台，以长期持续收益为目标的商业地产发展将进入黄金时代，预计到2012年，重庆商业营业用房的开发投资增速将保持在50%以上。

（四）内环外移，实现跨越式发展

"内环外移"是"畅通重庆"的重要保障，作为未来重庆发展热点的两江新区要吸纳大量的人气，支撑其发展和聚集其人气的必要设施便是快速便捷的通道。因此，重庆市政府做出了建立"两江内环"的重要决定，将在很大程度上促进两江新区的发展。"两江内环"是由快速路"一横线"、"四纵线"以及绕城高速公路围合而成，全长约60公里，车程为30分钟，总投资60亿元。"一横线"是"两江内环"的重点公路，也是主城区快速路网的重要组成部分。其道路长约19公里，项目包括建立交桥10座、隧道3条，高架桥14座。"一横线"主线采用双向6车道的城市快速路，设计车速为每小时80公里。两江内环还将新建15座立交桥、3条隧道、5座桥梁。建成后，两江新区将把十大功能区有机串联在一起，任意两个功能区之间以及任意一个功能区到新牌坊的车程都控制在

20 分钟内。

"两江内环"开通，将会使两江地段规划出众多重要的市民居住区，土地供应量增加，使市民和房地产商都有了更多的选择余地，在一定程度上可以有效抑制房价。"两江内环"也将为重庆市产业布局打下良好的基础，有利于吸引更多的企业进驻。

2011年11月16日，重庆市委市政府正式对外公布《重庆主城21个大型聚居区规划》。这21个大型聚居区，规划总范围逾404平方公里，产居结合、配套完善，可容纳700余万人居住。按照规划，重庆将在2020年以前建成长江上游的金融高地，以IT制造行业、装备工业和金融产业构筑新重庆的基石，城市化率从50%提高到70%以上，城镇总人口超过2000万人，二环主城人口超过1000万人。至2020年，重庆将建成高速路3600公里，形成"三环十射三连线"高速公路网，基本建成以高速公路为主骨架的现代综合运输体系。届时，40个区县都有高速公路通达，高速公路密度达到4.37公里/百平方公里，各区县间往来的平均时速将从不足40公里提高到70公里，从而真正实现"畅通重庆"的目标。

外环通车，在很大程度上促进了大重庆的平衡发展，为重庆市城乡结合发展创造了更多的机遇。不难看到，"二环时代"就是大重庆的新疆域。"二环宜居时代"是重庆城市发展的必然趋势，也预示着重庆城市房地产建设跨越式发展时代的到来。

（五）大力推进绿色建筑节能

绿色建筑指在建筑寿命全周期中，最大限度地节约资源、能源，保护环境和减少污染及为人们提供健康、适用和高效的使用空间，与自然和谐共存的建筑。绿色建筑的发展，不仅体现在新建住宅、新建公共建筑，以及既有建筑节能改造当中，目前也延伸到新农村建设当中以及标志性建筑当中，总的概念就是贯穿节能、节地、节材、节水、环保的要求。

《重庆市国民经济和社会发展第十二个五年规划纲要》已将实施建筑节能、发展绿色低碳建筑列为"十二五"时期建设"两型"社会的重要内容，绿色建筑将是重庆未来建筑的主导趋势。未来，重庆将开始建造一批绿色建筑，对可持续发展的践行将从单纯使用绿色材料的"点"提升到修建整栋绿色建筑的"面"。绿色建筑的推行，最直接的好处是减少居民水电气等开支，享受更舒适的室内环境；而对全社会而言，则大大节省了能源的消耗，重庆市提出推动新建建筑节能全覆盖、既有建筑节能改造上台阶、可再生能源建筑应用成规模、绿色低碳建筑大发展，着力构建以低碳排放为特征的建筑体系，努力提升人居环境质量，实现全市新建城镇建筑竣工验收阶段建筑节能标准执行率达到99%以上，新建绿色建筑1000万平方米，建立低碳建筑评价体系，既有建筑节能改造350万平方米，可再生能源建筑规模化应用450万平方米，新型节能墙体材料应用比例达到65%以上。到"十二五"期末，累计形成年节能446万吨标煤、减排当量二氧化碳1016万吨的能力。

The Situation of Chongqing Real Estate Market in 2011 and the Tendency of 2012

Chen Deqiang   Abuduaini · Abuduhalike   Liu Ting

Abstract: The thesis mainly reviewed the situation of Chongqing real estate market in 2011, and analyzed the main factors affecting the Chongqing real estate market in 2011. Besides, the thesis forecasted the trends of the Chongqing real estate market in 2012 according to the macro and micro environmental conditions.

Key Words: Chongqing; the Real Estate Market; Running State; Tendency

热点篇
Hot Topics

ℬ.16
房地产税的作用、机理及改革方向、路径、要领的探讨

贾 康[*]

摘 要： 房地产税的改革方向应当肯定，因为它对应于中国税制中直接税比重过低、地方税体系不成形、国民经济中房地产调控需体现治本水准、收入分配需有效抑制差距扩大这四个突出问题，其将产生不可忽视的正面效应。在大方向的路径选择上，应注重试点突破与渐进推动；改革要领上，则应更显开明和需给社会公众吃"定心丸"。

关键词： 房地产税 改革 方向

现在为各方所关注的上海、重庆已启动试点的房产税改革，在严格概念上讲，所涉及的税种应该是指房地产税或不动产税。在我国现阶段多种因素制约之

---
[*] 贾康，财政部科研所所长，研究员，研究方向为财经理论与政策。

下,这一改革在全国人大审批通过、授权国务院制定实施办法的"房产税"框架下启动试点,引入了两个实质性的新机制:一是把房产税覆盖面扩大到一部分消费住房;二是要做一定形式的税基规范,确立房产评估值概念并发展其方法。两市试点方案细则虽不尽相同,但都包含着向较标准的"房地产税"("不动产税")靠拢的取向。

我们需要联系现实生活来认识此税可能产生的效应及其意义。由于社会中的既得利益格局与现在讨论的房地产税或不动产税有非常密切的关系,十分复杂、非常敏感、牵动感情,在前面一段时间,已发生了公开的和内部的激烈争论。笔者认为对这个问题应该推动相关的理性探讨,寻求既有利于社会、民族长远根本利益又能助益于较短期经济运行趋向平稳健康的可行性方案,形成经得起历史考验的真知灼见与创新实践。这是我们和财税界人士、经济社会发展研究者、实际工作人士应该作出共同努力的。

一 大方向与正面效应

中国经济社会的转轨按照邓小平所设计的战略,是要到2050年左右完成现代化基本过程,实现伟大民族复兴,达到现代化"三步走"的基本战略目标。在这个过程中,财税的种种变革、税制的改进及优化,都是服务于转轨大局和经济社会全局的。现在讨论建立不动产产权持有人或者住房持有(保有)环节上包含消费住宅的这样一种直接税,显然在方向上首先要认清,它是顺应、服务于我们整个经济社会的转轨,还是和它有违背之处?笔者认为上海和重庆已经启动的试点,名称为房产税,实际是以两地试点作为先导逐步探索的不动产税制或房地产税制,对应于中国的相关问题,显然是顺应、服务于全局转轨的。我们可以从两大角度对此大方向及房地产税改革的作用作观察分析。

(一)中国税制面临的突出问题,正在牵动人心和全局,呼唤改革

第一,现在一般已达成共识:中国的税制结构里直接税比重偏低成为突出的问题。讲到这一点,又会合乎逻辑地引导出关于中国社会成员的税负和"痛苦指数"是高还是低这个重要问题。有一种强调"区别看待"的认识,认为由于中国现在间接税比重很高(老百姓所愤愤不平的"馒头税",就是消费品里以间

接税形式所含的税负），这带有累退性质，即越是低收入阶层，实际的税收痛苦程度越高，因为低收入阶层的恩格尔系数高，他在收入100%的盘子里可能有60%~80%甚至更高的比重要用于满足生存需要的基本消费品支出，而不得不承受这里面所含的间接税负担。高收入阶层的恩格尔系数低得多，全部支出中购买得更多的属于其发展资料、享受资料，实际的税收负担痛苦程度就要少很多。这种分析笔者认为确有其合理之处。除此一弊之外，相关的问题还有其二，就是直接税比重过低，与市场经济的国际经验相比照，还会发现宏观调控方面的弱点。比如，我们都很看重市场经济条件下财税的所谓"自动稳定器"功能，从美国的调控模式来看，最明显的自动稳定器就是联邦政府手里占整个收入盘子40%以上的个人所得税——因为有超额累进的税率设计，在经济高涨的时候，自动地使很多社会成员的税负往上跳到更高的边际税率上，进而使经济降温；而在经济萧条的时候，则自动落档，落到比较低的边际税率上，进而使经济升温，这就成为一个很好的反周期的宏观经济运行自动稳定器。然而，中国现在于这方面的类似机制还基本上无从谈起——我们现在超额累进税率只是在工薪这个很窄范围里如此设计，对于其他的个人所得，基本就是比例税率，所以自动稳定器的功能非常弱。2011年个税改革之后，工薪收入者的纳税面由原先的28%收缩为不足7%，超额累进机制更成为十分边缘化、微不足道的状态。

第二，中国地方税体系不成形。1994年的财税改革建立了与市场经济配套的分税制为基础的分级财政框架，具有历史功绩。但是走到现在，对分税制的抨击不绝于耳，有很多认识误区需予以澄清。简要地说，我们首先对于分税制改革的方向必须肯定，基本制度成果必须坚持。其次应指明，现实生活里面的不少事情人们有种种不满，如基层财政困难和"土地财政"特征明显等，但是把板子打在分税制上面，却是打错了地方。实际上我们省以下体制的状况是迟迟未能进入分税制状态，它还是五花八门、复杂易变、讨价还价色彩非常浓重的分成制或包干制。现在人们所抨击的地方土地财政、短期行为、政府职能扭曲等问题的发生，实际上都是我们过去就知道会发生很多弊病的分成制、包干制的实况所带来的。

第三，省以下迟迟不能进入分税制状态的原因，一是我们的财政层级太多，分税分不清楚，除了中央级，省以下还有四个层级，总共有二十几种税，不可能形成相对清晰稳定的五层级分税制；二是在这种混沌状态里面，地方政府没有成形的地方税体系，没有大宗稳定的主体税源，没有地方税里面的支柱，稍微像样一些的收入就是营业税，不得已就要搞出很多的隐性负债（地方融资平台现在全国至少有几千家），另外还必然要特别看重土地批租，于招拍挂中力求把价位冲得很高，在自己任期之内把土地交易环节的收入拿足。所谓"土地财政"，它总的逻辑框架其实是别无选择的，因为搞城市化就必须要有扩大建成区的土地批租，有土地批租就必须采取有偿形式（深圳特区是20世纪80年代在土地有偿出让形式方面开改革先河的），这个大方向应该肯定。但是由于没有地方税体系，没有阳光融资制度的配套，容易激发地方政府和想拿地的开发商在拍卖形式中单独只把地价一个因素冲高的情况。其实"土地财政"主要的偏颇是：地方政府只关注一次性把地价拿足，尽可能解决在位者任期之内出政绩的需要，而以后这块地在十几届甚至二十几届政府任期之内是不会再产生一分钱现金流的，如果没有其他的制度制约和配合，这种不断创造"地王"的势头就很足，但地皮是有限的，从长期来看一定难以为继。然而，如果有保有节的税收可以年复一年提供现金流，又有其他的融资条件，各方参与者的预期就会改变，土地批租也就不会动不动冲到天价上去。所以问题的实质，仍然是有效制度供给与激励—约束机制不足。这样可知，我们的地方税体系要从不成形向成形转变以优化相关制度安排，又和我们现在讨论的不动产税有密切的关系。

到此先小结一下：第一，我国直接税比重需要提高，是绕不开不动产税问题的；第二，我国地方税体系需要成形、需要寻找它的财源支柱，也是绕不开不动产税问题的。这是首先必须把握的一个大视角。

（二）中国上上下下各个方面都特别关注的房地产调控和收入分配状况，正在牵动人心和全局，呼唤改革

从整个国民经济看，有两个突出的问题：一个是中国的房地产业的情况引起严重的不满，已经牵动人心与全局。房地产业与国民经济其他组成部分的联动关系是一目了然的，它在城镇化、工业化历史过程中必然成为经济成长的引擎，表现出广泛、长远的辐射力、影响力和支撑力，其现实情况又很容易被加入不健康的泡沫化的过度炒作因素。所以，为维护经济社会又好又快发展，必须要解决房地产调控这个重大而又棘手的问题——而真正要解决好房地产业在必要调控下的健康发展问题，税收工具和调节手段显然不可能不用。税收不是万能的，但是要使房地产业健康发展，不考虑在房地产保有环节逐步建立一个像美国、日本等市场经济相对成熟的经济体都具有的房地产税或不动产税，又是万万不能的。不应把所有的调控任务都指望于某一个税种，比如房地产税；不应在相关的改革实施中操之过急，动作过猛，但是又不能对这样一个很明显的经济手段放在一边不加考虑、弃而不用。

另一个是中国的收入分配差距扩大引起的严重不满，已经牵动人心与全局。朝野舆论中都在抨击收入差距的明显拉大。官方公开信息的邓小平晚年最后一次谈他的治国理念，是在退下来以后和他弟弟邓垦的一次谈话（见《邓小平年谱》）。他明确地说，发展起来之后的问题看来不比不发展的问题少，而他最关心的就是收入分配方面如何控制两极分化：一部分人、一部分地方先富起来以后，能不能真正走向共同富裕，如果处理不好，我们的改革和发展就失败了。他把此事提到了关系国家、民族、现代化命运的高度上。在这个方面如果我们作些研究分析，便可知收入分配差距的扩大，实际上是和我们财产分布状态的差距扩大如影随形而且相互激励的。人们所谈论的收入差距迅速扩大，在很大程度上已源于财产性收入，最主要的构成原因之一是来自于不动产财富的实际分布情况。因为居民收入中现在越来越有影响分量的财产性收入（特别是不动产增值、溢价收入），与其他收入综合在一起，形成了收入差距扩大状态。这在客观上需要得到一定的再分配优化调节和制约。这又引出了不动产税即房地产税这样一个税种的必要，它显然应该发挥收入分配方面以再分配的方式产生的优化作用。同样是前面提及的道理：人们不能指望这样一个税收发挥包揽一切的作用，但是又不能面对迫切要做的再分配调节而把这样一个必须考虑的调节手段束之高阁，弃而不用。

至此再小结一下：正确处理当下中国国民经济全局中面临的两大突出问题，第一是房地产调控，第二是收入分配，也都和我们现在讨论的房地产税有密切的关系，都需要得到房地产税（不动产税）的优化效应。

以上两层小结所涉及的四个现实问题都在告诉我们：在大的改革方向上，关于直接税和房地产税，我们没有其他选择，我们需要认清大方向，并积极考虑如何坚定稳妥地把握这一方向往前走。

（三）在中国实施房地产税改革，是完成经济社会转轨与现代化的必要制度建设，将会产生四个方面值得肯定的正面效应

正面效应之一，是增加中国直接税的比重而降低中低端收入者的税收痛苦程

度。从降低"税收痛苦"这方面看，以直接税渐进替代间接税，我们现在还可以考虑什么其他的税种呢？先看所得税。在法人所得税（企业所得税）方面已没有什么提升空间，以后总体来说要长期稳定，税负还可能要适当有所降低，比如说对小企业的企业所得税还要长期优惠。至于个人所得税，应该更好地发挥它的作用，但又困难重重，我们已经看到不久前个人所得税的一个较小的配套改革方案，已经引起全社会的轩然大波，23万多条意见创新中国成立以后立法环节上"民意汹汹"的最高纪录。这次改革后的结果，是我国直接税比重不升反降。今后个税走向综合的进展，也不能指望它在"十二五"期间能够有多快的步伐。除此之外，中国还能有什么直接税？应该提到，中国有没有可能探讨财产税概念下的遗产和赠与税？笔者个人认为需要研究，但估计"十二五"期间此事难有作为，因为我们不久前又看到官方信息，在官员财产的全面申报制度方面，由于种种制约，现在还不可能做到。如果连官员的财产都不能够透明而有一个全面的信息表现，谈何对全社会成员考虑遗产和赠与税？所以，剩下我们可考虑的直接税制度建设方面应抓住不放的事情，必然落在房地产税上。这是顺应社会大众诉求争取逐步降低中低端收入者"税收痛苦"的客观需要。

正面效应之二，是为解决中国地方税体系不成形的问题而提供地方层面的支柱税种。这件事已迫在眉睫，有效制度供给必须跟上而别无选择。在坚持1994年基本制度成果、坚持与市场经济配套的分税制改革方向前提下，必须想方设法完善地方税体系，也就需要寻找地方税体系里能够支撑大局的支柱财源。在一般的城市化区域，首先是从沿海发达地区到中部、西部中心城市的地方政府辖区，房地产税这个税基是必然需要合理建立起来的。

正面效应之三，是促使已实施的房地产调控新政体现其应有的"治本"水准。面对诸多的民众不满，房地产领域的"调控新政"现在已经发展到在为数众多的城市以行政手段限购住房，以及给市场上的每一套住房锁定价格。走到这个地步，就能够真正治本地解决问题吗？直率地说还不行。一味使用行政手段限入、限购、限价，的确与市场经济的通盘可持续机制相悖，顾此失彼，势必积累新的矛盾。寻求真正长治久安的制度建设，是不能绕过不动产保有环节的税收这种依法、规范的经济手段的，这也是一个必须说清楚的重要问题。

正面效应之四，是优化收入和财产的再分配以抑制"两极分化"。在保障房、商品房"双轨统筹"框架下，房地产税不仅将作用于市场轨道而使中国房地产业的发展提高健康度和可持续性，还会在收入分配和财产分配方面施加规范的再分配的优化调节。要贯彻邓小平"先富共富"这一现代化过程中的大导向、大逻辑，是不可能不讨论怎样建立房地产税制度问题的。

总之，房地产（不动产）的税制建设对当代中国至少是一举四得、一举多得、势在必行。这是我们推进全局配套改革、优化税制、促进社会和谐、贯彻科学发展观、追求可持续发展状态必须通过的一道制度建设的坎，必须经历的一种历史考验。在中国那么多改革措施之后，帕累托式的（只有人受益而无人受损的）改进之路已经走完，没有空间了，现在只要有所动作，就一定会触及既得利益格局——虽然调整既得利益难度重重，但我们必须通过这一历史的考验。不过这一关，那么多的追求科学发展、社会和谐的原则与要求，都会流于形式，成为某种空话。

二 如何看待保有环节税收促进住房供需平衡和产业健康发展

如果于住房保有环节有税，能够指望它对于房地产领域产生什么样的调节作用？对此需稍作展开分析，以便进一步揭示房地产税在人们关心的这一重要方面的作用机理。笔者的基本认识是，不动产（房地产）的相关调节，其原理上也是寻求一个供需状态的合意。供需状态如果平衡，价格就不会往上猛冲。但是恰恰在不动产方面，最根本的要素——地皮，具有天然垄断、特别稀缺的性质，也就是人类社会各中心区的地皮是最稀缺而无法增加的，必然越来越金贵。实际上所有利益相关者争夺的，都是中心区、黄金地段、好的地段的不动产。谁享有，谁就垄断。这样一来，自然垄断就造成了供需长期倾斜失平，我们只是力求合理地来调节这样一个状态而尽可能达到最多社会成员的基本满意。那么就必须双轨统筹，全概念的住房配置不能只靠市场，政府先要把保障房托好底；其后，商品房是在低端社会成员都"住有所居"的情况下，有支付能力的人在市场竞争中间通过消费者主权的实现，由他们在竞争中购买的，所以对商品房价总体来说，在保障房托好底的情况下，政府不应该再急着用行政手段一味按着它、强力干预它。政府应该主要是管规划、管规则、管收税——收税不光是交易环节收税（包括遏制炒作的对住房持有人按持有时间递延递减的交易税），而且应该在保有环节征税。

保有环节征税会产生什么效应？第一，对于想买房自住的人，这实际上会改变他的预期，他们会倾向于更实惠一点，买相对小户型的房子，于是正好收敛了供需紧张情况下需求方面的冲劲，并提高了土地集约利用水平，多数人会更倾向于考虑买中小户型了。第二，买房为囤在手里做自己的"商业性社会保险"的人，会考虑买了房以后不再空置。现在已有大量的住房空置是持有人感觉无所谓，没有成本，但是那时候他们会把买下的自己保有产权的房子，不再空置而是租出去，于是在社会没有增加投入的情况下，却增加了租房市场的供给，又缓和了供需之间的矛盾。第三，买来炒房的人，不敢说就完全不炒了，但是在炒的时候会收敛自己的行为。有人说他只要炒成功了一把，可以赚多少钱，所以不会在乎这点税，但是那时候整个社会氛围和利益相关者的心态和预期都有所改变，炒房者们自然会估计风险，行为就会相对收敛：原来炒20套的，这时要悠着点儿，先炒10套、8套；炒10套、8套的，悠着点儿炒3套、5套，而且他炒什么房呢？他会考虑后边多数接手的人是要用于自住的，所以他自然而然会考虑多炒中小户型。这样一来需求方整体结构变了，开发商拿了地皮以后当然也要考虑——更多提供中小户型，而且在自己参加土地招拍挂的环节上不能像原来想得那么好，要谨慎一点。综合起来，需求沉稳收敛了，同时有效供给增加了，总体的供需情况就会趋于更平衡、沉稳、健康，泡沫少些，转变发展方式所追求的一些"可持续"的因素，也会注入在里面，比如土地集约利用。

三　大方向下的路径选择

在大方向之下，还需要讨论路径。我认为必须充分肯定上海和重庆房产税改革试点敢为天下先、在打开局面方面的重要意义和作用。可以说，反对这个改革试点的，舆论上看起来是有不少的开发商、学者，但是实际上官员内部是不是疑虑重重？笔者接触到的信息是确有不同意见，有明显不赞成的态度。但是上海和重庆的决策层为什么能够冲破官场"多一事不如少一事"的潜规则，愿意积极启动这样的改革试点？还是要承认，在我们执政党共产党内，有这样一些人士，他们愿意看得更远一些，愿意更多地追求大局的利益。他们这种试点体现了邓小平理论里面一个非常重要的哲理，就是在方向判断了以后不争论，如要通过争论来取得共识，一百年也取得不了，不可能取得。那就必须先推动试点，先力求搭一个制度框架。试点取得经验、减少反对与疑虑，搭成制度框架以后，再考虑怎样动态优化，怎样健全完善起来。

前段舆论上有一些说法，指摘上海、重庆两市的试点好像成效不大，一个说法是税收收入很少；另一个说法是并没有看到房价急速下跌，"动静不大"。其实这是一些非常表面化的认识。首先，住房保有环节上的税是按年征收的，不要急于马上判断它可以征收多少税上来。在接近年底的时候，才好判断这一年可以收上多少税来。但其实这两个地方都不会太看重第一年能收多少税，而且对这个税的成长逻辑都心里有数，以后它的成长性肯定没有问题。这个税改最重要的任务，在上海、重庆这样的发达地区，一定意义上还不是筹集收入，而是要调节经济和社会生活，但未来的财源支柱属性将会逐渐显现。其次，就是房价并不会因局部试点应声而落。笔者认为这样一个税制不可能改变中国现在城镇化水平才40%多、以后要一路走高到70%～80%才能相对稳定这个历史过程中间，中心区域不动产价格的上扬曲线。其实没有力量能改变这个上扬曲线的基本模样。但是有了这个税以后，它会使这个曲线的斜率降低，发展的过程更平稳，减少泡沫，不会频繁大起大落而造成对社会生活的负面冲击。试点后，在重庆和上海高端的不动产，都明显出现了成交量下降，价格趋稳，这就是很明显的正面效应，是它已体现的作用。重庆统计表明前几个月里，高端的住房成交量已经下降了28%。另外上海管理部门原来多年想追求的一些不动产配置方面如何优化的目标，这次发现通过税制的具体设计，很好地取得了实际调节效果，比如上海多年苦恼的问题就是大家都愿意在城市中心区购置不动产，政府反复动员说周边地区很好，发展不错——确实周边地区发展也很好，但是共性与惯性造成大家都倾向于先不考虑周边地区，第一目标是在中心区购置物业。而这次上海方案里面一个很小的杠杆——中心区域的税率是0.6%，周边区域的税率是0.4%，就差这么一点儿，便使现在的成交大量地被引流到周边区域，所以管理部门对这样的效果非常肯定。这明显体现了搞市场经济要间接调控，运用规范的经济手段，而经济手段里面税收是不可忽略的政策组合工具。

往前看，笔者认为发展路径上还要充分考虑解决这个问题的艰巨性，需要在总结经验的基础上，推动试点地区方案优化，并讨论怎样积极稳妥扩大试点的覆盖面。在"十二五"期间，最好能够看到在中国的主要一线城市先后在这方面

跟进。当然时间表还是次要的，关键是先要认清改革的方向与逻辑，增加从大方向到实施路径的共识，充分开明地回应反对意见，按照"共和"的精神使博弈过程理性化，从而寻求"共赢"前景，积极而又稳妥地推进制度创新。

四 关于这一改革中的若干要领

方向、作用机理和路径的分析之后，需要谈谈对于要领方面的基本看法。笔者认为这个改革虽然有前面所说的那么多值得肯定之处，但是说到改革要领的掌握，确实应当非常审慎。为化解阻力、淡化疑虑与抵触情绪，笔者认为：

首先，我们的管理部门应该更开明，适当披露已搞了多年的物业税模拟试点"空转"的相关信息，税基评估的模拟试点一点信息都不披露似乎没有必要。各个地方试点里面具体的数据可以不披露，但是其框架完全可以披露一些信息。我们做过一些调研，所到之处不接触数据，只了解"空转"是怎么推进的，可知当公众了解大体情况以后，很多的反对意见也就会不攻自破。比如有人说这个事复杂得不得了，中国人操作不了——不是这样的：已做了多年的十个地区的试点，无论是沿海发达地区、东北地区还是西部，都是要求对地面上所有的不动产确权之后，按照三大模式做不动产的税基评估：第一种是制造业的房产、第二种是商业的房产、第三种是消费性住宅。三大模式都有已经形成的评估公式和技术上的一套评估方案，而且把它软件化了，调查人员、工作人员只要把不动产的具体数据一一填入，给一个指令，计算机在软件支持下自动生成评估结果。当然这需要培训干部，需要进一步理清里面的技术细节，需要优化相关软件，但这都没有硬障碍。笔者觉得这些事情应该进一步开明地透露信息。

其次，应该尽可能把政府关于未来改革的一些基本考虑作出必要的信息披露，给社会公众吃定心丸。比如说公务员、公职人员现在最担心什么？辛辛苦苦干一辈子，最实惠的就是住房，如果说刚刚房改拿到了自己有完全产权的房子，然后马上要征房地产税，可能大多数人会跳起来。所以笔者认为这方面应该非常清晰地给社会公众（包括公职人员）一颗"定心丸"：以后所有社会成员的所谓第一套房或者家庭人均计算下来的一定标准之下的基本住房，是不被这个税覆盖的。笔者觉得这条非常重要：中国国情、大众心态之下，有什么必要在这方面去触动人家的基本住房保障呢？既然大方向在，改革试点已经启动，这个事情应当

房地产税的作用、机理及改革方向、路径、要领的探讨

比较早地让大家心里不再打鼓。看看试点：上海方案只涉及增量，但依靠信息系统支持把新购房与原有房合并计算人均拥有面积，再对高端征税；重庆方案涉及了辖区内几千套独立别墅的存量，但清楚地规定了180平方米的"起征点"，仍是只调节高端。另外，有人说中国基本特点就是第二套房有社会保险功能，第二套房是给自己买了一个商业性的社会保险——这有一些道理，那么对第二套住房能不能税率从轻？笔者觉得也完全可以探讨。如对这两点尽快形成相对清晰的原则性态度，再往下，便可讨论怎样按照支付能力原则去调节高端。对高端也不会硬要"伤筋动骨"，应该完全符合市场经济税制的"支付能力"原则，抽肥补瘦。这就是促进先富起来的阶层和低收入阶层在一个社会共同体里享受改革开放成果的和谐局面，这实际上是一种共赢。先富起来的这些人，一年交一两万元、两三万元或再高些的税，而这个再分配使政府更有能力扶助低收入阶层住有所居，促使整个社会和谐了，不是大家一起安享改革开放成果吗？这个道理完全可以说清楚。所以我的基本认识，是在这方面应该从方向、到路径、到要领，认清我们应该共同寻求制度优化的一些基本认识。应该积极研讨并通过提出建设性的意见，支持相关管理部门在这方面更好地顺应形势，在改革中掌握好无可回避的制度创新和调控。

The Role, the Mechanism, Direction, Path and Essential Point of the Real Property Tax

Jia Kang

Abstract: The direction of real property tax reform is the right one which should follow, as it will help to solve these four significant problems: the low proportion of direct tax in the Chinese tax system, the incomplete local tax system, the ineffective control of the real estate market in our economy, the enlarging gap of income distribution. In way of reform, we should do experiments in somewhere and extend in the whole country. The core content of reform is that we should be more open-minded and make the public calm down.

Key Words: Real Property Tax; Reform; Direction

B.17
限购政策对住房市场的影响分析

杨 慧[*]

> **摘 要：** 2011年限购政策成为房地产市场调控的主旋律，效果如何成为社会普遍关注的问题。本文在对限购政策进行总结的基础上，对2011年全国及主要限购省市住房市场运行特征进行了分析，并引入环房匹配指数模型对全国及主要限购省市住房价格与影响房价因素的协调性进行纵向比较，以评价限购政策成效，最后根据限购政策对调控存在问题提出对策建议。
>
> **关键词：** 限购政策 住房市场 影响

一 限购政策分析

限购是采取行政手段对购房对象、购房套数等进行限制从而达到抑制投资投机性需求、遏制房价过快上涨、促进房价合理回归的目的。财税、货币、信贷及土地政策等经济手段对房地产市场调控效果的有限性导致近年来住房价格陷入越调越高的怪圈。在普通城镇居民家庭购房支付能力普遍不足而经济手段调控作用有限的背景下，限购这一行政调控手段应时而出。

（一）限购政策发展演变过程

1. 限购政策萌芽阶段（2010年4~9月）

2010年4月，"新国十条"规定，"要严格限制各种名目的炒房和投机性购房。商品住房价格过高、上涨过快、供应紧张的地区，商业银行可根据风险状

---

[*] 杨慧，中国社会科学院研究生院城市发展系博士生，研究方向为城市经济、房地产经济。

况，暂停发放购买第三套及以上住房贷款；对不能提供1年以上当地纳税证明或社会保险缴纳证明的非本地居民暂停发放购买住房贷款。地方人民政府可根据实际情况采取临时性措施，在一定时期内限定购房套数。"

"新国十条"只规定"地方人民政府可根据实际情况采取临时性措施，在一定时期内限定购房套数"，但没有明确限购范围、限购对象、限购数量及限购期限，因此地方政府未作出积极响应。"新国十条"出台不久，4月30日北京出台了首部楼市"限购令"，作出"暂定同一购房家庭只能在本市新购买一套商品住房"的规定，成为全国首个限购城市，但是在后续四五个月期间全国没有其他城市跟进。

2. 限购政策推进阶段（2010年9月至2011年1月）

2010年9月，住房与城乡建设部、国土资源部、监察部联合出台了《对各地进一步贯彻落实国务院坚决遏制部分城市房价过快上涨通知提出四项要求》，提出房价过高、上涨过快、供应紧张的城市，要在一定时期内限定居民家庭购房套数，并实行问责制。

此次限购政策较第一次有了较大进步，对限购范围进行了初步确定，但是仍然存在限购范围、限购对象、限购数量及限购期限模糊不明晰的问题。在问责制的强行约束下，多个城市继北京之后陆续出台了限购令。2011年1月"新国八条"之前出台限购政策城市依次为深圳、厦门、上海、宁波、福州、杭州、南京、温州、天津、海口、广州、三亚、大连、苏州、兰州、郑州、太原、昆明、济南和合肥，20个城市中绝大多数为东部一、二线城市。

3. 限购政策升级阶段（2011年1月至今）

2011年1月"新国八条"规定各直辖市、计划单列市、省会城市和房价过高、上涨过快城市要从严制定和执行住房限购措施。"新国八条"除了明确规定限购范围外，对限购对象、限购套数和限购期限都有了较为明确规定，并实行问责制。截至2011年年底全国共有46个城市出台了限购政策，重庆是35个大中城市中唯一没有出台限购政策的城市，但是作为房产税试点城市之一本文亦将对重庆调控效果进行重点分析，故本文统计分析的城市共计47个。限购城市范围的扩大及限购条件的严格对非本地户籍和本地户籍拥有一套住房家庭购房需求起到了有效抑制。

表1 2011年限购城市及分布地区

限购地区	城市
东部(28个)	北京、上海、天津、石家庄 浙江:宁波、杭州、温州、金华、绍兴、舟山、台州、衢州 江苏:南京、无锡、苏州、徐州 广东:广东、深圳、佛山、珠海 福建:福州、厦门 山东:济南、青岛 辽宁:大连、沈阳 海南:海口、三亚
中部(8个)	太原、合肥、南昌、郑州、武汉、长沙、哈尔滨、长春
西部(10个)	呼和浩特、南宁、成都、贵阳、昆明、西安、兰州、西宁、银川、乌鲁木齐
重庆	35个大中城市中唯一没有限购的城市,但是开征房产税

（二）2011年限购政策特点

1. 严厉程度差异较大

北京是最为严厉型限购城市，外地户籍居民须提供5年以上纳税证明才能购房；上海、广州、厦门和宁波等是较为严厉型限购城市，外地户籍居民要提供前两年内累计一年以上纳税证明才能购房；大多数限购城市执行"新国八条"标准，本市户籍无房居民允许购买一套住房，拥有一套住房居民允许购买一套住房，拥有两套及以上住房居民禁购。外地户籍无法提供1年以上纳税证明居民禁购，对能提供1年以上纳税证明的无房外地户籍居民允许购买一套住房，拥有一套及以上住房的外地户籍居民禁购。

2. 限购范围由35个大中城市向三线城市扩展

2011年限购城市由35个大中城市向三线城市扩展，住房价格过高且上涨过快省份浙江（温州、金华、绍兴、舟山、台州、衢州）、江苏（无锡、苏州、徐州）、广东（佛山、珠海）和海南（三亚）的12个三线城市参与限购，限购范围不断扩大。

二 限购政策下住房市场运行特征

（一）全国住房市场运行特征

2010年47个城市GDP占全国GDP总额的49.3%，住房投资占全国住房投资总额比重为56.2%①。在全国宏观经济及住房市场拥有如此比重的47个城市限购必然会对全国住房市场产生较大影响。1998~2011年全国住宅销售价格从1854元/平方米上升到5011元/平方米，房价年均增长率达到7.4%，且体现出前期需求观望房价平稳发展——中期需求集中释放房价快速上涨——后期需求抑制房价平稳回归三阶段特征。第一阶段（1998~2003年）属于市场化初始观望与适应的平稳发展阶段；第二阶段（2004~2009年）需求集中释放尽管经历了金融危机但住房价格整体仍快速增长；第三阶段（2010~2011年）在严厉房地产宏观调控政策作用下需求得到抑制，房价回归平稳。下文将从住房、土地成交状况及房地产开发投融资三大方面对2011年住房市场变化进行阶段性的纵向比较分析。

1. 住房成交量增幅回落明显，成交价格增幅回落相对逊色

住房成交状况是民众最为关心的问题之一。2011年商品住房成交量增长率较2010年继续较大幅度收窄，远远低于第一、二阶段住房成交量年均增长率；住房成交价格（商品住房销售价格）增长率同比提高了0.2个百分点，基本维持在2010年水平，较成交量下浮程度逊色不少。2011年严厉限购政策下全国住房成交量增幅大幅下滑而成交价格矜持维持于2010年水平的根本原因在于住房市场两大主体（供给者与需求者）均进入观望状态，消费者在房价继续下行预期作用下潜在需求量得不到释放，而房地产开发企业对政策及市场预期不明朗，在资金链尚可支撑前提下不愿意降价换取成交量。

表2 住房市场销售情况

单位：万平方米，元/平方米，%

年　份	住房销售面积	增长率	住房销售价格	增长率
1998~2003年均	18969	18.4	1994	2.9
2004~2009年均	59072	16.9	3381	9.8
2010	93052	8.0	4724	5.9
2011	97030	4.3	5011	6.1

资料来源：根据中国统计数据应用支持系统相关数据计算整理得来，本文数据在无特殊注明时均来自中国统计数据应用支持系统。

---

① 资料来源：根据中国统计数据应用支持系统相关数据计算得来，本文数据在无特别注明时均来自于中国统计数据应用支持系统。

2. 土地成交量及居住用地成交价格增幅双双大幅回落

2011年土地成交量（土地购置面积）及居住用地成交价格增幅较2010年分别收窄22.6个和10.5个百分点，相应地土地成交价款从2010年的8206.7亿元下降到2011年的8049.1亿元，同比下降1.9%①。土地成交量及成交价格增幅骤降原因在于：其一，土地政策对囤地、捂地打击日益严厉，先前开发商通过购买大量土地坐等土地升值的投机利益空间减小。其二，开发商住房成交不景气，加之先前诸多开发商所囤地、捂地可供其未来1~3年的开工建设，土地购置热情不高。

表3 土地购置面积及居住用地价格

单位：万平方米，元/平方米，%

年 份	土地购置面积	增长率	居住用地价格①	增长率
2000~2003年均	26842	20.5	—	—
2004~2009年均	37687	-3.6	—	—
2010	39953	25.2	5766	12.7
2011	40973	2.6	4443	2.2

注：①居住用地价格与增长率数据均直接来源于中国地价动态监测系统，无法计算出年均值。

3. 房地产开发投融资状况极端相反

2011年开发商投资热情不减，同比增长30.2%；受紧缩性信贷政策影响，房地产开发信贷（房地产开发资金来源：国内贷款）与2010年基本持平，仅增长0.2个百分点。开发商融资难度不断加大情况下投资热情不减，原因有三：第一，开发商投资惯性使然。2009年及2010年投资额的大幅增加使得新开工及施工住房所需后续投入增加。第二，开发企业市场判断力较弱，政策敏感性不强。以国企为主导的国内房地产开发企业现代企业制度未充分建立，市场判断力弱。第三，住房市场化以来房地产政策频出，长期而稳定的房地产制度没有建立起来，此次史无前例的调控政策其长期性仍受开发企业怀疑。

---

① 资料来源：2011年中国房地产统计快报。

表4 房地产开发住房投融资情况

单位：亿元，%

年 份	住房投资	增长率	住房投资/商品房投资	资金来源：国内贷款	增长率	国内贷款/资金来源总额
1998~2003年均	4042	21.7	64.8	1698	21.9	22.9
2004~2009年均	16566	19.4	69.9	6294	23.7	19.0
2010	34026	32.8	70.5	12540	11.0	17.3
2011	44308	30.2	71.8	12564	0.2	15.1

（二）主要限购省份住房市场运行特征

浙江、江苏、广东和海南四省限购城市GDP与住房投资额占全省比重较大，现就这四个省份限购情况进行考察。浙江省共有11个地级市，2011年限购地级城市达到8个，只有嘉兴市、湖州市和丽水市没有参与限购。以2010年为例，8个限购城市GDP总额及住房投资总额占浙江全省比重分别为71.6%和64.7%；江苏共有南京、无锡、苏州和徐州四个城市参与限购，限购城市GDP和住房投资额占全省比重分别为47.5%和45.0%；广东的广州、深圳、佛山和珠海四个限购城市两项指标占全省比重分别为51.6%和40.9%；海南海口和三亚两指标占省比重分别为32.8%和36.0%。由以上数据可以看出这些限购城市宏观经济及住房市场重要指标在其各自省份均占有一半以上比重，城市限购必然对这些省份住房市场产生重大影响。

表5 主要限购省份住房市场指标状况

单位：万平方米，元/平方米，亿元，%

城市	住房销售面积	增长率	住房价格	增长率	土地购置面积	增长率	住房投资	增长率	开发信贷	增长率
浙江	3006	-21.6	9730	4.4	1988	1.4	2700	31.2	1086	6.1
江苏	6790	-15.6	6077	9.5	2410	8.3	4086	29.3	1543	-0.1
广东	6969	6.3	7643	9.1	2290	30.4	3495	37.7	1219	-1.6
海南	841	0.8	9029	2.6	400	-23.1	574	37.7	143	5.5

2011年浙江和江苏住房成交量均在2010年出现负增长基础上继续大幅度下降，住房成交价格虽然都没有负增长，但是增幅同比分别下降了14.1个和5.8

个百分点。海南省受限购政策影响较为严重，住房成交量与成交价格分别收窄52.3个和37.2个百分点。与上述三个省份不同，广东住房成交量同比上升了6.3个百分点，而成交价格增幅同比仅下降了1个百分点。广东住房销售状况是四个省份中受限购政策影响最小的省份。

从土地购置面积来看，浙江、江苏和海南增幅同比分别收窄48.4个、11.8个和105.4个百分点，海南收窄幅度最大，而广东省增幅企高，从2010年的 -22.2%上升到2011年的30.4%；从四省省会城市居住用地出让价格来看，杭州、南京、广州和海口增幅分别为 -0.5%、1.2%、4.4%和2.5%，只有杭州出现负增长。海口和广州为增幅下降最快与最慢城市，同比增幅分别收窄67.0个和0.2个百分点。

与全国投资增幅相似，四省投资增速均保持高位运行；四省融资难度不断加大，江苏和广东房地产开发信贷出现负增长，融资难度高于全国平均情况。浙江和海南增幅分别下降12.4%和43.1%，融资难度不断加大。

综上所述，浙江、江苏和海南住房市场受限购政策影响较大，各指标绝对量或增幅基本呈回落态势。广东除房地产开发融资在紧缩性信贷政策作用下出现负增长以外，其他三个指标同比增幅都在上升，全省住房市场逆限购政策而行正向增长。

（三）主要限购城市住房市场运行特征

住房成交量与成交价格影响程度在各城市间出现分化。限购政策下一线城市如北京和上海住房成交量及成交价格绝对量均出现较大幅度的负增长，而二线城市如天津和重庆两指标增幅虽低于先前大多数年份，但是并未出现绝对量的下降。

土地成交量与成交价格城市间差异较大。北京土地市场受限购政策影响最为显著，房地产开发土地购置面积同比减少了近一半，地价也出现负增长；天津土地购置面积负增长，地价增幅较小；上海受限购政策与房产税双重影响，土地购置面积却出现大幅上升，土地出让价格也有小幅增长；重庆土地购置面积与成交价格增幅也远远高于全国平均水平。

开发投融资状况各城市间分化较为严重。一线城市北京与上海投资增幅同比分别收窄48.6个和25.9个百分点，天津与重庆投资增速与全国总体情况相似均维持高位运行；天津、上海与北京开发信贷负增长幅度依次加大，重庆融资增速仍较高，但是同比下降了57.1%。

表6 2011年主要限购城市住房市场指标状况

单位：万平方米，元/平方米，亿元，%

城市	住房销售量	增长率	住房销售价格	增长率	土地购置面积	增长率	居住用地价格	增长率	住房投资额	增长率	房地产开发信贷①	增长率
北京	1035	-13.9	15518	-9.5	507	-41	13530	-0.6	1778	17.9	1168	-18.8
上海	1474	-12.6	13448	-5.4	563	30.1	20047	1.7	1399	13.7	741	-9.6
天津	1455	7.6	8539	7.9	597	-8.6	5268	0.7	679	20.1	522	-3.3
重庆	4063	1.9	4492	11.2	1676	22.4	3171	4.5	1439	31.8	695	18.9

①房地产开发信贷为房地产开发资金来源中的国内贷款。

综上所述，限购政策对四个城市均有较大程度影响，但是城市影响程度分化。总体上，一线城市北京与上海所分析指标的绝对量下降，而二线城市天津与重庆指标为增幅下降。

三 基于环房匹配指数模型对限购政策成效的综合评价

房价变动与影响房价的宏观社会经济因素密不可分，判断房价是否合理即是否实现房地产政策调控目标"促进房价合理回归"就要判断房价是否与影响房价的社会经济环境因素相协调，本文引进环房匹配指数模型对2011年全国及主要限购省市住房价格与社会经济环境因素的协调状况进行评价。

（一）环房匹配指数模型简介

环房匹配指数模型是考察房地产市场与影响房价的经济社会环境因素协调状况的一种模型，环是指影响房地产市场发展的社会经济环境，房是指房价。该模型由中国社会科学院李景国研究员及房地产蓝皮书团队首次创建提出，并于2006年在《中国房地产蓝皮书No.3》"中国35个大中城市（2000~2004年）环房匹配指数评价"一文中首次成文分析中国住房市场与影响房价的社会经济因素的匹配协调状况。本文借鉴该研究方法对2001~2011年共11年间住房市场与影响房价的社会经济环境因素进行协调性考察，以判断住房市场与周围环境因素在2011年限购政策作用下协调性变化趋势。

1. 模型表达式

$$Y = B - A = B - \sum (\pm ai \times pi)(i = 1,\cdots,n)$$

其中，Y为环房匹配指数，B为住房价格指数，A为住房市场环境综合指数。ai为影响房价的第i种指标，pi为其权重。住房市场环境指标ai为房价上涨提供支撑时，取正号，ai为刺激房价下降的因素时，取负号。当$Y=0$时，表明住房价格与周围环境因素相匹配，二者处于协调状态；当$Y>0$时，表明住房价格超过了周围环境的支撑，房价过高上涨过快；当$Y<0$时，表明房价上涨速度滞后于周围环境发展状况，房价有继续上涨空间。

2. 评价指标体系及相关说明

本着指标选取的重要性、综合性、全面性及数据可获得性等原则，本文选取影响住房价格的指标，如表7所示。在综合评价过程中，各指标权重确定至关重要，关系到评价结果是否与实际情况相符合。本文采用专家咨询和层次分析法相结合的方法，对一级指标及其下属的二级指标进行赋权（见表7），使二级指标的权重值之和为1。

表7 住房价格环境因素指标体系

住房市场环境因素一级指标（权重）	住房市场环境因素二级指标ai（权重pi）	对房价推动作用
住房需求指标（0.3）	1. GDP变动(0.1)	正作用+
	2. 人均可支配收入变动(0.1)	正作用+
	3. 城镇人口变动(0.1)	正作用+
住房供给指标（0.3）	1. 土地购置面积变动(0.1)	负作用−
	2. 住房投资/商品房投资变动(0.1)	负作用−
	3. 住房竣工面积变动(0.1)	负作用−
住房交易与金融支持指标（0.4）	1. 销售面积变动(0.1)	负作用−
	2. 销售面积/竣工面积变动(0.1)	正作用+
	3. 房地产开发信贷变动(0.1)	负作用−
	4. 房地产消费信贷变动(0.1)	正作用+

影响住房价格的环境因素共选取了三大类一级指标合计10类二级指标，各指标均选取全国及各省市2001~2011年增长率数据，这样既能体现各指标变动发展状况，又实现了对指标原始数据的无纲量化处理。各年份指标原始数据均来源于中国统计数据应用支持系统。

（二）全国及主要限购省市环房匹配指数实证结果分析

根据环房匹配指数模型计算得出全国及八大主要限购省市2001~2011年环房匹配指数，如表8所示。从全国住房价格与环境因素协调状况来看，2001~2009年（个别年份除外）环房匹配指数基本都为正且呈现逐年上升趋势，表明这些年份住房价格增长速度超过了经济社会环境支撑能力，房价有下降空间。2009年下半年伊始的严厉房地产调控政策在2010年效果开始显现，环房匹配指数较2009年有大幅度下降，2011年限购政策的升级协同其他调控政策一起促进了环房匹配指数的进一步下滑，住房价格与周围环境发展的协调状况进一步趋好。但是指数仍然为正值，住房价格仍然高于社会经济环境的支撑力，调控政策需要进一步巩固加强，以促进全国住房价格与环境因素的进一步协调。

表8　全国及主要限购省市环房匹配指数

年份	全国	北京	上海	天津	重庆	浙江	江苏	广东	海南
2001	0.079	0.214	0.206	0.128	0.097	0.101	0.119	0.195	0.798
2002	0.084	0.031	0.137	0.012	0.224	0.261	0.191	-0.063	0.058
2003	0.099	-0.036	0.292	0.183	0.040	0.156	0.145	0.039	0.335
2004	0.165	0.005	0.151	0.148	-0.016	-0.124	0.206	0.028	0.180
2005	0.082	0.244	0.102	0.363	0.320	0.445	0.292	0.054	0.228
2006	-0.041	0.081	-0.012	0.187	0.089	0.084	0.041	0.125	0.285
2007	0.167	0.412	0.056	0.197	0.206	0.192	0.113	0.225	0.475
2008	-0.045	0.145	0.023	-0.067	-0.013	0.099	0.010	0.016	0.190
2009	0.202	0.189	0.381	0.089	0.229	0.127	0.176	0.054	0.440
2010	0.074	0.284	0.271	0.272	0.215	0.203	0.147	0.076	0.361
2011	0.072	-0.194	-0.068	0.004	0.153	0.031	0.103	0.091	-0.048

从八大主要限购省市协调状况来看，北京、上海和海南受影响程度最大，环房匹配指数由2010年的正值转变为负值；天津、重庆、浙江和江苏虽然协调度

指数依然为正值，住房价格仍然高于周围经济社会环境支撑力，但是指数下降幅度较大，四省受限购政策调控影响较大；广东省是所分析的八大限购省市中唯一环房匹配指数上升的省份，住房价格与影响房价的社会经济环境因素协调性非但没有趋好反而进一步背离。

（三）环房匹配指数评价房价是否合理回归的优缺点分析

住房价格是否合理不能单看房价自身绝对量及其变动情况，而要看房价是否与经济社会环境因素相协调。本文引入环房匹配指数能有效评价住房价格与经济社会环境发展状况的协调性，从而弥补以往将房价绝对量的下降作为判断房地产市场健康与否的唯一标准。环房匹配指数模型是检验住房价格"合理回归"的有效模型，是评价房地产政策有效性的有力工具。由于经济社会环境因素指标众多，受限于数据可获得性及笔者主观性等因素，本文仅考虑了10类经济社会环境因素，有一定局限性。

四　限购政策存在问题及建议

（一）超大城市限购政策中期化长期化的同时要松释部分刚需

北京、上海等超大城市多年来在刚需与投资投机性旺盛需求共同作用下住房价格过高且过快上涨，住房价格超过了经济社会因素支撑能力。2011年，北京限购政策在全国实属最为严厉，上海限购政策加上房产税试点，使得两城市调控成效最为显著。实践证明多年来难以解决的超大城市房价过高过快上涨问题限购政策起到了有效作用，因此有必要在这些城市推进限购政策的中期化长期化，保障城镇居民家庭住房刚需，促进住房市场与经济社会协调发展。

认识到超大城市限购政策取得成效的同时也要承认目前限购政策的缺陷。2011年北京和上海环房匹配指数由正转负表明经济社会环境发展速度超过了住房价格发展速度，成交价格下降较快。这缘于缺乏相关经验，政策缺乏对刚需与投资投机需求的有效甄别，导致部分自住性与改善性刚需也被排挤在住房市场之外。未来超大限购政策中长期化的前提即是加强政策细化与精准化，特别保障首套自主性普通商品住房需求。限购政策对刚需的甄别与保护有利于住房市场不会因限购政策产生过大冲击，保障住房市场的持续健康发展。

（二）限购范围继续扩大需谨慎，住房市场调控需以市场手段为主

限购政策是住房民生导向的重要体现，表明了住房商品属性之外的生活必需品属性。47个限购政策对这些城市及全国住房市场影响较大，若长期执行限购政策必定严重影响住房市场化的正常运行和市场经济的健康发展。限购政策毕竟是行政手段，市场经济应坚持以市场手段调节为主、行政手段调节为辅的原则。

"房价合理回归"的真正内涵在于住房价格与影响房价的社会经济发展相协调，城镇居民具有足够的购房支付能力。数据显示，中国房价收入比近年来已经呈现出不断下降趋势且逐步接近国际公认合理区间，研究表明导致居民"望楼兴叹"的根本原因在于居民间收入差距较大，中国60%城镇居民家庭没有足够的购房支付能力。限购政策限制了40%特别是20%高收入阶层住房投资投机需求，却不能提高60%城镇居民家庭购房支付能力。因此要从根本上促进"房价合理回归"，就要深层次分析导致普通居民家庭购房支付能力不足的原因，通过税收调节等手段缩小居民间收入差距；信贷政策注重对首套自主需求者提供长期支持政策；土地政策保障对90平方米及以下住房的充足土地供应。

（三）谨防投资投机需求的地域性转移挤占非限购城市刚需

2011年主要限购省市住房成交量与成交价格下降出现分化，以北京和上海为主的超大城市实现了量价绝对量齐跌，其他限购省市主要是增幅下滑。虽然限购政策对限购省市住房价格影响不一，但是实现了至少是增幅的下滑。占全国住房投资总额半壁江山的限购城市房价绝对量或增幅下滑并没有带动全国住房价格绝对量或增幅下滑，全国住房价格增幅反而从2010年的5.9%上升到2011年的6.1%。

限购省市量价绝对量或增幅齐跌并未带动全国住房价格绝对量或增幅下滑使我们有理由相信，一部分投资投机性需求正向三、四线非限购城市转移，带动了这些城市住房价格的上涨。投资投机性需求的地域性转移会推动非限购城市住房价格的非理性上涨，对这些城市居民刚需产生挤压，这并非限购政策出台初衷。

因此，限购政策有必要在非限购城市配套化，出台非限购城市抑制地域性转移的投资投机性需求应对措施。

Analysis on the Effects of "Purchase Limitation" Policy to Housing Market

Yang Hui

Abstract：For purchase restriction policy is the dominating melody of real estate market regulation and control in the year of 2011, the public extremely put attention to the effects of it. On the basis of summarizing purchase restriction policy, the thesis concludes housing market characteristics of China and main provinces and cities implementing the policy, moreover the author introduces environment to housing prices coordination index model longitudinally comparing coordinate condition of housing prices and environmental factors in the whole country and main provinces and cities, therefore evaluating effects of this policy, in the end the thesis gives suggestions according to problems caused by the policy.

Key Words：Purchase Restriction Policy；Housing Market；Effects

B.18 北京小产权房发展态势与对策建议

黄顺江 海倩倩[*]

摘　要： 近年来，在国家政策高压以及地方政府的严格管控下，北京小产权房疯狂蔓延的势头得到了有效遏制。但是，由于城市快速发展及住房需求不断膨胀，郊区的小产权房仍在借助于新农村建设的形式不断蔓延。必须认识到，虽然小产权房产生原因很复杂，但最关键的因素是村集体（核心是村委会）。在当前城乡发展严重不平衡的形势下，开发建设小产权房事实上成为村集体谋求自身发展并缓解一系列矛盾和问题的有效途径，也是无奈的选择。目前，国土资源部已允许北京在集体土地上进行试点的公共租赁房建设，是一种比较恰当的办法，既可以缓解城市住房压力，又能够为郊区农村的发展带来动力，应加以推广。应站在北京建设世界城市的高度，用发展的眼光看问题，以发展壮大农村集体经济为目标，通过开发农村租赁房，推动村域产业集群化发展，并将小产权房逐步引向新农村建设的轨道，使其由问题变成推动城乡统筹发展和加快郊区（城镇）化进程的动力。

关键词： 小产权房　农村租赁房　集体经济

北京是目前全国小产权房最集中的地区之一。在建设世界城市的背景下，认真研究其小产权房发展态势及治理对策，不仅对加快推进城乡统筹发展和郊区化进程有着积极的作用，而且对于全国处理小产权房难题也具有重要的示范意义。

---

[*] 黄顺江，博士，中国社会科学院城市发展与环境研究所副研究员，主要从事城市化研究；海倩倩，江西财经大学2007级学生，房地产经营管理专业。

一　发展态势

北京小产权房早在1980年代后期就开始出现，至今已有二十多年的发展历史了。不过，在2000年之前，小产权房数量很少，也很隐蔽，不大为人注意。2000年之后，由于国家停止分配福利性住房，房地产市场骤然升温，再加上北京要申办2008年奥运会，加快了旧城改造步伐，房屋拆迁迫使老城区大批居民到郊区购买住房。由于人们不能再依靠工作单位分配住房，需要自己掏腰包到市场上去买房，房价高低就成了影响大多数人购房选择的关键因素。这时，价格便宜的小产权房就有了市场生存空间，并渐渐浮出水面。尤其是2007年以来，由于商品房价格快速上涨，小产权房也就跟着火了起来。

近年来，由于中央三令五申严禁小产权房，北京市政府也加大了对土地违法案件的查处力度，致使小产权房的生存空间不断收缩。特别是2010年5月底6月初，在国土资源部的督办下，北京市怀柔区政府对杨宋镇梭草村水岸江南二期32栋仿古四合院进行的强拆行动，对小产权房市场产生了极大震慑。目前，公开顶风违法建设小产权房的行为大大收敛了，原有在售的小产权房也大多改头换面。但是，小产权房并没有因此而绝迹，事实上仍在蔓延，只不过其形式和方式有了新的变化。

第一，村委会成为大多数小产权房的开发主体。按照开发主体，北京小产权房通常有三种开发方式：一是村委会将要开发的地块卖给开发商，由开发商进行开发；二是村委会和开发商联合开发；三是村委会自己组织力量进行开发。第三种方式并不多见，因为大多数村集体没有这样的经济实力。在2000年之前，第一种方式比较普遍。进入21世纪之后，第二种方式成为主流。尤其是近年来，北京及全国其他地区强拆小产权房的案例表明，开发商抗御政策风险的能力非常微弱，因而绝大多数小产权房都是由村委会与开发商联合开发的（但名义上通常是以村委会为开发主体）。由于有村委会在前，开发商遭遇政策风险的几率就大大降低了。

第二，村民自住楼或商住综合楼成为小产权房的主要形式。以往的小产权房，通常都是单纯的住宅楼，一个楼盘建若干栋楼，留出几栋楼作为回迁房供村民自住，其余对外出售。而目前开工建设的新楼盘，大多是以村民自住楼或村集体商住综合楼的形式出现的。前者是单纯的住宅楼，楼房全部分配给村民（每户通常可得2~3套房，村民自己住一套，其余的用于出租，作为家庭经营收入，以维持生计）；后者则是商住混合体，临街的为商铺、酒店或其他服务用房（以为村集体创造经营性收入），里面是住宅楼，分给村民自住（村民同样可以将多余的房屋向外出租，以维持家庭生计）。这样，整个项目就成为农民房或集体房，不涉及土地产权，而且符合新农村建设的大方向。但是，一旦农民个人或村集体将多余的房屋向外出售，就成为小产权房。这就是说，目前建成后直接对外公开出售的小产权房少了，而村民自住楼开始成为市场上的主体（由农民自行出租或出售）。

第三，普通住宅成为小产权房的主流。北京小产权房主要有三种类型：一是普通楼房，通常为三层以上的板楼或高层塔楼；二是中高档楼房，通常为多层的连体或独栋别墅；三是四合院，多为平房或二层楼房，传统的院落结构，有的还带有花园。以往，开发商为了赢利，往往倾向于建造中高端项目，如被拆除的水岸江南即是四合院式的别墅。但近年来，在政府的严厉打压下，以及对土地的严格控制下，别墅类高端项目很少见了，目前建设的小产权房绝大多数都是普通住宅，主要面向大众。这样，项目建成后，销售快，入住人口多，人势众，再加上有当地村民参与其中，政府就没有办法随意处置了，从而提高了其抗御政策风险的能力。

第四，占用耕地开发建设的小产权房越来越少。在国家对土地资源的严格管控下，目前明目张胆地占用农田建设小产权房的情形很少见了，大多是通过旧村改造在腾空的宅基地上建设的，或是利用企业用地及村边闲杂地块建造的。经过多年的宣传和督察，大多数人都知道建房不能占用耕地这一政策底线，所以新建的小产权房大都不存在严格意义上的占用农田等严重违法行为。

第五，小产权房与商品房之间的差距明显缩小。以往开发建设的小产权房，在设计标准、房屋质量、配套设施、小区环境等各个方面，与商品房相比都有一定的差距。然而，近年来新开发建设的小产权房，在各个方面均在向正规商品房看齐。许多新建的小产权房小区，房屋质量、设施条件及环境品位甚至还要优于普通的商品房。

第六，小产权房市场看好。近两年国家实施严紧的调控措施，对商品房是一再打压，而对小产权房却是"利好"。特别是自2011年初北京推出了严厉的"限外"措施，外地人购买商品房的途径变窄，迫使他们更多地转向了小产权

房。因而，自2011年初以来，北京小产权房市场有进一步升温的势头。这与当前商品房市场的低迷状况，形成了鲜明的对照。

总之，在从中央到地方各级政府的严厉打压下，像2007年那样北京小产权房的泛滥态势现在已经得到了有效遏制。目前，严重违反土地政策的小产权房基本上不存在了，而大多是在利用城乡二元土地制度提供的政策空间，由村集体做后盾，以新农村建设或城乡统筹发展的名义继续从事小产权房开发建设活动。而且，随着郊区城镇化进程的推进，越来越多的村庄开始卷入旧村改造和新农村建设的进程中（目前北京市平原地区的村庄已改造了大约1/3）。所以，小产权房事实上仍在蔓延。

二 治理思路

小产权房是在城乡二元土地制度下多种因素综合作用的产物，具有典型的二重性。一方面，小产权房不符合国家的相关法律和政策，并存在着诸多问题和缺陷。另一方面，小产权房切实解决了部分中低收入城镇居民家庭的住房需求，对保障住房民生发挥着一定的现实作用。正是由于这种二重性，人们对小产权房褒贬不一，有的支持，有的反对。多年来，关于如何处置小产权房，议论纷纷，分歧很大。总体来说，社会各界对于小产权房的处理意见，主要有三种：一是转正（合法化），二是有条件转正（部分合法化），三是禁止（取缔）。不过，持第一种和第三种主张者均是少数，多数人都持第二种主张。从社会舆论的变化形势来看，大体上有三个基本点：其一，多数人都承认小产权房不合法，但又基本认可其存在价值；其二，多数人都认为严格保护耕地的基本国策不能改变；其三，多数人都主张将小产权房纳入经济适用房或保障房体系。尤其是近两年，面对城市房价居高不下和住房压力不断上升的严峻形势，社会各界呼吁对小产权房松绑的声音有所增强。2011年10月26日，在十一届全国人大常委会第二十三次会议上，全国人大财经委副主任吴晓灵在审议国务院关于城镇保障房建设和管理工作情况报告时表示，目前的公租房建设政府包揽太多，要发展租赁市场，并建议研究调整小产权房政策。吴晓灵说，对于外来务工人员，很多城市周边农民盖的房子就是他们租房的来源。农民用宅基地盖房后进行出租、出售，其相对低廉的价格对于平抑房价起到了很大的作用。"但是对小产权房，国家一直不给明确的定论。我认为这个问题的本质是不尊重农民宅基地的使用权。对在宅基地上建设和开发商品房和租赁住房的政策应进行研究。"

根据社会各界的意见，以及当前我国城市发展和房地产市场的新形势，应该客观、公正、全面地认识小产权房，既不能一口否定，也不宜全盘肯定。应该否定的，是其违法违规，尤其是与国家保护耕地的基本国策相冲突的一面。应该肯定的，是其填补城市住房供应缺口和保障住房民生的一面。因而，对于北京的小产权房，总体上应该承认其作用和价值。

需要指出的是，要想妥善解决小产权房问题，就必须跳出小产权房，用发展的眼光看问题，着眼于北京建设世界城市和郊区化发展的大趋势。进入21世纪以来，北京步入了大都市时代，城市发展模式发生了根本性的变化，开始由聚集向扩散转变，并由此推动着郊区化进程显著加快。尤其是近年来，市政府提出了世界城市的发展目标，使郊区化步伐进一步加快。郊区化的主要途径，就是居住功能（伴随着人口）向外扩散。只有居住功能首先扩散出去了，才能够带动产业向外疏散，从而为中心城区腾出发展空间，以实现结构调整和功能升级。当前，市区中心地带高企的房价、快速上升的生活成本及拥挤的环境，正是推动居住功能向外扩散的强大动力。这在很大程度上也是城市发展内在规律的表现。因而，小产权房的快速发展，事实上还有郊区化的因素在起助推作用。

同时，还需要有一种自下而上的思维方式，应从北京郊区农村集体经济发展的合理诉求中求解小产权房。农村集体是我国社会主义制度的根基。农村集体既是最基层的行政组织，又是最基本的经济组织，是一个典型的"政企合一"复合体。作为一个行政组织，必须保证其稳定地存在和发展（这是我国国情的必然要求）。作为一个经济组织，就要讲求经济效益，要面向市场谋求生存和发展。所以，农村经济重在集体经济的发展。在北京郊区，农村经济的发展，必然要服从于城市发展的需要。于是，郊区农民就从20世纪60~70年代种蔬菜，发展到80年代种果树，再到90年代发展观光农业。进入21世纪以来，北京聚集发展资源的能力进一步增强，城市快速扩张。在这样的形势下，郊区农村就开始出租土地用于建设工厂或进驻企业（村办工业园区），剩余的土地也大多出租用于发展种植园，而村集体则靠收取土地租金作为主要经济来源（这比他们自己种地经营农业或果园的收益要高许多）。这样，郊区农村已经高度非农化（包括土地和人口），在平原地区基本上找不到大块完整的农田了，农民大多也不再种地了。其结果，农民劳动力除了一部分自谋到职业外，大量地闲置起来。在每个村庄社区，都可以看到大批的老人、妇女、甚至年轻人聚集在一起下棋、打麻将、闲聊，或到处闲逛，无所事事。大部分农民家庭的主要收入来源，既不是打工收入，也不是村集体分来的土地租金，更不是种地收入，而是靠出租自家院里的闲置房屋来维持（俗称"瓦片经济"）。在北京郊区，像改造前唐家岭那样的村庄比比皆是。然而，郊区农村的非农化和瓦片经济无序发展，也带来了新的问题。一方面，造成越来越严重的环境污染和资源浪费（尤其是土地资源），以及由于外来人口大规模聚集而导致的治安环境恶化，社会矛盾加剧，村庄面貌越来越差（违法建筑多，既非城镇又不像农村，而且普遍被垃圾所围困）。另一方面，随着城市发展和生活成本的上升，单靠出租土地和房屋得到的收益，在许多农村仅能维持村集体庞大人口的基本生存，而发展的矛盾却越来越突出（因为这些以村庄为基础聚集起来的企业，规模小，大多从事简单的生产加工，本身的经济效益并不高，而且在激烈的市场竞争中很容易倒闭，难以为村集体和村民提供可靠的经济支撑）。在这样的形势下，各个村集体为探寻自身的发展出路，尤其是解决大量闲置劳动力的就业问题，必然试图在自己所拥有的土地上进行再开发（即旧村改造或环境综合整治），以获得更高的经济收益。在当前北京的市场上，房地产行业效益最高，开发房地产几乎稳赚不赔。于是，越来越多村庄的再开发走的是房地产开发的道路（通常以新农村建设的名义）。可以说，小产权房是当前郊区农村集体经济发展最稳妥的途径，也是城乡统筹发展和新农村建设绕不过去的关键一环。催生小产权房的原因有很多，但最基本、最重要的动因，其实是村集体（主要是政府对其难以实施强有力的处罚）。

这就是说，北京郊区农村开发房地产是大势所趋。这既是城市自身发展规律的内在要求，又是农村集体经济发展的强烈诉求。然而，小产权房又与我国基本国情存在着一定的矛盾。一方面，小产权房与我国现行的土地制度相冲突。另一方面，小产权房的泛滥必然要威胁到18亿亩耕地红线。因而，在当前的制度和政策环境下，小产权房又是难以行得通的。

那么，如何解决这一难题呢？事实上，从中央到地方都在探索小产权房的出路。2011年初，国土资源部批准了北京、上海等商品住房价格较高、建设用地紧缺的大城市，开展集体建设用地建设租赁住房试点。在集体土地上建设公共租赁房（可称为农村租赁房），有许多优点：

第一，公共租赁房符合我国人多地少和作为发展中国家的基本国情，应成为城镇住房体系中的一个重要组成部分，而农村租赁房更能体现我国社会主义制度特色，大方向正确；

第二，农村租赁房由于成本较低，价格会更实惠，能够为城镇经济困难家庭及外来流动人口提供较为合适的住所，以缓解民生住房压力（这正是小产权房目前所起的作用）；

第三，农村租赁房产权仍在村集体名下，不涉及土地产权转移，与我国现行的土地制度不矛盾；

第四，建设和经营农村租赁房可以为村集体提供长期稳定的经济收入来源，这既克服了小产权房开发过程中的短期行为，又符合我国一贯支持农村集体经济发展的方针政策；

第五，农村租赁房由于纳入到公共租赁房建设渠道，政府可把握其规模和进度，不会造成对土地资源的肆意侵占和浪费；

第六，更重要的是，由于农村租赁房使用的是集体土地（不占用建设用地指标），并可以吸收社会资金参与建设，从而大大减轻了地方政府建设公共租赁房的压力（尤其是资金和供地压力）。

显然，农村租赁房是在当前各种矛盾交织状态下的一种比较现实的解决方式，既能够有效化解城市和房地产发展中的矛盾与问题，又能够为郊区农村集体经济发展找到一条长远的出路，还可以避开现行土地制度的牵制。因而，农村租赁房应成为今后农村房地产发展的一个方向。

根据这样的认识，解决北京小产权房问题的基本思路是：转变思想，创新制度，以发展壮大郊区农村集体经济为目标，通过制订科学合理的发展规划，将小产权房逐步引入农村租赁房发展轨道，使其由问题变成推动城乡统筹发展和加快郊区（城镇）化进程的动力。

三 治理对策

（一）总体设想

如前所述，解决小产权房难题或发展农村租赁房需要一种自下而上的思维模

式。要想使小产权房问题得到妥善解决，或使农村租赁房建设成功，就不能仅仅着眼于城市，而必须看到郊区农村的实际情况。如果农村发展问题不能得到很好的解决，任何方案都难以奏效。所以，发展农村租赁房并化解小产权房，关键是将农村租赁房融入郊区农村集体经济发展轨道。也就是说，农村租赁房要想获得成功，就必须能够促进郊区农村经济发展。否则，村集体就没有动力。

改革开放三十多年来，我国农村发展的实践证明，农民走向富裕的根本出路，是发展壮大集体经济。河南的南街村，江苏的华西村，以及北京的郑各庄，都是成功的典范。在激烈的市场竞争中，农民个体通常是难以获得成功的。只有集体经济发展壮大起来了，农民个体才有保证，才能够走向共同富裕（否则，充其量只不过是个别人的富裕）。尤其在当前城乡发展严重不平衡、收入差距不断扩大的形势下，北京郊区农村发展集体经济的任务非常迫切。

然而，作为村集体来说，资金、技术、人才都非常缺乏，唯一的资本就是土地。所以，要想发展集体经济，必须围绕着土地做文章。根据北京郊区郑各庄、香堂、蔡家洼等新农村建设的成功经验，以土地为基础来发展集体经济的一条有效途径，就是走村域产业集群化的道路：以村集体为主导，在本村地域范围内，统筹规划和合理安排各类产业用地（创办产业园区），通过提供完善的基础设施和周到的服务以及舒适低廉的工作生活环境，吸引外来投资和企业入驻，以发展多元化的产业集群，促进村域经济不断发展和繁荣。村域经济的核心是产业集群。根据北京郊区的特点，产业发展不宜是单一的农业或工业，而应是一、二、三产业综合协调发展的多元化的产业体系：可以工业为基础，也可以旅游为龙头，还可以综合服务为主导。

在村域集体经济框架下开发建设农村房地产。农村房地产主要是为村域产业发展配套的，包括厂房、房屋和基础设施建设（只租不售）。房屋包括商业用房和居住用房，而居住用房就是农村租赁房。农村租赁房主要为进驻村域产业园区企业的职工、外来就业人员及城镇居民提供住所。这样，农村租赁房既满足了城市中低收入居民家庭、外来流动人口及刚毕业大学生等困难群体的居住需求，又能够促进村域集体经济的发展与繁荣，一举两得。

这样，农村租赁房就成为城乡联系的桥梁：对城市来说，农村租赁房是城市公共租赁住房体系中的一个重要部分；对郊区农村来说，农村租赁房是村集体经济体系中的一个产业（农村房地产）。这样，农村租赁房既缓解了城市民生住房压力，又为郊区农村集体提供了长期稳定的发展动力。

农村租赁房可定位为次级市场，作为城市租赁房市场的补充，主要发展中低端住房。这样，农村租赁房既可以弥补城市房地产市场的缺陷和不足，又不会对其构成冲击。

（二）基本要求

为了确保农村租赁房开发经营活动规范有序并发挥出推动村域集体经济发展的作用，就必须遵循一些基本的要求和规范。

第一，强化乡镇政府在主导郊区农村发展中的主体地位。郊区农村地域的发展，可在北京城市总体规划、区（县）规划及土地利用总体规划的大框架下，以乡镇地域为基础，统一制订村镇规划，以此来引导和约束各个村域的发展规划。也就是说，虽然各个村域规划都是独立的，但必须是在乡镇规划基础上拟订的，是与城市总体规划相衔接的。同时，各个村集体的产业发展和租赁房开发建设经营活动，还需要以乡镇为基础进行统筹和协调。农村房屋（包括农民房、现有小产权房及今后建设的租赁房）的综合管理，也应以乡镇政府有关部门为主去负责。为此，应适度下放有关权力给郊区乡镇政府，如规划、建设、招商、投资、财税、人事等权限。

第二，由村集体主导村域经济发展及租赁房开发建设经营活动。在村域范围内，凡重大的规划、建设、投资及房地产开发活动，必须由村集体来主导。禁止由开发商主导的房地产开发活动，更要禁止单纯的卖地行为，但开发商和企业可以参与村域产业发展及租赁房开发建设活动。在租赁房开发、建设和经营过程中，可以吸收社会资金，但必须确保村集体的主导权。

农村租赁房还可以是农民个人在自己宅基地上建房盖楼，也可以由多户联合建楼，但都必须符合村域发展规划，并以村集体统一的开发建设和经营活动为主。

为了防止租赁房开发建设的盲目性，近期可限定村集体只能在现有建设用地范围内以旧村改造的形式从事租赁房及村域产业开发活动。

第三，加强农村房屋管理。农村租赁房开发、建设和经营活动及村域经济发展，由村集体主导和负责，但要以乡镇政府为主体进行统筹协调和监督管理。乡镇政府要完善职能，强化管理，并制订出科学合理的农村租赁房建设和管理标准

与规范。原则上，农村租赁房应比现行的城市房地产在保证质量和安全的前提下适当降低一些标准，并简化管理程序。

针对农村租赁屋，有关部门还要制订合理的税费标准。农村租赁房的税费标准，应考虑到农村经济发展水平，大体上以城市房地产相应税费标准的1/3为宜。

当前还要加强对农民自建房屋（尤其是楼房）的管理。农民自建房屋必须事先申报，并符合村域规划及建筑施工技术规范。农民自建楼房原则上不超过三层。农民房屋用于出租的，也应按农村租赁房对待。

第四，严格保护耕地。农村租赁房建设及村域产业发展必须符合土地利用规划。虽然总体上在北京郊区已不可能保留住大片的农田，但现有的部分农地还是应该认真加以保护的。在拟订乡镇规划和村域规划时，可以根据实际情况，与村集体协商，认真开展土地整理工作，把适宜耕种的小块农地，尽可能地归整为大块农田，并设立为农田保护区，用于纯农业生产。

第五，严禁买卖土地。农村土地集体所有，是我国社会主义公有制的基础。为保证村集体的长远发展，原则上不支持农村集体土地（包括农民个人的宅基地）流转，也不允许单纯的土地出租、出让或转让活动（村域范围内规划好的产业用地，企业可以租赁，但土地出租总数最多不能超过产业用地的1/3）。严禁将村集体土地转卖给开发商搞开发。

第六，健全和完善村集体民主协商制度。村委会是农村集体的管理组织，也是集体经济的领导核心。因而，必须通过民主选举产生负责任、有能力的村民任村委会成员（尤其是村委会主任等领导职位），以主导村集体的发展及房地产开发。村委会应实行集体领导，杜绝个人专断，并接受村民监督。凡是村集体的重大决策、发展规划及利益分配过程，均须由全体村民共同参与协商确定。

同时，还应加强党对农村的领导。上级党组织选派任命的村党支部书记，既是村集体的领导核心，又是村民利益的代表，必须德才兼备，以便在发展农村经济、维护社会稳定、树立清风正气方面发挥出核心和表率作用。

（三）认真清理小产权房

农村租赁房建设周期长，投资巨大，不可能三两年就建设到位。目前最好的办法，就是在建设租赁房的同时，将现有的小产权房收编为农村租赁房。这样，既化解了小产权房难题，又发挥了其现实的作用。

小产权房转为租赁房，原则上应确保村集体及购房者的利益不受损失，但又不能让其从中获得不合法的利益。同时，还要对主要责任人（主要是村委会主要领导和开发商及个别乡镇干部）给予一定程度的处罚。

小产权房的情况很复杂，应区别对待。小产权房通常有三个方面的问题：一是不符合有关法律和政策；二是不符合城乡规划或土地利用规划；三是不符合建筑质量标准，存在安全隐患。

所有小产权房都存在第一个方面的问题。因而，任何小产权房都应受到处罚（重在对主要责任人进行处罚：公职人员主要是行政处罚，而开发商则主要是经济处罚或市场限制）。否则，既有损国家法律的尊严，也不公平。

存在第三个方面问题的小产权房只是极个别的，但这样的问题很严重，不能迁就，必须拆除，并将小区土地还原为耕地。开发商及村委会应退还小产权房业主购房款。

大多数小产权房，多多少少都存在第二个方面的问题，但程度不同，应区别对待。

首先，对于建造在集体建设用地上的普通小产权房，基本上符合城乡规划、土地利用规划及村域规划的，应认可其存在。对于建造在集体建设用地上的普通小产权房，违反城乡规划或土地利用规划的，原则上应拆除。如果大多数业主坚持保留，不愿意被拆除，就必须交纳罚款（数额应低于同地段国有土地出让金）。对于建造在集体建设用地上的普通小产权房，不仅违反城乡规划或土地利用规划，而且严重危害到城乡发展总体布局的，必须予以拆除。

其次，对于建造在集体建设用地或边坡荒地上的别墅类高档住宅，基本上符合城乡规划、土地利用规划及村域规划的，应认可其存在，但要给予高额罚款（数额应高于同地段国有土地出让金）。对于建造在集体建设用地或边坡荒地上的别墅类高档住宅，违反城乡规划或土地利用规划的，原则上应拆除。如果大多数业主坚持保留，不愿意被拆除，就必须交纳超额罚款（数额可数倍于同地段国有土地出让金）。对于建造在集体建设用地或边坡荒地上的别墅类高档住宅，

不仅违反城乡规划或土地利用规划,而且严重危害到城乡发展总体布局的,必须予以拆除。

再次,凡是占用耕地开发建设的小产权房,原则上应拆除,恢复耕地原状。但是,如果占用的耕地不是很多,情节不太严重,且大体上能够纳入城乡规划的,可免于拆除,但要处以超额罚款(数额可数倍于同地段国有土地出让金;如果是别墅及高档住宅,罚款数额应更高)。

最后,对于非集体成员和单位通过各种途径购买、租赁或占用集体建设用地自行建造的独处房屋,基本符合城乡规划、土地利用规划及村域规划的,应认可其存在,但要根据具体情节予以罚款(可参照别墅类房屋的处罚力度);如果违反城乡规划和土地利用规划,或占用的是耕地,必须予以拆除,并将土地归还给村集体。

经过上述处罚后保留下来的小产权房,可按以下办法转为租赁房:

(1)按所在地域,小产权房一律归属原村集体。

(2)原小产权房购买者,自动转为租赁房的租住者。原来的房屋买卖合同失去效用,原购房者须与村集体签订新的房屋租赁合同(房屋租赁期限最长不超过20年)。原购买者交纳的房款,自动转为租房款(租金按现价计算)。扣除合同期限内的房租,同时扣除自购房之日起至房屋租赁合同签订之日的房租(按购房时的价格计算),余下的房款应退还给原购买者(如果不退,余款可视为寄存在村集体那里,作为合同期满后续签新合同时的房租,但村集体须按银行利率向原购房者支付利息,并保证以后可继续租用)。

(3)原小产权房购买者,如果不愿意转为租赁房并继续居住,可选择退房。此时,开发商及村委会应将原购房款如数退还购房者。

(4)开发商和村委会之间的经济关系,由双方协商自行解决。

(四) 当前要做的几项工作

在正式启动农村房地产市场和开发村域经济之前,还必须做好三项工作。

第一,认真开展农村集体土地核查和清理工作。

首先,明确集体土地边界范围。在长期以来多次开展土地详查的基础上,配合当前正在开展的农村集体土地确权登记发证工作,区(县)政府土地管理部门应对辖区内的农村集体土地再次进行认真的实测和核查。对于各村集体之间土地边界范围清楚、不存在纠纷的，应设立地界标志。存在纠纷的，应进行认真调解，妥善处理，尽快明确边界范围，然后设立地界标志。凡四周地界范围内的土地，均为村集体土地，归全体成员所有。区（县）政府土地管理部门应向该村集体发放土地所有权证书。

其次，对集体土地使用状况逐地块进行核查。核查的内容主要有两个方面：一是非农用情况，二是非集体使用情况。为保护现有适合耕种的耕地，区（县）政府土地管理部门可与村集体协商在该集体土地中划定基本农田，并设计标志，任何单位和个人不得随意侵占。凡郊区土地，除了政府已征用为国有土地之外，均为集体土地。任何单位或个人，无论通过何种途径占有或使用的集体土地，包括近年来尝试土地流转而转移出去的土地，都仅仅是使用权，所有权永远属于原村集体。也就是说，任何单位或个人所使用的土地，非国有即集体所有。凡是通过正当途径获准使用的农村集体土地，应由区（县）政府土地管理部门与村集体联合向土地使用者发放集体土地使用权证书。凡是未通过正当途径获准而使用的农村集体土地，应区别情况，妥善处理：要么退还给原村集体，要么罚款后补发使用权证书。

凡是非集体成员使用集体土地的，在使用期内，应逐年向村集体交纳集体土地使用费（具体标准可按不同行业拟订）。

第二，认真做好农村房屋和宅基地确权登记发证工作。

首先，区（县）政府土地管理部门及乡镇政府相关部门要对辖区内各个村庄现有的房屋和宅基地（包括村庄范围内的公共土地、闲散地块及坑塘荒地等）进行普查，并逐一登记造册。

其次，在普查的基础上，对权属关系明确的房屋和宅基地，由区（县）政府土地管理部门和村集体联合发放证书（农村房屋和集体土地）。存在纠纷的，经认真处理后尽快明确权属关系，并补发证书。

在发放证书时，一并收取相关税费。

在房屋和宅基地登记发证工作中要严格执行"一户一宅"政策。

第三，认真开展乡镇发展规划。

根据北京城市总体规划、区（县）规划及全市土地利用规划，各乡镇应尽快确定自己的发展方向及功能定位，并在此基础上拟订本乡镇地域范围内的产业发展规划及空间开发规划，以便为村域规划做好铺垫。

The Situation and Resolution to Informal Property Houses in Beijing

Huang Shunjiang   Hai Qianqian

Abstract: Although under a higher pressure from governments, informal property houses are still increasing and widely spread in the way of new village construction around the city of Beijing. The development of informal property houses is driven by many factors, but the key is village collective, especially its core——villager committee. In the state of non-balanced urban-rural development, informal property house is an effective way to strengthen collective economy. Public rental house built in collective lands is a suitable method to avoid its illegality of informal property house. Therefore, rural public rental houses should be a model to resolve the problem of informal property houses in Beijing.

Key Words: Informal Property House; Rural Rental House; Collective Economy

B.19
把绿色战略融入房地产调控

罗 勇*

摘 要：当前，房地产调控应该考虑在绿色的原则下，使得未来的经济和社会发展有质的升华。应该充分发挥政府在调控时期的主导作用，以绿色发展的战略思想指导房地产调控的制定和实施，把绿色发展的重点领域和优先项目及时纳入其中。包括推广"减资源"的房地产开发，发展有环境优势的房地产产品，绿色的房地产能源生产和消费，城市生态型建设布局等。同时，需要进行必要的配套绿色目标建设，制订绿色行动计划，提高绿色融入的能力。

关键词：房地产 绿色 绿色房地产

当前，推进绿色繁荣是从实现我国经济持续发展目标的全局着眼所做出的一个重大战略决策。如何在绿色的原则下使得未来的经济和社会发展有质的升华，是这一轮房地产调控应该考虑的一个关键性问题。应该充分发挥政府在调控时期的主导作用，以绿色发展的战略思想，指导房地产调控的制定和实施。把绿色发展的重点领域和优先项目纳入房地产调控，这是推进绿色繁荣发展战略的重中之重。

融入绿色发展战略的房地产调控将带动城市化发展向更高的水平推进。在这样一个迅速增长的时期里，随着科学发展观的深入人心，无论是民众对发展内涵的理解，还是对生活质量的要求，都日益趋于全面性。房地产的未来必须在继续推进经济增长的同时，在发展中实现经济效益、社会效益和环境效益的统一。因

---

* 罗勇，博士，教授，中国社会科学院城市发展与环境研究所研究员，研究方向为城市可持续发展。

此，必须强调在绿色发展的基础上制定和实施房地产的调控，只有这样，才能满足未来发展的需要。

这样的房地产调控应该是在基于绿色繁荣的新的发展背景和新的发展理念上的探索和挑战。应该从绿色发展战略出发提高房地产调控措施制定的立意高度，要使房地产调控中的经济与社会发展充分地融入经济、社会和环境相协调的绿色发展思想内涵，使新形势下房地产调控计划的制订比以往的发展计划有明显的思想上和战略上的提高。绿色繁荣作为一种综合的发展观，可以对房地产调控计划的指导思想、发展目标、主要领域和指标体系等方面提供新的思路和启示。

一 房地产调控的绿色指导思想

房地产调控应该明确地把绿色发展的理念融入其中，树立通过绿色发展战略进一步促进房地产健康发展的观点。强调追求社会资源环境可以承受的房地产发展，要求以最小的社会资源损失取得最大的经济社会成果。既不能牺牲资源环境去追求发展，又不能牺牲发展去追求资源环境。在发展的内容上，要求把经济增长、社会进步和资源环境建设作为三大目标，实现社会资源环境可以承受的增长和房地产业发展可以承受的绿色化的统一，并在此基础上实现经济效益、社会效益和环境效益的统一。在发展的方式上，应该通过思想创新、体制创新和技术创新，将传统的资源社会难以承受的增长方式转变为资源社会可持续的绿色方式。通过改变发展方式从内在机制上和源头上预防资源和社会问题的发生，使我们得以在发展中解决面临的问题，实现房地产的绿色繁荣与发展。

二 房地产调控的绿色框架

以绿色繁荣的观点来观察，一直以来的房地产发展存在着重经济建设、轻社会发展，重发展状态、轻能力建设等方面的问题。融入绿色发展观点的房地产调控应强调调控领域的全面性和交叉性，强调经济、社会、资源环境三个领域方面的协调发展。根据各个不同区域的实际情况，调控领域的全面性和协调发展又可以具体细分为经济、人口、社会、资源和环境的协调发展。房地产调控领域的确定和安排应该充分关注这些有意义的变化，使房地产发展的框架体现绿色繁荣的要求。

房地产发展应该充分重视管理模式、法制体系、科学技术和教育等方面内容，并将其作为调控的重要组成部分和必要内容。同时应该培育和发挥这些方面内容在保障和推进经济、社会和资源环境协调发展上的独特作用。

房地产调控应该涵盖绿色发展的下列重点领域：

（1）发展物耗低、节能、效益好的房地产产品，减少和淘汰物耗高、资源浪费和效益差的房地产产品。

（2）各不同区域的产品体系尝试按照生态学的原理和规律，进行空间和地域的合理布局。比如城市生态建设、生态小区建设等。

（3）推广节能房地产和"减资源"房地产，从生产源头上减轻房地产业可持续发展的压力。

（4）绿色的房地产能源生产和消费，建立可持续的消费模式。

（5）城市人口问题与可持续发展。

对这些方面应单独列章，赋予包括目标和项目在内的实质性内容，要明确所要达到的可以量化的目标，并从政策措施、法制保障、经济手段和技术可能性等方面提出系统的实施方案。

三 房地产绿色调控的必要配套建设

1. 经济领域

要确定具有区域特点的节约资源、减少排放和高效高附加值的经济体系，提高整体经济的绿色性。

从调整产业结构角度，应该大力发展物耗低、污染轻、效益好的房地产相关产业和产品，减少和淘汰物耗高、污染重和效益差的相关产业和产品。

从优化经济布局的角度，经济和产业体系应尝试按照生态学的原理和规律，进行空间和地域的合理布局。

从改善微观经济运行的角度，要大力推广低碳经济和清洁生产，从源头上减轻房地产相关产业特别是钢铁水泥等对资源环境的压力。

2. 社会领域

努力建设面向绿色发展的社会体系，减少高消耗的生活方式和人口增长对资源环境的压力影响。

科学地规划城市化发展的人口规模、人口结构和人口素质的提高，减少人口超量、人口结构不合理和人口素质不高造成的资源环境压力和损害。

提倡适度消费和理性消费，减少不理性和奢侈浪费的房地产需求以及资源消耗和污染排放，引导建立具有阶段特色的绿色发展的消费方式。

在促进房地产消费多层次和多样化的同时，减少消费领域的严重不均衡，缩小对土地房产资源使用的贫富悬殊差距。

3. 城市区域建设领域

以促进绿色发展为目标进行规划、建设和管理，发展有利于绿色繁荣的区域形态建设和功能建设。

按照协调发展的思想，从整体发展的角度安排城市区域的产业布局、能源布局、交通设施和水利建设。

按照城乡一体化发展的原则，逐步建立多中心、敞开式的城市发展形态，发展由中心城—新城（城乡边缘区）—集镇—农村中心村组成的城镇体系，使区域的人口和房地产开发呈现出疏密有序的空间分布。

4. 资源环境领域

应把生态环境建设看成是发展的重要组成部分，提倡对自然资源和环境的可持续利用与保护，为房地产业的发展提供可靠的资源环境保障。

合理开发利用城市区域的水、矿产等自然资源。

控制大气污染、水污染和固体废物排放危害，使环境污染控制水平与房地产业发展相适应。

四 房地产绿色行动计划的编制思路

1. 确立以房地产发展带动绿色繁荣的机制和目标

从国情和区情出发，在一段时间内，发展房地产是实现可持续城市化的硬道理和根本前提。在实施绿色发展战略中，既要屏弃"先发展，后治理"的传统思维，又要防止理想主义的想法，期望一步到位。

绿色繁荣是经济、社会和自然的复合系统，需要实现经济、社会、人口、资源和环境的全方位的协调发展，要求进行完整的目标建设；但是实现完整目标应该有一个渐进、分段和重点领域推进的过程。绿色繁荣的行动规划应该确定房地产在绿色发展体系中的合理比重,并据此科学地确定房地产绿色发展的阶段性目标。

在当前时期,绿色发展的目标应定位在努力建立一个以工业化振兴和城市化繁荣为基础,同时促进生态和谐与社会进步,提高人民生活质量的发展体系。即首先取得重点突破,实现有限意义的绿色发展,或称为"浅的"绿色发展;然后逐步整体推进到具有完全意义上的绿色发展,即"深的"绿色发展。

2. 设定协同的行动领域

绿色发展是经济、社会和自然三个系统的共同协调发展。房地产实施绿色发展战略,是要在继续推进增长的同时兼顾社会进步和生态和谐,把传统上相互矛盾的三个发展过程融合为一个相互统一协调的发展过程,促进发展的经济效益、社会效益和生态效益得到有机统一。因此,从经济、社会、生态相互协同的角度来设定行动方案的领域,是与绿色繁荣发展的实质要求相一致的。

我们在确定将绿色融入房地产的行动方案时,需要注重从经济、社会和生态综合平衡的角度来提出问题和解决问题,最后从对绿色发展至关重要的方案领域中和在绿色发展的主要目标上优选出付诸行动的方案领域。绿色行动计划不是各个专项领域的绿色规划的简单堆砌,而是要有机地反映绿色发展战略对于综合平衡的本质要求。

绿色行动计划应该把能力建设作为绿色发展的保证体系而重点进行单列,并将绿色发展的能力保证体系细化为若干具体的行动方案子领域,使绿色行动计划的操作性和有效性能够得到切实的保障。

3. 共同参与的工作方式

根据国际上地方政府编制绿色发展行动计划的经验,绿色行动计划制订的工作方式需要进行根本性的改变。

一是要特别注重社会各个阶层的共同参与。绿色发展战略的重要原则是强调公众参与,公众的参与方式和程度决定着绿色发展目标实现的进程。让各个阶层的人们都关注和参与绿色发展战略的制定和实施,最大限度地集中和发挥各方面的智慧,是绿色发展战略决策的群众基础和正确决策的基本保证。

二是需要学会自下而上地提出问题和解决问题。在制订绿色行动计划进程中，要充分倾听来自基层的意愿和建议，不能背离以基层民众为基础的地区的切实需要。传统式简单的自上而下的粗放管理方式必须要改变。

五　房地产绿色融入能力的建设

1. 体制能力建设方面

强调体制在实现绿色发展中的制度保证作用，强化体制在实现绿色发展中的规范性和强制性的功能。

强化房地产发展部门与资源环境保护部门的协调，建立将资源环境与发展融为一体的综合决策和协调管理机制。

综合运用规划、法制、行政和经济等政策措施来推进房地产的绿色发展，尤其要注重在绿色发展战略指导下进行保障房廉租房的规划、建设和验收。

建立健全绿色发展的法律法规体系，使绿色融入房地产发展纳入法制化的轨道。

2. 科技能力建设方面

强调科技在实现绿色发展中的技术保证作用，强化技术在绿色房地产发展中的创造性和物质性的基础功能。

加强绿色房地产发展关键技术的研制和开发，扩大自然资源和环境的供给和利用效率，提供保护生态环境和控制污染的物质手段。

应该在社会科学领域加强房地产绿色发展的基础理论与应用研究，探讨形成对绿色发展有指导意义的理论分析系统，建立有中国城市化发展特色、操作性较强的绿色指标体系。

加强绿色发展科技成果在房地产业的经济运用和产业化进程，将绿色发展的科技优势转化为经济优势和产业优势。

3. 教育能力建设方面

强调教育在绿色房地产发展中的人力保障作用，强化教育在绿色发展中的思想性和知识性的功能。

学校教育应该实行面向绿色发展的改革，使受教育者具备绿色发展的道德素质和科学知识。

利用多种手段和方式进行绿色发展的社会教育，形成绿色发展的良好舆论和社会氛围。

发挥高校和科研单位的人才优势和学科优势，建立高层次的绿色发展的培训基地，促进绿色发展能力建设与人才培养。

六　绿色融入房地产的政策机制

实施房地产绿色发展政策的政府应该具备良好的行为机制：

1. 法律规范机制

即通过法律规范和约束政府行为。市场经济是法制经济，一切绿色发展活动都应该有法可依，政府行为也应受到法律的约束。政府应该管什么，不应该管什么，如何来管，以及机构设置，职责范围，办事程序和行为准则，对企业和对公民承担的责任、义务等等，都应该以相应的法律为依据。

2. 评价导向机制

在绿色发展中政府应当扮演什么角色，如何评价政府的政绩，以什么作为评价政府绩效的主要尺度，会对政府行为产生重要的导向作用。需要根据市场经济下城市化绿色发展工作中政府的新功能，根据政府为企业服务、为选民服务的新要求，建立健全新的政绩评价尺度和相应的制度，引导各级政府去做应该做的事情。要明确与高度重视企业和人民对政府绿色发展绩效的评价，而不仅仅依靠上级的评价，这样，会更有利于政府提高管理绿色发展的艺术水平。

3. 责任约束机制

必须建立健全一整套科学的工作制度，主要包括：①任期目标责任制。各级政府官员都应该有明确的绿色发展任期目标和任务，对任期目标承担责任，并建立相应的考核制度、奖惩制度和升降制度，按其实际业绩、贡献和完成目标的情况，决定是否提拔或留用。②决策责任制。绿色发展决策正确与否关系重大，要用良好的机制来增强决策者的责任感，促进绿色发展政策措施的合理化，提高房地产绿色双赢经济运行的质量和效率。③公开制度。对绿色发展方面的政务，应力求公开化，增加透明度，包括工作程序、制度、办法和规定等，都应该对社会公开。这样不仅有利于提高政府工作的科学性，而且有利于公众参与的实现。

4. 社会监督机制

要建立绿色发展工作的内部监督与外部监督、事先监督与事后监督、上级监督与下级监督、党和国家监督与人民群众监督紧密结合的科学的监督机制。当前，充分发挥人民群众监督和舆论监督的作用，尤其具有重要意义。

七 绿色房地产调控对政府管理能力的基本要求

运用绿色发展政策措施的政府应有良好的宏观调节职能，能通过政策和各种政策组合措施之配合来调节、控制、引导和规范区域各经济主体的行为和市场运行，在改善"制度失灵"方面能够有所作为。同时善于改革完善政治体制，实现决策的科学化（包括经济与环境的多目标决策和可持续发展）、民主化、高效率和责任制。

1. 有足够的知识基础

包括对各种绿色发展政策措施的成本和效率的理解，这些政策的分配效果如何，有关环境能力、容量和资源贮存的数量和质量，如何公平有效地分配之，如何确定合理的土地环境资源使用速率，技术和制度机会的评估，替代品的信息，政策制定者和接受者对不同环境危害的产品和生产过程的比较，等等。这些知识需要被收集、贮存和传播。例如，若要使一项收费政策措施能有效地改变当事人的行为，其应当被设计成略高于资源过度耗费削减和污染治理技术的费用，这就需要有关可用技术和成本方面的知识和信息。绿色发展的交易制度的设计则更需要大量的市场知识。

2. 有较高的管理水准

政府应该有能力完成绿色发展政策措施的设计和管理，具备采用绿色发展政策措施进行城市化发展的相关经验，实现绿色发展政策措施良好运用的条件和修改绿色发展政策措施以响应外界条件变化的灵活性等。

3. 有较高的政策水平

有能力克服各种针对绿色发展政策措施的潜在阻力，使之能被未来的当事人和绿色发展问题受害者的组织以及政府内部相关部门（旧有管理系统的既得利益者）所广泛接受。

把绿色战略融入房地产调控

Take Green Strategy into the Real Estate Regulation

Luo Yong

Abstract: We would play to the government in control of the period leading role, take the green strategy into the real estate regulation. Include energy-saving real estate products, reduce-resource real estate development, ecologic tendency of residential buildings. At the same time, we need build the green-supporting facilities, producing a green action plan and improving the capability of green integration.

Key Words: Real Estate; Green; Green Real Estate

权威报告　热点资讯　海量资料

当代中国与世界发展的高端智库平台

皮书数据库 www.pishu.com.cn

皮书数据库是专业的社会科学综合学术资源总库，以大型连续性图书皮书系列为基础，整合国内外其他相关资讯构建而成。包含七大子库，涵盖两百多个主题，囊括了十几年间中国与世界经济社会发展报告，覆盖经济、社会、政治、文化、教育、国际问题等多个领域。

皮书数据库以篇章为基本单位，方便用户对皮书内容的阅读需求。用户可进行全文检索，也可对文献题目、内容提要、作者名称、作者单位、关键字等基本信息进行检索，还可对检索到的篇章再作二次筛选，进行在线阅读或下载阅读。智能多维度导航，可使用户根据自己熟知的分类标准进行分类导航筛选，使查找和检索更高效、便捷。

权威的研究报告，独特的调研数据，前沿的热点资讯，皮书数据库已发展成为国内最具影响力的关于中国与世界现实问题研究的成果库和资讯库。

皮书俱乐部会员服务指南

1. 谁能成为皮书俱乐部会员？

- 皮书作者自动成为皮书俱乐部会员；
- 购买皮书产品（纸质图书、电子书、皮书数据库充值卡）的个人用户。

2. 会员可享受的增值服务：

- 免费获赠该纸质图书的电子书；
- 免费获赠皮书数据库100元充值卡；
- 免费定期获赠皮书电子期刊；
- 优先参与各类皮书学术活动；
- 优先享受皮书产品的最新优惠。

卡号：4119076181183422
密码：

（本卡为图书内容的一部分，不购书刮卡，视为盗书）

3. 如何享受皮书俱乐部会员服务？

（1）如何**免费获得整本电子书**？

购买纸质图书后，将购书信息特别是书后附赠的卡号和密码通过邮件形式发送到pishu@188.com，我们将验证您的信息，通过验证并成功注册后即可获得该本皮书的电子书。

（2）如何获赠皮书数据库100元充值卡？

第1步：刮开附赠卡的密码涂层（左下）；

第2步：登录皮书数据库网站（www.pishu.com.cn），注册成为皮书数据库用户，注册时请提供您的真实信息，以便您获得皮书俱乐部会员服务；

第3步：注册成功后登录，点击进入"会员中心"；

第4步：点击"在线充值"，输入正确的卡号和密码即可使用。

皮书俱乐部会员可享受社会科学文献出版社其他相关免费增值服务
您有任何疑问，均可拨打服务电话：010-59367227　QQ:1924151860
欢迎登录社会科学文献出版社官网（www.ssap.com.cn）和中国皮书网（www.pishu.cn）了解更多信息

社会科学文献出版社　　　　　　　　　　皮书系列

"皮书"起源于十七八世纪的英国，主要指官方或社会组织正式发表的重要文件或报告，并多以白皮书命名。在中国，"皮书"这一概念被社会广泛接受，并被成功运作、发展成为一种全新的出版形态，则源于中国社会科学院社会科学文献出版社。

皮书是对中国与世界发展状况和热点问题进行年度监测，以专家和学术的视角，针对某一领域或区域现状与发展态势展开分析和预测，具备权威性、前沿性、原创性、实证性、时效性等特点的连续性公开出版物，由一系列权威研究报告组成。皮书系列是社会科学文献出版社编辑出版的蓝皮书、绿皮书、黄皮书等的统称。

皮书系列的作者以中国社会科学院、著名高校、地方社会科学院的研究人员为主，多为国内一流研究机构的权威专家学者，他们的看法和观点代表了学界对中国与世界的现实和未来最高水平的解读与分析。

自20世纪90年代末推出以经济蓝皮书为开端的皮书系列以来，至今已出版皮书近800部，内容涵盖经济、社会、政法、文化传媒、行业、地方发展、国际形势等领域。皮书系列已成为社会科学文献出版社的著名图书品牌和中国社会科学院的知名学术品牌。

皮书系列在数字出版和国际出版方面也是成就斐然。皮书数据库被评为"2008~2009年度数字出版知名品牌"；经济蓝皮书、社会蓝皮书等十几种皮书每年还由国外知名学术出版机构出版英文版、俄文版、韩文版和日文版，面向全球发行。

经济蓝皮书 BLUE BOOK OF CHINA'S ECONOMY	社会蓝皮书 BLUE BOOK OF CHINA'S SOCIETY	文化蓝皮书 BLUE BOOK OF CHINA'S CULTURE
金融蓝皮书 BLUE BOOK OF FINANCE	法治蓝皮书 BLUE BOOK OF RULE OF LAW	欧洲蓝皮书 BLUE BOOK OF EUROPE
气候变化绿皮书 GREEN BOOK ON CLIMATE CHANGE	西部蓝皮书 BLUE BOOK OF WESTERN REGION OF CHINA	世界经济黄皮书 YELLOW BOOK OF WORLD ECONOMY
THE CHINESE ACADEMY OF SOCIAL SCIENCES YEARBOOKS ECONOMY	THE CHINESE ACADEMY OF SOCIAL SCIENCES YEARBOOKS SOCIETY	THE CHINESE ACADEMY OF SOCIAL SCIENCES YEARBOOKS POPULATION AND LABOR

法律声明

"皮书系列"（含蓝皮书、绿皮书、黄皮书）由社会科学文献出版社最早使用并对外推广，现已成为中国图书市场上流行的品牌，是社会科学文献出版社的品牌图书。社会科学文献出版社拥有该系列图书的专有出版权和网络传播权，其LOGO（ ）与"经济蓝皮书"、"社会蓝皮书"等皮书名称已在中华人民共和国工商行政管理总局商标局登记注册，社会科学文献出版社合法拥有其商标专用权。

未经社会科学文献出版社的授权和许可，任何复制、模仿或以其他方式侵害"皮书系列"和（ ）、"经济蓝皮书"、"社会蓝皮书"等皮书名称商标专用权的行为均属于侵权行为，社会科学文献出版社将采取法律手段追究其法律责任，维护合法权益。

欢迎社会各界人士对侵犯社会科学文献出版社上述权利的违法行为进行举报。电话：010-59367121，电子邮箱：fawubu@ssap.cn。

社会科学文献出版社